中华人民共和国民法典释论丛书

中国民法典

总则编释论

主　　编　杨　震
执行主编　李丹丹
副 主 编　臧东娥

本书撰稿人
（以撰写章节顺序为序）
李丹丹　吴　晛　臧东娥

法律出版社
LAW PRESS·CHINA
北京

图书在版编目(CIP)数据

中国民法典. 总则编释论 / 杨震主编. -- 北京 : 法律出版社, 2022

(中华人民共和国民法典释论丛书 / 杨震主编)

ISBN 978-7-5197-6763-1

Ⅰ. ①中… Ⅱ. ①杨… Ⅲ. ①民法-法典-法律解释-中国②民法-总则-法律解释-中国 Ⅳ. ①D923.05

中国版本图书馆 CIP 数据核字(2022)第 162439 号

中国民法典·总则编释论
ZHONGGUO MINFADIAN·ZONGZEBIAN SHILUN

杨 震 主编

策划编辑 徐 菲
责任编辑 徐 菲
装帧设计 汪奇峰

出版发行 法律出版社
编辑统筹 法律出版社
责任校对 王晓萍
责任印制 胡晓雅
经 销 新华书店

开本 710 毫米×1000 毫米 1/16
印张 22.25 **字数** 330 千
版本 2022 年 10 月第 1 版
印次 2022 年 10 月第 1 次印刷
印刷 天津嘉恒印务有限公司

地址:北京市丰台区莲花池西里 7 号(100073)
网址:www.lawpress.com.cn
投稿邮箱:info@lawpress.com.cn
举报盗版邮箱:jbwq@lawpress.com.cn

销售电话:010-83938349
客服电话:010-83938350
咨询电话:010-63939796

书号:ISBN 978-7-5197-6763-1
定价:106.00 元

凡购买本社图书,如有印装错误,我社负责退换。电话:010-83938349

作 者 简 介

杨　震

第十二届、第十三届全国人大代表，中国法学会民法学研究会副会长，中国法学会《民法典》编纂项目领导小组成员，国家普法办《民法典》宣讲团成员，最高人民法院特聘咨询员，最高人民检察院特聘监督员，享受国务院特殊津贴专家；世界侵权法研究会理事，东北亚侵权法研究会副理事长；黑龙江省委法律顾问，黑龙江省级领军人才梯队带头人，黑龙江大学二级教授，博士生导师。

主要从事民商法学、法哲学研究和教学，先后著有《民法学》《法价值哲学导论》《物权法》《侵权责任法》《继承法新论》等二十多部专著，在《法学研究》《中国法学》《法学家》《法制与社会发展》等学术刊物发表论文100余篇，承担国家和省部级科研项目三十多项。

总　序

2020年5月28日，令人难以忘怀。《中华人民共和国民法典》(以下简称《民法典》)由第十三届全国人民代表大会第三次会议通过并公布，自2021年1月1日起施行。《民法典》是中华人民共和国成立以来第一部以“法典”命名的法律，是新时代我国社会主义法治建设的重大成果。《民法典》的颁行，是我国法治建设的里程碑，对推进国家治理体系和治理能力现代化具有重大意义。

中华法系，源远流长。中华法系是中国古代法制文明与法治建设的瑰宝。在人类法制文明与法制建设中，中华法系以礼法合治、以礼辅法、德法兼修、以德善治的品质流传后世。《法经》《唐律疏议》承载着中华法制文明的法典追求，彰显中华法制文化的规范思想；诸法合体、刑民不分凝聚着中华法制文明的深厚底蕴和独特魅力，显示出中华法制文化的律令特色与格致特质；礼法结合、民惟邦本映衬着中华法制文明的隆礼重法和以民为贵，展现出中华法制文化的明德慎罚与德主刑辅；天下无讼和以和为贵昭示着中华法制文明的政教之本和德礼教化，体现出中华法制文化的恤刑思想与和善理念。习近平总书记指出：“我国古代法制蕴含着十分丰富的智慧和资源，中华法系在世界几大法系中独树一帜。”①

草拟民律，变法图强。草拟民律是近代民事立法与法律变革的缩影。在“西学东渐”“船坚炮利”“师夷长技”“以夷制夷”的特定情境下，变法图

① 中共中央文献研究室编：《习近平关于全面依法治国论述摘编》，中央文献出版社2015年版，第32页。

存、济世安邦、吸纳西法、革故鼎新成为中国法制近代化的思想基础与观念指征。《大清民律草案》的起草、《民国民律草案》的纂修、《中华民国民法》的施行，预示着中国古代法律体系的转型，显露出中国法律制度渐融世界民事立法行列的进程。“吸收世界各国大同之良规，兼采近世最新之学说”的修法信念，“凡我旧律义关伦常诸条，不可率行变革”的改良执念，促成了刑民分立、中西合璧、观念杂糅、习惯碰撞的民事立法样态与民事法律体系；演绎出推崇社会契约、呼吁个性解放、恪守公序良俗、更新国民道德的法律纂修取向和礼法嬗变特征。因为一定的文化是一定社会的政治和经济的反映。

法典编纂，人民至上。编纂民法典是新时代民事立法与法治改革的创举。在新中国法制建设史上，《民法典》无疑是民事立法的卓越典范与无上荣光。因为编纂一部真正属于中国人民的民法典，是新中国几代人的夙愿；形成一部适应新时代中国特色社会主义发展要求，符合我国国情和实际的体例科学、结构严谨、规范合理、内容完整、协调一致的民法典，是一项系统且重大的立法工程。《民法典》作为我国法律体系中条文最多、体量最大、编章结构最复杂的一部法律，系统整合了中华人民共和国成立70余年来长期实践形成的民事法律规范，汲取了中华民族5000多年优秀法律文化，借鉴了人类法治文明建设的有益成果，是一部体现我国社会主义性质、符合人民利益和愿望、顺应时代发展要求的民法典；是一部体现对生命健康、财产安全、交易便利、生活幸福、人格尊严等各方面权利平等保护的民法典；是一部具有鲜明中国特色、实践特色、时代特色的民法典。《民法典》以其7编1260条、10万多字的编章结构与规范内涵，回应了人民的期待，突出了以人民为中心的底色。

民法学人，共谱华章。奉献智慧、精益求精是民法学人久久为功、善作善成的写照。在我国先后四次启动民法制定工作以及长达五年的民法典编纂进程中，学界前辈展现了矢志不渝、博采众长的学术情怀与立法智慧，民法同人呈现了底蕴深厚、观点明晰的学术思想与立法范例。多方论证、集思广益、数易其稿、系统整合，成为科学立法、民主立法、依法立法的表征；条分缕析、观点争鸣、字斟句酌、编订纂修，成为体例设计、规范表述、价值内蕴的基础。无论是中国法学会民法典编纂项目领导小组组织专家起草的《民法典》(专家建议稿),还是全国人大常委会法制工作委员会形成的《民法典(草案)》,均仰赖民法典编纂所具备的制度基础、实践基础、理论基础和社会基础,均凸显出民法典在国家治理体系中的功能定位——《民法典》是实现社会治理现代化、促进社会和谐有序的基本法,是保障和促进社会主义市场经济建设健康发展的基本法,是推动政府依法行政、提升政府治理能力的基本法。只有讲好、用好《民法典》,方能展现其以人为本的人民性、与时俱进的时代性、立足国情的民族性、求真严谨的科学性。

弦歌不辍,共赴星光。跻身民事立法前沿、攻克民法理论难题,是黑龙江大学民商法学教学科研团队的初心与使命。2012 年 3 月,黑龙江大学成立民法典编纂课题组,着力研究民法典编纂中的热点、难点问题,期冀通过民法理论研讨提升民事立法智慧、助益民事司法实践。黑龙江大学民法典编纂课题组成立后,以杨震教授、王歌雅教授、孙毅教授、申建平教授、李憣副教授、杨振宏副教授为主要成员的课题组所有同人勤勉奋发、勠力同心、集思广益、取长补短,携手走过了相互鼓励、彼此劝勉、业精于勤、跬步千里的十年时光,相继起草了多个民事立法专家建议稿,共同呈现了民事立法智慧。2012 年 5 月,起草了《中华人民共和国继承法》(专家建议稿),共计 5 章 97 条。2015 年 5 月,起草了《民法典 · 总则编》(专家建议稿)中民事法律行为和代理两章,分别为 38 条和 26 条。2016 年 10 月和 2017 年 1 月,先后起草了《民法典 · 继承编》(专家建议稿)(一)和(二)中遗嘱继承和遗赠一章,分别为 36 条和 34 条。2017 年 7 月,起草了《中华人民共和国人格权法》(专家建议稿),共计 8 章 60 条。王歌雅教授作为中国法学会婚姻家庭法学研究会副会长参与起草了《民法典 · 婚姻家庭编》(专家建议稿)……时光荏苒,春华秋实。

青山明月,丹心道同。踔厉奋发、笃行不息是黑龙江大学法学院民法同人的坚守与豪情。在《民法典》编纂进程中,民法同人多方研讨、献计献策。第十二届、第十三届全国人大代表杨震教授全程参与了《民法典(草案)》的讨论和修改,十年间先后向全国人大提交制定民法典的议案 40 余件,特别是 2018 年提交的《关于制定中华人民共和国人格权法》的议案,被第十三届全国人民代表大会第一次会议列为第290号议案,为人格权法的独立成编倾注了热诚与智慧。围绕《民法典(草案)》的起草和修改,黑龙江大学民法典编纂课题组陆续提出修改意见和建议……尺寸素心,金石为开。

释论记叙,希以弘扬。传播民法精神、诠释法典文化,是黑龙江大学民法典编纂课题组的情怀与责任。在《民法典》实施进程中,理解《民法典》、感悟《民法典》、解读《民法典》、实践《民法典》,是回应中国之问、世界之问、人民之问、时代之问的基点;弘扬核心价值、释明法律规范、秉持公平正义、践行人本理念,是信守中国之路、中国之治、中国之理的基石。《中华人民共和国民法典释论》将以8册系列图书,系统展现《民法典》的鲜明特色与创新发展,科学阐释《民法典》法源样态的多元性、原则理念的思想性、体系结构的创造性、制度规范的传承性、功能定位的价值性、权益保障的适用性。其中,总则编1册,物权编1册,合同编2册,人格权编1册,婚姻家庭编1册,继承编1册,侵权责任编1册。各编主编、合著、独著作者为:总则编——杨震;物权编——申建平;合同编——孙毅;人格权编——杨振宏、张小余;婚姻家庭编——王歌雅;继承编——王歌雅;侵权责任编——杨震。《中华人民共和国民法典释论》系列丛书总字数达260万余字。

思想引领,价值为基。《中华人民共和国民法典释论》系列丛书,以习近平法治思想为理论指导,以社会主义核心价值观为理念统领,以《民法典》及其司法解释为阐释要点,记录了《民法典》的编纂历程、编纂智慧、编纂成果、编纂贡献,梳理了《民法典》的学术思想、学术观点、学术理路、学术创新,展现了《民法典》的实践意义、实践特点、实践思考、实践效用,呈现了《民法典》的法治信仰、法治精神、法治文化、法治追求。

初心如磐,情怀不改。

不负历史,不负时代。

黑龙江大学民法典编纂课题组

2022年5月1日

前　言

《民法典》是新中国成立以来第一部以“法典”命名的法律，是坚持和完善中国特色社会主义法治体系的重要步骤，是新时代中国社会主义法治建设的重大成果，充分展现了社会主义核心价值观的基因，被誉为“人民权利的宣言书”。《民法典·总则编》采取“提取公因式”的方式，提炼了民法的一般性规则，提纲挈领，统辖《民法典》各分编。

《中国民法典·总则编释论》是《中华人民共和国民法典释论》丛书之一，本书以习近平法治思想为指引，主要包括十一章内容。第一章为“民法概述”；第二章“民事法律关系”主要阐释了民事法律关系的构成要素；第三章“自然人”、第四章“法人”和第五章“非法人组织”阐释了民事主体制度的内容；第六章“民事权利”概括阐释了民事主体享有的各项民事权利；第七章“民事法律行为”阐释了民事法律行为制度；第八章“代理”阐释了代理制度；第九章“民事责任”概括阐释了各种民事责任；第十章“诉讼时效”和第十一章“期日、期间”介绍了诉讼时效和期日及期间的规则。

本书以马克思主义以人为本思想为哲学基础，以习近平法治思想为理论指南，以我国《民法典》为法律依托，将社会主义核心价值观融入《民法典·总则编》的理解与适用，跟进了民法学学术研究的新进展；结合最高人民法院关于《民法典》的相关司法解释，展现了民事司法实践的新动态。本书既强调纵向的“释”，力求将相关法律条文嵌入民法理论进行精准释义，又注重横向的“论”，以期在民法学完整的体系框架内反映学界的成熟理论与争鸣探讨。

本书由主编杨震教授（黑龙江大学法学院博士生导师）负责全书的组织

策划、定稿;执行主编黑龙江大学法学院李丹丹副教授(法学博士、硕士研究生导师)负责统稿与审稿。撰稿人员除执行主编外,还有哈尔滨商业大学法学院臧东娥副教授(硕士研究生导师)、黑龙江大学法学院民商法博士生吴晛。各撰写人员的分工情况如下(以撰写章节为序):

李丹丹:第一章至第五章;

吴　晛:第六章、第九章;

臧东娥:第七章、第八章、第十章、第十一章。

《民法典·总则编》内容博大精深、较为原则抽象,本团队成员在撰写过程中,虽已竭诚尽力,但囿于时间和学识,本书不足之处在所难免,敬请广大读者批评指正,提出宝贵意见。

特别感谢李宏弢教授抽出宝贵时间认真审阅《中国民法典·总则编释论》书稿,予以严格把关!

本书编者

2022 年 5 月

本书缩略语表

《中华人民共和国宪法》	《宪法》
《中华人民共和国民法典》	《民法典》①
《中华人民共和国立法法》	《立法法》
《中华人民共和国个人信息保护法》	《个人信息保护法》
《中华人民共和国数据安全法》	《数据安全法》
《中华人民共和国网络安全法》	《网络安全法》
《中华人民共和国民法通则》	《民法通则》
《中华人民共和国民法总则》	《民法总则》
《中华人民共和国物权法》	《物权法》
《中华人民共和国担保法》	《担保法》
《中华人民共和国合同法》	《合同法》
《中华人民共和国婚姻法》	《婚姻法》
《中华人民共和国收养法》	《收养法》
《中华人民共和国继承法》	《继承法》
《中华人民共和国侵权责任法》	《侵权责任法》
《中华人民共和国专利法》	《专利法》
《中华人民共和国商标法》	《商标法》

① 书中所涉《民法典》之分编，分别简称为《民法典·总则编》、《民法典·物权编》、《民法典·合同编》、《民法典·人格权编》、《民法典·婚姻家庭编》、《民法典·继承编》以及《民法典·侵权责任编》。

《中华人民共和国著作权法》	《著作权法》
《中华人民共和国公司法》	《公司法》
《中华人民共和国个人独资企业法》	《个人独资企业法》
《中华人民共和国合伙企业法》	《合伙企业法》
《中华人民共和国企业破产法》	《企业破产法》
《中华人民共和国保险法》	《保险法》
《中华人民共和国票据法》	《票据法》
《中华人民共和国证券法》	《证券法》
《中华人民共和国电子签名法》	《电子签名法》
《中华人民共和国海商法》	《海商法》
《中华人民共和国反不正当竞争法》	《反不正当竞争法》
《中华人民共和国消费者权益保护法》	《消费者权益保护法》
《中华人民共和国产品质量法》	《产品质量法》
《中华人民共和国食品安全法》	《食品安全法》
《中华人民共和国土地管理法》	《土地管理法》
《中华人民共和国农村土地承包法》	《农村土地承包法》
《中华人民共和国环境保护法》	《环境保护法》
《中华人民共和国劳动法》	《劳动法》
《中华人民共和国公益事业捐赠法》	《公益事业捐赠法》
《中华人民共和国未成年人保护法》	《未成年人保护法》
《中华人民共和国妇女权益保障法》	《妇女权益保障法》
《中华人民共和国残疾人保障法》	《残疾人保障法》
《中华人民共和国老年人权益保障法》	《老年人权益保障法》
《中华人民共和国反家庭暴力法》	《反家庭暴力法》
《中华人民共和国城市居民委员会组织法》	《城市居民委员会组织法》
《中华人民共和国村民委员会组织法》	《村民委员会组织法》
《中华人民共和国注册会计师法》	《注册会计师法》

《中华人民共和国民事诉讼法》	《民事诉讼法》
《中华人民共和国涉外民事关系法律适用法》	《涉外民事关系法律适用法》
《中华人民共和国律师法》	《律师法》
《最高人民法院关于适用〈中华人民共和国民法典〉总则编若干问题的解释》	《总则编解释》
《最高人民法院关于贯彻执行〈中华人民共和国民法通则〉若干问题的意见(试行)》	《民通意见》
《最高人民法院关于适用〈中华人民共和国民法典〉时间效力的若干规定》	《时间效力规定》
《最高人民法院关于适用〈中华人民共和国民法典〉物权编的解释(一)》	《物权编解释(一)》
《最高人民法院关于适用〈中华人民共和国民法典〉有关担保制度的解释》	《民法典担保制度司法解释》
《最高人民法院关于适用〈中华人民共和国民法典〉婚姻家庭编的解释(一)》	《婚姻家庭编解释(一)》
《最高人民法院关于适用〈中华人民共和国民法典〉继承编的解释(一)》	《继承编解释(一)》
《最高人民法院关于审理劳动争议案件适用法律问题的解释(一)》	《劳动争议司法解释(一)》
《最高人民法院关于审理建设工程施工合同纠纷案件适用法律问题的解释(一)》	《建设工程施工合同司法解释(一)》
《最高人民法院关于审理涉及农村土地承包纠纷案件适用法律问题的解释》	《农村土地承包纠纷司法解释》
《最高人民法院关于审理民事案件适用诉讼时效制度若干问题的规定》	《诉讼时效司法解释》
《最高人民法院关于裁判文书引用法律、法规等规范性法律文件的规定》	《裁判文书引用法律、法规等规范性法律文件的规定》
《最高人民法院全国法院民商事审判工作会议纪要》	《九民纪要》

CONTENTS 目 录

第一章 民法概述

第二章 民事法律关系

第三章　自然人

第四章 法 人

第五章 非法人组织

第六章 民事权利

第七章 民事法律行为

第八章 代理

第十章 诉讼时效

第十一章 期日、期间

第一章

民法概述

第一节　民法的概念

一、民法的语源

“民法”一词源于罗马法的市民法(jus civile)。英语为 civil law,日本明治维新时期引进西方法律制度时将“市民法”转译为“民法”,日语中的“民法”是由日本学者穗积陈重首次提出的,后传入我国。清朝末年,清政府进行变法图强,学习、借鉴日本的立法经验,制定了《大清民律草案》。1926 年,北洋政府制定了《民国民律草案》,均称“民律”而非“民法”。南京国民政府成立后,于 1929 年制定并颁行了《中华民国民法·总则编》,首次使用了“民法”一词,沿用至今。[①]

二、民法的分类

(一)形式意义的民法与实质意义的民法

从学理上划分,民法可分为形式意义的民法与实质意义的民法。该种分类的前提条件是民法法典化,凡是被规定在民法典之中的民法规范即为形式意义上的民法;而没有被纳入民法典中,但是规范的仍然是社会普通成员之间所形成的法律关系的,属于实质意义上的民法。此种分类存在的原因在于无论立法技术多么高明,也无论一部法典多么包罗万象,都不可能把调整同一个领域的

---

① 参见刘金霞、温慧卿:《新编民法原理与实务》,北京理工大学出版社 2017 年版,第 4 页。

所有规范都纳入其中。

形式意义的民法是指从形式上界定的民法,即经过系统编纂,以“民法典”命名的民法。形式意义上的民法存在于成文法国家[①],较为典型的代表为《法国民法典》《德国民法典》《意大利民法典》等,是近代欧陆国家崇尚理性主义、国家主义的立法产物。在我国领域内,除了香港特别行政区、澳门特别行政区和台湾地区,从理论上讲,真正形式意义上的民法,就是指2021年1月1日实施的《民法典》。

实质意义的民法是指从内容上界定的民法,即调整民事关系法律规范的总称,既包括《民法典》,也包括所有具有民事法律性质的其他法律、法规,以及判例法、习惯法等。实质意义上的民法在法源上意义更为宽泛。正是由于该原因,实质意义上的民法也被称为广义的民法。

除《民法典》之外,我国还有两百多部单行法律,其中大量的都是民事法律。此外,一些法律虽然形式上是管理性质的法律,但其中也包含了大量的民事法律规范,如《消费者权益保护法》《食品安全法》《土地管理法》等,这些法律所包含的民法规范也是我国实质意义上的民法的组成部分。在我国实行民商合一的立法体例下,一些商事特别法如《海商法》《企业破产法》《票据法》等,同样是我国民法的重要组成部分。除了法律,我国还颁行了大量的行政法规、司法解释,其中不少都是民事法律规范。它们都是实质意义上的民法的组成部分。

需要指出的是,实质意义上与形式意义上的民法划分并不是对立的,而是相辅相成的。一方面,由于民法典是私法的基本法,因此,形式意义上的民法(《民法典》)可以连接整个实质意义上的民法,这就是说,在《民法典》统率下,我国的民事立法将构成一个完整的、具有逻辑性的、协调一致的体系。另一方面,调整纷繁复杂的民事关系仍需要借助大量实质意义上的民法规范,但这些规范应当以《民法典》的规范为基础,不得与《民法典》的基本原则和制度相冲突。[②]

(二)普通民法与特别民法

普通民法是指规范一般民事关系的民法,即指民法典。普通民法的民法典

① 参见席志国:《中国民法总论》,中国政法大学出版社2013年版,第39页。

② 参见王利明主编:《民法》,中国人民大学出版社2022年版,第6页。

对于人、地域、事项等不作限制,只规范一般的民事生活关系,所以民法典为整个私法的普通法。2021 年 1 月 1 日实施的《民法典》即为普通民法。

特别民法是指规范特定方面、特定领域的民事关系的民法。民商合一的国家的各种民事单行法,以及民商分立的国家的商法典,相对于作为普通民法的民法典而言,属于特别法。中国采用了民商合一的立法体例,《民法典》相当于民法的普通法地位,而《公司法》《票据法》《海商法》《保险法》《专利法》《商标法》《著作权法》等均属于特别民法。法官裁判案件时,对于普通法与特别法均有规定的事项,原则上应当优先适用特别法的规定。①

三、我国民法的概念

(一)我国民法的概念

依据《民法典》第 2 条,民法是"调整平等主体的自然人、法人和非法人组织之间的人身关系和财产关系"的法律规范的总和。该条款从民法的调整对象和法律关系出发,对民法的概念作出了界定,明确地划定了民法与其他法律部门的界限,解决了长期以来有关民法定义的争论。

《民法典》第 2 条对民法的界定具有以下意义:

1. 确立了我国民法统一调整社会主义市场交易关系的基本法地位。依据《民法典》第 2 条,我国民法统一调整平等主体之间的财产关系,而平等主体之间的财产关系实质上就是指财产归属关系与交易关系。无论何类民事主体,只要以平等的民事主体的身份从事交易,就应当遵循民法的规范,并受民法的调整。

2. 突出了对人的尊重,体现了以人为本的理念。1986 年《民法通则》第 2 条曾将人身关系置于财产关系之后,但《民法典》第 2 条则将人身关系调整至财产关系之前,表明了中国民法更注重对民事主体人身权利的优先保护,保障民事主体的人身自由、人格尊严不受侵害,且将其作为民事基本法的立法基础。②

3. 奠定了民法典的体系。《民法典》的分编就是由调整人身关系和调整财

---

① 参见许中缘、屈茂辉:《民法总则原理》,中国人民大学出版社 2012 年版,第 30 页。

② 参见杨立新:《我国民法典立法思想的选择和坚守——从〈民法总则〉制定中的立法思想冲突谈起》,载《法制与社会发展》2018 年第 4 期。

产关系的具体法律构建起来的，《民法典》第2条关于民法调整对象的规定奠定了民法典体系的基础，使《民法典》各分编与总则编保持协调一致。具体而言，人身关系主要分为两大类，即人格关系和身份关系。其中，身份关系的调整表现为婚姻家庭编、继承编；人格关系的调整则表现为人格权编；财产关系的调整表现为物权编、合同编。

4. 确立了我国的民商合一的立法模式。《民法典》并未根据主体或行为的性质区分普通民事主体和商事主体。这不仅符合现代民事立法的趋向，也在一定程度上消除了民商分离所产生的法律冲突的弊端。在《民法典》体系中，商法是作为民法的特别法而存在，并未与民法相分立而独立存在。①

关于民法与商法的关系，历来存在民商合一和民商分立的观点。所谓民商合一，是指不区分民法和商法，而将民事法律规范统一适用于各种民商事关系。从立法模式上来说，民商合一就是指只有民法典而不制定单独的商法典，民法规范广泛适用于调整所有平等主体之间的法律关系；民商分立则意味着严格区分民法与商法，并基于主体或者行为性质的不同，在民法典之外独立制定商法典，采用与民事法律不同的商事法律规范。② 民商分立的体制最早起源于法国。20世纪初《瑞士民法典》中包括了公司法、商业登记法等商法的内容，从而开创了民商合一的立法体例。③

我国《民法典》明确采纳了民商合一的体例。采用此种体例意在强调《民法典》无一例外地适用于所有民商事关系，从总则编到各个分编以及商事特别法，统合而成一个具有内在逻辑体系的民商合一的立法体例。《民法典·总则编》设立的基本原则都适用于商事活动，就具体规则而言：一方面，《民法典·总则编》没有区分商人和非商人，而是采取了自然人、法人、非法人组织的主体划分标准，这实际上既包括民事主体，又包括商事主体。自然人包括商自然人，法人包括营利法人，而个人独资企业、合伙企业等则属于非法人组织。另一方面，《民法典·总则编》既没有采用商行为的概念，也没有区分商事代理和民事代理，而采用了统一的民事法律行为与代理的概念与制度。《民法典》与其他特别

---

① 参见王利明主编：《民法》，中国人民大学出版社2022年版，第6页。

② 参见赵万一：《论民法的商法化与商法的民法化——兼谈我国民法典编纂的基本理念和思路》，载《法学论坛》2005年第4期。

③ 参见谢怀栻：《外国民商法精要》（第3版），法律出版社2006年版，第57页。

商事立法形成了普通法与特别法的关系。也就是说,在出现商事纠纷后首先应当适用商事特别法,如果无法适用商事特别法,则适用《民法典》的规则。[①]

(二)我国民法的历史发展

在中国古代历史上,一方面,历朝统治者都是将维护阶级统治放在第一位,刑事法律在社会治理中作用重大,重刑轻民的立法政策始终处于主导地位;另一方面,自给自足的自然经济是中国封建社会的经济基础,统治者始终奉行重农抑商的经济政策,因此,体现在各朝各代的法律上,基本都是诸法合体、刑民不分。虽然商品交易关系很早已有萌芽,但是,相关的民事法律规范只是以习惯或习惯法方式存在。“民法”一词最早见于《尚书·孔氏传》,在清末民政部奏文中有称:“民法之称,见于尚书·孔传。”[②]但该古籍中出现的“民法”一词,并非近代意义上的民法。通说认为,中国现代意义上的民事立法肇始于清朝末年。

19 世纪中晚期,清政府内忧外患,外有西方列强侵扰,内有人民革命不断,清政府被迫进行了法律改革,试图“变法图强”,向西方以及东邻日本等国家学习,大量翻译它们的法律和法学书籍。[③] 1902 年,清政府任命沈家本、伍廷芳为修律大臣,并聘请日本学者松冈义正等一并起草民律。1904 年清政府设立修订法律馆,由其作为专门的修订机构负责修订和拟定各项法律,西学东渐蔚然成风。1911 年,清政府仿效德国、日本等国家的民事立法完成民法典起草,形成《大清民律草案》。此后不久,辛亥革命在武昌爆发,腐朽的清王朝被推翻,该民律草案也未正式颁行。

民国时期,《民法典》的起草工作曾两度进行。1924 ~ 1925 年,北洋政府在《大清民律草案》基础上完成《民法典(草案)》,但该草案未能成为正式的法典。1927 年,南京国民政府设置法制局,负责完成《民法典》的起草。1931 年,《中华民国民法》正式颁行,该法是中国历史上第一部正式施行的民法典,共 29 章,计 1225 条。

1949 年,中华人民共和国成立,第一部社会主义性质的宪法诞生,我国的民事立法也取得了重大进步。截至改革开放之前,全国人大常委会也曾进行过两

---

① 参见王利明主编:《民法》,中国人民大学出版社 2022 年版,第 7 页。

② 参见王利明:《民法总则》(第 2 版),中国人民大学出版社 2020 年版,第 10 页。

③ 参见何勤华:《西语“法学”一词的起源及其流变》,载《法学》1996 年第 3 期。

次《民法典》的起草。第一次《民法典》起草开始于1954年,共525条,包括总则编、所有权编、债编、继承编四编,内容主要以1922年的《俄罗斯苏维埃联邦社会主义共和国民法典》(以下简称《苏俄民法典》)作为参考,这次起草的《民法典(草案)》,没有交付表决。第二次《民法典》起草开始于1962年,共计262条,包括总则编、所有权编、财产流转编三编。基于多种原因,这两次《民法典》的起草,都没能够最终完成。

1978年党的十一届三中全会召开,我国推行改革开放政策,实行社会主义市场经济体制,推进社会主义法治,新中国民事立法有了进一步发展。1979年,《民法典》第三次起草工作开始,前后共拟定了四稿,1982年第四稿《民法(草案)》包括八编,共计465条。当时正值改革开放初期,社会生活和经济发展迅速,民法所涉及的内容非常广泛复杂,最终采取成熟一个、通过一个的办法,针对迫切需要解决的问题先制定一个民法大纲,最终《民法通则》于1986年4月12日通过,《民法通则》是中国法治发展史上的一个重要里程碑。

党的十一届三中全会以后,中国的民事立法进程伴随着改革开放的进程继续推进,在民事单行法领域取得了一系列重要成果。2002年,《民法(草案)》审议,经研究决定,仍继续沿用分别制定单行法的立法方针。民事立法持续进行,2003年以来,《物权法》《侵权责任法》(现均已废止)等陆续出台。

2014年10月,党的十八届四中全会提出了"加强市场法律制度建设,编纂民法典"这一重大立法任务,具有深刻的历史和现实意义。党的十八大提出"两个一百年"和中华民族伟大复兴的奋斗目标,在我国进一步深化改革和全面建设小康社会的关键时期,国内外形势发生了新的变化,各类民商事主体的利益诉求也发生了转变,迫切需要民商事法律制度在社会主义法治建设中,予以系统化回应和全面调整。因此,加强各个领域立法,尤其是民商事方面的立法,是社会主义市场经济健康发展的必然要求。

2015年3月,全国人大常委会法制工作委员会正式启动《民法典》编纂工作,这是新中国立法史上第五次《民法典》编纂。《民法典》编纂工作采用了"两步走"的思路:第一步,起草民法总则,作为《民法典》的总则编;第二步,编纂《民法典》各分编。[①] 其后,2016年6月,习近平总书记主持召开中央政治局常

① 参见王轶:《中国民法典的前世今生》,载《群言》2020年第3期。

委会会议,就《民法典》编纂工作听取汇报并作出重要指示。按照两步走的计划,2017 年 3 月 15 日,《民法总则》审议通过,2017 年 10 月 1 日开始施行。2020 年 5 月 28 日,《民法典》审议通过,自 2021 年 1 月 1 日起施行,《婚姻法》《继承法》《民法通则》《收养法》《担保法》《合同法》《物权法》《侵权责任法》《民法总则》同时废止。《民法典》作为新中国成立以来第一部以法典命名的法律,被称为“社会生活的百科全书”,在我国法律体系中居于基础性地位,也是我国市场经济的基本法。

（三）我国《民法典》的中国特色

我国《民法典》立足国情,求真务实,与时俱进,继往开来,勇于创新,体现了鲜明的中国特色和时代特色。与其他国家民法典相比较具有独特属性:①

1. 以人为本的人民性

我国《民法典》作为一部现代民法典,不仅体现现代人类文明程度,还体现了以人为本的人民性。纵观历史,《法国民法典》和《德国民法典》作为大陆法系传统民法典的代表,是建立在“以物为本”的价值理念上的,财产权始终位于民法典的中心。“重物轻人”是传统民法典最大的特征。随着时代的发展,法、德两国的民法典也增加了人格权的规定,但都没有专设一编,而是将人格权的有关规定放在其他分编中。例如,《德国民法典》和《日本民法典》将人格权有关规定放在债权编侵权行为法中;再如《法国民法典》和《瑞士民法典》将人格权有关规定放在总则编中。由于受“以物为本”价值理念的束缚,传统民法典尚未动摇财产权的中心地位。

与以法国和德国为代表的传统民法典相比较,我国《民法典》在立法思想上充分体现了“以人为本,立法为民”的全新价值理念,实现了对传统民法典的重大突破。马克思主义的本质要求之一是以人为本、促进人的全面发展。在中国特色社会主义社会,人被置于社会的核心,尊重每一个人、爱护每一个人、关注每一个人已演变为中国特色社会主义新时代的主旋律。马克思主义以人为本的思想奠定了中国特色社会主义理论基础,并使中国共产党逐渐形成了为人民服务的政治哲学。为人民服务体现了社会主义政治的本质特征,是中国共产党的根本宗旨,是我国立法之本和全民的道德基石。

---

① 参见杨震、孙毅:《我国民法典的时代价值》,载《求是学刊》2021 年第 5 期。

民法的本质价值是对人的价值的承认①,从我国《民法典》的体系来看,无论是立法宗旨,还是民法调整对象,以及各编中关于民事权利、民事义务的规则设计,都是以人为中心展开的。例如,《民法典》第1条关于立法宗旨开宗明义地指出,制定《民法典》的首要目的是"保护民事主体的合法权益",彰显了《民法典》对人权的尊重和保护。第五章民事权利中,也把人身权利保护优先置于财产权利之前。这种立法设计表明,在当今以人为本的时代,人身关系优先于财产关系,人身权优先于财产权。

21世纪是弘扬人格尊严和人格价值的世纪。21世纪的时代精神应当坚守对人的尊严、人的自由的保护,为此,《民法典》第109条明确规定:"自然人的人身自由、人格尊严受法律保护。"这是"以人为本"价值理念的又一体现,表明在我国全面建成小康社会之后,对于人的自由和尊严保护,应当提到一个更高的程度,使每个人活得更有尊严,更有幸福感。

上述立法实践表明,"以人为本"是我国《民法典》民事立法工作的出发点,"重人轻物"彰显了我国《民法典》的时代特征。正是在"以人为本"价值理念的指导下,我国《民法典》突破了传统民法典的旧藩篱,实现了人格权独立成编。

人格权是民事主体的基本权利、核心权利。2017年10月18日,习近平总书记在党的十九大报告中,强调"保护人民人身权、财产权、人格权"。② 把人格权与人身权、财产权并列,凸显了人格权的重要地位,这为《民法典》确立人格权独立成编的体例结构提供了方向指引。人格权应当被置于《民法典》的突出位置上,进行重点保护。人格权独立成编,是"以人为本"价值理念的必然结果,是"以人为本"价值理念的立法表达。因此,人格权独立成编,是我国《民法典》的重大创新、重大突破,彰显了中国特色社会主义民法典的人民性,充分体现了中国共产党人民至上、生命至上的执政理念,这是我国《民法典》优越于资本主义国家民法典的显著特征。以民事立法的形式向世界宣示:在当今的社会主义中国,人的生命、健康、人格尊严比财产更重要。

---

① 参见李宏弢:《从义务本位到权利本位:新中国70年民法文化的转型发展》,载《江汉论坛》2019年第9期。

② 习近平:《决胜全面建成小康社会 夺取新时代中国特色社会主义伟大胜利——在中国共产党第十九次全国代表大会上的报告》,人民出版社2017年版,第49页。

2. 与时俱进的时代性

任何国家的民事立法都是特定时代的产物，都带有特定时代的印记。1804年《法国民法典》是19世纪风车水磨时代民法典的代表。1900年《德国民法典》是20世纪工业时代民法典的代表。同样，我国1986年制定的《民法通则》，则是我国计划商品经济时代的产物。改革开放推动了社会的整体转型，转型期是现代化进程中重构社会秩序的必经阶段。伴随着经济高速增长、利益分化明显和社会急剧变迁，社会矛盾凸显和社会纠纷频发成为转型期国家治理必须要面对的基本现实。① 与传统民法典相比较，21世纪现代民法典必须充分反映时代精神和时代特征，有所创新，有所发展，真正体现民法典与时俱进的品格。

首先，21世纪是生态经济时代。生态经济不同于以往的农业经济和工业经济，它是实现经济发展与生态保护、自然生态与人类生态有机统一和可持续发展的经济。因此，人与自然和谐相处，是人类社会进入21世纪后面临的重大课题。多年来，粗放型发展方式不但使我国能源、资源不堪重负，而且造成大范围雾霾、水体污染、土壤金属超标等突出环境问题。为此，在党的十八届五中全会上，习近平总书记提出"五大发展理念"，将绿色发展作为关系我国全局的一个重要发展理念。我国《民法典》充分贯彻了绿色发展理念，主要体现在以下四个方面：其一，《民法典》第9条确定了"绿色原则"，从基本原则层面提出了生态环境保护的要求。这也为后面各分编围绕"绿色原则"加以贯彻提供了基础。其二，《民法典·物权编》对"绿色原则"的具体制度作出了相应的规定。如《民法典》第286条规定了业主"相关行为应当符合节约资源、保护生态环境的要求"；《民法典》第326条还规定了用益物权的行使规范，要求"用益物权人行使权利，应当遵守法律有关保护和合理开发利用资源、保护生态环境的规定"；《民法典》第346条增设了建设用地使用权的绿色合法原则，体现了建设用地使用权一章对绿色理念的贯彻。其三，《民法典·合同编》对"绿色原则"也作出了回应。合同编通则部分着眼于市场交易中合同履行这个关键环节，在《民法典》第509条第3款规定："当事人在履行合同过程中，应当避免浪费资源、污染环境和破坏生态。""绿色原则"还在分编部分典型合同中有具体体现，如《民法典》第619

① 参见付子堂、池通：《新中国法治话语之变迁：1949—2019》，载《上海政法学院学报（法治论丛）》2020年第3期。

条规定,出卖人交付标的物时,包装没有通用方式的,“应当采取足以保护标的物且有利于节约资源、保护生态环境的包装方式。”其四,《民法典·侵权责任编》是“绿色发展”理念在分编中最集中的体现。《民法典·侵权责任编》较原《侵权责任法》最突出的变化之一,是增加了生态破坏责任,《民法典》第1232条明确规定了故意违规污染环境及破坏生态的惩罚性赔偿制度。此外,《民法典》第1234条还确立了适合生态保护的特殊的责任承担方式,即生态修复责任,并且《民法典》第1235条明确了侵权人应当承担的生态环境损害损失和费用的范围,为生态环境损害赔偿诉讼提供了法律依据。这些规定可以极大地遏制损害生态的行为,为我国生态经济的发展提供了重要法律保障。

其次,21世纪是数字时代。随着计算机和互联网技术的进步,移动通信、万物互联等技术的发展使得之前网络化时代的特征得到进一步强化和凸显,与此同时,当今社会也已经迈入了以大数据、云端、区块链为代表的数字化时代。对此,我国《民法典》及时回应:其一,顺应数字时代发展需要,将民法保护对象扩展至数据、网络虚拟财产,已经走在了世界的前列。①《民法典》第127条规定:“法律对数据、网络虚拟财产的保护有规定的,依照其规定。”互联网技术发展带来了新的数字商业模式,鉴于数字时代具有远程、迅捷、跨地域等性质,现有订立合同的制度并不能完全适用②,《民法典》第491条第2款有关互联网交易的规定、第469条对于调取查用数据的规定,还有第512条对于电子合同履行规制的规定,可以用来回应数字时代的诉求。其二,《民法典》全面聚焦于对隐私权和个人信息的保护。针对大数据背景下个人信息被泄露和买卖、数据杀熟、名誉损害等突出问题,《民法典》将自然人的个人信息纳入法律保护的范围,第111条明确规定:“自然人的个人信息受法律保护。任何组织或者个人需要获取他人个人信息的,应当依法取得并确保信息安全,不得非法收集、使用、加工、传输他人个人信息,不得非法买卖、提供或者公开他人个人信息。”《民法典·人格权编》用了八个条文构成一个规范体系,并对隐私权和个人信息进行了区别保护。《民法典》第1034条明确了个人信息的概念,第1035条强调了不得过度处理个人信息,并再次重申了处理个人信息应注意的原则和条件。同时,《民法

① 参见张鸣起:《〈中华人民共和国民法总则〉的制定》,载《中国法学》2017年第2期。

② 参见王洪亮:《电子合同订立新规则的评析与构建》,载《法学杂志》2018年第4期。

典》第 1036 条新增了处理个人信息的三项免责事由，在保护个人利益的同时，兼顾了数字时代对于个人信息的合理使用需求，为个人信息处理者划定了处理个人信息的边界。此外，《民法典》第 1037 条还通过规定个人信息主体的查阅、复制、请求更正和删除的权利，赋予个人信息主体更大的决定权和自主性。尤其是有关请求删除权，使得现实生活中自然人可以及时通过行使私力救济，减少个人信息被侵害的风险。另外，值得一提的是，随着人脸识别等生物识别技术的大规模应用，《民法典》第 1034 条新增加了对于保护生物识别信息的规定。个人的生物识别信息属于个人敏感信息，应当受到更为严格的保护，如自然人的基因、面部特征、掌纹、指纹、声纹、虹膜、笔迹等对个人而言是重要且敏感的隐私，同时也会涉及公共利益①，故而，《民法典》对此予以特别的重视。与此同时，《民法典 · 人格权编》第五章还增加了对新闻报道、舆论监督、文学艺术、报刊网络等侵犯名誉权情形的规制，这些都将在很大程度上减少数字时代所能引发的对个人权利的侵害。其三，面对数字时代的挑战，《民法典》在保障民事主体享有权利的同时，也完善了对于网络侵权的规制。《民法典 · 侵权责任编》对网络侵权责任制度进行了全面扩充，体现为第 1195 条到第 1197 条：第一，增加了反通知规则，理顺了第 1195 条"避风港原则"的"通知规则"与第 1196 条"反通知规则"之间的关系。"避风港原则"有两个重要内容，一个是"通知规则"，另一个是"反通知规则"，两个规则可以更好地保护网络表达自由与他人利益之间的平衡。第二，第 1197 条明确了"红旗原则"。如果网络侵权的事实是显而易见的，像红旗飘扬一样，"网络服务提供者知道或者应当知道"，却"未采取必要措施的"，就应当认定"网络服务提供者与该网络用户承担连带责任"，这使"红旗原则"更具可操作性，有利于司法实践。第三，针对错误通知情形的规定，第 1195 条第 3 款明确了权利人行使通知的权利与错误通知后果之间的关系，体现了权利和义务相一致的原则。② 关于网络侵权的修改，是此次侵权责任编的亮点之一，符合社会主义核心价值观，符合以人为本的思想，符合私法自治精神，更是对科技发展和数字时代的深切回应。

---

① 参见王利明：《彰显时代性：中国民法典的鲜明特色》，载《东方法学》2020 年第 4 期。

② 参见杨立新：《民法典侵权责任编草案规定的网络侵权责任规则检视》，载《法学论坛》2019 年第 3 期。

最后,21 世纪还是经济全球化时代。20 世纪 90 年代以后,经济全球化开始得到深入的发展,形成了你中有我、我中有你的全球利益共同体。法律的全球化与国际化也随着经济全球化不断融合发展。我国《民法典》接轨国际商事交易规则,在借鉴了两大法系成熟立法经验的基础上,增加了相应的法律规则。随着互联网技术的普及,《民法典》第 512 条对通过互联网等信息网络订立的电子合同的交付时间作出了规定。不仅如此,《民法典·合同编》对原有的交易规则进行了修改,原《合同法》第 51 条规定的无权处分合同由效力待定变更为确定有效,保障了这部分合同的交易稳定与安全,也进一步顺应经济全球化的发展需要。①

3. 立足国情的民族性

《民法典》不仅体现时代精神,还是民族精神的立法表达。《民法典》不仅是从广博的世界法治文明中来,也是从新中国的法治实践中来,更是从中华民族的历史文化中来。"法律首先是由民族特性,也就是民族精神决定的"②,《民法典》的民族性体现的是一个民族的政治立场、经济水平与文化传统③,社会主义核心价值观传承了民族精神,无论是在政治理念方面,还是在经济制度方面,或是在思想文化方面,《民法典》都表现出了中国智慧与中国特色。

在政治理念方面,《民法典》弘扬了社会主义核心价值观。《民法典》第 1 条就开宗明义地指出其立法宗旨之一是"弘扬社会主义核心价值观"。其中,"富强、民主、文明、和谐"是《民法典》编纂的旗帜和方向,对《民法典》制度设计的价值理念具有统领作用;"自由、平等、公正、法治"是《民法典》编纂的"骨架"和基本原则,反映了中国特色社会主义的基本属性,是《民法典》制度设计的灵魂;"爱国、敬业、诚信、友善"是民法典编纂的根本遵循和落脚点,是公民的基本道德规范,是公民必须恪守的基本道德准则。④ 社会主义核心价值观在《民法典》中最主要的表现形式有两种:基本原则和具体规范。

---

① 参见王利明:《彰显时代性:中国民法典的鲜明特色》,载《东方法学》2020 年第 4 期。

② [美]E. 博登海默:《法理学——法哲学及其方法》,邓正来、姬敬武译,华夏出版社 1987 年版,第 79 页。

③ 参见许中缘:《政治性、民族性、体系性与中国民法典》,载《法学家》2018 年第 6 期。

④ 参见钟瑞栋:《社会主义核心价值观融入民法典编纂论纲》,载《暨南学报(哲学社会科学版)》2019 年第 6 期。

首先,《民法典》的基本原则反映了社会主义核心价值观。在《民法典》的第一编第一章中就规定了民法的基本原则,其中第 4 条"平等原则"、第 5 条"自愿原则"、第 6 条"公平原则"、第 7 条"诚实信用原则"以及第 8 条"守法和公序良俗的原则",分别体现出了社会主义核心价值观中的平等、自由、公正、诚信和法治等价值,并通过基本原则,将以上理念贯穿于整个《民法典》之中。

其次,《民法典》在民事具体规范方面也贯穿和体现了社会主义核心价值观。例如,第 1043 条强调,"家庭应当树立优良家风,弘扬家庭美德,重视家庭文明建设"就是对我国"文明"传统的承继;第 1077 条增加的离婚冷静期的规定则是社会主义核心价值观中的"和谐"价值的体现;第 183 条和第 184 条分别规定了"见义勇为"的特别请求权以及"对善意救助人责任豁免"的"好人条款",并在第 1217 条对机动车交通事故好意同乘规则进行了规定,这些条文都体现了《民法典》对"友善"价值的倡导;而第 185 条对英烈的姓名、肖像及名誉等人格利益的保护,则是表现出了对于国家的热爱和尊重,这是《民法典》对"爱国"价值的强调。

在经济制度方面,《民法典》着力保障社会主义市场经济的健康发展。世界主要国家和地区的市场经济模式形态多种多样,其中包括以美国为代表的企业自主型市场经济(又称"个人资本主义经济")、以德国为代表的社会市场经济(又称"互助资本主义经济")、以日本为代表的"政府主导型市场经济"以及以欧洲一些国家为代表的"福利市场经济"等。与这些国家不同,中国实行的是以公有制为基础、多种所有制经济共同发展的社会主义市场经济体制。对于如何实现公有制与市场经济的有机结合这一人类历史上的全新问题,《民法典》设置了一系列具体规则,以保障公有制和市场经济的融合与发展。① 例如,《民法典》在第 206 条明确提出了对于我国基本经济制度和市场经济原则的坚持,在物权编分别规定了国家所有权、集体所有权和私人所有权,在第 207 条中强调了对以上所有权制度进行平等保护。此外,《民法典》还对能够进入市场的各类交易客体予以了明确,并对交易的形式作出了规定,使劳动、土地、知识、技术等各种生产要素进入市场流通并通过市场进行评价的机制得以确立。另外,《民

① 参见王利明:《〈中华人民共和国民法典〉的中国特色、实践特色和时代特色》,载《秘书工作》2020 年第 6 期。

法典》还在总结农村土地经营权改革经验的基础上,新增土地经营权制度,进一步巩固了农村土地"三权分置"的改革成果。除了《民法典·物权编》体现了《民法典》对于社会主义市场经济制度的保障之外,《民法典·合同编》同样也有促进社会主义市场经济制度发展的规定,而这些规定主要是通过进一步强化私法自治,维护交易安全,充分鼓励交易的方式予以实现。例如,第469条中增加了合同订立的形式,体现了《民法典》对交易的鼓励。再如,关于合同成立时间,第483条规定:"承诺生效时合同成立,但是法律另有规定或者当事人另有约定的除外",其中的但书部分使得意思自治在合同的成立时间上也能发挥作用,表现出了《民法典》对于私法自治的强化。

在思想文化方面,《民法典》保护了中华民族传统文化的传承。"法律乃是那些内在的,默默地起作用的力量的产物,深深地植根于民族之中,而且其真正的源泉乃是普遍的信念、习惯和民族的共同意识。"①为此,我国《民法典》立足本土化,把保护见义勇为行为、关注弱势群体、尊老爱幼等中华民族传统美德具体化为民事法律规范。例如,第16条对胎儿利益的保护,第184条对见义勇为行为的保护;《民法典·物权编》第十四章增加了居住权制度;婚姻家庭编对收养年龄的降低,对收养人数的增加,以及对收养条件的放宽;第1141条的"必留份"制度对缺乏劳动能力又没有生活来源的继承人给予特殊的例外保护,这些规定都体现了中华民族的传统文化和传统美德。

4. 求真严谨的科学性

民事立法是一门科学。科学分为三个层次:第一层次是科学精神,第二层次是科学方法,第三层次是科学技术。《民法典》的编纂只有首先坚持科学精神才能展现与时代相顺应的先进性。实事求是是科学精神的核心,开拓进取是科学精神的活力。马克思曾指出:"立法者应该把自己看作一个自然科学家。他不是在制造法律,不是在发明法律,而仅仅是在表述法律……"②习近平总书记在党的十八届四中全会上指出:"科学立法的核心在于尊重和体现客观规律。"③我国《民法典》顺应社会发展的客观规律,充分体现了求真严谨的科学

---

① [美]E.博登海默:《法理学——法哲学及其方法》,邓正来、姬敬武译,华夏出版社1987年版,第88~89页。

② 《马克思恩格斯全集》(第1卷),人民出版社1956年版,第183页。

③ 《中共中央关于全面推进依法治国若干重大问题的决定》,人民出版社2014年版,第52页。

精神。这主要体现在我国《民法典》与以往传统民法典不同,它是一部以人为中心的现代民法典。

如前文所述,《法国民法典》《德国民法典》产生的时代,正是欧洲处在近代工业革命带来的生产力飞跃式发展阶段。马克思曾指出:“资产阶级在它不到一百年的阶级统治中所创造的生产力,比过去一切时代创造的全部生产力的总和还要大。”①这种生产力飞跃式发展,进一步促进了资产阶级的自私和膨胀,使资本的恶性凌驾于人性之上。正如马克思所指出的:“资本来到世间,从头到脚,每个毛孔都滴着血和肮脏的东西。”②可以这样说,近代资本的积累都是以占有、掠夺财产和劳动力为前提。正因如此,我们通过考察近代历史可以发现一种奇特现象,1804 年《法国民法典》出台前后,拿破仑共发动 60 多场战争;1900 年《德国民法典》出台后,德国先后发动两次世界大战;日本在 19 世纪末制定《日本民法典》后,也先后发动了多次侵略战争,都犯下了反人类的罪行。近代的战争都是资本主义国家以掠夺资源、资本积累为目的,以牺牲人的生命和自由为代价。由此可见,《法国民法典》《德国民法典》的时代,正是一个“以物为本”的时代,而不是“以人为本”的时代,那时候的人格权,如生命权、身体权、人身自由、人格尊严,并没有受到应有的重视,当时人类社会的文明和思想观念还没有达到现代的程度。

当今社会已经进入“以人为本”的时代。一方面是两次世界大战使人们认识到人权保护的必要性,促成了 1945 年《联合国宪章》和 1948 年《世界人权宣言》的诞生。另一方面是马克思主义“以人为本”哲学思想得到广泛传播,并普遍被人们所接受。当今社会,对人本身的关注日益成为现代哲学的思想主流。基于上述两方面,20 世纪中叶,人类社会出现了“以财产为中心”到“以人为中心”的整体转向,这是人类社会文明程度得以大幅度提升的重要标志,法律对这一转向的回应,就是公法领域人权的兴起、私法领域人格权的兴起。新《荷兰民法典》开宗明义地指出:“在荷兰,人人自由,都有资格享有民事权利。任何性质任何理由对人奴役,都是不能容忍的。”日本学者田中耕太郎则认为“私法的基

① 《马克思恩格斯文集》(第 2 卷),人民出版社 2009 年版,第 36 页。
② 《资本论》(第 1 卷),人民出版社 2004 年版,第 871 页。

本概念是人”。[①] 现代民法就是要充分体现以人为本和人的自由全面发展，改变传统民法典人格权制度长期缺失的现象。现代民法的理念就是集中体现对人的终极关怀。民法必然要求尊重个人人格，尊重个人主体地位，尊重人格尊严。[②]

我国《宪法》和《国家人权行动计划（2016—2020）》对尊重和保障人权做了明确规定和具体规划。我国《民法典》编纂对这一转向作出了积极回应，其标志就是突破了传统《民法典》的立法模式，实现了人格权独立成编。我国《民法典》实现人格权独立成编，反映了人类社会发展的必然趋势，是以人为本时代的必然产物，是现代民法典的必然要求，是科学立法的必然结果。我国《民法典》体现了科学立法、民主立法的精神，必将成为世界现代民法典立法的典范。[③]

第二节　民法的调整对象

我国《民法典》第 2 条规定：“民法调整平等主体的自然人、法人和非法人组织之间的人身关系和财产关系。”因此，我国民法的调整对象可以界定为“平等主体的自然人、法人和非法人组织之间的人身关系和财产关系”。民法调整对象被设置在我国《民法典》的第 2 条，具有一定的宣誓意义。这一条文的意义在于：不仅在观念上宣示了民法的法域独立性，而且也在规范技术上明确了民法的调整范围。相较于《民法通则》，该条款的表述由“民法调整平等主体的公民之间、法人之间、公民和法人之间的财产关系和人身关系”修改为“民法调整平等主体的自然人、法人和非法人组织之间的人身关系和财产关系”。表述体现出两点变化：一是民事主体由公民、法人二元变成自然人、法人、非法人组织三元；二是将人身关系提到财产关系的前面，强调了我国民法对人身权利的保护，

① ［日］星野英一：《私法中的人以民法财产法为中心》，王闯译，载梁慧星主编：《民商法论丛》（第 8 卷），法律出版社 1997 年版，第 154 页。

② 参见杨震、孙毅：《我国民法典的时代价值》，载《求是学刊》2021 年第 5 期。

③ 参见杨震：《以人民为中心的新时代民法典》，载《黑龙江日报》2020 年 6 月 10 日，第 2 版。

凸显了我国社会主义新时期人身关系的优越性。[①]

所谓平等主体，是指参与民事活动的当事人在民法上具有平等地位和身份，法律地位完全平等。民事主体各自有自己的独立意志和自由，任何一方都不得凌驾于另一方之上，把自己的意志强加于另一方。平等主体强调主体以平等的身份进入具体的社会关系当中，而不是在一般意义上判断主体间的平等性。例如，国家和公民虽然在一般意义上不是平等关系，但只要在其间发生的具体法律关系中，各个主体都是以平等的身份出现的，即可判断其具有平等性，应当受到民法的调整。再如，即使这些主体存在着劳动人事关系、行政隶属关系、尊卑血亲关系等，在民事活动中也一律平等。自然人、法人、非法人组织作为民事主体，具有平等的法律地位。不平等的法律主体之间形成的社会关系不是民法的调整对象，而应由其他部门法予以调整。平等性是民法最重要的属性。在所有部门法中，唯有民法将平等主体之间的人身关系和财产关系作为其调整对象，将平等作为贯穿于民事活动始终的基本制度。

平等主体的平等性体现在：第一，法律地位平等。在现实生活中，自然人、法人和非法人组织总是处于不同的社会关系中。如当处于行政关系之中时，是服从与命令的关系。但在民事关系中，不承认任何一方当事人的特殊地位，不承认任何一方当事人享有特权。第二，适用规则平等。任何个人，不论其在行政关系中是不是负责人，在民事关系中都是普通自然人；任何组织，不论其在行政关系中是否是权力机关，在民事关系中都是普通法人或非法人组织。法律规则平等适用，具有普遍拘束力，除法律规定外，不存在任何特殊规则，不允许法外特权。第三，权利保护平等。民法对民事主体合法权益的保护，适用相同的保护规则。对在民事活动中违反法律规定、合同约定的当事人，民法规定的法律责任一体适用，为权利人提供平等保护和救济。民法作为私法的根基，调整的是具有平等性的社会关系。与此相对应，公法调整的社会关系往往具有隶属性。[②]

民法的调整对象将人身关系调整到财产关系之前，这种表述次序变化的主

---

① 参见龙卫球主编：《中华人民共和国民法典总编释义》，中国法制出版社 2020 年版，第 6 页。

② 参见最高人民法院民法典贯彻实施工作领导小组主编：《中华人民共和国民法典总则编理解与适用》，人民法院出版社 2020 年版，第 27 页。

要原因,是随着社会发展,民法越来越重视人身关系规范和人身权利保护。一方面,当今社会复杂化导致人身关系特别是其中的人格权理念得到极大发展;另一方面,当今社会人权观念彰显,体现了人身关系比财产关系更具有优先性的私法价值观。[①] 人们逐渐认识到,人身关系的价值更接近主体的内在,当代民法在努力提高人的"人格地位"上,所表现出来的广度和深度是显而易见的[②],尤其是第二次世界大战以来,由于受"人权运动"影响,各国尤其关注人格权的保护及其地位规定。在美国,沃伦法院时期接受了人身权优先地位说,不仅扩大了具体人格权利本身的实体内容,还将人权法案保障的权利约束力扩及各州;[③]在大陆法系国家,立法和司法逐渐扩大和加强对人格权的维护,也出现了所谓的"人格性正在向财产夺回桂冠"的现象。[④]

平等的民事主体之间的社会关系本身丰富多样而且不断发展,但从类型化的角度来说,近代以来最主要的一种目的归类就是可以分为人身关系和财产关系,前者旨在实现人身利益,包括人格和身份,后者旨在实现财产利益,包括物权关系、合同关系等。对于一些特别领域,在不同法域可能不尽相同。例如,商法、知识产权法等部门法在有些国家(如荷兰、比利时、西班牙等)就不属于民法。[⑤] 与上述国家不同,我国民法在传统上属于"民商合一"的国家,表现为一种"大民法",如《民法典·总则编》第五章关于民事权利的规定中,就将股权和其他投资性权利、知识产权等权利明确予以列举。因此,我国民法调整的平等民事主体间的人身关系和财产关系,范围十分广泛。[⑥]

一、民法调整的平等主体的人身关系

人身关系是民事关系的一种,是人格关系和身份关系的合称,是指民事主

---

① 参见杨立新:《我国民法典立法思想的选择和坚守——从〈民法总则〉制定中的立法思想冲突谈起》,载《法制与社会发展》2018 年第 4 期。

② 参见[日]星野英一:《私法中的人——以民法财产法为中心》,王闯译,载梁慧星主编:《民商法论丛》(第 8 卷),法律出版社 1997 年版,第 182 页。

③ 参见[美]伯纳德·施瓦茨:《美国法律史》,王军等译,中国政法大学出版社 1989 年版,第 245 页。

④ 参见[日]星野英一:《私法中的人——以民法财产法为中心》,王闯译,载梁慧星主编:《民商法论丛》(第 8 卷),法律出版社 1997 年版,第 182 页。

⑤ 参见[德]卡尔·拉伦茨:《德国民法通论》,王晓晔等译,法律出版社 2003 年版,第 9 ~ 10 页。

⑥ 参见龙卫球主编:《中华人民共和国民法典总则编释义》,中国法制出版社 2020 年版,第 8 页。

体基于相互间一定的人格和身份而形成的法律关系。平等主体之间的人身关系，是指平等主体之间与人身不可分离而无直接财产内容的社会关系。一般认为，人身中的“人”是指人格，“身”是指身份。人格是指作为民事主体的“人”所应当具备的主体性要素的总和，主要包括生命、健康、姓名、名称、隐私、肖像、名誉、荣誉等人格要素。身份的概念在历史上经历了变化的过程，现在主要是指民事主体在亲属法中的相应地位。人身关系主要存在于自然人之间，其他民事主体在一定条件下也可以形成人身关系，如村委会作为监护人等情形。民法调整的人身关系，就是人格关系和身份关系。这两类法律关系在民法上表现为人格权和身份权。前者是具有非财产性、专属性、固有性的社会关系，后者是亲属之间的具有非财产性、身份性和义务性的社会关系。民法调整人身关系，突出对人格利益和身份利益等精神利益的保护，体现人的尊严、人格平等和人格自由。

民法调整的人身关系包括三类：(1)基于民事主体人格产生的人身关系。主要是自然人、法人、非法人组织的人格权，包括自然人的生命权、身体权、健康权、姓名权、肖像权、名誉权、荣誉权、隐私权、婚姻自主权等权利；法人、非法人组织的名称权、名誉权、荣誉权等权利。(2)基于民事主体一定身份产生的人身关系。如自然人基于亲属关系产生的亲权（夫妻之间、父母子女之间的身份权）；基于监护关系产生的监护权；民事主体基于知识产权获得的权利（如著作权、专利权、商标权中的人身权）。(3)基于其他社会关系产生的身份权，如荣誉权。①

二、民法调整的平等主体的财产关系

财产关系是指民事主体间基于财产而形成的法律关系。民法中的财产关系主要包括财产所有关系和财产流转关系，都是横向的财产关系，都由我国民法调整。财产所有关系是民事主体在占有、使用、收益和处分物的过程中所产生的社会关系，表明财产的归属关系。财产流转关系是民事主体在转移物的过程中所产生的社会关系，包括物的流转关系、遗产流转关系以及其他财产流转

① 参见最高人民法院民法典贯彻实施工作领导小组主编：《中华人民共和国民法典总则编理解与适用》，人民法院出版社 2020 年版，第 30 页。

关系,其中物(商品)的流转关系是最主要的财产流转关系。财产所有关系着眼于利益的享有,是享有的自由和安全,主要由民法中的物权制度来保障。财产流转关系着眼于利益的获得,是交易的自由和安全,主要由民法中债和合同制度来保障。民法调整财产所有关系的目的在于维护财产的归属秩序,以保护财产的静态安全;调整财产的流转关系的目的在于维护财产的交易安全和秩序,以保护财产的动态安全。从这个意义上,以所有权为核心的物权制度和以合同为核心的债法制度,是一个国家民事法律制度的核心,是支撑市场经济的两大法律基石。①

"财产"一词,是大陆法系和英美法系的共用概念。民法中的财产是指一切具有经济属性的客体,包括积极财产和消极财产。财产可以是有形的,如不动产;也可以是无形的,如债。需要注意的是,人身关系与财产关系是对民事关系的理论划分,在具体生活实践中,人身关系与财产关系可能交织在一起,而非截然分开。②

第三节　民法的渊源

一般而言,法律渊源,是指法律的形式渊源。民法的渊源是指民事法律规范借以表现的形式,它主要体现在各个国家机关根据其权限所制定的各种规范性文件之中。③ 我国民法的渊源具体包括:

一、宪法

《民法典》第1条规定:"为了保护民事主体的合法权益,调整民事关系,维护社会和经济秩序,适应中国特色社会主义发展要求,弘扬社会主义核心价值观,根据宪法,制定本法。"《民法典》的立法依据是《宪法》,即"根据宪法,制定

---

① 参见最高人民法院民法典贯彻实施工作领导小组主编:《中华人民共和国民法典总则编理解与适用》,人民法院出版社2020年版,第31页。

② 参见张新宝:《〈中华人民共和国民法典·总则〉释义》,中国人民大学出版社2020年版,第5页。

③ 参见王利明主编:《民法》,中国人民大学出版社2022年版,第28页。

本法”。《宪法》是国家的根本法，由全国人民代表大会制定，并具有最高的法律效力。毫无疑问，《宪法》作为国家的根本大法，理应成为民法的渊源，《宪法》确立了国家的基本政治、经济制度，《宪法》中关于社会主义建设方针和路线的规定、关于财产所有制和所有权的规定、关于公民基本权利和义务的规定等，都是调整民事关系的重要法律规范。

二、民事法律

民事法律是由全国人民代表大会及其常务委员会制定和颁布的民事立法文件，是我国民法的主要表现形式。

民事法律主要由两部分组成：第一，《民法典》。《民法典》由总则编、物权编、合同编、人格权编、婚姻家庭编、继承编以及侵权责任编构成。第二，民事单行法，如《票据法》《证券法》《企业破产法》《公司法》等。《民法典》是基础性法律，是私法的基本法，在《民法典》的统领下，各项民事法律构成了一个有机统一的整体。

三、行政法规和地方性法规

国务院是最高国家行政机关，它可以根据宪法、法律和全国人民代表大会常务委员会的授权，制定、批准和发布法规、决定和命令，其中有关民事的法规、决定和命令，是民法的重要表现形式，其效力仅次于宪法和民事法律。

地方性法规，是指地方各级人民代表大会及其常务委员会，在宪法、法律规定的权限内所制定、发布的决议、命令、法规等规范性法律文件。地方性法规是地方国家权力机关依据宪法的授权而制定的规范性法律文件，同样具有法的效力，其中调整民事关系的内容属于民法的渊源。

四、行政规章

根据《立法法》的规定，行政规章是指国务院各部委以及各省、自治区、直辖市的人民政府和省、自治区的人民政府所在地的市以及设区的市的人民政府根据宪法、法律和行政法规等制定和发布的规范性文件。一些行政规章也包含有民事法律规范，可以调整民事关系。不过需要注意的是，《裁判文书引用法律、法规等规范性法律文件的规定》并没有将行政规章作为民事裁判可以直接引用的裁判依据,但《裁判文书引用法律、法规等规范性法律文件的规定》第 6 条规定,对于行政规章,法官根据审理案件的需要,经审查认定为合法有效的,可以作为裁判说理的依据,因此,在民事裁判中,行政规章如果经过人民法院的审查认定为合法有效的,也可以成为民事裁判说理的依据。①

五、自治条例和单行条例

自治条例和单行条例中的民事规范也可以成为民法的渊源。所谓自治条例,是指民族自治地方(自治区、自治州、自治县)的人民代表大会依据宪法和法律,结合本民族自治地区情况所制定的、管理自治地方事务的综合性法规。所谓单行条例,是指民族自治地方(自治区、自治州、自治县)的人民代表大会在宪法和法律所规定的自治权范围内,结合本民族地区的情况,就某方面具体问题所制定的法规。②《裁判文书引用法律、法规等规范性法律文件的规定》第 4 条规定:"民事裁判文书应当引用法律、法律解释或者司法解释。对于应当适用的行政法规、地方性法规或者自治条例和单行条例,可以直接引用。"

六、民事司法解释

最高人民法院配合全国性的民事法律定期颁布属于审判工作中相关的法律适用办法,即民事司法解释。在我国的司法实践中,几乎每一个重要的全国性法律都有配套的司法解释,它通常是对法律条款的进一步解释或补充,一方面是对法律规定在司法实践中适用进行指引,或者对某个概念的具体意义进行解释;另一方面是对法律漏洞进行补充,即对法律没有规定而应当规定的内容进行补充,从而使相应的规范更加完善。③ 虽然,司法解释从法理的角度来看并不属于法律体系的组成部分,但它事实上已经成为我国各级人民法院处理案件的裁判规则,并可以被法官直接援引,所以民事方面的司法解释事实上已经成为民事法律渊源的重要部分。④

2021 年 1 月 1 日,《民法典》正式实施,最高人民法院同时发布了与《民法

① 参见王利明主编:《民法》,中国人民大学出版社 2022 年版,第 30 页。
② 参见孙国华主编:《中华法学大辞典》(法理学卷),中国检察出版社 1997 年版,第 321 页。
③ 参见傅静坤:《民法总则》,中山大学出版社 2014 年版,第 13 页。
④ 参见王利明主编:《民法》,中国人民大学出版社 2022 年版,第 30 页。

典》相配套的第一批新的司法解释，共七件，涉及时间效力、婚姻家庭、继承、物权、建筑工程合同纠纷、劳动争议、担保制度等方面，即《时间效力规定》《婚姻家庭编解释（一）》《继承编解释（一）》《物权编解释（一）》《建设工程施工合同司法解释（一）》《劳动争议司法解释（一）》《民法典担保制度司法解释》。这些司法解释于 2021 年 1 月 1 日与《民法典》同步施行。其后，最高人民法院陆续发布《民法典》其他相关的司法解释，其中，《总则编解释》于 2022 年 3 月 1 日起施行，《总则编解释》主要解决了《民法典》与旧法的有序衔接问题，系统梳理了人民法院在长期司法实践中总结积累的经验智慧，并回应了《民法总则》施行后亟待明确的具体法律适用问题。这些司法解释的颁布实施，对最高人民法院指导各级人民法院正确审理相关案件、统一裁判标准、确保《民法典》统一正确实施，实现高质量司法具有重要而现实的意义。

七、不违背公序良俗的民事习惯

我国是幅员辽阔的统一多民族国家，人们在长期的社会生活中形成的习惯，在民法渊源中具有一定的意义。《民法典》第 10 条明确了习惯可以作为法源适用。在具体适用上，《民法典》第 10 条规定："处理民事纠纷，应当依照法律；法律没有规定的，可以适用习惯，但是不得违背公序良俗。"也就是说，存在具体法律规则时，应当优先适用具体的法律规则，而不能直接适用习惯法；只有不存在具体的法律规则时，法官才能考虑适用习惯法。在我国审判实践中，习惯作为法源多见于与丧葬事宜相关的案件，如遗体瞻仰、告别、吊唁、祭奠等。需要注意的是，此处所讲的习惯不同于当事人之间形成的普通生活习惯或交易习惯。

（一）习惯的认定

所谓习惯，依据《总则编解释》第 2 条第 1 款规定："在一定地域、行业范围内长期为一般人从事民事活动时普遍遵守的民间习俗、惯常做法等，可以认定为民法典第十条规定的习惯。"习惯，是社会生活中作为一个群体的民事主体长期以来所共同承认并遵守的准则。作为法源意义上的习惯，其核心要义在于能够在一定范围内为特定群体长期确信并自觉遵守。这就意味着，判断是否构成民法法源的习惯，关键在于该民间习俗、惯常做法等是否具备两方面的条件：一是是否具有长期性、恒定性、内心确信性，二是是否具有具体行为规则属性，即能够具体引导人们的行为,并非宽泛的道德评价标准。

(二)习惯的证明

"谁主张,谁举证。"当事人主张适用习惯的,依据《总则编解释》第2条第2款规定:"当事人主张适用习惯的,应当就习惯及其具体内容提供相应证据;必要时,人民法院可以依职权查明。"关于习惯的证明,主要涉及举证责任的分配问题。对于习惯是否存在、何为习惯的具体内容,这首先是一项事实问题。因此,当事人主张适用习惯的,应当依据《民事诉讼法》第67条第1款的规定"谁主张,谁举证",必要时,人民法院可以依职权查明。主张适用习惯的当事人应负主要的举证责任,主要是考虑我国幅员辽阔、风俗多样,人员流动情况复杂,法官事实上难以真正了解掌握当地习惯的情况。采取当事人主张并提供证据为主,人民法院依职权查明为辅的方式,不仅符合《民事诉讼法》第67条第2款规定的精神,也是立足我国国情,确保《民法典》第10条规定有效施行的可行做法。[①]

(三)习惯的适用

《民法典》明确习惯要作为裁判依据,必须是在法律没有具体规定的前提下,且该习惯不得违背公序良俗,不得背离社会主义核心价值观。由于我国历史悠久,不少习惯中文明与糟粕并存,有必要对习惯的适用采取审慎的态度。[②]为此,《总则编解释》第2条第3款明确规定:"适用习惯,不得违背社会主义核心价值观,不得违背公序良俗。"有些善良的民风民俗值得提倡,如邻里间互帮互助的传统,在疫情防控的时候就体现得尤为珍贵和现实。但也有某些恶劣民间风俗背离了民主文明和谐的基本核心价值,既不文明还破坏了和谐,譬如天价彩礼。彩礼是中国自古有之的婚嫁习俗之一,但跟天价挂钩,就远远超出了一般家庭的正常承受范围,不是见证爱情的助推器而是走向婚姻殿堂的绊脚石。这样的风俗习惯,显然不符合社会主义核心价值观。此外,在社会层面,有一些风俗习惯、惯常做法并没有遵循平等和法治的要求,甚至还限制了自由。例如,"父母之命,媒妁之言"就妨碍了婚姻自由,不能成为自然人婚姻的

---

① 参见郭锋、陈龙业、蒋家棣、刘婷:《〈关于适用民法典总则编若干问题的解释〉的理解与适用》,载《人民司法》2022年第10期。

② 参见张新宝:《〈中华人民共和国民法典·总则〉释义》,中国人民大学出版社2020年版,第21页。

行为准则，这种陋习实际上剥夺了当事人婚姻自由的法定权利。另外，很多商主体特别是具有一定市场垄断地位的商事主体，往往会利用自己的优势地位来剥夺消费者平等消费、公正消费的合理需求。主要的手段就是通过大量的格式合同设定不公正不平等的条款，免除自己的义务，增设自己的不当权利。这种所谓的惯常做法或交易惯例严重背离了自由、平等、公正、法治的社会主义核心价值观。

八、国际条约和国际惯例

国际条约是指两个或两个以上国家之间、国际组织之间，或者国家与国际组织之间就政治、军事、经济、贸易、法律、文化等方面的问题确定其相互权利、义务的协议。国际条约一般不能直接作为国内法的渊源，只能作为涉外民事关系的民法渊源。通常我国缔结或者参加的国际条约在与我国法律有不同规定时，除声明保留的条款外，应适用国际条约。

国际惯例也被称为国际习惯，在我国民事立法和我国缔结或者参加的国际条约均没有规定的情况下，可以适用国际惯例。从以上两个角度来说，我国签订或加入的国际条约以及国际惯例，也可以作为我国民法的渊源。①

第四节 民法的适用

一、民法的适用范围

民法的适用范围，即民法的效力范围，是指民法发生作用的范围，通常包括民法在时间上的适用范围、在空间上的适用范围，以及对人的适用范围。②

（一）民法在时间上的适用范围

民法在时间上的适用范围，是指民事法律规范在时间上所具有的法律效力，即民事法律规范何时生效，何时终止生效以及民事法律规范对其颁布实施

① 参见王利明主编：《民法》，中国人民大学出版社2022年版，第31页。

② 参见刘金霞、温慧卿编著：《新编民法原理与实务》，北京理工大学出版社2017年版，第10页。

前的事件和行为是否具有溯及力的问题。具体包括：民法的生效、民法的失效及民法有无溯及既往的效力。

民事法律规范开始生效的时间通常有以下两种情况，一是自民事法律颁布之日起生效，二是民事法律通过并颁布以后，经过一段时间再生效。通常来说，民法效力自实施之日发生，至废止之日停止。如果立法未对已生效的法律明文废止或修改，一般认为该法律一直有效。《民法典》于 2021 年 1 月 1 日起生效施行。依据《民法典》第 1260 条规定，《民法通则》于 2021 年 1 月 1 日同时废止。

民事法律规范有无溯及既往的效力问题，是民法在时间适用范围上的一个重要问题。法律是否溯及既往，是指新的法律颁布实施后，对它生效之前发生的事件和行为是否适用。如果适用，就具有溯及力；如果不适用，就不具有溯及力。[①] 通常情况下，新法没有溯及既往的效力。

关于《民法典》的溯及力问题，最高人民法院在全面清理司法解释的同时，制定发布的第一批司法解释中的第一部即为《时间效力规定》（法释〔2020〕15号）。该司法解释由一般规定、溯及适用的具体规定、衔接适用的具体规定、附则四个部分组成，具体涵盖内容如下：[②]

1.《民法典》以不溯及既往为基本原则

法不溯及既往是在世界大部分范围内达成共识的法的时间效力基本原则，我国亦明确规定了该原则。《立法法》第 93 条规定："法律、行政法规、地方性法规、自治条例和单行条例、规章不溯及既往，但为了更好地保护公民、法人和其他组织的权利和利益而作的特别规定除外。"

《民法典》亦不例外。对此，《时间效力规定》开宗明义，在第 1 条第 1 款、第 2 款中明确了《民法典》不溯及既往的基本原则。上述两款的核心要素为：以《民法典》施行时间（2021 年 1 月 1 日）为界，向后适用；向前原则上不适用，可有例外，但例外需有另行规定。需说明的是，此处第 1 款、第 2 款的法律事实是指发生并已完成的法律事实，以区别于该条第 3 款的相关规定。

---

① 参见公丕祥：《法理学》，复旦大学出版社 2002 年版，第 384 页。

② 参见李炜主编：《民法典适用的时间效力及溯及力》，载澎湃新闻 2021 年 2 月 19 日，https://www.thepaper.cn/newsDetail_forward_11384150。

具体包括以下规定：

第一，《民法典》施行后的法律事实引起的民事纠纷案件，适用《民法典》的规定。（《时间效力规定》第 1 条第 1 款）

第二，《民法典》施行前的法律事实引起的民事纠纷案件，适用当时的法律、司法解释的规定，但是法律、司法解释另有规定的除外。（《时间效力规定》第 1 条第 2 款）

第三，《民法典》施行前的法律事实持续至《民法典》施行后，该法律事实引起的民事纠纷案件，适用《民法典》的规定，但是法律、司法解释另有规定的除外。（《时间效力规定》第 1 条第 3 款）

2. 持续跨越《民法典》实施前后的法律事实适用《民法典》

鉴于持续状态的法律事实有特殊性，《时间效力规定》第 1 条第 3 款对法律事实处于持续状态且跨越新法实施前后的溯及力问题进行了专门规定。法律事实如果发生在《民法典》施行以前，并且一直持续至《民法典》施行后，因"该法律事实引起的民事纠纷案件，适用民法典的规定"。但书中的除外情形是法律、司法解释另有规定。

对《时间效力规定》第 1 条第 3 款的理解，需要把握以下几点：

第一，该规定的本质在于将该类法律事实视为等同于第 1 条第 1 款规定的"民法典施行以后发生的法律事实"。

第二，与第 1 条第 1 款规定的"民法典施行以后发生的法律事实"不同的是，第 1 款无除外情形，而第 3 款有除外情形。

第三，除外情形必须另有明确的规定。

3. 溯及适用的例外情形

第一，有利溯及。《立法法》第 93 条规定法律法规不溯及既往的同时，也规定了"但为了更好地保护公民、法人和其他组织的权利和利益而作的特别规定除外"，从而树立了"有利溯及"的规则。

民法典适用亦采纳有利溯及原则，在特殊情况下溯及既往应遵循"三个有利于"原则：有利于保护民事主体合法权益；有利于维护社会和经济秩序；有利于弘扬社会主义核心价值观。

依据《时间效力规定》第 2 条的规定，对于《民法典》施行前的法律事实引起的民事纠纷案件，新旧法律均有规定时，适用当时规定，例外是适用《民法典》更有利的情形。

第二,空白溯及。法的空白溯及,也称新增规定的溯及适用,是指在之前法律法规对某一事项未作出规定,而新法作出了明确规定,法院可以适用新法用以填补漏洞或空白。空白溯及,在学理上是法不溯及既往的重要例外情形,也是在长期审判实践和一系列司法解释基础上发展而来的溯及适用的类型。[①]《时间效力规定》亦增加了空白溯及条款,依据《时间效力规定》第 3 条规定:"民法典施行前的法律事实引起的民事纠纷案件,当时的法律、司法解释没有规定而民法典有规定的,可以适用民法典的规定,但是明显减损当事人合法权益、增加当事人法定义务或者背离当事人合理预期的除外。"可见,空白溯及并非适用所有情形,《时间效力规定》同时规定了空白溯及的除外情形:如果存在"明显减损当事人权益、增加当事人法定义务或者背离当事人合理预期的",不得适用《民法典》新规。《民法典》以维护当事人民事权益为原则,不能过于增加当事人的责任和义务。[②]

第三,裁判说理。依据《时间效力规定》第 4 条规定:"民法典施行前的法律事实引起的民事纠纷案件,当时的法律、司法解释仅有原则性规定而民法典有具体规定的,适用当时的法律、司法解释的规定,但是可以依据民法典具体规定进行裁判说理。"因此,对于具体民事纠纷案件处理,《民法典》施行前没有具体规定,有原则性规定的,适用当时的法律、司法解释的规定,法院裁判文书的裁判说理部分可以依据《民法典》的具体规定。

第四,有效溯及。民事法律行为适用旧法认定无效,适用《民法典》新规认定有效的,应适用《民法典》规定。《时间效力规定》第 8 条规定:"民法典施行前成立的合同,适用当时的法律、司法解释的规定合同无效而适用民法典的规定合同有效的,适用民法典的相关规定。"有效溯及旨在从遵从当事人意思自治、尊重当事人合意、促进交易等角度进行考量。

4. 确立了既判力优于溯及力原则

既判力是指民事判决实质上的确定力、拘束力。《时间效力规定》第 5 条明

---

① 参见王利明:《一部及时配合民法典实施的重要司法解释》,载《人民法院报》2021 年 1 月 2 日,第 3 版。

② 参见王利明主编:《民法》,中国人民大学出版社 2022 年版,第 33 页。

确规定:“民法典施行前已经终审的案件,当事人申请再审或者按照审判监督程序决定再审的,不适用民法典的规定。”已经审结的案件,就产生了既判力。《民法典》施行前已经终审的案件,不得适用《民法典》的规定推翻已经生效的判决,否则就会影响生效裁判文书的公信力和权威性。

5. 溯及适用民法典的具体情形

关于溯及既往适用《民法典》的具体情形,《时间效力规定》第二部分“溯及适用的具体规定”第6条至第19条进行了规定。该部分规定了以下法律事实发生在《民法典》施行之前引发的具体民事纠纷,《民法典》具有溯及力。

第一,适用“三个有利于”规则的具体情形,包括:“侵害英雄烈士等人格利益的纠纷”适用《民法典》第185条的规定;“抵押条款和质押条款的效力”适用《民法典》第401条和第428条的规定;“无效合同补正”适用《民法典》的相关规定;“格式合同一方未履行提示说明义务的法律后果”适用《民法典》第496条的规定;“直接起诉主张解除合同”适用《民法典》第565条第2款的规定;“继承人是否丧失继承权”适用《民法典》第1125条的规定。

第二,适用空白溯及规则的具体情形,包括:“违约方终止合同”适用《民法典》第580条第2款的规定;“保理合同争议”适用《民法典》第761~769条的规定;“第二顺序继承人的代位继承”适用《民法典》第1128条第2款和第3款的规定;“打印方式遗嘱效力”适用《民法典》第1136条的规定;“自甘风险”适用《民法典》第1176条的规定;“自助行为”适用《民法典》第1177条的规定;“好意同乘”适用《民法典》第1217条的规定;“高空抛物或坠物损害”适用《民法典》第1254条的规定。

6.《民法典》与原法律司法解释的衔接适用

《时间效力规定》第三部分“衔接适用的具体规定”第22~27条,主要对持续性的履行行为采取分段适用新旧法律的规则,因《民法典》施行前履行发生争议的,适用当时规定;因《民法典》施行后履行发生争议的,适用《民法典》规定。

第一,合同履行纠纷。合同履行经常是一个连续过程,双方履约发生争议的,依据《时间效力规定》第20条规定:“民法典施行前成立的合同,依照法律规定或者当事人约定该合同的履行持续至民法典施行后,因民法典施行前履行合同发生争议的,适用当时的法律、司法解释的规定;因民法典施行后履行合同发生争议的,适用民法典第三编第四章和第五章的相关规定。”《民法典·合同编》

第四章为“合同的履行”,第五章为“合同的保全”。

第二,租赁合同纠纷。租赁是持续性行为,依据《时间效力规定》第 21 条规定,以租赁期限是否届满为要件,租赁期限在《民法典》施行前届满的,适用原规定;租赁期限在《民法典》施行后届满的,适用《民法典》第 734 条第 2 款规定。

第三,侵权纠纷。对于非典型性持续性侵权行为,依据《时间效力规定》第 24 条规定:“侵权行为发生在民法典施行前,但是损害后果出现在民法典施行后的民事纠纷案件,适用民法典的规定。”

另外还有数份遗嘱发生争议、不准离婚后再次起诉离婚、解除权人知道或者应当知道解除事由在《民法典》施行后的解除合同纠纷等,适用《民法典》相应的新规规定。

(二)民法在空间上的适用范围

民法在空间上的适用范围,是指民事法律规范在地域上所具有的效力。各国可以依据主权和领土完整的原则,来确定本国各种法律规范的空间效力范围。

《民法典》第 12 条规定:“中华人民共和国领域内的民事活动,适用中华人民共和国法律。法律另有规定的,依照其规定。”我国的领域包括领陆、领海、领空,还包括抽象意义上的领土,即根据国际法视为我国领域的我国驻外使馆,以及在我国领域外航行的我国船舶和飞行于我国领空以外的我国飞行器。

《涉外民事关系法律适用法》第 2 条规定:“涉外民事关系适用的法律,依照本法确定。其他法律对涉外民事关系法律适用另有特别规定的,依照其规定。本法和其他法律对涉外民事关系法律适用没有规定的,适用与该涉外民事关系有最密切联系的法律。”

此外,由于民事法律规范的制定机关不同,其适用的领域也不同,大体有以下两种情形:(1)全国人民代表大会及其常务委员会、国务院、国务院所属各部委等中央机关制定并颁布的民事法律和法规,适用于我国主权范围内所及的全部领域和抽象意义上的领土,但法律、法规中明确规定仅适用于某一地区的除外。(2)地方性法规、民族自治地方的自治条例和单行条例、特别行政区的民事法规,适用于制定者所辖的区域之内。①

① 参见许中缘、屈茂辉:《民法总则原理》,中国人民大学出版社 2012 年版,第 507 页。

(三)民法对人的适用范围

民法对人的适用范围,就是指民事法律规范对于哪些人具有法律效力。一国法律的对人效力,存在两种不同的理论:一是属人主义。所谓属人主义,即是以人为标准,决定法律对人的拘束力。属人主义通常以人的国籍为标准,不论其处于国内或国外,只要该人具有本国国籍,就属本国国民即可适用本国法律。二是属地主义。所谓属地主义,即是以领土主权为原则,根据地域,确定法律对人的拘束力。凡是居住在本国领土之内的人,无论其国籍属于本国还是外国,均受本国法律的管辖。①《民法典》第 12 条对属地主义作出了规定,但没有对属人主义作出规定。

二、民法的适用原则

(一)上位法优于下位法原则

上位法优先于下位法原则,是指效力较高的规范性法律文件与效力较低的规范性法律文件相冲突的情况下,应当适用效力较高的规范性法律文件。

上位法优于下位法在我国的具体表现形式是:第一,《宪法》具有最高的效力;第二,法律的效力低于《宪法》但高于其他任何法规和规范性文件;第三,行政法规的法律效力高于地方性法规、部门规章;第四,地方性法规的效力高于地方政府制定的规章。②

(二)新法优于旧法原则

《立法法》第 92 条规定了新法优于旧法原则。该原则主要适用于同一位阶的规范之间,也就是说,是针对两个具有同等级别的法律发生冲突时所适用的规则。新法优先于旧法原则存在两种情况:一是新法颁布后,旧法已经被废止,则自然应当适用新法。如依据我国《民法典》第 1260 条规定,《民法典》自 2021 年 1 月 1 日起施行,与之相关的原《婚姻法》《继承法》《民法通则》《收养法》《担保法》《合同法》《物权法》《侵权责任法》《民法总则》同时废止。二是新法颁布以后,旧法没有被废止,则旧法继续有效。如果两部法律所涉及的内容相同或

---

① 参见杨立新主编:《民法总则案例教程》,知识产权出版社 2005 年版,第 19 页。

② 参见郭明瑞等:《民商法原理》,中国人民大学出版社 1999 年版,第 79 页。

相似,则应当适用新法。[①]

(三)特别法优于普通法原则

在法理上,根据法律的适用范围有无限制,法律可以分为普通法和特别法。民事普通法,是指适用于全国领域、规定一般事项,并且无适用的时间限制的民事法律。民事特别法,是指适用于特定区域、规定特定的事项,或在适用时间上有限制的民事法律。同一国家机关制定的,具有相同等级效力的法律之间,特别法应当优先于普通法而适用。须注意,普通法与特别法的关系是相对的。[②]

对此,《立法法》第 92 条规定:"同一机关制定的法律、行政法规、地方性法规、自治条例和单行条例、规章,特别规定与一般规定不一致的,适用特别规定;新的规定与旧的规定不一致的,适用新的规定。"最高人民法院明确了民事特别法优先于民事普通法的原则,《总则编解释》第 1 条第 2 款规定:"就同一民事关系,其他民事法律的规定属于对民法典相应规定的细化的,应当适用该民事法律的规定。民法典规定适用其他法律的,适用该法律的规定。"因此,在民法适用上,以特别法优先于普通法为原则,即对于该事项有特别法规定时,应适用特别法,而不适用普通法;只在无特别法时才适用普通法,普通法起补充特别法的作用。但是如果普通法已经修改了特别法,则应当适用新法优于旧法的原则,而非适用特别法优于普通法的原则。

应当注意,在《民法典》未明确规定适用其他法律的情况下,适用单行法的前提是单行法的规定属于对《民法典》相应规定细化的规定,且不能违反《民法典》的规定,如此才能体现出《民法典》基础性法律的地位。同时,依据《立法法》第 94 条第 1 款规定:"法律之间对同一事项的新的一般规定与旧的特别规定不一致,不能确定如何适用时,由全国人民代表大会常务委员会裁决。"

为处理好《民法典》与其他民事法律的适用关系,《总则编解释》第 1 条第 2 款明确了以下两种规则:[③]

一是对于同一民事关系,其他民事法律的规定属于对《民法典》相应规定的细化的,应当适用该民事法律的规定。例如,《民法典》第 1165 条第 2 款规定:

① 参见许中缘、屈茂辉:《民法总则原理》,中国人民大学出版社 2012 年版,第 507 页。

② 参见梁慧星:《民法总论》(第 3 版),法律出版社 2007 年版,第 310 页。

③ 参见郭锋、陈龙业、蒋家棣、刘婷:《〈关于适用民法典总则编若干问题的解释〉的理解与适用》,载《人民司法》2022 年第 10 期。

"依照法律规定推定行为人有过错,其不能证明自己没有过错的,应当承担侵权责任。"而《个人信息保护法》第69条第1款明确规定了处理个人信息侵害个人信息权益造成损害,适用过错推定责任。对此类纠纷,就应当适用《个人信息保护法》的这一规定。又如,《电子签名法》第28条关于侵害电子签名人利益归责原则的规定就构成了对《民法典》第1165条第2款有关过错推定责任规定的细化,此时应当适用《电子签名法》的规定。需要注意的是,这里的"民事法律"实质上是指民商事法律。

二是《民法典》规定适用其他法律规定的,适用该法律的规定。因为在此情形下,《民法典》已经作出了适用其他法律的指引或者授权,此时适用其他法律的规定也不存在与《立法法》规定相冲突的问题。例如,《产品质量法》第45条规定因产品存在缺陷造成损害要求赔偿的诉讼时效期间为2年,《民法典》第188条第1款明确"向人民法院请求保护民事权利的诉讼时效期间为三年。法律另有规定的,依照其规定",此时应当适用《产品质量法》的规定。

(四)强行法优于任意法原则

强行法与任意法是从法律规则效力的强弱程度上来划分的。强行法是指人们必须遵守的规则,不得以个人的意思排除其适用。任意法是指当事人在法律规定的范围内可以自由作出约定,可以自由选择的规则,当事人也可以以自己的意思排除其适用。强行法实际上是对个人意思自由的一种限制,是为保护社会公共利益和维护社会正义、公平而规定的,因此,在适用上,强行法优于任意法。《民法典》第153条第1款规定:"违反法律、行政法规的强制性规定的民事法律行为无效。但是,该强制性规定不导致该民事法律行为无效的除外。"民法规范大多为任意性的,但也有一些是强行性的。对于某一事项,凡有强行性规范的,应适用强行性规范,而不能适用任意性规范。[①] 但书的部分指出了违反法律、行政法规中的强制性规定,并非均导致合同无效,还要结合具体个案进行具体的分析。

---

① 参见王利明:《民法总则研究》,中国人民大学出版社2003年版,第140页。

第五节 民法的基本原则

民法基本原则,是指体现民法精神的,集中反映市场经济本质要求的,表达民法基本价值取向的,高度抽象的,指导民事立法、民事司法和民事活动的根本准则。民法基本原则通常规定在民法总则编中,对全部民事法律规范及其适用具有价值引导作用。①

一、平等原则

(一)平等原则的涵义

平等原则,也被称为法律地位平等原则,是民法最核心的原则之一。《民法典》第 4 条规定:“民事主体在民事活动中的法律地位一律平等。”虽然法律不能使人人平等,但是在法律面前应当人人平等。

平等思想作为民法产生和发展的源头,在很多国家的民事立法上并没有明文规定,被学者称为无须明文规定的公理性原则。我国民法明文规定这一原则,体现了社会主义民主政治和社会主义市场经济的本质要求。

平等原则的内容包括:②

1. 任何民事主体在民法上都具有独立的法律人格。国家机关、企事业单位、社会团体和自然人,无论在行政法或其他部门法上是否存在隶属关系、主从关系,无论公民的性别、年龄、民族、宗教信仰、文化程度及智力程度有何差异,一旦进入民事领域便都具有独立、平等的法律人格,彼此互不隶属、互不依从。

2. 任何民事主体在民事活动中都享有平等的法律地位。民事主体在民事活动中没有大小、高低、贵贱之分,任何民事主体都不能凭借其行政上的权力和经济上的优势在民事活动中取得优于其他民事主体的地位。

3. 民事主体平等地享有权利,承担义务。不能一方只享有权利不承担义务,另一方只承担义务而不享有权利。

---

① 参见刘金霞、温慧卿编著:《新编民法原理与实务》,北京理工大学出版社 2017 年版,第 12 页。

② 参见许中缘、屈茂辉:《民法总则原理》,中国人民大学出版社 2012 年版,第 177 页。

4. 平等原则体现为一项民事立法准则,这也是分配正义的要求,即在制定民事法律时应一视同仁、平等对待民事主体。[①] 民法通过对民事主体间以及民事主体与公共利益之间的冲突关系进行协调,来实现其组织社会秩序的功能。

5. 平等原则要求民事主体的合法民事权利受到法律同等的保护。民事主体的民事权利有法律直接规定的,也有当事人依法通过合同约定的。民事权利受到侵害或债务人不履行债务,权利人有权请求相对人采取补救措施,承担民事责任,必要时可请求人民法院依法予以保护。无论是自然人还是法人,也无论是企业法人还是机关、事业单位和社会团体法人,人民法院对任何民事主体的合法权利都平等地予以保护。

现代社会,随着在生活、生产领域保护消费者和劳动者权益的呼声日益高涨,平等原则的内涵正经历着从单纯谋求民事主体抽象的法律人格的平等,到兼顾在特定类型的民事活动中谋求当事人具体法律地位平等的转变。

(二)强式意义上的平等对待和弱式意义上的平等对待

在分配利益和负担的语境中可以有两种意义上的平等对待:一种是强式意义上的平等对待,它要求尽可能地避免对人群加以分类,从而使每一个人都被视为同样的人,使每一个参与分配的人都能够在利益或负担方面分得平等的份额;另一种是弱式意义上的平等对待,它要求按照一定的标准对人群进行分类,被归入同一类别或范畴的人才应当得到平等的份额,因此,弱式意义上的平等对待既意味着平等对待,也意味着差别对待(同样的情况同样对待,不同的情况不同对待)。[②]

近代民法相对比较重视强式意义上的平等对待,因此平等原则主要体现为民事主体民事权利能力的平等,即民事主体作为民法上的"人"的抽象的人格平等。民法上的"人"包括自然人、法人和非法人组织等。一切自然人,无论国籍、年龄、性别、职业;一切经济组织,无论中小企业还是大企业,都是民法上的"人",都具有平等的权利能力。社会经济生活中的劳动者、雇主、消费者、经营者等具体类型,也都在民法上被抽象为"人",同样具有民法上平等的人格。正

① 参见王轶:《民法价值判断问题的实体性论证规则——以中国民法学的学术实践为背景》,载《中国社会科学》2004 年第 6 期。

② 参见郑成良:《法律之内的正义》,法律出版社 2002 年版,第 40 页。

是借助这一点,民事立法实现了从身份立法到行为立法的转变,即从按社会成员的不同身份赋予不同权利的立法,转变为不问社会成员的身份如何,对同样行为赋予同样法律效果的立法。[①] 当然,近代民法上的平等原则也有限地包括弱式意义上的平等对待,主要体现为根据自然人的年龄、智力和精神健康状况,区分自然人的行为能力状况,并分别设置相应的法律规则等。

现代民法与近代民法不同。现代民法上的平等原则在保证强式意义上的平等对待的同时,更加重视兼顾弱式意义上的平等对待。例如,在生活消费领域内,将民事主体区分为经营者和消费者;在生产经营领域内,将民事主体区分为用人单位和劳动者,分别设置相应的法律规则,侧重对消费者和劳动者利益的特殊保护。

我国现行民事立法中规定的平等原则,属于现代民法上的平等原则:既强调民事主体抽象的人格平等,如《民法典》第 14 条规定:"自然人的民事权利能力一律平等";又注重弱式意义上的平等对待,如《民法典》第 128 条规定:"法律对未成年人、老年人、残疾人、妇女、消费者等的民事权利保护有特别规定的,依照其规定。"与此相对应,我国的《未成年人保护法》《老年人权益保障法》《残疾人保障法》《妇女权益保障法》《消费者权益保护法》等以单行法的方式着重保护未成年人、老年人、残疾人、妇女、消费者等民事主体的权益。

平等原则还体现为一项民事主体进行民事活动的行为准则,即要求民事主体之间应平等相待,这是民法上平等原则的灵魂,也是民事法律关系区别于其他类型法律关系的根本所在。民事主体在进行民事活动时彼此都享有独立、平等的法律人格,其中平等以独立为前提,独立以平等为归宿。在具体的民事法律关系中,民事主体互不隶属,各自能独立地表达自己的意志。离开了民事主体之间的平等相待,民法的基本理念就失去了生存的土壤,民法的其他各项基本原则以及各项民事法律制度也就丧失了存在依据。[②]

必须看到,民法可以确认平等原则,并通过兼顾弱式意义上的平等对待,在一定程度上推动实质平等的实现。但实现民事主体之间的实质平等,不能仅仅

---

① 参见李开国:《民法总则研究》,法律出版社 2003 年版,第 70 ~ 71 页。

② 参见王轶:《民法的基本原则》,载张鸣起主编:《民法总则专题讲义》,法律出版社 2019 年版,第 39 页。

依托民法，还要借助民法以外的其他法律部门，如宪法相关法、行政法、经济法、社会法等。[①] 如经济法领域的《反不正当竞争法》，其主要功能就是制止不正当竞争行为，鼓励和保护公平竞争。

二、自愿原则

（一）自愿原则的涵义

自愿原则，又称意思自治原则，是指法律确认民事主体得以自由地基于其意志进行民事活动的原则。自愿原则最直接地反映了社会主义市场经济的本质需要，也体现了我国社会发展和进步的需求。《民法典》第5条规定："民事主体从事民事活动，应当遵循自愿原则，按照自己的意思设立、变更、终止民事法律关系。"意思自治是私法的重要支柱，也是私法区别于公法的重要特征。意思自治在民法中具有充分的体现，如合同自由、遗嘱自由、婚姻自由等。但是，意思自治不是绝对的，而是应在法律允许的范围内进行。在我国立法上，一般将"意思自治"表述为"自愿原则"，二者在内涵上是一致的。

（二）自愿原则的内容

自愿原则是民事主体从事民事活动的基本原则之一，对其理解需要把握以下几个层面：[②]

1. 民事主体依其自身意愿自主参与民事活动。任何人不得强迫、干预、禁止民事主体进行民事活动，这尤其体现在民事主体实施民事法律行为上。民事主体以其自己的意思表示实施民事法律行为。如果该意思表示不真实，则该民事法律行为的效力就会出现瑕疵。例如，《民法典·总则编》就分别规定了因欺诈、胁迫等而实施的民事法律行为可以予以撤销。因此，民事主体自愿从事民事活动的基本方式就是通过自己意思表示实施民事法律行为，这也是自愿原则的主要体现。

2. 民事主体对自己负责。民事主体基于自身的理性判断对其行为作出选择，也要对其行为产生的后果承担责任。任何民事主体必须对自己的行为负

① 参见王利明主编：《民法》，中国人民大学出版社2018年版，第26页。

② 参见张新宝：《〈中华人民共和国民法典·总则〉释义》，中国人民大学出版社2020年版，第9页。

责,也只对自己的行为负责。当然,民事主体也可以通过一定的民事法律关系,以合意的方式将本应由自己承担的责任“转移”给其他民事主体。例如,民事主体通过购买商业保险,由保险公司在保险责任范围内对于本应由该民事主体承担的责任进行承担。不过,这种责任“转移”必须是建立在投保人和保险人自愿协商订立的基础上,这其实也是自愿原则的一种体现。

3. 民事活动不问动机。一般情况下,民事主体无须向任何人解释其从事特定民事活动的动机,除非存在权利滥用等特殊情形。民事活动不问动机是为了确保意思自治的实现,否则,民事主体从事的民事行为就有可能因违反公平原则而受质疑。[①] 例如,在买卖合同中,如果要求买方必须说出为何选择该卖方的动机,则其他卖方很有可能主张其受到了歧视与不公正待遇。

4. 国家不为个人设计生活。意思自治的目的就是将国家的力量排除出私人生活的领域,使每一个人都成为自己生活的设计者。这是尊重和保障人权、促进人的全面发展的必然要求,也是经济社会正常发展的微观基础。

5. 民事主体的意思表示优先于民事法律的任意性规范而适用。这是国家不为个人设计生活的必然要求。民法规范中既有强制性规范,也有任意性规范。其中强制性规范体现了国家基于对社会秩序、公共利益等的考量而对私人生活保留的必要干预。但任意性规范对于民事活动仅仅具有辅助意义,不应干预民事主体的意思表示,因此,意思表示优先于任意性规范而适用。

(三)“自愿”或“意思自治”的限制

自愿原则不是绝对的,而是有一定的限制的。自由不能没有限制,但又必须严格限制对自由的限制:[②]

1. 民事主体可以按照自己的意思设立、变更和终止民事法律关系,但民事主体需要具备相应的民事行为能力。例如,8 周岁以下的无民事行为能力的未成年人无法形成独立的意思表示,也就无法按照自己的意思设立、变更和终止民事法律关系,其所参与的民事活动,应由其监护人代理。

2. 民事主体可以按照自己的意思设立、变更和终止民事法律关系,但必须

---

① 参见[德]迪特尔·梅迪库斯:《德国民法总论》,邵建东译,法律出版社 2000 年版,第 8 ~ 9 页。

② 参见张新宝:《〈中华人民共和国民法典·总则〉释义》,中国人民大学出版社 2020 年版,第 10 页。

在法律允许的范围内进行。民事主体进行的民事活动不能违反法律、行政法规强制性规范,任意地按照民事主体自己的意思设立、变更和终止民事法律关系。

3. 自愿原则还受到公法上国家利益或公共利益的限制,私法上受到诚实信用原则和公序良俗的限制。

三、公平原则

(一)公平原则的涵义

所谓公平原则,是指民事主体享有独立、平等的法律人格,在具体的民事法律关系中互不隶属、地位平等,各自能独立表达自己的意志,其权益平等地受到法律的保护的基本准则。《民法典》第6条规定:“民事主体从事民事活动,应当遵循公平原则,合理确定各方的权利和义务。”

在民事立法方面,立法机关应该充分秉承公平理念,即“法乃公平正义之术”;在民事司法方面,司法机关应根据公平的观念处理民事纠纷。作为调整平等主体之间的社会关系的法律,民法理应把公平作为其基本原则,从而维护社会公平正义,践行习近平总书记提出的“努力让人民群众在每一个司法案件中感受到公平正义”[①]的理念。因此,《民法典》将公平原则确定为一项基本原则。

(二)公平原则的内容

公平原则主要包括两方面的内容:[②]

1. 立法者和裁判者在民事立法和司法的过程中应维持民事主体之间的利益均衡。这是公平原则的核心,包括两层含义:其一,民法上凡涉及民事主体利益关系安排的法律规范,无论是调整非交易领域利益冲突的简单规范,还是调整交易领域利益冲突的复杂规范,均应维持参与民事活动各方当事人之间的利益均衡。[③] 其二,一旦交易领域内民事主体之间的利益关系非自愿地失去均衡时,应依据公平原则给予特定当事人调整利益关系的机会。使用“非自愿地失去均衡”这样的限定,意味着理解和适用公平原则不能仅着眼于利益衡量,还要考察导致利益关系失衡的原因。如《民法典》第151条规定:“一方利用对方处

① 《中共中央关于全面推进依法治国若干重大问题的决定》,人民出版社2014年版,第20页。

② 参见王利明主编:《民法》,中国人民大学出版社2022年版,第44页。

③ 参见王轶:《作为债之独立类型的法定补偿义务》,载《法学研究》2014年第2期。

于危困状态、缺乏判断能力等情形,致使民事法律行为成立时显失公平的,受损害方有权请求人民法院或者仲裁机构予以撤销。”在这种意义上,公平原则也是对意思自治原则的有益补充。

2. 民事主体应依据社会公认的公平观念从事民事活动,以维持当事人之间的利益均衡。这是对在民事活动中处于优势地位的民事主体提出的要求。这种涵义的公平原则主要适用于交易领域,属于当事人缔结合同关系,尤其是确定合同内容时,所应遵循的指导性原则。它具体化为合同法律关系的基本原则就是合同正义原则。合同正义系属平均正义,要求维系合同双方当事人之间的利益均衡。如我国《民法典》第 496 条第 2 款规定:“采用格式条款订立合同的,提供格式条款的一方应当遵循公平原则确定当事人之间的权利和义务。”

(三)公平原则的功能

公平原则的功能主要包括:①

1. 行为准则功能。公平原则本身是民事活动的一项基本原则。民事主体在从事民事活动的过程中,应当按照公平的观念正当行使权利和履行义务。例如,在合同订立后,权利行使过程中,要充分顾及他人的利益,不得滥用权利。

2. 结果评价功能。这就是说,在交易过程中,公平原则也常常成为评价交易结果的重要标准。例如,虽然当事人订立合同时是自主自愿的,但在合同订立后,出现了当事人订立合同时无法预料的情况,使合同的继续履行对当事人显失公平,此时,当事人可以重新谈判,或者要求法院变更或者解除合同。该规则的适用就是为了保证交易结果的公平。

3. 价值导向功能。在处理任何民事纠纷中,法官首先要考虑是否公平,这也是评价民事活动的重要标准。

4. 法律解释功能。公平原则是法官适用民法应当遵循的重要理念。民法最充分体现了公平正义的要求,这是民法最基本的价值理念。公平原则要求将公平的理念贯彻在整个民事法律制度的设计当中,公平地配置各方当事人之间的权利、义务。公平原则在合同法中运用得最为广泛,当事人订立合同时,应当充分体现公平、平等的要求。违约金调整、损害赔偿数额的确定等,也需要以公平原则为基本依循。公平原则的另一个具体体现是完全赔偿原则,即如果一方

---

① 参见王利明主编:《中国民法典释评总则编》,中国人民大学出版社 2020 年版,第 49 页。

造成了另一方的损害,则其应当赔偿该损失,而且该赔偿数额应与受害人的损失相符。当然,公平原则作为民法的基本原则,既适用于违约责任,也适用于侵权责任。公平原则是一项"弹性"很强的原则,它给予司法人员一定的自由裁量权,以弥补法律规定的不足,法官应当依据社会的一般公平正义观念进行司法活动,以纠正在贯彻意思自治原则的过程中可能出现的弊端,从而实现个案的公平正义。当然,由于公平原则过于抽象,法官在裁判过程中应当优先选择适用具体的法律规则,而不能以公平原则替代具体的民法规则。

公平原则体现了现代法治的精神,古罗马法学家凯尔苏斯曾言,"法乃公正善良之术"。[①] 自此以后,公平正义成为法律固有的属性。公平正义是一切法律所追求的价值,是法律的精髓和灵魂。正义体现了某种秩序的内在要求,是构建普适性秩序的内在需要。换言之,法律作为行为规范,以调整社会关系为目的,必然以公平正义作为其基本价值。当然,公平概念的涵义是动态的、发展的。随着时代的发展,人们对公平的认识也会产生相应的变化。所以,公平涵义的确定应当紧密结合社会历史发展潮流。

四、诚信原则

(一)诚信原则的涵义

《民法典》第 7 条规定:"民事主体从事民事活动,应当遵循诚信原则,秉持诚实,恪守承诺。"诚信原则适用于民法的整个领域,是民法中重要的基本原则,行使任何民事权利、履行任何民事义务,都应当遵守这一原则。民法上的诚信原则是最低限度的道德要求在民事法律上的具体体现。诚信原则在性质上属于一般条款,其实质在于,当出现立法当时未预见的新情况、新问题时,法院可依诚信原则行使公平裁量权,直接调整当事人之间的权利义务关系。诚信原则是现代民法重要的指导原则。[②] 一方面,诚信原则是一项反映商业道德的法律原则,主要运用于交易关系之中,体现为交易道德,这也是保障市场经济能够顺利运行的前提,所以是债法与合同法中的重要准则。[③] 另一方面,诚信原则实际

---

① 参见郑玉波:《法谚(一)》,法律出版社 2007 年版,第 86 页。

② 参见梁慧星:《民法总论》(第 3 版),法律出版社 2007 年版,第 51 ~ 52 页。

③ 参见王利明:《民法总则研究》,中国人民大学出版社 2003 年版,第 123 ~ 127 页。

上发挥着保护社会公共利益的作用，同时在功能上限制了意思自治原则发挥作用的范围，防止了权利滥用。

诚信原则是社会主义核心价值观在民事法律制度中的重要体现。《总则编解释》关于第 3 条“权利滥用”、第 19 条“重大误解”、第 21 条“欺诈”、第 28 条“表见代理”等认定规则，均贯彻了诚信原则的要求。例如，《总则编解释》第 21 条在原最高人民法院《民通意见》有关欺诈规定的基础上，明确了负有告知义务而故意不告知的，可以认定为欺诈。这里的告知义务的来源，包括了法律规定、交易习惯和诚信原则等。

（二）诚信原则的功能

诚信原则的功能主要体现在以下两个方面：

1. 指导当事人行使权利、履行义务。诚信原则是指在民事活动中应诚实，守信用，善意地行使权利和履行义务。这主要表现在以下两个方面：一是民事主体在民事活动中要诚实，不弄虚作假、不欺骗他人。这也是正当竞争的要求。二是在权利行使时，应以善意为之，在法律规定的范围内以符合权利目的的方式行使，权利人行使权利不能建立在损害他人利益或者损害社会公共利益的基础上，权利人不得滥用民事权利。

2. 禁止权利滥用原则通常被认为是诚信原则的具体化表现之一。衡量权利是否滥用应围绕诚信原则展开，但诚信原则属于抽象性法律原则，法官在适用时仍需具体判断。[①]《民法典》第 132 条规定禁止权利滥用，为权利设定了范围，明确了权利行使的边界。考虑到该规定是指导民事主体依法行使民事权利的一般准则，具有较强的原则性和抽象性，有必要在司法适用时进一步具体化，为解决实务中如何认定构成权利滥用的问题，《总则编解释》第 3 条第 1 款规定：“对于民法典第一百三十二条所称的滥用民事权利，人民法院可以根据权利行使的对象、目的、时间、方式、造成当事人之间利益失衡的程度等因素作出认定。”一方当事人滥用权利，造成当事人之间利益失衡时，应考察一方的便利、获利是否建立在他人不便利及有损失的基础之上，或者所涉的行为加重了他人负担而未给他人带来的足够的利益。例如，某人想锻炼身体，维护自己的健康权，但选择每天半夜在楼上跳绳十分钟，影响了邻居的休息，这种方式即属于滥用

① 参见郭明瑞等：《民商法原理》，中国人民大学出版社 1999 年版，第 62～64 页。

权利。

另外，在市场交易中也有很多滥用权利的问题，主要表现在以下三个方面：第一，滥用市场优势地位进行垄断等不正当竞争行为。如捆绑销售、指定渠道等，某些在市场上享有优势地位的主体，或多或少都会采用一些垄断的行为。第二，滥用市场优势地位损害相对方的利益。如订立和履行不平等约定，特别是针对谈判能力弱、信息资源少的消费者，往往会要求签订格式合同，其中夹杂着大量的免责条款、兜底条款等，在厚厚一叠合同的字里行间，占有优势地位的交易主体把自己的主要责任设法免除。第三，滥用大数据优势地位损害相对方的信息所有权、知情权。市场上很多软件都在无时无刻地搜集用户信息，而这些信息数据大多都不是维系软件使用所必需，商家利用这些额外获取的信息数据对客户精准画像，甚至恶意买卖数据。这种行为本身就偏离了初始的目的，可能被判定系滥用民事权利。[①]《总则编解释》第 3 条第 3 款对滥用民事权利的认定与法律后果问题作出规定，如果滥用民事权利造成损害的，不仅该滥用行为不发生相应的法律效力，还应当依据《民法典・侵权责任编》承担相应的侵权责任。

3. 赋予法官自由裁量权，弥补法律漏洞。诚信原则是弹性极强的条款，法官既可依此原则来衡量当事人之间的利益关系以确定当事人之间的权利、义务和责任，又可依此原则来解释法律和补充法律。法官在运用诚信原则来衡平当事人之间的利益关系时，不得违反当事人的真实意愿而滥用自由裁量权。法官只能在当事人的约定不明确或者在订约后出现新问题、新情况时，才可依诚信原则来解释当事人的约定，以求得利益的衡平；法官也只能在法律没有规定即出现漏洞时，才可以援引诚信原则来补充法律。[②]

五、守法与公序良俗原则

《民法典》第 8 条规定："民事主体从事民事活动，不得违反法律，不得违背公序良俗。"其中包含了两层内容：一是民事主体从事民事活动，不得违反法律；二是民事主体从事民事活动，不得违背公序良俗。守法和公序良俗原则是"文

---

① 参见潘华明：《民法典总则编司法解释重点条文探析（全）》，载微信公众号"法徒"2022 年 3 月 13 日，https://mp.weixin.qq.com/s/yz6UZcTgQ5qReKcSaNWV_A。

② 参见郭明瑞等：《民商法原理》，中国人民大学出版社 1999 年版，第 62～64 页。

明”这一社会主义核心价值观在《民法典》中的重要体现。

（一）守法原则

守法原则是各国法律普遍确认的基本原则。在我国“科学立法、严格执法、公正司法、全民守法”的新十六字方针指引下，民事主体从事民事活动重要的原则之一便是严格恪守法律的要求，不得越过法律的底线。从狭义上讲，守法是指所有民事法律行为都不得违反法律的强制性规定。而广义上说，守法还包括民事法律行为不得违反公序良俗。因为本条就公序良俗作出了特别的规定，所以，此处所说的守法原则是狭义上的。虽然本条就守法原则表述为“不得违反法律”，但是，此处的“法律”应当被理解为法律的强制性规定，因为法律的任意性规定原本就允许当事人通过约定限制或排除适用的。例如，原《合同法》主要是任意法，当事人可以通过订立合同排除法律的任意性规定。但是，当事人从事民事法律行为时不得违反法律的强制性规定。《民法典》第 153 条第 1 款规定：“违反法律、行政法规的强制性规定的民事法律行为无效。但是，该强制性规定不导致该民事法律行为无效的除外。”在评价民事法律行为的效力时，不仅要考虑私法中的强制性规定，还应当考虑公法中的强制性规定。这就为私法进入公法提供了通道，并且，可以保持公法评价和私法评价的一致。例如，走私、贩毒行为在刑法上是犯罪行为，而当事人订立的走私、贩毒合同也因为违反了刑法上的强制性规定而归于无效。这就可以使法秩序内部保持统一。

（二）公序良俗原则

公序良俗则是由公序和良俗两个部分组成。公序是公共秩序，是指社会存在和发展所必需的一般秩序；良俗是善良风俗，是指社会存在和发展所必需的一般道德。遵守公序良俗指民事主体的行为应当遵守公共秩序，符合善良风俗，不得违反国家的公共秩序和社会的一般道德。①

如前所述，从广义上理解，违法也包括违背公序良俗。《民法典》第 153 条第 2 款规定：“违背公序良俗的民事法律行为无效。”例如，当事人订立的斡旋行贿的合同，应当被认定为因违反公序良俗而无效。我国民法所规定的公序良俗原则，不仅适用于财产关系，也适用于人身关系。它是《民法典》第 1 条“弘扬社会主义核心价值观”在民事法律原则上的体现，对于维护社会伦理和社会秩序，

① 参见图解民法总则编写组：《图解民法总则》，中国言实出版社 2017 年版，第 11 页。

都具有重要意义。公序良俗，是由“公共秩序”和“善良风俗”两个概念构成的[①]，具体而言：

1. 公共秩序。所谓公序就是指社会公共秩序，时间范围限定于现存社会的秩序[②]，或者说，是“社会之存在及其发展所必要之一般秩序”。[③] 各国法律基本上都有维护公共秩序的明确要求和规定，因此，危害社会公共秩序的行为通常也就是违反法律的强制性规定的行为。例如，签订合同进行毒品走私或者军火贩卖，此类合同即可因违反法律的强制性规定而归于无效。但是法律规定往往滞后于社会发展且不可能涵盖所有情况，因此，需要借助于公共秩序的概念实现对法律的有效补充。凡是订立合同破坏社会公共秩序或者危害国家安全的，就应当被宣告无效，即使现行法律没有明确的禁止性规定，如“借名买房”、购买“洋垃圾”、订立规避课税的阴阳合同等。由此可见，公序良俗原则在一定程度上会弥补法律的漏洞以及强制性法律规定的不足。但是，应该看到，当前我国正处于一个社会转型的阶段，各个主体为了追求利益的最大化，难免会与他人利益或者社会利益发生冲突。这就需要借助于民法规范协调社会公共利益和民事主体的利益，避免片面强调某一方面的利益而漠视另一方面的利益的现象。而通过“公共秩序”这一概念的引入，就可以妥当协调社会公共利益和民事主体的私人利益。

2. 善良风俗。所谓良俗，就是善良风俗的简称，它相当于社会公共道德，是指由社会全体成员所普遍认许、遵循的道德准则。[④] 善良风俗的含义包含两个方面：一是指社会所普遍承认的伦理道德，如救死扶伤、助人为乐、见义勇为等。二是指某个区域社会所普遍存在的风俗习惯，如婚礼不得与丧礼同时举行。善良风俗本身就是社会生活中的一些基本规矩，而且，许多地方将善良风俗转化为乡规民约，使之成为软法，构成社会自治的重要内容。在善良风俗中，有许多道德规则已经表现为法律的强行规定，如不得遗弃老人等。在财产关系中，我国始终倡导拾金不昧的善良风俗，这种传统美德已经上升为民事法律要求，如拾得遗失物，拾得人有归还权利人的法律义务。但是还有很多普遍遵循的社会

---

① 参见陈小君：《民事法律行为效力之立法研究》，载《法学家》2016 年第 5 期。

② [德]卡尔·拉伦茨：《德国民法通论》，王晓晔等译，法律出版社 2003 年版，第 598 页。

③ 史尚宽：《民法总论》，中国政法大学出版社 2000 年版，第 334 页。

④ 参见王利明：《论公序良俗原则与诚实信用原则的界分》，载《江汉论坛》2019 年第 3 期。

公共道德尚未被法律涵盖,所以需要通过善良风俗这个条款,将其引入民法体系的法律适用中。在我国,社会公德是我国人民在长期的共同生活中培植形成的,它对于调整人与人之间的正常关系、建设社会主义精神文明,具有重要的作用。

公序良俗原则具有调节性的功能,它可以调整个体利益、社会公共利益、国家利益之间的冲突,起到维护社会秩序正常运转的作用。公共秩序侧重国家和社会层面的基本秩序,善良风俗则主要关注社会公众的伦理道德。"公序良俗的调整机能由确保社会正义和伦理秩序向调节当事人之间的利益关系、确保市场交易的公正性转变,从而使法院不仅从行为本身,而且结合行为的有关情势综合判断其是否具有反公序良俗性。"①公序良俗原则本身就具有很大的不确定性,具体适用该原则时需要通过法官行使自由裁量权为民事主体的民事活动设定自由的边界:②其一,民事主体在实现自身利益的最大化的过程中所从事的行为与社会公共利益产生了冲突,无论是否违反强行法的规定,首先都应当维护社会公共利益。其二,某些强行法规则可能滞后、过于僵化,或者适用会导致明显的不合理,法官即可以考虑通过援引公序良俗原则来维护社会公共利益。其三,该原则可以弥补强行法的不足。公序良俗作为一个弹性条款,之所以要在法律上得到确认,根本原因在于,民事活动纷繁复杂,强行法不能穷尽全部具体情形,因此,法律为了实现对秩序的控制,还需要较为抽象的原则性条款为民事行为提供指引,并对其效力作出评价。虽然民法设置了众多反映道德规范的条款,但法律不是道德,民法无法将全部道德规范囊括其中,这就需要引入公序良俗的原则,使之成为沟通道德与法律的桥梁,保持法秩序应对社会生活的能力。

公序良俗是一个较为抽象的法律概念,难以在司法裁判中直接援引。从我国司法实践来看,违反公序良俗原则的情形有:一是危害婚姻关系的行为。例如,夫妻离婚时约定禁止另一方再生育、约定剥夺另一方对未成年子女的探视权等;订立劳动合同时限制劳动者在几年内不得结婚、生育。二是危害收养关系的协议。例如,签订收养协议时约定送养人收取一定的报酬。三是有偿的性服务合同。四是偿还赌债合同,即当事人因赌博欠债而订立的偿还赌债的合

---

① 李双元、温世扬主编:《比较民法学》,武汉大学出版社1998年版,第70页。

② 参见王利明:《论公序良俗原则与诚实信用原则的界分》,载《江汉论坛》2019年第3期。

同。五是贬损人格尊严的合同。例如,在合同中规定,雇员被搜身后方可离开工作场所等。① 六是违反劳动者保护的合同。例如,订立生死合同条款,发生工伤事故雇主概不负责。② 公序良俗原则在债法中主要用于判断民事法律行为的效力,从而作为限制私法自治的工具,所以,如果当事人实施了违反道德的事实行为,则无法适用公序良俗原则。③

六、绿色原则

绿色原则,是指我国《民法典》第9条的规定:"民事主体从事民事活动,应当有利于节约资源、保护生态环境"。绿色原则为《民法典》注入"绿色基因",在世界民事立法史上开创了新的立法先例,为全球生态文明建设提供了"中国方案"。④ 与诞生于工业文明早期、环保问题不突出的资本主义代表法典《法国民法典》《德国民法典》不同的是,《民法典》制定于中国特色社会主义新时期,绿色原则奠定了不同于以往的绿色基调,是习近平生态文明思想在民法体系中的贯彻落实,反映出生态文明建设大环境下《民法典》如何看待自然的新境界⑤,为推动生态环境绿色发展提供了坚实的法治保障。⑥

一方面,中国有14亿人口,对生态环境影响巨大;另一方面,我国的生态赤字日益阻碍人民享受美好生活。水土流失严重、大气污染难以根治、快递包装随意丢弃等现象在某些城市成为生活新常态。节约资源、保护生态环境亟须得到法律的确认和保障,生态文明建设因此被写入了具有最高法律效力的《宪法》。《民法典》中确立的绿色原则,是以《宪法》为依据,传承我国人与自然和谐共生的优秀传统文化,体现了环境就是民生福祉的鲜明导向。绿色《民法典》的制定,回应了当下社会普遍关注的环境问题,是重大的立法创新。

(一)绿色原则的涵义

绿色原则包含两个方面:节约资源和保护生态环境。本条采用"应当有利于"

---

① 参见梁慧星:《市场经济与公序良俗原则》,载梁慧星主编:《民商法论丛》(第1卷),法律出版社1994年版,第57~58页。

② 参见张同仁:《无效合同的认定和补救》,郑州大学2006年法律硕士学位论文。

③ 参见王利明主编:《中国民法典释评总则编》,中国人民大学出版社2020年版,第44页。

④ 参见吕忠梅:《以"绿色民法典"回应时代需求》,载《光明日报》2020年5月28日,第6版。

⑤ 参见王轶:《〈民法典〉的立法思想》,载《社会科学研究》2020年第5期。

⑥ 参见巩固:《民法典绿色原则的法理辩护与内容解析》,载《政治与法律》2021年第8期。

的这种表述，是考虑节约资源、保护生态环境会受到很多复杂因素的影响。绿色原则具有明确的环保目的。党的十九届四中全会提出“坚持和完善生态文明制度体系，促进人与自然和谐共生。”[①]生态环境保护涉及公共利益，“绿水青山就是金山银山”的理念是习近平生态文明思想的重要内容，《民法典》将生态环境保护纳入其中，以法治文明建设促进生态文明建设，展现了新时代的价值理念。

绿色原则入典入规，是平衡好我国人口大国与资源生态保护这对矛盾的中国答案。应该说，生产、生活和市场交易中应当节约能源、杜绝浪费是环境保护的应有之义，分开列举是以示重视，其最终的落脚点与根本目的仍在于保护生态环境。

绿色原则的重要作用表现在：第一，指导民事立法，立法机关在制定相关民事法律规范时应当以绿色原则为导向；第二，规范民事行为，确立民事主体在从事民事活动时的基本遵循；第三，为司法裁判活动提供标准，司法机关在裁判相关案件时，要将节约资源、保护生态环境作为一项重要的考量因素。

“享受美好环境”对个人生存发展十分重要，此种需求应当上升为法律体系的基本原则并予以保护。但法律原则层面的环境保护条款本身并不预设和规定具体的权利内容、保护程度或救济方式，而仅意在言明此种权利具有相当之分量，进而应当在法律适用中得到权衡。作为绿色原则的具体化，《民法典》的物权编、合同编、侵权责任编等分编设置了诸多条款，对环境保护做了规定。如《民法典》第325条确立了自然资源有偿使用的制度，能够在一定程度上遏制滥用资源的行为，引导树立节约资源的观念。同时，《民法典》第326条规定：“用益物权人行使权利，应当遵守法律有关保护和合理开发利用资源、保护生态环境的规定。”在建设施工方面，《民法典》第346条规定：“设立建设用地使用权，应当符合节约资源、保护生态环境的要求，遵守法律、行政法规关于土地用途的规定，不得损害已经设立的用益物权。”《民法典》第509条第3款规定：“当事人在履行合同过程中，应当避免浪费资源、污染环境和破坏生态。”《民法典·侵权责任编》单独规定一章，进一步完善了环境污染和生态破坏责任的相关规定。[②]此外，《环境保护法》主要通过行政手段实现对生态环境的保护，绿色原则融入

---

① 《中国共产党第十九届中央委员会第四次全体会议文件汇编》，人民出版社2019年版，第12页。

② 参见王轶：《民法典编纂与国家治理现代化》，载《中国人民大学学报》2020年第4期。

《民法典》后,《民法典·侵权责任编》中的环境污染责任和生态破坏责任可与《环境保护法》的行政责任相互配合,在价值宣示的同时,可以有效实现生态环境保护的目标。[①]

(二)绿色原则的重要意义

1. 绿色原则践行了党的十八大以来党的新发展理念。环境资源问题是我国当前经济社会发展面临的一项严峻挑战。中国在成为世界第二大经济体的同时,环境污染、资源消耗问题越来越突出。党的十八大将建设美丽中国作为执政理念,强调生态文明建设的突出地位;党的十八届三中全会提出建设系统完整生态文明制度体系;党的十九大报告提出"为把我国建设成为富强民主文明和谐美丽的社会主义现代化强国而奋斗",并强调"我们要建设的现代化是人与自然和谐共生的现代化"。[②] 2010 年 4 月习近平总书记在出席博鳌亚洲论坛开幕式发表演讲时指出:"绿色发展和可持续发展是当今世界的时代潮流,将生态环境保护放在经济社会发展的突出位置。"[③]将绿色原则写入《民法典》,将保护环境、节约资源的理念贯穿于整个民事活动中,反映了民法的基本价值取向,是《民法典》回应环境问题挑战的一个鲜明标志,也是中国制定面向生态文明新世纪民法典的应有态度。

2. 绿色原则以《宪法》为依据,体现了生态文明建设的要求。我国《宪法》第 9 条第 2 款规定:"国家保障自然资源的合理利用,保护珍贵的动物和植物。禁止任何组织或者个人用任何手段侵占或者破坏自然资源。"《宪法》第 26 条第 1 款规定:"国家保护和改善生活环境和生态环境,防治污染和其他公害。"绿色原则贯彻了《宪法》关于保护生态环境的精神,将资源合理利用、生态环境资源保护上升到民法基本原则的地位,实现了绿色原则对环境资源民法保护的点线面结合,有利于构建生态文明下人与自然和谐的关系。

3. 绿色原则反映并引领国际立法新潮流。据不完全统计,世界范围内已有二十多个国家将可持续发展理念载入宪法,德国、瑞士、荷兰民法典修订,越南

---

① 参见最高人民法院民法典贯彻实施工作领导小组主编:《中华人民共和国民法典总则编理解与适用》,人民法院出版社 2020 年版,第 77 页。

② 习近平:《决胜全面建成小康社会　夺取新时代中国特色社会主义伟大胜利——在中国共产党第十九次全国代表大会上的报告》,载《党建》2017 年第 11 期。

③ 阮青主编:《中国特色社会主义理论体系建设 40 年》,人民出版社 2018 年版,第 232 页。

颁布新民法典，都增加了生态保护的相关条款。[①] 我国《民法典》顺应这一立法潮流规定绿色原则，强调了环境资源的生态价值。

综上所述，《民法典》第4～9条规定了民事行为的基本原则，主要是平等原则、自愿原则、公平原则、诚实信用原则、守法和公序良俗原则、绿色原则。社会发展之快，有很多新情况新问题的出现，导致《民法典》各编具体条文确实没法精确匹配，但当事人的权利需要保护，当事人行为的性质需要界定，此时，更为高度抽象、更为高度概括、更为原则的总则部分规定才有了直接援引适用的可能和必要。针对法官在具体个案中如何适用《民法典》的这些基本规则，《总则编解释》第1条第3款直接明确了法律适用的一般准则，提出了必须精准适用的要求，“民法典及其他法律对民事关系没有具体规定的，可以遵循民法典关于基本原则的规定”。[②]

第六节　民法与邻近法律部门

一、民法和宪法

民法与宪法虽然是两个不同的法律部门，但两者之间也存在密切的联系，宪法是国家根本大法，是社会主义法律体系的基础，作为国家根本法的宪法，是民法的制定依据，尤其是宪法关于公民基本权利的规定是民事权利的上位法依据。但作为两个不同的法律部门，民法和宪法也存在较大的区别。宪法规定的是国家最基本问题和最基本原则，而民法涉及的是平等民事主体的人身关系和财产关系。

二、民法和行政法

民法与行政法也是两个不同的法律部门。行政法是规范国家行政管理活动的法律规范的总和。以公法和私法作为划分标准的国家中，行政法被划分为

① 参见郭锋：《中国民法典的价值理念及其规范表达》，载《法律适用》2020年第13期。

② 参见潘华明：《民法典总则编司法解释重点条文探析（全）》，载微信公众号“法徒”2022年3月13日，https://mp.weixin.qq.com/s/yz6UZcTgQ5qReKcSaNWV_A。

公法,民法作为典型的私法,因此二者调整的法律关系完全不同。民法调整的一定范围的人身关系和财产关系,而行政法调整一定的行政关系。

行政法是法律体系中一个独立的法律部门,它的调整对象是国家行政机关在行政管理过程中所发生的各种社会关系。这种社会关系通常称作行政关系。行政法调整的各种行政关系包括以下四大类:行政机关与其他国家机关的关系;行政机关内部的关系;行政机关与其他社会组织的关系;行政机关与个人的关系。上述关系只有当主体之间在行政机关行使管理职权时所发生的关系,才属于行政关系,才是行政法调整的对象。

行政法调整对象与民法调整对象的主要区别在于:

1. 行政关系的产生,是依据体现公民利益的国家意志,是国家权力的作用过程;而民事关系(财产关系、人身关系等)则是基于民事主体的意志自由。

2. 行政关系的主体,必有一方是行政机关,体现国家的行政管理活动;而民事关系的主体则主要是公民和法人,体现主体的民事活动(国家只在特殊情况下作为主体)。

3. 行政关系主体之间具有隶属性,通常处于管理和被管理、命令和服从的不对等地位;而民事关系主体之间的地位则是平等的。

4. 行政关系的内容是由行政法规范事先规定的,主体双方既不能相互约定,也不能自由选择;而民事关系的内容则在大部分情况下可以由主体双方约定或者自由选择。

5. 行政关系的调整方法具有强制性;而民事关系的调整方法则具有一定的任意性。

三、民法和经济法

民法与经济法之间的关系十分紧密,二者都调整市场经济的法律,但具体调整对象不同。经济法调整的是国家对经济生活进行干预过程中所产生的管理者与被管理者之间的关系,是纵向的财产关系,属于公法范畴;民法则调整的是平等主体的自然人、法人、非法人组织之间的人身关系和财产关系,其中的财产关系是横向的财产关系,属于私法的范畴。①

① 参见许中缘、屈茂辉:《民法总则原理》,中国人民大学出版社 2012 年版,第 30 页。

四、民法和社会法

民法与社会法之间具有密切联系：一方面，二者都强调对弱势群体的保护。随着民法人文关怀精神的彰显，其越来越强调对人的保护，其与社会法一样，都强调对社会弱势群体的保护。另一方面，二者在功能上具有一定的互补性，但侧重点不同。社会法强调对人的保障，注重维护社会稳定，民法尤其是侵权法注重对受害人的救济，在民法无法为受害人提供充分的救济时，社会法可以对受害人提供补充性的保护。

五、民法和民事诉讼法

民法和民事诉讼法是相互依赖、密不可分的。一方面，民法所规定的实体规则在很大程度上决定了民事诉讼法的规则设计。另一方面，民事诉讼法可以从程序上起到对民事权利的全面保障作用，为民事权利提供了规则化、体系化的程序保护。

第七节　民法的解释

民法的解释，指依法律条文的文字、立法精神、立法意旨等，确定民法法律规范所使用的概念、术语等的真实意思、对确切含义所作的说明。由于民法解释的主体不同，其效果也不相同，一般可分为法定解释与学理解释两种。

一、法定解释

法定解释，亦称有权解释，国家机关（或国家授权的社会组织）在其职权范围内对民事法律文本所作的具有法律效力的解释。

1. 立法解释

立法解释，是指有权制定民事法律、法规的机关（立法机关）对于民事法律、法规所作的解释。有权进行立法解释的机关是全国人民代表大会常务委员会和其他有权制定法律规范的机关。

2. 司法解释

司法解释，指作为最高国家审判机关的最高人民法院作出的属于民事审判工作中具体应用民事法律规范的解释。民事司法解释来源于民事司法实践，是根植于法律条文且形成具体规范后广泛指导司法实践的。这种解释对全国各级人民法院都有约束力。①

二、学理解释

学理解释，指非官方主体，如法律职业工作者、社会组织、教学科研单位或学者、专家等对民事法律规范所作的阐明与解释。此种解释通常不具有法律约束力。

① 参见杨与龄：《民法概要》，中国政法大学出版社 2013 年版，第 10 页。

第二章

民事法律关系

第一节　民事法律关系概述

一、民事法律关系的概念

在社会生活中，人与人之间必然发生各种类型的社会关系。所谓民事法律关系，是指由民事法律规范调整所形成的以民事权利和民事义务为核心内容的社会关系，是民法所调整的平等主体之间的人身关系和财产关系在法律上的表现。[①] 民事法律关系是民法的基本概念。

为了使社会关系的确立和发展和谐有序，国家运用各种法律来调整社会关系，从而使受法律调整的社会关系获得了法律关系的性质。由于调整各种社会关系的法律不同，所形成的法律关系也有所不同。民事法律关系是法律关系的一种，是现代社会中最重要的一类法律关系。民事法律关系是“对一部分现实生活的撷取。生活关系是一个连续同一体，而我们正是从这一连续同一体中取出一部分来，对其进行法律观察”。[②] 总之，民事法律关系构造了一个不同于生活世界的“民法世界”。

在社会生活中，民事主体为了满足自身的需要，必须从事一定的社会活动，进而在当事人之间发生各种关系。需要指出的是，并非所有的社会关系都受法律调整，有很多社会关系，如恋爱关系、同学关系、朋友关系都不受法律的调整。

① 参见王利明主编：《民法》，中国人民大学出版社 2022 年版，第 52 页。

② ［德］迪特尔·梅迪库斯：《德国民法总论》，邵建东译，法律出版社 2000 年版，第 51 页。

同时并非所有的法律关系都属于民事法律关系，只有那些具备可诉性、适宜由民事法律规范进行调整的社会关系才属于民事法律关系。[①]

二、民事法律关系的特征

民事法律关系具有如下特征：[②]

（一）民事法律关系是由民法规范所调整的平等主体之间的社会关系

只有为民法规范所调整的社会关系，才能形成民事法律关系。民事法律关系是因民法规范调整平等主体之间的人身关系和财产关系而形成的，所以，民事法律关系是平等主体之间的社会关系。民事主体之间建立何种内容的民事权利与民事义务的社会关系、如何实现其民事权利或者履行其民事义务，完全由民事主体在合法的前提下，通过平等沟通与协商，以意思自治原则为基础来实现。所以，平等原则或者平等的民事身份，既是民事法律关系的核心和灵魂，也是民事法律关系的第一特征。[③]

（二）民事法律关系是当事人意志占主导地位的社会关系

在民事法律关系中，既包含国家意志，也包含当事人的意志。但就具体的民事法律关系而言，在国家意志和当事人意志关系上，当事人的意志在民事法律关系中占有主导地位。民事法律关系是由民法规范确认的一种社会关系，具有法律规范评判的特点，体现了立法者的国家意志。但是，民事法律关系是否具有合法性，是否受保护，往往并不是民法规范决定的，而是取决于民事主体的个体意志。也就是说，在不违反国家意志的前提下，绝大多数民事法律关系的发生、变更和终止，表现的是当事人单方、双方或者多方民事主体的自由意志。这一特征的作用在于：在民事活动中，民事主体的民事法律地位一律平等。民事法律地位上的平等使得民事主体互不隶属、没有高低贵贱之分，不允许一方对另一方进行意思强制。由此，才可能形成民事主体按照自己的自由意志，自主地决定自己的民事行为。

（三）民事法律关系是基于民事法律事实而形成的社会关系

民事法律关系的形成虽然是民法规范调整平等主体之间的人身关系和财

---

① 参见许中缘、屈茂辉：《民法总则原理》，中国人民大学出版社 2012 年版，第 283 页。

② 参见房绍坤主编：《民法》（第 5 版），中国人民大学出版社 2020 年版，第 11 页。

③ 参见王建平：《民法总论》，四川大学出版社 2017 年版，第 56 页。

产关系的结果，但仅有民法规范，民事法律关系不会发生变动，还需要有民事法律事实的存在。没有民事法律事实的存在，民事法律关系不会自动发生、变更、消灭。

（四）民事法律关系是以民事权利、义务为内容的社会关系

在民事法律关系中，享有民事权利以承担民事义务为前提，民事权利与民事义务具有紧密结合，不可分离的特征，不允许只享有民事权利而不承担民事义务，或者只承担民事义务而不享有民事权利。民事法律关系是由民法规范确认和保护的社会关系，而民法调整平等主体之间的人身关系和财产关系就是通过赋予民事主体以民事权利、义务来实现的，因此，民事法律关系是一种民事权利义务关系。

三、民事法律关系的分类

民事法律关系可以按不同的标准进行分类：①

（一）人身法律关系和财产法律关系

根据民法调整对象的不同，民事法律关系可以区分为人身法律关系和财产法律关系。这是民事法关系的最基本分类，是民法调整人身关系和财产关系在法律上的表现。人身法律关系是指与民事主体人身不可分离，不具有直接的物质利益内容的民事法律关系，如人格权法律关系。财产法律关系是指因财产的所有和财产的流转所形成的法律关系②，如买卖关系、货运关系、融资租赁关系等。

区分人身法律关系和财产法律关系的意义在于：

1. 两类关系中权利的性质不同。财产法律关系中确立的权利是财产权利，通常是可以转让的；而在人身法律关系中确立的权利一般与权利主体的人身是不可分离的，不能转让。例如，自然人是不能把自己的姓名转让给他人的。

2. 对这两类关系的保护方法不同。财产法律关系受到破坏时，主要适用财产补救法，通过恢复原状、赔偿损失等财产责任方式加以保护；人身法律关系受

① 参见佟柔主编：《中国民法学 民法总则》，中国人民公安大学出版社 1990 年版，第 41 页。

② 参见许中缘、屈茂辉：《民法总则原理》，中国人民大学出版社 2012 年版，第 285 页。

到侵犯，主要通过恢复被侵害的权利的方式来保护，[①]如赔礼道歉、消除影响等非财产责任方式加以保障。

在财产法律关系中，根据权利实现的方式不同，又可以将其分成物权法律关系和债权法律关系。前者权利人可以直接支配物；后者则需义务人的配合，权利人才能实现其权利。

（二）绝对法律关系和相对法律关系

根据民事法律关系义务主体的范围不同进行划分，民事法律关系可以区分为绝对法律关系和相对法律关系。区分绝对法律关系和相对法律关系的意义在于，有利于确定民事法律关系的义务人的范围及其义务的性质。

绝对法律关系，是义务主体不特定的民事法律关系。在这种法律关系中，权利人是确定的、具体的，义务人是不确定的，是除了权利人以外所有人。法律赋予权利人一种可以对抗所有其他人的权利，权利人不需要义务人的积极协助，即可直接行使和实现其权利；义务人则是一切不特定的人，其义务一般表现为消极的不作为，不妨碍权利人权利的行使。物权关系、人身权关系通常都属绝对法律关系。

相对法律关系，是义务主体为特定相对人的民事法律关系。在这种法律关系中，参与法律关系的无论是权利人还是义务人都是确定的，权利人必须由特定的义务人积极协助才能实现其权利，如债权关系、保管合同关系、运输法律关系等。其中最典型的相对法律关系是债权关系，债的一方（债权人）享有要求他方（债务人）为一定行为或不为一定行为的权利，而他方（债务人）则具有满足该项要求的义务。

（三）单一民事法律关系和复合民事法律关系

这是根据民事法律关系内容的复杂程度不同进行的划分。民事权利和民事义务构成民事法律关系的内容。单一民事法律关系只对应一组民事权利、义务，例如，房屋所有权关系中只有所有人的权利和非所有人的义务这一相对应的权利、义务。有的民事法律关系，对应两组以上的权利、义务，称为复合民事法律关系。例如，买卖合同法律关系，买卖双方互为权利义务主体，该买卖合同既包括转移标的物所有权的合同关系，又包括支付购买标的物价金的合同，是

---

① 参见王利明主编：《民法》，中国人民大学出版社2022年版，第53页。

两个单一民事法律关系复合而成的法律关系。这种区分的意义主要有助于分析法律关系中的权利、义务关系，从而有利于正确确定当事人的权利、义务和责任。①

第二节　民事法律关系的构成要素

一、民事法律关系构成要素的概念

所谓民事法律关系要素，是指构成民事法律关系的必备条件或必备因素。学界通说为三要素说，即一个完整的民事法律关系的构成包括了三个要素：主体、客体和内容。其中，“主体为权利义务之所属，客体为权利义务之所附”②，内容由民事权利和民事义务构成。缺乏其中任何一个要素，具体的民事法律关系就难以形成。

二、民事法律关系的构成要素

（一）民事法律关系的主体

民事法律关系的主体，也被称为民事主体，是指参与民事法律关系的人。在我国，民事法律关系主体主要指自然人、法人和非法人组织。国家在某些场合也可以成为的法律关系的特殊主体。国家可以根据法律的规定，以一种特殊的法人身份参与民事活动，如发行国债、出让国有土地使用权等。③

民事法律关系作为受民法调整的一种社会关系，实际上，就是民事主体之间的一种民事利益交换的社会关系。没有民事主体的存在，就不会形成民事法律关系，所以，民事主体是民事法律关系的第一要素。同时，要形成一个民事法律关系，必须有单方或者双方或者多方民事主体的参与，经单方或者双方或多方参与构成的民事法律关系，是一种法律上的民事权利、民事义务关系。在具体的民事法律关系中，享有民事权利的一方，称为权利主体，而承担民事义务一

① 参见许中缘、屈茂辉：《民法总则原理》，中国人民大学出版社2012年版，第285页。

② 参见郑玉波：《民法总则》，中国政法大学出版社2003年版，第94页。

③ 参见马俊驹、宋刚：《民事主体功能论——兼论国家作为民事主体》，载《法学家》2003年第6期。

方,称为义务主体。通常情况下,民事法律关系中的民事权利和民事义务是对等的,因此,绝大多数民事法律关系中的民事主体,既是权利主体,同时又是义务主体。[①]

(二)民事法律关系的客体

民事法律关系的客体,是指民事权利和民事义务所指向的对象。如果没有客体,民事权利和民事义务就无法确定,更不能在当事人之间分配权利、义务。

关于民事法律关系的客体,理论界有不同的看法。依照通说,主要有物、行为、智力成果、货币与有价证券等。民事法律关系的客体,应当区分不同的民事法律关系确定。例如,就物权法律关系而言,其客体应为物;就知识产权法律关系而言,其客体应为智力成果;[②]运输关系中的客体是安全、及时送达运输标的物的行为。民事客体使民事权利、民事义务有了可以依托的基础。

(三)民事法律关系的内容

民事法律关系的内容即民事主体所享有的民事权利和所承担的民事义务,简言之,即民事权利和民事义务。

民事法律关系的内容在民事法律关系中具有重要的地位,主要体现在:(1)民事法律关系的内容是把民事主体与客体联系在一起的纽带,没有民事权利与义务,民事主体与客体之间不可能发生联系;(2)民事法律关系的内容体现了民事法律关系的性质及其与其他民事法律关系的区别;(3)民事法律关系的内容实现了民法规范功能的指引。只有民法正式确认主体之间的民事权利义务内容,才能为民事主体提供相应的行为模式,进而调整相关的社会关系。[③]

民事权利和民事义务构成了民事法律关系的内容:[④]

民事权利,权利人为了满足自己利益而采取的、由其他人的义务所保证的法律手段。民事权利不同于法益。法益是法律所保护的利益,但是这种受法律所保护的利益,还没有达到权利的程度。

民事义务,是指义务人为满足权利人的要求而为一定行为或不为一定行为的法律手段。它具体包括:(1)义务人必须依据法律的规定或合同的约定,为一

---

① 参见王建平:《民法总论》,四川大学出版社 2017 年版,第 64 页。

② 参见佟柔主编:《民法原理》,法律出版社 1983 年版,第 33 页。

③ 参见申卫星:《民法学》(第 2 版),北京大学出版社 2017 年版,第 49 页。

④ 参见王利明:《民法总则研究》(第 2 版),中国人民大学出版社 2012 年版,第 85 页。

定的行为或不为一定的行为，以便满足权利人的要求；(2)义务体现为一种手段或负担，义务通常以满足权利人的需要为目的，而并非满足义务人自身的目的；(3)义务具有强制性，民事义务是一种受到国家强制力约束的法律义务，如果义务人不履行其义务，将依法承担法律责任。

在民事法律关系中，权利和义务是相互对立、相互联系在一起的。《民法典》第131条规定："民事主体行使权利时，应当履行法律规定的和当事人约定的义务。"该条对义务必须履行原则作出了规定。在通常情况下，权利和义务都是一致的，权利的内容要通过相应的义务表现，而义务的内容则由相应的权利限定，离开了民事义务就无所谓民事权利。当事人一方享有权利，必然有另一方负有相应的义务，并且权利和义务往往是同时产生、变更和消灭的。因此，民事权利和民事义务是从不同的角度表现民事法律关系的内容的。

从总体上看，民事法律关系的三要素，共同统一于一个个具体的民事法律关系中，任何一个要素的变动或终结，都会引起原有民事法律关系的发生、变更或者消灭。

第三节　民事法律关系的变动

一、民事法律关系变动概述

民事法律关系的变动是指民事法律关系的发生、变更和消灭。民事法律规范本身并不能在当事人之间引起民事上的权利、义务关系，而仅仅代表着民事主体享有权利或承担义务的可能性。但是，法律可以根据需要，规定一些事实条件，在发生这些事实时，就使民事法律关系产生、变更和消灭。

当特定的法律事实出现时，产生如下法律后果：①

第一，引起民事法律关系的产生。只有通过法律事实，才能使民事法律所规定的权利义务，转化为当事人实际享有的权利和承担的义务。

第二，引起民事法律关系的变更。因法律事实的出现而导致民事法律关系

① 参见王利明主编：《民法》，中国人民大学出版社2022年版，第57页。

的变更通常包括：主体变更（权利主体或义务主体发生变化等）；内容变更（主体享有的民事权利和承担的民事义务在范围和性质上发生变化等）；客体变更（客体发生变化）。

第三，引起民事法律关系消灭，使主体之间的权利义务等不再存在。

二、民事法律关系变动的原因

民事法律关系变动不是无缘无故的，总要基于一定的原因。民事法律关系变动的原因就在于这些由法律规定所认可的、可以引起民事法律关系产生、变更、消灭的事实，即民事法律事实。

（一）民事法律事实的概念

所谓民事法律事实，是指符合法律规定的，能够引起民事法律关系产生、变更或消灭的客观情况。① 虽然民事法律事实是客观现象，但并不是任何客观现象都能成为民事法律事实，只有能够引起民事法律关系发生、变更或消灭的客观情况或现象，才能成为民事法律事实。②

（二）民事法律事实的分类

1. 事件和行为

依据是否与权利主体的意志相关，可将法律事实分为事件和行为两大类。

事件，是指与人的意志无关，能够引起民事法律关系的发生、变更或消灭的客观现象，如自然灾害、战争、人的自然死亡等。

行为，是指人的有意识的活动，能够引起民事法律后果的法律事实。行为可分为表意行为和非表意行为。所谓表意行为，是指行为人通过意思表示，旨在设立、变更、消灭民事法律关系的行为。而非表意行为则是指行为人主观上没有产生民事法律关系的目的，但依法律的规定，客观上产生某种法律效果的行为，也被称为事实行为。③ 事实行为有合法的，如拾得遗失物；也有不合法的，如侵权行为。

---

① 参见许中缘、屈茂辉：《民法总则原理》，中国人民大学出版社 2012 年版，第 307 页。

② 参见房绍坤主编：《民法》（第 5 版），中国人民大学出版社 2020 年版，第 13 页。

③ 参见王轶：《论民事法律事实的类型区分》，载《中国法学》2013 年第 1 期。

2. 单一民事法律事实和事实构成

按照产生民事法律后果所需要的法律事实的数量，可以将法律事实分为单一民事法律事实和事实构成。民事法律关系的产生、变更和消灭，如果只以一个法律事实为根据，即单一民事法律事实；如果需要以两个或两个以上的法律事实的相互结合为根据才能引起民事法律后果，即民事法律关系的事实构成。如出生是建立父母与子女之间法律关系的单一法律事实。如遗嘱继承法律关系中，继承人继承遗产就需要立遗嘱的单方民事行为和遗嘱人死亡的事件这两个法律事实才能够发生。[①]

① 参见王利明主编：《民法》，中国人民大学出版社 2022 年版，第 59 页。

第三章

自 然 人

第一节　自然人概述

自然人是指基于自然规律而出生的人。与 1986 年《民法通则》第二章“公民(自然人)”相比较,《民法典》中使用“自然人”的表述具有历史进步性。自然人是基于自然规律出生的人,是人在私法领域的准确表达,其涵盖范围更广,既包括中华人民共和国公民,还包括外国人和无国籍人。公民是一个政治概念,是指具有某一国家国籍的人,是人在公法领域的称谓。更重要的是,自然人概念体现出民法所蕴含的权利能力平等的价值内涵,同时也展现出我国立法的开放与包容。①

自然人的民事权利能力和民事行为能力是自然人参与到民事法律关系之中取得民事权利和履行民事义务的前提条件,是民法中的基础性概念,是民法主体制度中的两大支柱。权利能力和行为能力的区分是德语法系学者创造的产物。德国学者萨维尼明确了权利能力和行为能力的区分,前者指持有权利的可能性,后者指取得权利的可能性。②《德国民法典》由此确立了权利能力、行为能力和责任能力三种制度。受《德国民法典》的影响,《瑞士民法典》在第一编“人格法”中规定了“权利能力”和“人格”的概念,《日本民法典》分别使用了

① 参见杨震:《自然人的民事权利能力与民事行为能力》,载张鸣起主编:《民法总则专题讲义》,法律出版社 2019 年版,第 74 页。

② 参见龙卫球主编:《中华人民共和国民法典总则编释义》,中国法制出版社 2020 年版,第 49 页。

“私权的享有”、“能力”和“责任能力”。①

我国《民法典·总则编》第二章“自然人”部分，共计用13个条文规定民事权利能力和民事行为能力制度。全面理解、准确把握与适用自然人的民事权利能力与民事行为能力制度，具有重要的理论意义与实践价值。

第二节　自然人的民事权利能力

一、自然人民事权利能力的概念

自然人的民事权利能力是指法律赋予自然人享受民事权利和负担民事义务的资格。② 民事权利能力与民事权利是两个不同的概念，两者既存在实质的不同，还有着密切的关联。民事权利能力是一种资格，是取得民事权利的前提与基础，是法律赋予民事主体享有获取实际利益的可能性。质言之，拥有民事权利能力并不意味着事实上真正拥有某一项具体的民事权利。民事权利则是自然人在具体的民事法律关系中所实际享有的利益，是自然人民事权利能力实现的结果。民事权利能力是拥有权利的资格和承担义务的资格的统一体，而民事权利则是一种利益，通常不包含民事义务在内；民事权利能力与自然人的意志无关，不能由其自由转让、放弃，而民事权利的内容和范围则直接取决于民事主体的意志，权利人可以依法处分。例如，每个自然人均具备成为不动产所有人的资格，但并不是每个自然人都能够对某特定不动产拥有所有权。③

基于伦理上的考量，民法上自然人的民事权利能力不具有可转让性，也不可抛弃。民事权利能力是自然人作为民事主体的前提条件，也是自然人参与民事活动的前提和基础，与主体资格不可分离。因此，自然人不得处分自己的民事权利能力，既不得将其民事权利能力转让、抛弃，也不可以被剥夺，即使是被判处刑罚，该自然人仍享有一般的民事权利能力。

---

① 参见李昊：《对〈民法通则〉中民事能力制度的反思》，载《南京大学法律评论》2010年第1期。

② 参见王利明主编：《民法》，中国人民大学出版社2022年版，第59页。

③ 参见杨震：《自然人的民事权利能力与民事行为能力》，载张鸣起主编：《民法总则专题讲义》，法律出版社2019年版，第74页。

二、自然人民事权利能力的开始

《民法典》第13条规定:“自然人从出生时起到死亡时止,具有民事权利能力,依法享有民事权利,承担民事义务。”自然人的民事权利能力与其人身不可分离,所以,自然人的民事权利能力从其出生开始享有,即出生是自然人取得民事权利能力的法律事实。

自然人的民事权利能力始于出生。出生在性质上属于民事法律事实中的自然事件,最直接的法律后果是使新生儿取得了民事权利能力。其他国家和地区也有类似的法律规定,如《德国民法典》第1条规定:“人的权利能力,始于出生的完成。”《意大利民法典》第1条规定:“人的权利能力始于出生。”《日本民法典》第1条第3款规定:“私权的享有,始自出生。”《瑞士民法典》第31条第1款规定:“权利能力自出生开始,死亡终止。”《俄罗斯联邦民法典》第17条第2款规定:“公民的权利能力自其出生之时产生,因其死亡而终止。”总体看来,多数国家的民事立法规定自然人的民事权利能力始于出生,即自然人一旦出生,就意味着具有民事主体资格,依法享有民事权利和承担民事义务。但也有个别国家规定自然人的民事权利能力开始于受孕时,即胎儿以活着出生为前提,也具有民事权利能力,如《匈牙利民法典》。有关规定受孕时产生民事权利能力的立法规范,其实质在于解决胎儿利益保护问题,因此并无实质区别。

出生属于法律事实中的自然事件,其最直接的法律效果是新生儿取得民事权利能力,成为独立的民事主体。因此,出生时间点如何确定,既关系新生儿获得民事权利能力的时间,有时还影响其他利害关系人的权利义务状态,如在继承法律关系之中。因此,如何界定出生,就具有重要的法律意义。出生是一个医学概念,关于出生主要有三种学说:一是阵痛说。阵痛说认为,从产妇开始阵痛,即意味着胎儿出生。通常,由于产妇阵痛与胎儿脱离母体存在时间差,况且脱离母体的胎儿未必一定是活体,因此,阵痛说不可采信。二是露出说。即胎儿部分或全部露出母体为完成出生。该学说的问题是,仅关注胎儿与母体是否分离,没有考虑胎儿离开母体时是否存活。因此,露出说也不可采用。三是独立呼吸说。该说认为,胎儿脱离母体并独立呼吸,为出生完成。后续胎儿是否继续存活,则在所不问。该学说不仅关注胎儿是否与母体分离,更为强调原来依附于母体存活的胎儿已转化为具有独立呼吸能力的生命个体,真正实现由

“出”到“生”。目前该学说为学术界的通说。通常认为,出生应当具备两个条件:一是“出”;二是“生”,两者缺一不可。“出”是指胎儿与母体相分离;“生”是指脱离母体的婴儿应为活体,而不论其生命能保持时间的长短。① 我国《民法典》第15条规定:“自然人的出生时间和死亡时间,以出生证明、死亡证明记载的时间为准;没有出生证明、死亡证明的,以户籍登记或者其他有效身份登记记载的时间为准。有其他证据足以推翻以上记载时间的,以该证据证明的时间为准。有其他证据足以推翻以上记载时间的,以该证据证明的时间为准。”因此,确定出生时间的顺序是,首先以出生证明为准,没有出生证明的,以户籍登记或者其他有效身份登记记载的时间为准,这里的其他有效身份登记,通常包括身份证、军官证、士官证、士兵证、护照等证件。需要注意的是,《民法典》中的上述规定,预留了推翻出生证明和户籍登记或者其他有效身份登记所记载的出生时间的可能,如果有确定的证据足以表明真正的出生时间与出生证明和户籍登记或者其他有效身份登记不符,则以该确定证据证明的时间作为某自然人的出生时间,其从该时间起取得民事权利能力。

在《民法典》颁布实施之前,原《民通意见》第1条规定:“公民的民事权利能力自出生时开始。出生的时间以户籍为准;没有户籍证明的,以医院出具的出生证明为准,没有医院证明的,参照其他有关证明认定。”相比较而言,《民法典》关于出生时间的规定更符合日常生活实际,可以更为全面、灵活、精准地确定出生时间,继而判断自然人取得民事权利能力的时间点。②

但是如果胎儿出生时是死体,则不属于法律意义上的出生,应认定个体从未享有民事权利能力。依据《民法典》第16条规定:“涉及遗产继承、接受赠与等胎儿利益保护的,胎儿视为具有民事权利能力。但是,胎儿娩出时为死体的,其民事权利能力自始不存在。”③通常情况下,自然人的民事权利能力自出生时开始。但是在胚胎孕育至出生期间,胎儿往往成为授予利益的潜在取得者,例如在遗产继承关系中,依据《民法典》第1155条规定:“遗产分割时,应当保留胎儿的继承份额。胎儿娩出时是死体的,保留的份额按法定继承办理。”与此同

---

① 参见郑玉波:《民法总则》,台北,三民书局1979年版,第68页。

② 参见杨震:《自然人的民事权利能力与民事行为能力》,载张鸣起主编:《民法总则专题讲义》,法律出版社2019年版,第78页。

③ 参见王利明:《民法总则研究》(第2版),中国人民大学出版社2012年版,第201页。

时，在某些特定情形中，胎儿可能是自身利益的潜在受害者。例如，甲违章驾驶车辆造成交通事故，致使一名孕妇受伤，在抢救过程中孕妇死亡，胎儿早产并因遭受车辆撞击而受伤。在这种情况下，胎儿视为具有民事权利能力，属于民事权利主体，可以获得损害赔偿。①

《民法典》对于胎儿利益进行了特殊保护，在特殊情况下如果不给予对胎儿权利能力的特殊关注，则其出生后有权益受损的可能。所以，世界各国立法通行的做法就是拟制胎儿具备民事权利能力，当然这一拟制的前提条件就是胎儿出生时为活体。例如，《瑞士民法典》第 31 条第 2 款规定："胎儿以将来非死产为限，关于其个人利益的保护，视为既已出生。"《法国民法典》第 906 条规定："胎儿在赠与时已存在者，即有承受生前赠与的能力。胎儿在遗嘱人死亡时已存在者，即有受遗赠的能力，但赠与或遗赠仅对于婴儿出生时能生存者，发生效力。"《日本民法典》第 721 条规定："胎儿就损害赔偿请求权，视为已出生。"第 886 条规定："胎儿就继承视为已出生。前款规定，不适用于胎儿以死体出生情形。"应当说，胎儿的民事权利能力是法律拟制的产物，胎儿本不应具有权利能力，仅为保护其利益而有条件地承认部分权利能力。因此，各国立法皆用"视为有权利能力"表明其拟制性。我国《民法典》第 16 条规定："涉及遗产继承、接受赠与等胎儿利益保护的，胎儿视为具有民事权利能力。但是，胎儿娩出时为死体的，其民事权利能力自始不存在。"

对胎儿利益加以保护和胎儿是否具有民事权利能力，是两个有关联却不同的问题。围绕两者关系的不同理解，有两种不同的立法模式：一种是德国立法例，即列举模式。不认为胎儿具有民事权利能力，但对于胎儿之利益在多项具体的领域通过特别规定加以保护。另一种是瑞士立法例，即概括模式。作为一般性规定有条件地承认胎儿具有部分民事权利能力。我国《民法典》关于胎儿利益保护的条文，属于概括模式。相对于自然人从出生时起承认民事主体地位的立法模式，该条对胎儿利益的保护属于例外规定，这表明我国采有条件地承认胎儿民事主体地位的立法模式，是一个立法进步。②

---

① 参见杨震：《自然人的民事权利能力与民事行为能力》，载张鸣起主编：《民法总则专题讲义》，法律出版社 2019 年版，第 79 页。

② 参见杨震：《民法总则"自然人"立法研究》，载《法学家》2016 年第 5 期。

此外,胎儿在娩出前,无法为自己主张权利,需要其父母作为其法定代理人为胎儿主张权利,根据《总则编解释》第4条规定:"涉及遗产继承、接受赠与等胎儿利益保护,父母在胎儿娩出前作为法定代理人主张相应权利的,人民法院依法予以支持。"

三、自然人民事权利能力的终止

自然人的民事权利能力为自然人一生所享有,依据《民法典》第13条的规定,自然人死亡时,其民事权利能力终止,即自然人死亡是自然人民事权利能力终止的法律事实。自然人死亡后,作为一个生命体告别人世,当然地退出民事法律关系,再无享有民事权利与承担民事义务的必要与可能,因此,从法律意义上民事权利能力应予终止。[①]

自然人的死亡既包括自然死亡,也包括宣告死亡。自然死亡是自然人生命的终结,在自然死亡的情形下,不论死亡的原因如何,自然人的民事权利能力当然终止。关于宣告死亡时自然人的民事权利能力是否终止,学者间存在不同的观点,有观点认为,在宣告死亡的情形下,自然人在其住所地空间内的民事权利能力终止,而在其实际存活的空间里,民事权利能力没有终止。[②] 事实上,宣告死亡只是一种法律上拟制的死亡,不能将其完全等同于自然死亡:一方面,法律上规定宣告死亡制度的目的在于了结被宣告死亡人的婚姻、财产关系,而不是消灭其民事权利能力(主体资格);另一方面,在被宣告死亡后,自然人可能并未自然死亡,仍可能参加相关的民事活动,如果认定其民事权利能力已经终止,则可能影响法律秩序的稳定,影响交易安全。在被宣告死亡的人重新出现后,经本人或者利害关系人申请,人民法院应当撤销死亡宣告,其相关的人身、财产关系也会在一定程度上恢复。因此,宣告死亡并不能当然地消灭自然人的民事权利能力。本条所规定的自然人的民事权利能力止于死亡应当仅限于自然死亡。

关于自然人自然死亡的时间,存在不同观点:一是心脏跳动停止说。此种观点认为,自然人的心脏一旦停止跳动,即应当认定其已经死亡。该观点主张,

① 参见杨震:《自然人的民事权利能力与民事行为能力》,载张鸣起主编:《民法总则专题讲义》,法律出版社2019年版,第80页。

② 参见柳经纬主编:《民法总论》,厦门大学出版社2008年版,第98页。

由于心脏主要负责身体组织器官的供血、供氧等，心脏骤停后循环骤停，呼吸也就停止，即应当认为自然人已死亡。但是从医学角度观察，心脏停搏仅是身体停止血液流动，脑部还没有因血供缺氧而死亡。[①] 二是呼吸停止说。此种观点认为，在自然人的呼吸停止后，即应当认定其已经死亡。但医学实践表明，呼吸停止仅是呼吸肌停止工作，但脑、心脏等器官可能仍然处于工作状态。[②] 三是脑死亡说。该观点认为，只有脑死亡才是人的生命彻底、不可逆的终结。脑死亡，指原发于脑组织严重外伤或脑的原发性疾病，致使全脑的功能不可逆转地停止，最终导致人体死亡。[③] 脑死亡不仅在医学界得到公认，而且在许多国家已获得法律认可，如芬兰、美国、德国、罗马尼亚、印度等 10 多个国家制定了有关脑死亡的法律，直接以立法形式承认脑死亡为宣布死亡的依据。部分国家虽没有制定正式的法律条文承认脑死亡，但在临床实践中已承认脑死亡状态，并以之作为宣布死亡的依据，如比利时、新西兰、韩国、泰国等数十个国家。[④] 相比较而言，脑死亡说更为科学，标准更为可靠。自然人一旦被宣布为脑死亡，直接表明其民事主体资格丧失，民事权利能力终止。自然人死亡后，由医疗机构或者司法部门出具《死亡医学证明书》或死亡证明。自然人死亡时间，以证明记载的时间为准，但如果有足够的证据可以推翻证书所记载时间的除外。我国曾经以心脏停止跳动为判断自然死亡的标准，现在一般以脑死亡作为判断自然人死亡的标准。[⑤]

对于宣告死亡中死亡日期的确定，我国《民法典》第 48 条规定："被宣告死亡的人，人民法院宣告死亡的判决作出之日视为其死亡的日期；因意外事件下落不明宣告死亡的，意外事件发生之日视为其死亡的日期。"死亡时间在通常情况下是确定的事实，但是在某些特殊的意外事故中，死亡时间难以明确，尤其是存在相互继承关系的数人在同一事件中死亡，难以确定死亡先后的，就产生了推定死亡时间的必要性。关于数人在同一事件中死亡时间的推定，《民法典》第

---

① 参见郭自力：《死亡标准的法律与伦理问题》，载《政法论坛》2001 年第 3 期。

② 参见丁春艳：《英国法上"死亡"定义之考察》，载《法律与医学杂志》2006 年第 3 期。

③ 参见杨震：《自然人的民事权利能力与民事行为能力》，载张鸣起主编：《民法总则专题讲义》，法律出版社 2019 年版，第 80 页。

④ 参见陈名校、杜伯伦：《刍论中国脑死亡立法》，载《行政与法》2010 年第 4 期。

⑤ 参见王利明：《民法总则研究》（第 2 版），中国人民大学出版社 2012 年版，第 227 页。

1121条第2款规定："相互有继承关系的数人在同一事件中死亡，难以确定死亡时间的，推定没有其他继承人的人先死亡。都有其他继承人，辈份不同的，推定长辈先死亡；辈份相同的，推定同时死亡，相互不发生继承。"在保险合同法律关系中也涉及死亡时间推定问题，我国《保险法》第42条第2款规定："受益人与被保险人在同一事件中死亡，且不能确定死亡先后顺序的，推定受益人死亡在先。"

自然人死亡后，民事权利能力终止，丧失民事主体资格，客观上亦无法再行使民事权利，履行民事义务。但是死者的人格利益并不会与生命一样戛然终止，如死者的姓名、隐私、肖像、荣誉、名誉等人格利益，还将在特定的时空内留存与展现。与此同时，这些死者的人格利益，往往与死者近亲属的人格利益和经济利益密切相关。[①]《民法典》第994条规定："死者的姓名、肖像、名誉、荣誉、隐私、遗体等受到侵害的，其配偶、子女、父母有权依法请求行为人承担民事责任；死者没有配偶、子女且父母已经死亡的，其他近亲属有权依法请求行为人承担民事责任。"由于死者已经不具备民事主体资格，因此，对于上述死者人格利益的保护，在立法上表现为对死者近亲属所受精神损害的保护。最高人民法院《关于确定民事侵权精神损害赔偿责任若干问题的解释》第3条规定，死者的姓名、肖像、名誉、荣誉、隐私、遗体、遗骨等受到侵害，其近亲属向人民法院提起诉讼请求精神损害赔偿的，人民法院应当依法予以支持。

四、自然人民事权利能力的特征

自然人的民事权利能力具有以下三个特征：[②]

（一）自然人的民事权利能力具有普适性

自然人的民事权利能力是与生俱来的被法律所赋予的享有民事权利和履行民事义务的资格，因此，任何自然人均享有民事权利能力，不存在不具有民事权利能力的自然人。外国人、无国籍人在中华人民共和国境内从事民事活动，同样依法具有民事权利能力，但是立法可以基于对等原则或其他特殊考量对外国人、无国籍人的民事权利能力作出必要的限制。

---

① 参见杨震：《自然人的民事权利能力与民事行为能力》，载张鸣起主编：《民法总则专题讲义》，法律出版社2019年版，第82页。

② 参见杨震：《自然人的民事权利能力与民事行为能力》，载张鸣起主编：《民法总则专题讲义》，法律出版社2019年版，第76页。

（二）自然人的民事权利能力具有平等性

《民法典》第 14 条规定："自然人的民事权利能力一律平等。"在我国，自然人的民事权利能力一律平等，这是关于自然人民事权利能力的平等性的宣示性规定，也是我国《民法典》平等原则的体现。

1. 自然人民事权利能力平等的绝对性。《民法典》第 14 条规定："自然人的民事权利能力一律平等。"本法第 14 条较原《民法通则》增加了"一律"二字，从字面看，更加强调平等的绝对性。作为一种资格与可能性，民事权利能力并非当然地基于人出生这一自然现象而取得，而是来自法律的赋予。人生而平等。从民法视角来看，任何一名自然人的民事权利能力都是平等的，无差别的，没有高低、强弱、多寡之分，其与性别、种族、年龄、出身、国籍、信仰、健康状况、教育程度、职业、财富、住所等外在客观情形无关。需要注意的是，自然人的民事权利能力一律平等，并不意味着每一名个自然人的民事权利能力的范围完全一致，法律可以对自然人民事权利能力作出适当的限制。例如，《民法典》第 1047 条规定："结婚年龄，男不得早于二十二周岁，女不得早于二十周岁。"未达到上述法定婚龄的自然人当然不具有结婚的资格，其缔结婚姻的民事权利能力受到限制。

2. 自然人民事权利能力平等的相对性。自然人的民事权利能力虽然强调"一律"平等，应该理解为对过去贯彻平等观念尚有不足的匡正之意。但我们不应该因为强调人格平等的绝对性就忽略了平等的相对性。从本法体现的价值追求和体系关联的角度来理解，我们实际上加强了对特殊群体的保护，如对老人、妇女、儿童、残疾人、消费者等特殊群体利益的关注与保护，《民法典》第 128 条规定："法律对未成年人、老年人、残疾人、妇女、消费者等的民事权利保护有特别规定的，依照其规定。"

这种既注重提高自然人整体权利保护的水平，又针对特殊的群体加强保护的做法，体现了这种平等的相对性。只有这样才能满足现代民法基于社会复杂性，人格平等原则逐渐由形式平等向实质平等发展的趋势。

3. 自然人民事权利能力平等的广泛性。自然人的民事权利能力不仅具有平等性，内容也十分广泛，也就是说自然人享有民事权利、承担民事义务的范围十分广泛。这不仅体现为其主体资格的平等，而且体现为其取得权利和承担义务都适用同样的民法规则。《民法典》的许多规则都体现了对民事主体权利保护的平等性。例如,《民法典》第113条规定:“民事主体的财产权利受法律平等保护。”也就是说,当财产权利受到侵害时,民事主体主张权利保护时能够援引的法律规则是相同的。民法是私法,调整私法关系,而在私法关系中,主体能够平等地表达其意思、平等地参与民事活动的基本前提就是民事主体法律地位的平等,即能够平等地享有民事权利、承担民事义务,具有平等的民事权利能力。[①]

(三)自然人的民事权利能力具有不可剥夺性

自然人的民事权利能力是法律所赋予的取得民事权利和承担民事义务的资格,是一种法律人格要素,其与自然人的生命存在密不可分、紧紧相依。因此,自然人的民事权利能力具有不可分割、不可转让、不可抛弃的属性。任何国家机关、组织和自然人不能剥夺、限制其他自然人的民事权利能力,自然人亦不能将自身的民事权利能力抛弃、让与。

第三节　自然人的民事行为能力

一、自然人民事行为能力的概念

自然人的民事行为能力是自然人可以独立进行民事活动的能力或资格,即自然人能够以自己的行为行使民事权利、承担民事义务的资格。[②]

自然人民事行为能力的制度价值在于:一是通过民事行为能力制度可以保护未成年人和心智不健全者的合法利益。因为,未成年人与心智不健全者不能够清晰地知道自己行为的后果,为避免其权益受到损害,不赋予其民事行为能力或者限制其民事行为能力,将他们限定在一定民事活动范围之内或者排除在一定的民事交易活动范围之外,继而达到保护的目的。这也是民法之人文关怀精神的体现。二是通过民事行为能力制度来维护交易安全和提高交易效率。[③]因此,在立法中设计民事法律行为制度,可以简单、明确地划清一条界限,即交易双方可以彼此判断出民事法律行为主体是否具备从事交易行为的能力,交易

---

① 参见王利明主编:《中国民法典释评总则编》,中国人民大学出版社2020年版,第44页。

② [德]迪特尔·梅迪库斯:《德国民法总论》,邵建东译,法律出版社2000年版,第409页。

③ 参见崔建远等:《民法总论》,清华大学出版社2013年版,第104页。

结果能否得到法律的承认，这就有利于提高交易效率，保护交易安全。与此同时，通过法定代理人制度的设计，又充分保障无民事行为能力人和限制民事行为能力人可以有效地参与民事交往，达到取得民事权利和设定民事义务的目的。

民事行为能力具有不可剥夺性。民事行为能力是依照法律赋予自然人按照自己的意思取得权利和设定义务的资格，是自然人介入民事交往的前提，既关系自然人自身权益，也关系相对人利益，更关系社会交易安全与经济效率。因此，自然人不可自行放弃、抛弃民事行为能力，民事行为能力亦不可被他人非法剥夺与限制，法院依法定程序宣告的除外。

自然人的民事行为能力是以其意思能力为基础的，意思能力是自然人判断自己行为的能力。自然人的意思能力与其年龄、智力以及精神状况存在密切联系，一个人只有在达到一定的年龄而且智力和精神状况均达到一定水平时，对外界情况才能有足够的判断力。因此，我国《民法典》在划定不同阶段的民事行为能力时，也主要以自然人的年龄、智力和精神健康状况为标准。《民法典》设置民事行为能力制度，将自然人分为无民事行为能力人、限制民事行为能力人和完全民事行为能力人，并在此基础上，对其可以实施的民事活动的范围进行限定。例如，无民事行为能力人和限制民事行为能力人所实施的民事行为如果超出其民事行为能力范围，则无效或者效力待定。在此种情形下，不论相对人是否善意，都不能补正法律行为效力上的瑕疵。从这一意义上说，民法对无民事行为能力人和限制民事行为能力人的保护超过了对善意第三人之信赖利益的保护。①

自然人的民事行为能力与民事权利能力既有联系又存在区别。民事权利能力是法律赋予自然人取得权利和负担义务的资格，民事行为能力则是自然人能够以自己的行为取得民事权利和负担民事义务的资格。任何自然人均具有民事权利能力，但民事行为能力则不尽然，不是任何自然人都具有完全民事行为能力或限制民事行为能力。只有具备一定意思能力的自然人才被立法赋予民事行为能力。因此，民事权利能力是民事行为能力的前提，不存在有民事行为能力而无民事权利能力的主体。此外，自然人的民事权利能力通常无变动，

① 参见[日]山本敬三：《民法讲义：Ⅰ·总则》，解亘译，北京大学出版社2004年版，第29页。

而民事行为能力还存在变动的可能,例如,已年满18周岁的成年人,后续可能会因精神疾患被法院宣告完全丧失或部分丧失行为能力,成为无民事行为能力人或限制民事行为人。①

自然人的民事行为能力与民事责任能力也存在联系和区别。民事责任能力是指,因违反法律规定而承担责任的资格,主要是指承担侵权责任的能力。两者的共同点在于:均要求自然人具备一定的意思能力,即判断自身行为后果的能力,就是指按照自己的意思发生权利义务变动,即自身行为承担相应的法律后果。两者的区别在于:一是制度价值取向不同。民事行为能力制度旨在保护未成年人和智识精神不健全者的利益,兼顾社会交易安全与效率。民事责任能力则重在保护被侵害人的利益以及社会利益,兼顾未成年人和智识精神不健全者的利益。二是对于意思能力的要求不同。民事行为能力旨在解决自然人是否可以基于自身合法行为取得民事权利和负担民事义务,是从理性层面和适法性角度来判断意思能力,其对自然人的意思能力要求较高,因此,通常以年龄为判断标准。相反,责任能力则是从承担法律责任的视角来考量意思能力,对意思能力的要求相对较低,因此相对比较抽象,应在具体情境中判断,不完全拘泥于年龄标准。例如,对于一个具有限制民事行为能力的12岁儿童,用石头砸损他人车辆,他对于自身行为所产生的后果是可以预知的,其具有责任能力,应当对自己的行为承担不利的法律后果。我国《民法典》第1188条规定:"无民事行为能力人、限制民事行为能力人造成他人损害的,由监护人承担侵权责任。监护人尽到监护职责的,可以减轻其侵权责任。有财产的无民事行为能力人、限制民事行为能力人造成他人损害的,从本人财产中支付赔偿费用;不足部分,由监护人赔偿。"这是立法从另一个侧面来证明无民事行为能力人、限制民事行为能力人具备责任能力,应当对自己的侵权行为负责。反之,如果完全民事行为能力人实施的行为是在无意识下进行的,在这种情况下行为人可以不承担侵权责任。例如,一名司机在车辆行驶过程中突发脑出血,导致车辆失控撞到路旁行人,因该司机于事故发生时处于无意识状态,丧失了意思能力,主观上没有过错,无须承担侵权责任,仅应根据行为人的经济状况,基于公平原则对受害人

---

① 参见杨震:《自然人的民事权利能力与民事行为能力》,载张鸣起主编:《民法总则专题讲义》,法律出版社2019年版,第83页。

适当补偿。我国《民法典》第1190条规定:“完全民事行为能力人对自己的行为暂时没有意识或者失去控制造成他人损害有过错的,应当承担侵权责任;没有过错的,根据行为人的经济状况对受害人适当补偿。完全民事行为能力人因醉酒、滥用麻醉药品或者精神药品对自己的行为暂时没有意识或者失去控制造成他人损害的,应当承担侵权责任。”总的来说,完全民事行为能力人和限制民事行为能力人,通常具有民事责任能力,相反具有民事责任能力的人,不一定具备民事行为能力。[①]

二、自然人民事行为能力的划分

(一)完全民事行为能力

所谓完全民事行为能力,是指自然人具有通过自己独立的意思表示进行民事法律行为的能力。[②] 关于成年人为完全民事行为能力人的条件及其后果的规定和《民法典》第17条一起构成了广义的民事成年制度,丰富和发展了原《民法通则》第11条的规定。

1. 成年人为完全民事行为能力人,可以独立实施民事法律行为。所谓“成年人”首先需要符合一定的年龄,依据《民法典》第17条规定,“十八周岁以上的自然人为成年人”。由于成年人的心智已经发育成熟,对外界状况能够有自己独立的判断,因此,《民法典》将成年人规定为完全民事行为能力人,可以独立实施民事法律行为。当然,依据《民法典》第21条、第22条的规定,成年人如果不能辨认或者不能完全辨认自己行为,则应当属于无民事行为能力人或者限制民事行为能力人。[③] 因此,应注意以下两点:

第一,成年即具有完全民事行为能力。年满18周岁被作为年龄判断的标准,此时的成年人应当是心智发育正常、能够辨认自己行为的成年人。完全民事行为能力人能够独立判断外界情况,能够独立实施民事法律行为,不需要他人同意或者追认。

第二,具有完全民事行为能力的成年人,可以独立实施法律行为,并应当承

---

① 参见杨震:《自然人的民事权利能力与民事行为能力》,载张鸣起主编:《民法总则专题讲义》,法律出版社2019年版,第84页。

② 参见王利明:《民法总则研究》(第2版),中国人民大学出版社2012年版,第233页。

③ 参见郭锋:《中国民法典的价值理念及其规范表达》,载《法律适用》2020年第13期。

担相应的法律后果。

2. 视为完全民事行为能力人。《民法典》第18条第2款规定:"十六周岁以上的未成年人,以自己的劳动收入为主要生活来源的,视为完全民事行为能力人。"这是在第1款的基础上补充以劳动成年制。之所以做出此种规定,是因为:一方面,年满16周岁的人可以参加劳动,获得劳动收入。除了法律另有规定以外,任何单位或个人均不得招用不满16周岁的未成年人。我国《劳动法》第15条规定:"禁止用人单位招用未满十六周岁的未成年人。文艺、体育和特种工艺单位招用未满十六周岁的未成年人,必须遵守国家有关规定,并保障其接受义务教育的权利。"对于能够参加劳动、通过劳动收入满足基本生活的人而言,不应当对其参加社会活动进行过多的限制。另一方面,如果16周岁以上的未成年人能够以其劳动收入作为主要生活来源,则表明其心智已经发展成熟,有自己独立的判断能力,应当可以独立参加各类民事活动,因此,有必要在法律上将其视为完全民事行为能力人。

关于其涵义,应当注意如下三点:

第一,该规则仅适用于16周岁以上的未成年人。从该条的规定来看,即仅适用于16周岁至18周岁的自然人。在该年龄段的未成年人,只要心智正常,其收入能够满足其基本生活,就可以将其视为完全民事行为能力人,否则,其仍然应当属于限制民事行为能力人。

第二,该16周岁以上的未成年人其主要生活来源应当是自己的劳动收入。劳动收入应当是固定的收入,如工资、奖金等,不能是偶然、不确定的收入,如继承遗产、接受赠与等。一般认为,"主要生活来源"是指该未成年人的劳动收入能够使其维持当地群众的一般生活水平①,否则不能将其视为完全民事行为能力人。例如,张某17周岁,初中毕业后,先后应聘在多家企业工作,月收入维持在3800元左右,以自己的收入满足自己的生活支出。张某工作半年后,用1500元为自己买了一辆高档山地车。在上述情况中,张某以自己的劳动收入为主要生活来源,视为完全民事行为能力人,其购买山地自行车的合同合法有效。②

---

① 参见王利明:《民法总则研究》(第2版),中国人民大学出版社2012年版,第64页。

② 参见杨震:《自然人的民事权利能力与民事行为能力》,载张鸣起主编:《民法总则专题讲义》,法律出版社2019年版,第87页。

第三，如果同时满足上述两点，则将其视为完全民事行为能力人。“视为”在性质上属于一种推定，也就是说，只要符合上述情况，则推定其属于完全民事行为能力人，应当独立承担自己民事行为的法律后果。

（二）限制民事行为能力

限制民事行为能力，是指自然人以自己独立的意思表示进行民事法律行为的能力受到一定的限制。[①] 较完全民事行为能力而言，限制民事行为能力人仅能独立地实施与其智识程度相适应的民事法律行为。

世界各国和地区立法关于限制民事行为能力主要为两种模式：一是明确按照年龄标准界定限制民事行为能力。例如，《德国民法典》第 106 条规定：“已满 7 周岁的未成年人，其行为能力为限制行为能力。”《俄罗斯联邦民法典》第 28 条第 2 款规定：“年满 6 周岁不满 14 周岁的幼年人有权独立实施下列法律行为：(1)小额的日常生活性法律行为；(2)无须公证证明的或者无须进行任何国家登记的旨在无偿获利的法律行为；(3)为了一定的目的或者为了自由支配而处分由法定代理人提供的或者经法定代理人同意由第三人提供的资金的法律行为。”《越南民法典》第 22 条第 1 款规定：“年满 6 周岁不满 18 周岁的未成年人，设立、实施民事交易必须得到其法定代理人同意，但从事与其年龄相适应的为满足日常生活需要的交易者，不在此限。”我国《民法典》中关于限制民事行为能力的规定属于该模式。二是立法仅规定成年人年龄标准，不再细分限制行为能力年龄界限，所有未成年人均为限制民事行为能力人。例如，《法国民法典》第 388 条规定：“年龄未满 18 周岁的男或女是未成年人。”第 389 条第 1 款规定：“在所有民事行为中，法定代理人均代理未成年人，但法律或者习惯允许未成年人实施的民事行为除外。”《荷兰民法典》第 233 条规定：“未成年人是未满 18 周岁的人，不能登记结婚，也不能注册登记为合伙人。”第 234 条第 1 款规定：“未成年人经过法定代理人的许可可以以自己的名义从事法律行为。”第 234 条第 3 款规定：“未成年人所从事的法律行为，如果根据常理判断，被认为与其年龄相适应，视为经过法定代理人的许可。”《日本民法典》第 2 条规定：“满 20 周岁为成年人”，第 4 条第 1 款规定：“未成年人实施法律行为，应经其法定代理人同意，但可以单纯取得权利和免除义务的行为除外。”《意大利民法典》《瑞士民

① 参见王利明：《民法总则研究》（第 2 版），中国人民大学出版社 2012 年版，第 64 页。

法典》《韩国民法典》也属于该种模式。[①]

总的来看,我国区分限制民事行为能力的标准有两条:一是年龄,已满8周岁不满18周岁的未成年人为限制民事行为能力人。其中16周岁以上,以自己的劳动收入为主要生活来源的未成年人除外。二是智识精神程度,由于智力或者精神障碍不能完全辨识自身行为及其后果的成年人为限制民事行为能力人。因此,限制民事行为能力的人,从年龄上划分可以分为限制民事行为能力的未成年人和限制民事行为能力的成年人两种类型:

1. 限制民事行为能力的未成年人

与我国先前立法相比(原《民法通则》第12条第1款),《民法典》增加了法定代理人对限制行为能力人单独实施法律行为的追认。此外,《民法典》第19条将限制民事行为能力人的年龄调整为8周岁以上,并增加了"可以独立实施纯获利益的民事法律行为"的规定(吸收了原《合同法》第47条的规定)。自然人具有权利主体资格,并非意味着相关民事法律关系会自动产生,而是需要当事人根据理性能力自主创设,也即民法中的行为能力制度,而具有不同程度理智的人所拥有的行为自由范围,也是不同的。[②] 自然人的理性能力又通常依赖于其生理发育,因此法律根据自然人年龄的不同,将自然人区分为不同类型,赋予不同的行为能力。

根据本条的规定,应该注意以下几点:[③]

第一,未成年人作为限制行为能力人的年龄条件为8周岁以上。本条关于限制行为能力人的规定,与我国先前立法最大的不同就是将限制民事行为能力人年龄从10周岁调整为8周岁。这也就意味着,8周岁以上10周岁以下的未成年人不再是无民事行为能力人,而是限制行为能力人,其从事的行为也不再是一概无效,《民法典》第145条第1款规定:"限制民事行为能力人实施的纯获利益的民事法律行为或者与其年龄、智力、精神健康状况相适应的民事法律行为有效;实施的其他民事法律行为经法定代理人同意或追认后有效。"由于我国经济和科技的高速发展,很多未满10周岁的未成年人接收的信息丰富,其认知

① 参见杨震:《自然人的民事权利能力与民事行为能力》,载张鸣起主编:《民法总则专题讲义》,法律出版社2019年版,第86页。

② 参见朱庆育:《民法总论》,北京大学出版社2016年版,第435页。

③ 参见王利明:《民法总则研究》(第2版),中国人民大学出版社2012年版,第236页。

能力已经远远超过几十年前同龄人的认知水平，因此，如果采用“一刀切”的做法，将所有行为一律认定为无效法律行为，显然与生活现实严重不符，也不能更好地保护这一类主体的民事权益。此外，在原《民法总则》编纂的过程中，曾有建议将这一年龄标准下调至6周岁，认为这样可以更好地尊重未成年人的自主意识。但是6周岁的未成年人大部分处于学龄前，认知和辨识能力还是很弱，不具备独立从事民事活动的能力，最后，全国人大常委会法工委本着积极稳妥的原则，将8周岁作为限制民事行为能力起始点列入草案中，并最终获得通过。①

第二，8周岁以上的未成年人作为限制行为能力人实施民事法律行为应当由其法定代理人同意、追认后方才有效。关于法定代理人的代理行为，适用《民法典·总则编》第七章代理的一般规定。行为之前的允许可称为同意，行为之后的允许可称为追认。所谓“同意”，是指法定代理人事先允许限制行为能力人从事受限的法律行为。事先的同意可以是针对某一具体行为事项，也可以针对一般性、概括性的行为事项，例如，15岁学生经父亲同意，携带父亲给付的1500元人民币自行购买某品牌某型号手机；再如，16岁学生在暑假经父母同意自助旅游，预订机票、购买船票、预订宾馆等行为。由于存在法定代理人的特殊同意，因此其从事的这些法律行为也不存在效力瑕疵。同时，限制民事行为能力的未成年人未得到法定代理人的同意进行的民事法律行为，虽然存在效力瑕疵，但法定代理人又可通过事后的追认，允以补正。② 依据《民法典》第145条第2款规定：“相对人可以催告法定代理人自收到通知之日起三十日内予以追认。法定代理人未作表示的，视为拒绝追认。”例如，9岁儿童将家中的电动玩具车以260元价格出售给他人，如果父母对该行为后续追认后，此交易合法有效。如果该交易行为没有获得父母的追认，则无效。③ 此前，原《合同法》第47条第1款规定，限制民事行为能力人订立的合同，经法定代理人追认后，该合同有效。④ 本条继承了原《合同法》的做法，承认法定代理人的事后追认，充分尊重

---

① 参见杨立新：《民法总则：条文背后的故事与难题》，法律出版社2017年版，第71页。

② 参见翟远见：《论宣告死亡及其撤销在婚姻上的效力》，载《中国法学》2021年第2期。

③ 参见杨震：《自然人的民事权利能力与民事行为能力》，载张鸣起主编：《民法总则专题讲义》，法律出版社2019年版，第88页。

④ 参见陈小君：《民事法律行为效力之立法研究》，载《法学家》2016年第5期。

了私法自治。

第三，虽然限制民事行为能力人的能力受限，但其单独实施的民事法律行为也并不当然无效。除经法定代理人同意或者追认外，该条款还规定了两类行为：一是纯获利益的民事法律行为；二是与其年龄、智力相适应的民事法律行为。其中“与其年龄、智力相适应的民事法律行为”的规定沿用原《民法通则》第12条的规定。对于如何认定“与其年龄、智力相适应”，《总则编解释》第5条规定：“限制民事行为能力人实施的民事法律行为是否与其年龄、智力、精神健康状况相适应，人民法院可以从行为与本人生活相关联的程度，本人的智力、精神健康状况能否理解其行为并预见相应的后果，以及标的、数量、价款或者报酬等方面认定。”

第四，民法限制未成年人行为能力的范围，目的在于限制未成年人对其财产的管理、处分权限，避免因其意思能力不足或欠缺社会经验而遭受不利益，以求其财产的维持与保全。因此，依据《民法典》第19条但书规定，未成年人实施对其财产无不利益的行为，法律并无干涉之必要，应允许其单独实施。[①] 此次，《民法典·总则编》明确规定这一例外情形，值得肯定。但关于“纯获利益”存在一定的解释空间。以经济标准判断是否纯获利益，会使法律行为处于不确定状态，不具有可行性。因此，限制行为能力人只要能够获得利益但并不负有负担，或者所获利益远远高于其承受负担所遭受的不利益，即认为属于纯获利益更具可操作性。

2. 限制民事行为能力的成年人

限制民事行为能力的自然人除了未成年人，还涉及成年人的情形。《民法典》第22条规定：“不能完全辨认自己行为的成年人为限制民事行为能力人，实施民事法律行为由其法定代理人代理或者经其法定代理人同意、追认；但是，可以独立实施纯获利益的民事法律行为或者与其智力、精神健康状况相适应的民事法律行为。”对于不能完全辨认自己行为的成年人而言，其认识能力介于完全民事行为能力人与无民事行为能力人之间，也就是说，其对外界具有一定的判断力，但受其智力等因素的限制，其判断能力又相对较弱，即对其所实施的民事法律行为的性质、法律后果等认识不充分，因此需要法律对其进行特别保护。从本条的规定来看，在划定不能完全辨认自己行为的成年人能够独立实施的民

① 参见梅仲协：《民法要义》（第2版），中国政法大学出版社1998年版，第99页。

事法律行为的范围时,采用了反向排除的方式,即明确列举了限制民事行为能力人能够独立实施的民事法律行为类型,除此之外的民事法律行为,限制民事行为能力人都不能够独立实施。依据该规定,不能完全辨认自己行为的成年人能够独立实施的民事法律行为,只有两种情形,一是"纯获利益的民事法律行为",二是"与其智力、精神健康状况相适应的民事法律行为"。对于这两种例外情况,参照限制民事行为能力的未成年人可以单独实施的民事法律行为判断标准,在个案中具体进行判定。如符合上述两类情形,不能完全辨认自己行为的成年人即可独立实施民事法律行为,既不需要其法定代理人代理实施,也不需要其法定代理人事先同意或者事后追认。

除了上述两类情形外,其他所有的民事法律行为,不能完全辨认自己行为的成年人都不能独立实施,除非取得监护人的事先同意或事后追认。对于事后追认,依据《民法典》第145条第2款的规定,法定代理人应当明确作出追认的意思表示,法定代理人未作表示的,视为拒绝追认,该民事法律行为无效。法律作出此种规定,一方面是为了保护不能完全辨认自己行为的成年人的利益,防止其因为智力、精神健康状况的限制而实施损害其自身利益的民事法律行为;另一方面是为了保护交易安全,便于相对人在与不能完全辨认自己行为的成年人交易时,可以对其交易资格和效力作出明确判断,从而有利于维护交易安全、提高交易效率。

依据《民法典》第23条规定:"无民事行为能力人、限制民事行为能力人的监护人是其法定代理人。"也就是说,不能完全辨认自己行为的成年人是不能独立实施民事法律行为的,需要由其法定代理人代理其实施。① 本条规定,与原《民法通则》第14条规定一致。民事行为能力制度的初衷是更好地保护欠缺民事行为能力人,而不是使其隔离在法律交往之外。法律为了修补这一缺陷,就需要为其实施法律行为配备机制,设置法定代理人。监护人最适合担任欠缺民事行为能力人的法定代理人,之所以如此规定,是为了寻求科学设置和人性平衡的双重关怀,各国几乎无一例外地选择监护人直接充任法定代理人的做法,我国也不例外。②

---

① 参见王利明主编:《中国民法典释评》,中国人民大学出版社2020年版,第62~63页。

② 参见龙卫球主编:《中华人民共和国民法典总则编释义》,中国法制出版社2020年版,第59页。

(三)无民事行为能力

所谓无民事行为能力,是指自然人无独立从事民事活动的资格,也就是说,不具有以自己的行为取得民事权利和承担民事义务的资格。在我国,无民事行为能力人包括两类:

1. 不满8周岁的未成年人。对此,《民法典》第20条规定:“不满八周岁的未成年人为无民事行为能力人,由其法定代理人代理实施民事法律行为。”此前,我国无民事行为能力人的年龄界限为10周岁以下。考虑到儿童社会智力发展的状况,以及部分10周岁以下的未成年人已经入学且具有一定的独立性的事实,将无民事行为能力的年龄下调到8周岁更为恰当。为了不使无民事行为能力的未成年人远离自治生活之外,法律为其设置了法定代理人作为补偿。该规定亦明确,无民事行为能力的未成年人应完全由其法定代理人代理进行民事法律行为。同时,立法的取向在于对行为能力欠缺者的保护优先于交易安全,因此,《民法典》第144条规定:“无民事行为能力人实施的民事法律行为无效。”但是,无行为能力的未成年人也可能会从事一些日常生活行为,例如,7周岁的儿童购买铅笔、橡皮或零食,如果这些行为所涉金钱数额不大,且与其年龄和智力相符合,应当可以实施。[①] 允许无民事行为能力人实施上述行为,秉承无民事行为能力人利益保护优先的原则,适当牺牲交易安全是正义的,符合立法取向的。因此,在未来的司法实践中,也有待进一步明确。

2. 不能辨认自己行为的人。不能辨认自己行为的人再按照年龄划分为两类:其一,8周岁以上不能辨认自己行为的未成年人。依据《民法典》第19条的规定,8周岁以上的未成年人为限制民事行为能力人,但如果其不能辨认自己的行为,依据《民法典》第21条第2款规定,8周岁以上的未成年人不能辨认自己行为的,为无民事行为能力人。对于不能辨认自己行为的人而言,从保护其利益出发,法律规定其为无民事行为能力人是十分必要的,必须由其法定代理人代理实施民事法律行为。其二,不能辨认自己行为的成年人。《民法典》第21条第1款规定:“不能辨认自己行为的成年人为无民事行为能力人,由其法定代理人代理实施民事法律行为。”依据该条规定,如果成年人因为智力、精神状况等原因而无法辨认自己的行为,则应当属于无民事行为能力人,其所实施的民

① 参见王利明:《民法总则研究》(第2版),中国人民大学出版社2012年版,第107页。

事法律行为都是无效的。

无民事行为能力人由法定代理人代理实施民事法律行为。《民法典》第 23 条规定:“无民事行为能力人、限制民事行为能力人的监护人是其法定代理人。”对于无民事行为能力人的未成年人,《民法典》第 27 条规定:“父母是未成年子女的监护人。未成年人的父母已经死亡或者没有监护能力的,由下列有监护能力的人按顺序担任监护人:(一)祖父母、外祖父母;(二)兄、姐;(三)其他愿意担任监护人的个人或者组织,但是须经未成年人住所地的居民委员会、村民委员会或者民政部门同意。”对于无民事行为能力人的成年人,《民法典》第 28 条规定:“无民事行为能力或者限制民事行为能力的成年人,由下列有监护能力的人按顺序担任监护人:(一)配偶;(二)父母、子女;(三)其他近亲属;(四)其他愿意担任监护人的个人或者组织,但是须经被监护人住所地的居民委员会、村民委员会或者民政部门同意。”

三、自然人民事行为能力的认定

自然人民事行为能力的认定是指对成年人的民事行为能力状况依法定程序作出确认。《民法典》第 24 条第 1 款规定:“不能辨认或者不能完全辨认自己行为的成年人,其利害关系人或者有关组织,可以向人民法院申请认定该成年人为无民事行为能力人或者限制民事行为能力人。”这是关于成年人为无民事行为能力人或者限制民事行为能力人的司法认定的规定,具体包括认定条件和程序、认定的撤销、申请资格人等。该条承继自原《民法通则》第 19 条的规定,不同的是,该条采用了《民事诉讼法》中的“认定”,而非《民法通则》中的“宣告”。

近代民法以来,包括 1804 年《法国民法典》和 1900 年《德国民法典》都建立了成年人欠缺民事行为能力的宣告制度,称禁治产宣告制度和准禁治产宣告制度,目的在于保护第三人的交易安全。这种司法宣告制度在实践中存在一个弊端,就是灵活性不足,在尽可能尊重欠缺民事行为能力人的自治和保护第三人交易安全之间,更多地倾向于后者。我国《民法典》做了一定变化,将“宣告”改为“认定”,体现了从主观向客观转化的趋势。①

一般而言,自然人在成年后,即具有完全民事行为能力,但在自然人成年

① 参见龙卫球:《民法总论》,中国法制出版社 2001 年版,第 230 页。

后,其民事行为能力可能因为智力、精神健康状况的变化而发生变化,此时,有必要依据法定程序认定其为无民事行为能力人或者限制民事行为能力人,以更好地保护其合法权益,并维护交易安全。与此相应,无民事行为能力或者限制民事行为能力的成年人的民事行为能力也可能恢复,此时,也应当允许由人民法院依申请认定其恢复为限制民事行为能力人或者完全民事行为能力人,以便于其正常参与民事活动。因此,本条对成年人无民事行为能力、限制民事行为能力的认定和恢复规则作出了规定。

(一)申请认定成年人为无民事行为能力人或者限制民事行为能力人

依据《民法典》第24条规定,申请认定自然人为无民事行为能力人或者限制民事行为能力人,应当符合如下条件:①

1.被申请的对象为不能辨认或者不能完全辨认自己行为的成年人。依据《民法典》第24条第1款规定:"不能辨认或者不能完全辨认自己行为的成年人,其利害关系人或者有关组织,可以向人民法院申请认定该成年人为无民事行为能力人或者限制民事行为能力人。"从我国《民法典》的规定来看,本条规定的适用对象为成年人。除个别例外情形外,未成年人均为无民事行为能力人或者限制民事行为能力人,而且从年龄层面看,无民事行为能力、限制民事行为能力的未成年人与成年人之间的界限十分清晰,因此,对未成年人而言,并不需要专门设置认定程序。成年人因智力、精神健康状况等方面的原因,在客观上已经丧失或者部分丧失民事行为能力,达到不能辨认自己行为或者不能完全辨认自己行为的程度,人民法院才能依据本条规定认定其为无民事行为能力人或者限制民事行为能力人。

2.必须由该成年人的利害关系人或者有关组织提出申请。依据《民法典》第24条第1款的规定,认定成年人为无民事行为能力人或者限制民事行为能力人必须由其利害关系人或者有关组织提出申请,人民法院不能依据职权认定。有关组织的范围,依据本条第3款的规定,具体包括:"居民委员会、村民委员会、学校、医疗机构、妇女联合会、残疾人联合会、依法设立的老年人组织、民政部门等。"从司法实务来看,客观上存在该成年人已经符合无民事行为能力或

① 参见石宏主编:《中华人民共和国民法总则条文说明、立法理由及相关规定》,北京大学出版社2017年版,第53页。

限制民事行为能力认定标准,但没有利害关系人或利害关系人不愿向法院提出认定申请的情形。这种情形下,既不利于保护该成年人的合法权益,也不利于维护交易安全。对此,本条明确了有关组织可以作为申请人向法院提出申请,同时列举了有关组织的范围。

根据上述列举,可知本条文拟保护的对象主要包括老残妇弱等群体。从列举的主体看,居民委员会、村民委员会均为基层群众性自治组织,是最贴近本区域居民(村民)的一级组织,最可能了解居民(村民)是否具备完全行为能力,故应允许居民委员会、村民委员会作为申请人。本条所指学校,从被申请人为成年人来推断,应主要指高中以上学历教育的学校。学校因直接管理成年学生而更容易了解其行为能力状态,为避免成年学生自身利益受损或危害其他学生的人身财产安全,维护校园正常教学秩序,有必要允许学校申请认定。本条所指医疗机构,应包括医院、卫生院、疗养院、门诊部、诊所、卫生所(室)以及急救站等机构。医疗机构在诊断治疗时,可以第一时间发现并确认成年人是否具备完全民事行为能力。因此,允许医疗机构作为申请人也符合常理。妇女联合会作为专门维护妇女合法权益的社会团体组织,一旦发现成年女性不具备完全民事行为能力、可能使其自身利益受损时,应被赋权作为申请人,更有利于维护妇女的合法权益。中国残疾人联合会及其地方组织,代表残疾人的共同利益,维护残疾人的合法权益,一旦发现成年残疾人具有无民事行为能力、限制民事行为能力情形时,从维护残疾人的合法权益出发,应当赋予残疾人联合会申请认定的权限。根据《老年人权益保障法》第 7 条第 2 款规定:“国家机关、社会团体、企业事业单位和其他组织应当按照各自职责,做好老年人权益保障工作。”故本条“老年人组织”即为申请主体之一。但需要注意的是,本条规定的老年人组织必须是依法设立,与之相区别的是老年人自行设立、未经有关部门批准或登记备案的组织。例如,老年合唱团、舞蹈队等,均属于民间组织,不能依据本条提出申请。民政部门的工作职责包括社会救济、社会福利、社区服务、流浪乞讨人员的救助管理、指导中国残疾人联合会工作等,很多均与成年人有无民事行为能力相关联,故应允许民政部门作为申请主体。①

---

① 参见最高人民法院民法典贯彻实施工作领导小组主编:《中华人民共和国民法典理解与适用》,人民法院出版社 2020 年版,第 153 页。

3. 必须由人民法院依据法定程序予以认定。我国《民事诉讼法》对人民法院认定公民无民事行为能力、限制民事行为能力案件所依据的特别程序作出了规定:其一,关于审理程序,依据该法第 184 条的规定,认定成年人无民事行为能力或者限制民事行为能力的案件,由人民法院按照特别程序进行审理。其二,关于审理法院,《民事诉讼法》第 194 条规定:"申请认定公民无民事行为能力或者限制民事行为能力,由利害关系人或者有关组织向该公民住所地基层人民法院提出。申请书应当写明该公民无民事行为能力或者限制民事行为能力的事实和根据。"其三,关于民事行为能力的鉴定,《民事诉讼法》第 195 条规定:"人民法院受理申请后,必要时应当对被请求认定为无民事行为能力或者限制民事行为能力的公民进行鉴定。申请人已提供鉴定意见的,应当对鉴定意见进行审查。"其四,关于该类案件的代理人,《民事诉讼法》第 196 条规定:"人民法院审理认定公民无民事行为能力或者限制民事行为能力的案件,应当由该公民的近亲属为代理人,但申请人除外。近亲属互相推诿的,由人民法院指定其中一人为代理人。该公民健康情况许可的,还应当询问本人的意见。人民法院经审理认定申请有事实根据的,判决该公民为无民事行为能力或者限制民事行为能力人;认定申请没有事实根据的,应当判决予以驳回。"上述规定均对认定成年人为无民事行为能力人或者限制民事行为能力人的具体程序作出了详细规定。①

(二)申请认定成年人恢复为限制民事行为能力人或者完全民事行为能力人

如前所述,在成年人的民事行为能力有全部或者部分恢复的可能,为保障其参与相关的民事活动,有必要认定其恢复为限制民事行为能力人或者完全民事行为能力人。依据《民法典》第 24 条规定,认定成年人恢复为限制民事行为能力人或者完全民事行为能力人,需要符合如下条件:

1. 适用对象为被人民法院认定为无民事行为能力人或者限制民事行为能力人的成年人。从《民法典》第 24 条第 2 款的规定来看,如果该成年人事先并未被人民法院认定,则不适用本条规定。例如,某人因为罹患精神疾病而丧失辨认自己行为的能力,但其利害关系人或者有关组织并没有向人民法院申请认

① 参见李欣:《私法自治视域下的老年人监护制度研究》,西南政法大学 2012 年博士学位论文。

定其属于无民事行为能力人或者限制民事行为能力人，后其精神疾病康复，完全恢复了辨认其行为的能力。此时，依据本条规定，并不需要人民法院依据法定程序认定其恢复为完全民事行为能力人。

2. 由本人、利害关系人或者有关组织申请。从《民法典》第 24 条第 2 款的规定来看，该成年人客观上恢复或者部分恢复辨认其行为能力后，也需要由相关主体向人民法院提出认定申请，人民法院不能依职权予以认定。有权提出申请的主体包括：一是本人。在成年人恢复或者部分恢复辨认其行为的能力时，自己可以向人民法院提出申请，请求法院认定其已经恢复或部分恢复民事行为能力。二是利害关系人。本条没有对此处的利害关系人的范围作出具体规定，只要与该成年人具有人身或者财产上利害关系的主体，均可以向人民法院提出申请。三是有关组织。从本条规定来看，申请认定成年人恢复民事行为能力的有关组织的范围应与申请认定的有关组织的范围相同，即居民委员会、村民委员会、学校、医疗机构、妇女联合会、残疾人联合会、依法设立的老年人组织、民政部门等。

3. 由人民法院依据法定程序作出认定。对于该类案件，依据《民法典》第 24 条第 2 款的规定，人民法院依申请“可以根据其智力、精神健康恢复的状况，认定该成年人恢复为限制民事行为能力人或者完全民事行为能力人”。《民事诉讼法》第 197 条规定：“人民法院根据被认定为无民事行为能力人、限制民事行为能力人本人、利害关系人或者有关组织的申请，证实该公民无民事行为能力或者限制民事行为能力的原因已经消除的，应当作出新判决，撤销原判决。”

四、自然人民事行为能力的终止

自然人民事行为能力的终止，是指自然人民事行为能力的彻底消灭。自然人的民事行为能力因达到法定年龄而取得，因智识提高和精神状况好转而恢复，因死亡而终止。

自然人民事行为能力的终止，是彻底的不可逆的结束。这与自然人民事行为能力宣告制度不同，被宣告为无民事行为能力和限制民事行为能力的自然人仅是暂时地被剥夺、限制民事行为能力，这不代表该自然人民事行为能力的彻底终止。导致该自然人被宣告为无民事行为能力和限制民事行为能力的原因消失后，其民事行为能力依法定程序可以恢复。从这一意义上，宣告自然人为无民事行为能力人,意味的是该自然人民事行为能力的“中止”,而不是“终止”。

需要注意的是,导致自然人民事行为能力终止的法律事实仅有一个,就是死亡。这里的死亡,仅指生理死亡,不包括宣告死亡。宣告死亡制度目的在于终结以死者生前住所地为中心的法律关系。由于宣告死亡是一种拟制死亡,被宣告死亡的人还存在从事民事活动、取得民事权利和设定民事义务可能。因此,《民法典》第49条规定:“自然人被宣告死亡但是并未死亡的,不影响该自然人在被宣告死亡期间实施的民事法律行为的效力。”①

第四节　监　　护

一、监护的概念

监护是指为未成年人和无民事行为能力或者限制民事行为能力的成年人设置保护人,以监督和保护其人身、财产及其他合法权益的制度。

我国《民法典》监护制度的设计理念,是要构建多维立体全方位的监护体制。家庭监护是监护制度的根基,社会监护是监护制度的保障,同时辅以国家监护作为补充,形成了国家治理和社会治理的良性互动。《总则编解释》根据“最有利于被监护人的原则”细化了监护制度,更好地保护了被监护人的权利。

二、监护的设定

关于监护的设定,我国《民法典》主要规定了法定监护、遗嘱监护、协议监护、指定监护、国家监护和意定监护几种方式。

(一)法定监护

1.法定监护的概念

所谓法定监护,是指监护人由法律直接规定的监护。关于法定监护的类型,我国原《民法通则》仅规定了未成年人的法定监护,《民法典》在此基础上还

① 参见杨震:《自然人的民事权利能力与民事行为能力》,载张鸣起主编:《民法总则专题讲义》,法律出版社2019年版,第93页。

增加了对成年人的法定监护。

2. 法定监护的特征

(1)监护人范围具有法定性。《民法典》第27条、第28条分别对未成年人和成年人的法定监护人作出了规定,可以看出,无论是未成年人的法定监护,还是成年人的法定监护,监护人的范围都是法定的。关于监护人是否具有监护能力的判定,《总则编解释》第6条分别就自然人和有关组织监护能力的认定作出了规定:"人民法院认定自然人的监护能力,应当根据其年龄、身心健康状况、经济条件等因素确定;认定有关组织的监护能力,应当根据其资质、信用、财产状况等因素确定。"如果确实没有适格的监护人的,为了防止出现监护的真空,《民法典》第32条规定:"没有依法具有监护资格的人的,监护人由民政部门担任,也可以由具备履行监护职责条件的被监护人住所地的居民委员会、村民委员会担任。"

(2)监护人具有法定顺序。与其他类型的监护不同,在法定监护中,各个具有监护资格的人在担任监护人时,存在一定的顺序限制,即只有顺序在前的人无法担任监护人时,顺序在后的人才能担任监护人。在实践中,确实存在不少监护争议,如争当监护人或者相互推诿,如果没有法定的顺序,则法院对此类纠纷就缺乏解决的依据。

(3)监护人应履行法定的职责。《民法典》第34条第1款、第2款规定:"监护人的职责是代理被监护人实施民事法律行为,保护被监护人的人身权利、财产权利以及其他合法权益等。监护人依法履行监护职责产生的权利,受法律保护。"因此,监护人不履行监护职责或者侵害被监护人合法权益的,应当承担法律责任。

(4)监护的对象具有特定性。从《民法典》的规定来看,法定监护的被监护人具有特定性,即限于未成年人、无民事行为能力或者限制民事行为能力的成年人。由于该群体认知能力较弱,因而,在未成年人的法定监护中,监护人行使监护职责的内容主要是对被监护人进行监管和照顾;而在成年人法定监护中,监护人的职责除了监管和照顾,还包括协助被监护人从事一定的民事活动。

3. 法定监护的种类

按照被监护人是否为成年人,可以分为未成年人监护和成年人监护。

(1)未成年人监护

未成年人监护,就是指未成年人为被监护人的监护。未成年人是国家的未来，民族的希望。未成年人的健康成长，关系亿万家庭的幸福安宁，关系社会的和谐稳定，因此《民法典·总则编》在第二章自然人专设"监护"一节规定了未成年人的监护，使父母子女之间的法律义务进一步明确，有利于保护未成年子女的健康成长。

依据《民法典》第27条第1款规定："父母是未成年子女的监护人。"未成年人一经出生，其父母就当然成为未成年人的监护人，该监护因子女出生这个法律事实而发生。父母成为未成年人的监护人，是其法定义务。这种监护义务的规定，厘清了监护职责的基础关系，即监护首先是一种法定义务关系，这种义务关系，以血缘关系作为纽带，首先存在于父母与未成年子女之间，《民法典》第26条第1款规定："父母对未成年子女负有抚养、教育和保护的义务。"父母的监护人资格，不因父母离婚而丧失，即使父母离婚后，没有与未成年子女共同生活的一方仍然是未成年人的监护人。《民法典》第27条第2款规定："未成年人的父母已经死亡或者没有监护能力的，由下列有监护能力的人按顺序担任监护人：(一)祖父母、外祖父母；(二)兄、姐；(三)其他愿意担任监护人的个人或者组织，但是须经未成年人住所地的居民委员会、村民委员会或者民政部门同意。"

(2)成年人监护

成年人监护，就是指成年人为被监护人的监护。成年人监护制度的设立初衷，既是为了保护其合法权益，同时也为了维护交易安全，因为无民事行为能力的成年人，可能是从未成年开始就不具备民事行为能力，也可能是曾经具备完全民事行为能力，但后来因为精神疾病等缺乏意思能力，而成为无民事行为能力人。同样，限制民事行为能力的成年人也可能是从未成年开始即只具备部分民事行为能力，也可能是曾经具备完全民事行为能力，但后来欠缺部分意思能力而成为限制民事行为能力人。从外表看，这些人都已经是成年人，而且其欠缺意思能力的实质未必能够从表面获取，故为保护交易相对人和利益相关者的交易安全，有必要对这类成年人设立监护制度，由监护人代为保护其人身安全，代为管理其财产。依据《民法典》第28条规定："无民事行为能力或者限制民事行为能力的成年人，由下列有监护能力的人按顺序担任监护人：(一)配偶；(二)父母、子女；(三)其他近亲属；(四)其他愿意担任监护人的个人或者组织，但是须经被监护人住所地的居民委员会、村民委员会或者民政部门同意。"其中，其他近亲属是指除配偶、父母以及子女之外的近亲属，包括兄弟姐妹、祖父母、外祖父母、孙子女、外孙子女。

为无民事行为能力的成年人、限制民事行为能力的成年人设定监护人是对这部分特殊人群的人身、财产及其他合法权益进行保护和监督的必要措施。我国最初并没有成年人监护的立法实践。行为能力欠缺的成年人监护，包括老年人的监护，曾经被放在视野之外。对于成年人监护，立法和司法层面都存在规范缺失问题，导致一系列问题的发生。例如，监护人不愿意让成年病人回家，该成年病人应出院而出不了院；或是该成年病人的合法财产被侵占，造成成年病人身无分文、无家可归，等等。1996 年《老年人权益保障法》颁行时，也没有保护老年人的成年人监护制度。2012 年 12 月 28 日《老年人权益保障法》修订，老年人监护制度第一次在立法上得到确认。我国《老年人权益保障法》虽然有了原则规定，但我国成年人监护依然存在监护对象范围狭窄、缺乏监护人选定程序、监护监督机构的规定不清晰等问题。现实生活中，除了未成年人、精神病患者、失能老人之外，还大量存在因智力衰退或患病而成为无行为能力或限制行为能力的成年人未被纳入监护制度保护体系的情形。成年人的监护制度曾在《民法通则》第 17 条有所涉及，原《民法总则》和《民法典》对其做了适度调整完善，强调了有监护能力的人应“按顺序担任监护人”。因为对精神障碍患者的亲属而言，担任监护人是一个沉重的负担，故常常容易出现亲属相互推诿、不愿意担任监护人的情况，有可能使精神障碍患者难以找到监护人，从而既不利于保护精神障碍患者的利益，也不利于保护他人的利益。本条规定强调了顺序性，即配偶为第一顺位监护人，其父母、子女为第二顺位监护人，其他近亲属是第三顺位监护人，其他愿意担任监护人的个人或者组织是第四顺位监护人。[①] 但是，我们应当看到还有一些具体的问题需要进一步明确，如在没有第一顺序监护人“配偶”的情况下，“父母”成为第二顺序监护人，而此时同样作为成年人的父母，可能往往年事已高，不具备相应的监护能力。关于监护能力的认定，《总则编解释》第 6 条规定：“人民法院认定自然人的监护能力，应当根据其年龄、身心健康状况、经济条件等因素确定；认定有关组织的监护能力，应当根据其资质、信用、财产状况等因素确定。”

---

① 参见王利明主编：《中国民法典释评总则编》，中国人民大学出版社 2020 年版，第 78 页。

(二)遗嘱监护

遗嘱监护是指后死亡的父母一方为需要监护的子女以遗嘱方式指定监护人的类型。作为监护人的父母在遗嘱中指定监护人,以保证有人继续照顾和抚养其子女。《民法典》第29条规定:"被监护人的父母担任监护人的,可以通过遗嘱指定监护人。"被监护人的父母在遗嘱中指定监护人的,被指定的人为监护人。《民法典》的遗嘱监护制度,是私法自治原则在监护人选任制度上的体现。德、法、美、英等国都设立了遗嘱监护的形式,这种监护类型获得了世界各国的普遍认可并已广泛采用。[①]

遗嘱监护是父母生前对需要监护的子女的监护人作出的安排。担任监护人的父母系需要监护的子女最亲密、最值得信赖的人,父母对子女的情况最了解,他们能够从子女的最大利益出发,从亲属、朋友中选择出最适合、最有责任心的人担任子女的监护人。因此,由父母为需要监护的子女选择监护人合情合理,被我国立法所采纳。遗嘱监护在适用中,应注意以下问题:

1. 遗嘱监护中有权指定监护人的只能是被监护人的父母。遗嘱监护在实践中主要适用情形是父母给未成年人设定遗嘱监护人。不过,在该条款中,被监护人的范围并没有明确限定,因此,理论上既可以是未成年人,也可以是无民事行为能力或者限制民事行为能力的成年人,只要被监护人的监护人是由父母担任的,均可以适用本条。做遗嘱监护人的主体只能是父母,其他监护人不能为被监护人设立遗嘱监护。[②]

2. 遗嘱指定中父母指定的监护人不同意担任监护人的情形的处理。《总则编解释》第7条第1款规定:"担任监护人的被监护人父母通过遗嘱指定监护人,遗嘱生效时被指定的人不同意担任监护人的,人民法院应当适用民法典第二十七条、第二十八条的规定确定监护人。"即如果父母遗嘱指定的监护人不同意担任监护人时,按照法定监护时法定监护人的顺序来确定监护人。

3. 未成年人父母一方通过遗嘱指定的监护人不是另一方的,遗嘱生效时,监护人是由有监护能力的另一方担任监护人,还是按照遗嘱确定监护人,实践

---

① 参见尹志强:《未成年人监护制度中的监护人范围及监护类型》,载《华东政法大学学报》2016年第5期。

② 参见刘征峰:《被忽视的差异——〈民法总则(草案)〉"大小监护"立法模式之争的盲区》,载《现代法学》2017年第1期。

中存有争议。为避免未成年子女面临监护真空,《总则编解释》第 7 条第 2 款规定:“未成年人由父母担任监护人,父母中的一方通过遗嘱指定监护人,另一方在遗嘱生效时有监护能力,有关当事人对监护人的确定有争议的,人民法院应当适用民法典第二十七条第一款的规定确定监护人。”即明确此时父母中有监护能力的另一方为当然的法定监护人。

(三)协议监护

关于协议监护,《民法典》第 30 条规定:“依法具有监护资格的人之间可以协议确定监护人。协议确定监护人应当尊重被监护人的真实意愿。”

1. 未成年人协议监护

未成年人的协议监护需要满足如下条件:[①]

(1)未成年人协议监护的主体必须是依法具有监护资格的人。但是,未成年人的父母具有监护能力的,不得与其他人签订协议,确定由其他人担任监护人,推卸自身责任。[②] 对于未成年人,协议监护只限于父母死亡或者没有监护能力的情形。有监护能力的未成年人的父母不得通过协议监护的方式,免除自己对于未成年子女的监护职责,《总则编解释》第 8 条第 1 款规定:“未成年人的父母与其他依法具有监护资格的人订立协议,约定免除具有监护能力的父母的监护职责的,人民法院不予支持。协议约定在未成年人的父母丧失监护能力时由该具有监护资格的人担任监护人的,人民法院依法予以支持。”

(2)未成年人协议监护确定的监护人不得在法律规定的具有监护资格的人之外确定监护人,否则协议无效。

(3)未成年人协议监护是具有监护资格的人平等协商的产物。协议签订后,不得擅自变更,协议确定的人应依法履行监护职责。关于监护顺序的确定,《总则编解释》第 8 条第 2 款规定:“依法具有监护资格的人之间依据民法典第三十条的规定,约定由民法典第二十七条第二款、第二十八条规定的不同顺序的人共同担任监护人,或者由顺序在后的人担任监护人的,人民法院依法予以支持。”

---

① 参见贾东明主编:《〈中华人民共和国民法总则〉释解与适用》,人民法院出版社 2017 年版,第 71 页。

② 参见牛安琪:《合同效力认定中强制性规定的司法适用研究》,吉林大学 2021 年博士学位论文。

(4)应尊重被监护人的真实意愿。这体现了《民法典》以人为本的立法理念。在具体个案中,应结合各方面情况进行综合考量,探求被监护人内心的真实想法。尤其是限制民事行为能力的未成年人已经具备了一定的认知判断能力、表达能力时,要听取本人意愿,尊重本人的选择,否则不利于未成年人健康成长。

2. 成年人协议监护

成年人协议监护与未成年人协议监护一样,都要求监护人的产生只能从依法具有监护资格的人之间产生,是平等协商的结果。协议确定监护人也应当尊重被监护人的真实意愿。

与未成年人协议监护不同的是,成年人协议监护更加注重通过制度设计帮助成年被监护人最大限度行使自己的权利,因此,对于被监护人有能力独立进行的日常生活相关行为,应充分尊重其真实意愿,监护人不应干涉。在协议确定监护人时,也应当充分尊重和考虑其真实意愿。

(四)指定监护

指定监护是指有权组织从有监护资格的人中选定监护人。指定监护并不是在法定监护人之外确定监护人,这仍然是在法定监护人范围之内确定监护人。当上述主体对担任监护人产生争议时,由有权机关进行指定。指定监护是解决担任监护人争议的一种方式。通过指定监护的方式,可以解决协议确定不了监护人的纠纷。

《民法典》第 31 条第 1 款、第 2 款规定:"对监护人的确定有争议的,由被监护人住所地的居民委员会、村民委员会或者民政部门指定监护人,有关当事人对指定不服的,可以向人民法院申请指定监护人;有关当事人也可以直接向人民法院申请指定监护人。居民委员会、村民委员会、民政部门或者人民法院应当尊重被监护人的真实意愿,按照最有利于被监护人的原则在依法具有监护资格的人中指定监护人。"在适用指定监护规则确定监护人时,应注意以下问题:[①]

1. 法院依申请指定监护人时参考的因素。《总则编解释》第 9 条第 1 款规定:"人民法院依据民法典第三十一条第二款、第三十六条第一款的规定指定监

---

① 参见王利明主编:《中国民法典释评总则编》,中国人民大学出版社 2020 年版,第 83 页。

护人时，应当尊重被监护人的真实意愿，按照最有利于被监护人的原则指定，具体参考以下因素：(1)与被监护人生活、情感联系的密切程度；(2)依法具有监护资格的人的监护顺序；(3)是否有不利于履行监护职责的违法犯罪等情形；(4)依法具有监护资格的人的监护能力、意愿、品行等。”在指定人数上，本条第2款规定，“人民法院依法指定的监护人一般应当是一人，由数人共同担任监护人更有利于保护被监护人利益的，也可以是数人”。

2. 法院对指定监护人争议申请的处理。有监护能力的自然人之间对担任监护人有争议的情形，包括争当监护人或不愿担任监护人。有权指定监护人的单位，是指被监护人住所地的居民委员会、村民委员会、民政部门或者人民法院。对指定不服，有关当事人可提起诉讼，由法院裁决指定。《总则编解释》第10条第1款规定：“有关当事人不服居民委员会、村民委员会或者民政部门的指定，在接到指定通知之日起三十日内向人民法院申请指定监护人的，人民法院经审理认为指定并无不当，依法裁定驳回申请；认为指定不当，依法判决撤销指定并另行指定监护人。”如果是在接到指定通知之日起30日后有关当事人提出指定申请的，人民法院应当按照变更监护关系处理。

3. 临时监护人的指定。临时监护人，是指在指定监护人产生之前，暂时对被监护人承担监护职责的主体。对行为能力欠缺的人，很多国家都通过立法形式对其进行临时性保护，如《德国民法典》第1846条规定，如果尚未任命监护人或监护人受到阻碍无法履行其义务，则监护法院应当采取为当事人之利益所必须的措施。[①] 在实践中，当监护人的人选存在争议时，就表明被监护人在一定期限内失去了监护人。这对于被监护人而言是十分不利的。为了最大限度地实现对被监护人合法利益的保护，《民法典》第31条第3款还规定了临时监护人制度。就职责和任务而言，临时监护人与一般监护人没有本质的区别，只是由于其暂时担任监护人，在监护人被确定后，其应当将被监护人的监护事项详细地向最后确定的监护人进行告知，确保被监护人的利益能够得到充分保护。临时监护人具有过渡的性质，是法律在最终监护人产生之前避免被监护人的合法权益受损而设置的角色。一旦监护人最终选定或指定，临时监护人的角色即告终，监护职责即移交被指定的监护人。因该种指定监护是由有权机关进行的，

① 参见《德国民法典》，郑冲、贾红梅译，法律出版社2001年版，第439页。

《民法典》第31条第4款规定:“监护人被指定后,不得擅自变更;擅自变更的,不免除被指定的监护人的责任。”

(五)国家监护

国家监护是指在没有依法具有监护资格的人的情形下,由法定的组织依法担任被监护人的监护人。这实际上明确了国家监护的替补地位。该项制度与我国监护的其他制度一起构建了一个立体全方位的监护网。依据《民法典》第32条规定:“没有依法具有监护资格的人的,监护人由民政部门担任,也可以由具备履行监护职责条件的被监护人住所地的居民委员会、村民委员会担任。”国家监护属于兜底条款,在无民事行为能力人的监护人、限制民事行为能力人的监护人缺位时,民政部门应当依法成为其最后的保障,充任监护人履行监护职能。国家监护的设置也符合儿童权利保护的国际趋势,《儿童权利公约》第20条第1款规定:“暂时或者永久脱离家庭环境的儿童,或为其最大利益不得在这种环境中继续生活的儿童,应有权得到国家的特别保护和协助。”该条款明确了当儿童的父母失去监护能力、死亡以及被依法剥夺监护资格时,缔约国应对儿童给予特别保护。①

需要注意的是,相比原《民法通则》第16条、第17条而言,《民法典》删除了“由未成年人的父、母的所在单位”作为监护主体的条款,单位不再具有监护人主体资格。另外,吸收公益组织担任监护人,也可以缓解国家监护的压力。这些有监护意愿的社会公益组织担任监护人应当具备一定的信誉、财产等条件,可以考虑今后将该类主体吸纳其中。②

(六)意定监护

意定监护是指成年人在其具备完全民事行为能力时,事先与相关主体协商,在其不具有完全民事行为能力时,由相关主体担任监护人。成年人意定监护,是相对于成年人法定监护而言的,《民法典》第33条规定:“具有完全民事行为能力的成年人,可以与其近亲属、其他愿意担任监护人的个人或者组织事先协商,以书面形式确定自己的监护人,在自己丧失或者部分丧失民事行为能力

---

① 参见佟丽华:《对未成年人监护制度的立法思考与建议》,载《法学杂志》2005年第3期。

② 参见张维炜、王博勋:《让民法典成为民族精神、时代精神的立法表达——访全国人大常委会法工委主任李适时》,载《中国人大》2016年第13期。

时,由该监护人履行监护职责。"[①]有学者认为意定监护制度源于英美法上的"持续性代理权"制度,其理论基础为委托契约关系。该制度后为大陆法系国家引入,如《瑞士民法典》第360条规定:"有行为能力的人,得委任自然人或法人,在其无判断能力时照护其人身或管理其财产,或者代理实施法律行为。委任人应与受任人明确规定所委任事务的具体内容,并指示如何执行其事务。受任人不适宜执行所委任的事务、不接受委任或者通知委任人终止委任时,委任人得采取其他处分代替之。"[②]

成年人意定监护制度是《民法典》相对于原《民法通则》新增加的规定。成年人意定监护,使本人预先选任了监护人,提前为自己能力不足时的生活作出安排,以确保病重或年老时的生活符合自己的意愿。[③] 这一制度最早出现在《老年人权益保障法》第26条,该条规定:"具备完全民事行为能力的老年人,可以在近亲属或者其他与自己关系密切、愿意承担监护责任的个人、组织中协商确定自己的监护人。监护人在老年人丧失或者部分丧失民事行为能力时,依法承担监护责任。"《民法典》将这一制度的适用范围从老年人扩大到全部成年人,充分体现和尊重了民事主体的意思自治的原则,彰显了以人为本的立法本意。

成年人意定监护应注意以下问题:[④]

1. 设定意定监护的一方是具有完全民事行为能力的成年人,即18周岁以上且智力和精神状况均属正常、能够辨认自己行为的自然人。

2. 被监护人与近亲属、他人或组织事先协商确定自己的监护人并签订的书面文件,为委托监护协议,是当事人意思自治的体现。允许事先书面约定监护人的方式,在我国已经进入老龄社会的今天,具有重大的现实意义。中国拥有庞大的老年群体,许多高龄老人随着年龄增长而丧失或者部分丧失了民事行为能力,需要他人的监护才能保障其人身和财产安全。但现代社会生活节奏快、人员流动频繁,传统的家庭结构和居住方式已经逐步转变,很多老人的子女或在异地居住,或在异地工作,无法陪伴老人、贴身监护,老人们则面临着无人监

① 参见杨立新:《保护未成年人权益 推动民政部门监护职责落实》,载《中国审判》2015年第24期。

② 参见费安玲:《我国民法典中的成年人自主监护:理念与规则》,载《中国法学》2019年第4期。

③ 参见李霞:《成年监护制度的现代转向》,载《中国法学》2015年第2期。

④ 参见王利明主编:《中国民法典释评总则编》,中国人民大学出版社2020年版,第87页。

护的局面。此外,全国范围内还有为数不少的"失独"家庭。我国的人口老龄化程度持续加深,据国家统计局2021年5月公布的第七次全国人口普查主要数据显示,我国60岁及以上人口2.64亿,占18.7%;65岁及以上人口1.9亿,占13.5%。① 人口老龄化是今后较长一段时期我国的基本国情,因此,我国当下亟须多元化的成年人监护方式来保障被监护人尤其是老年被监护人的合法权益。

成年人大多有一定的财产积蓄,当该成年人丧失或部分丧失民事行为能力时,其监护人有权代为管理和处置其财产,其中的利益重大。监护协议的签订时间通常距监护条件成就的时间较远,出于确保被监护人真实意思表示能够最终获得实现的目的,法律要求必须采用书面方式订立监护协议,可以有效保护交易安全,防止事后监护条件成就时无据可循。②

3. 成年人意定监护是预先确定监护人,委托监护协议并不立即生效,只有当该成年人丧失或者部分丧失民事行为能力时,协商确定的监护人才正式成为该成年人的监护人,开始履行监护职责。

4. 成年人意定监护协议可以解除,但解除的时间有限制。《总则编解释》第11条第1款规定:"具有完全民事行为能力的成年人与他人依据民法典第三十三条的规定订立书面协议事先确定自己的监护人后,协议的任何一方在该成年人丧失或者部分丧失民事行为能力前请求解除协议的,人民法院依法予以支持。该成年人丧失或者部分丧失民事行为能力后,协议确定的监护人无正当理由请求解除协议的,人民法院不予支持。"但是,依据《总则编解释》第11条第2款的规定,当成年人民事行为能力缺失后,若协议确定的监护人确实存在严重侵害该成年人利益的情况,则人民法院会依法支持有关个人、组织撤销其监护人资格的申请。依据《民法典》第36条第1款规定,监护人严重侵害该成年人合法利益,应撤销监护人资格的情况包括:"(一)实施严重损害被监护人身心健康的行为;(二)怠于履行监护职责,或者无法履行监护职责且拒绝将监护职责部分或者全部委托给他人,导致被监护人处于危困状态;(三)实施严重侵害被监护人合法权益的其他行为。"

---

① 参见《第七次全国人口普查公报(第5号)》,载国家统计局官网2021年5月11日,http://www.stats.gov.cn/tjsj/tjgb/rkpcgb/qgrkpcgb/202106/t20210628_1818826.html。

② 参见最高人民法院民法典贯彻实施工作领导小组主编:《中华人民共和国民法典理解与适用》,人民法院出版社2020年版,第202页。

三、监护人的职责

(一)监护人职责的内容

《民法典》第34条采用了“监护人职责”这样的表述,表明在监护法律关系中,监护人的监护职责是权利和义务的结合。监护人职责具有如下特征:①

1.《民法典》第34条第1款规定:“监护人的职责是代理被监护人实施民事法律行为,保护被监护人的人身权利、财产权利以及其他合法权益等。”这种表述采取“列举+概括”的方式,在突出“人身权利”“财产权利”两项监护职责的同时,也为其他监护职责的适用预留了空间。除本条所明确规定的两项职责外,“等”字应当包括对被监护人进行管理和教育、代理被监护人进行诉讼等内容。近代以来,个体的基本人权、人格尊严获得空前重视,民事生活中弱者的权利和意志也越来越受到关注,各国开始逐渐修改其监护法律,在监护人的他治中增加被监护人的自治。② 本条突出监护人的代理职责与保护职责正是顺应这种立法趋势,更加强调对被监护人的自治尊重和权利保护。

2. 监护人的权利保护。《民法典》第34条第2款规定:“监护人依法履行监护职责产生的权利,受法律保护。”监护人履行监护职责时可能产生相应的权利,而法律应保护此种权利。监护人的权利保护的首要意义是保护被监护人的利益,其次才是保护监护人自身的利益。民法监护制度是围绕被监护人的利益保护而构建的,也是民法中保护弱者理念的体现。两种利益保护是存在先后顺序的,也就是说,在监护关系中当二者的利益产生冲突时,优先保护被监护人的利益。③

3. 监护人的责任承担。《民法典》第34条第3款规定:“监护人不履行监护职责或者侵害被监护人合法权益的,应当承担法律责任。”监护人承担法律责任有两种情形:一是不作为的失职,二是作为的侵害。值得注意的是,本条所称“法律责任”不限于民事责任,也包括行政责任和刑事责任。对监护人侵害未成

---

① 参见龙卫球主编:《中华人民共和国民法典总则编释义》,中国法制出版社2020年版,第93页。

② 参见朱凡:《现代监护法发展趋势及热点问题比较研究》,载《重庆大学学报(社会科学版)》2004年第3期。

③ 参见张新宝:《〈中华人民共和国民法典·总则〉释义》,中国人民大学出版社2020年版,第66页。

年人权益行为的规制，最高人民法院、最高人民检察院、公安部、民政部曾联合发布过《关于依法处理监护人侵害未成年人权益行为若干问题的意见》（法发〔2014〕24号）。此外，《未成年人保护法》第108条第1款规定："未成年人的父母或者其他监护人不依法履行监护职责或者严重侵犯被监护的未成年人合法权益的，人民法院可以根据有关人员或者单位的申请，依法作出人身安全保护令或者撤销监护人资格。"《未成年人保护法》第118条规定："未成年人的父母或者其他监护人不依法履行监护职责或者侵犯未成年人合法权益的，由其居住地的居民委员会、村民委员会予以劝诫、制止；情节严重的，居民委员会、村民委员会应当及时向公安机关报告。公安机关接到报告或者公安机关、人民检察院、人民法院在办理案件过程中发现未成年人的父母或者其他监护人存在上述情形的，应当予以训诫，并可以责令其接受家庭教育指导。"

监护制度尤其注重对未成年人利益的保护，针对实践中出现的监护职责委托行使，为防止监护人逃避监护职责，《总则编解释》第13条规定："监护人因患病、外出务工等原因在一定期限内不能完全履行监护职责，将全部或者部分监护职责委托给他人，当事人主张受托人因此成为监护人的，人民法院不予支持。"该解释强调监护人身份不因监护职责委托行使而改变，明确了受托人不因接受委托行使监护职责而成为监护人。

（二）履行监护人职责的原则

监护人履行监护职责时应当遵守的基本原则有二：一是最有利于被监护人原则；二是尊重被监护人真实意愿原则。监护人的职责在定位上，应当以保护被监护人的人身、财产及其他合法权益为主要内容。监护人履行监护职责的原则体现在《民法典》第35条，共分为三款：第1款是关于监护人具体履行监护职责、处分被监护人财产应当遵守的一般原则的规定，第2款是关于未成年人的监护人履行监护职责应遵循的特别原则的规定，第3款是关于成年人的监护人履行监护职责所应遵循的特别原则的规定。

1. 最有利于被监护人原则。该原则是监护人履行监护职责时应当遵守的基本原则。对于该项原则的司法适用而言，"最有利于被监护人"判断标准选取应具有实际意义。以此为指导，对于"最有利于被监护人"的原则应着重作出如下理解：首先，应当保证被监护人生存和发展的权利，此乃实现一切其他权益的基础；其次，建立以被监护人为本的监护理念，尊重被监护人的人格尊严，充分了解被监护人的实际情况并采取与之对应的监护措施；再次，在合理范围内，尊重被监护人的自主决定权；最后，妥善保管、利用和处分监护人的财产权益。尤其是，依据《民法典》第35条第1款规定，“监护人应当按照最有利于被监护人的原则履行监护职责。监护人除为维护被监护人利益外，不得处分被监护人的财产”。

2. 尊重被监护人真实意愿原则。该原则也是现代监护制度的基本原则。一方面，应尊重未成年被监护人的真实意愿。《民法典》第35条第2款规定：“未成年人的监护人履行监护职责，在作出与被监护人利益有关的决定时，应当根据被监护人的年龄和智力状况，尊重被监护人的真实意愿。”联合国《儿童权利公约》第12条第1款规定：“缔约国应确保有主见能力的儿童有权对影响其本人的一切事项自由发表自己的意见，对儿童的意见应按照其年龄和成熟程度给以适当地看待。”《英国家庭法》第12条规定：“在为子女作出安排时，双方当事人应考虑子女的利益、意愿和感情。”另一方面，应尊重成年被监护人的真实意愿。我国《民法典》第35条第3款规定：“成年人的监护人履行监护职责，应当最大程度地尊重被监护人的真实意愿，保障并协助被监护人实施与其智力、精神健康状况相适应的民事法律行为。对被监护人有能力独立处理的事务，监护人不得干涉。”近现代的成年监护开始由医疗监护模式逐渐向权利模式过渡，由监护人“他治”向被监护人“自治”转变，监护制度的立法理念也逐渐从注重法律关爱过渡到尊重自我决定权。我国《民法典》尊重被监护人真实意愿的原则，体现出对现代监护制度发展趋势的积极回应。

监护人履行监护职责时应当遵守的这两项基本原则不仅是对我国监护制度既有立法、司法经验总结和提炼的结果，而且在域外相关立法甚至国际公约中亦存在较为充分的经验与价值支撑。英美法系主要国家立法规定的“儿童最大利益原则”是最有利于被监护人原则的具体体现。如《德国民法典》第1626条规定了父母照顾子女最佳利益原则及具体参考因素，在判决离婚后子女随哪方生活时，也应考虑这些因素。① 国际公约也遵循了“儿童最大利益原则”，如1959年联合国《儿童权利宣言》要求“儿童的最大利益应成为对儿童的教育和指导负有责任的人的指导原则”。尊重被监护人意愿原则在很多国家的法律中

① 参见冉启玉：《英美法“儿童最大利益原则”及其启示——以离婚后子女监护为视角》，载《河北法学》2009年第9期。

也有体现,如《日本民法典》第 858 条规定:“成年监护人在料理被监护人的生活、疗养、看护以及财产管理事务时,须尊重成年被监护人的意思,并且须照顾到其身心状态和生活状况。”《残疾人权利公约》第 3 条也将“尊重固有尊严和个人自主,包括作出自己的选择,以及个人的独立”作为其基本原则之一。

四、监护人资格的撤销与恢复

监护人如果在履行监护职责期间,从事了严重侵害被监护人权益的行为,法院应依申请撤销其监护人资格。监护人的监护资格被撤销后,如果满足一定条件,还可以恢复其监护资格。

(一)监护人资格的撤销

《民法典》第 36 条规定,监护人履行监护职责存在严重瑕疵时,人民法院应依申请撤销其监护人资格。具体涉及以下问题:①

1. 申请撤销监护人资格的主体。依据《民法典》第 36 条第 2 款规定,有关个人或者组织可以向人民法院申请撤销监护人资格,其中“有关人员和组织”包括:其他依法有监护资格的人,居民委员会、村民委员会,学校、医疗机构、妇女联合会、残疾人联合会、未成年人保护组织、依法设立的老年人组织、民政部门等。若有关人员和组织未及时向法院提出撤销监护人资格申请的,民政部门应当向法院提出申请。

2. 撤销监护人资格的情形。《民法典》第 36 条第 1 款规定:“监护人有下列情形之一的,人民法院根据有关个人或者组织的申请,撤销其监护人资格,安排必要的临时监护措施,并按照最有利于被监护人的原则依法指定监护人:(一)实施严重损害被监护人身心健康的行为;(二)怠于履行监护职责,或者无法履行监护职责且拒绝将监护职责部分或者全部委托给他人,导致被监护人处于危困状态;(三)实施严重侵害被监护人合法权益的其他行为。”这些情形实际上是对《关于依法处理监护人侵害未成年人权益行为若干问题的意见》第 35 条的归纳总结。第一种情形,如监护人暴力殴打被监护人,或者性侵被监护人等。针对第二种情形,失职就应撤销,否则监护将有名无实。② 第三种情形为兜底保

① 参见龙卫球主编:《中华人民共和国民法典总则编释义》,中国法制出版社 2020 年版,第 100 页。

② 参见夏吟兰:《民法典未成年人监护立法体例辩思》,载《法学家》2018 年第 4 期。

护性条款。

3. 指定临时监护人直至新监护人产生。监护人在有上述情形时,法院依据申请撤销了监护人资格,应当及时安排必要的临时监护措施来照顾被监护人。原有的监护人被撤销了资格,新的监护人产生尚需时间,此时监护人处于无人照顾和监护的情况,监护人的人身和财产都容易受到原监护人或第三人的侵害,因此,临时监护措施很必要。指定临时监护人时,法院仍然应当根据最有利于被监护人的原则进行。

4. 监护人资格撤销后的其他义务负担。如果监护人对被监护人负有抚养、赡养、扶养义务,那么即使被撤销监护人资格,其仍应当继续负担相关的抚养费、赡养费、扶养费。《未成年人保护法》第 108 条第 2 款规定:“被撤销监护人资格的父母或者其他监护人应当依法继续负担抚养费用。”《反家庭暴力法》第 21 条第 2 款也规定:“被撤销监护人资格的加害人,应当继续负担相应的赡养、扶养、抚养费用。”《民法典》在总结相关立法经验及司法实践的基础上作出了规定,监护人资格撤销,不等于亲属家庭义务的撤销。关于父母与子女之间的义务,《民法典》第 1067 条规定:“父母不履行抚养义务的,未成年子女或者不能独立生活的成年子女,有要求父母给付抚养费的权利。成年子女不履行赡养义务的,缺乏劳动能力或者生活困难的父母,有要求成年子女给付赡养费的权利。”关于夫妻之间的义务,《民法典》第 1059 条规定:“夫妻有互相扶养的义务。需要扶养的一方,在另一方不履行扶养义务时,有要求其给付扶养费的权利。”可见,父母对子女的抚养义务、子女对父母的赡养义务以及夫妻之间的扶养义务本属法定义务,即使其相互之间不存在监护关系(如被撤销监护人资格后,监护关系终止),这种抚养义务、赡养义务、扶助义务也会存在,基于此种义务而产生的抚养费、赡养费、扶养费仍然由相关义务人负担。

（二）监护人资格的恢复

关于监护资格被撤销之后恢复监护资格的规定,相对于原《民法通则》而言是新增加的规定,是对司法实践经验的吸取和提升,使我国的自然人监护制度更为完整。《民法典》第 38 条设定了恢复监护资格制度,意在灵活处理被撤销监护人资格的父母或子女确有悔改表现的情形,这也可以视为监护制度中最有利于被监护人原则的一种具体体现。该制度适用于父母对子女的监护关系,以及成年子女对父母的监护关系。基于血缘或者抚养关系,父母与子女之间的关系是最为密切的家庭关系,父母与子女之间彼此相互了解,即使之前可能因为法定的事由被撤销监护权,但是如果撤销的事由消失后,法律也应当鼓励父母继续担任子女的监护人、成年子女继续担任父母的监护人。当然,适用该制度不包括监护人对被监护人实施故意犯罪而被撤销监护资格的情形,因为这一故意犯罪的情形表明监护人的主观恶性较大,社会危害性较大,难以轻易改正。此外,恢复被撤销监护资格者的监护资格,还应当尊重被监护人的意愿。法院决定恢复监护人的监护资格的,则法院之前指定的监护人与被监护人的监护关系同时终止,否则,将出现复数监护权的情形。前后监护人在进行监护职责交接时,应当尽到充分的报告、询问等义务,以确保被监护人利益的最大化。

五、监护关系的终止

监护关系因为法定原因而终止,《民法典》第39条规定:"有下列情形之一的,监护关系终止:(一)被监护人取得或者恢复完全民事行为能力;(二)监护人丧失监护能力;(三)被监护人或者监护人死亡;(四)人民法院认定监护关系终止的其他情形。监护关系终止后,被监护人仍然需要监护的,应当依法另行确定监护人。"监护关系终止,监护人的监护权利义务与职责一并消灭。在总结司法实践经验的基础上,《总则编解释》第12条第1款规定:"监护人、其他依法具有监护资格的人之间就监护人是否有民法典第三十九条第一款第二项、第四项规定的应当终止监护关系的情形发生争议,申请变更监护人的,人民法院应当依法受理。经审理认为理由成立的,人民法院依法予以支持。"

第五节　宣告失踪和宣告死亡

从立法体例上看,《民法典》将宣告失踪与宣告死亡制度规定于"自然人"项下,符合世界多数国家立法通例。宣告失踪与宣告死亡制度在大陆法系国家民法典中普遍存在,在制度定位上,绝大多数国家均将其定位于"自然人"一章,而在以法国为代表的"罗马式"松散篇章结构下,"自然人"制度本身未能提炼出来,宣告失踪与宣告死亡制度也就只能与其他“人法”制度相并列。[①] 我国将宣告失踪与宣告死亡制度定位于“自然人”项下,体例结构的安排较为科学合理。

一、宣告失踪

(一)宣告失踪的概念

宣告失踪是指经利害关系人申请,由人民法院依照法定条件和程序将下落不明满法定期间(2 年)的人宣告为失踪人的制度。[②] 宣告失踪是对一种自然事实状态进行的法律确认,以便终结失踪人不确定的财产关系,主要法律意义在于为失踪人设定财产代管人,保护失踪人的利益和利害关系人的利益,维护社会秩序的稳定。

(二)宣告失踪的条件

1. 自然人下落不明须满法定期间。自然人下落不明满二年是宣告失踪的基本条件之一。《民法典》第 40 条规定:“自然人下落不明满二年的,利害关系人可以向人民法院申请宣告该自然人为失踪人。”此处所说的自然人失踪的事实包括两种情形:其一,自然人离开自己的住所或居所没有任何音讯。如渔民出海打鱼一去不返,不知其下落。其二,这种无音讯状态持续时间满二年。自然人下落不明的期限起算,并不是从其最后离开住所或居所的时间,而是从其失去音讯之日起计算。《民法典》第 41 条规定:“自然人下落不明的时间自其失去音讯之日起计算。战争期间下落不明的,下落不明的时间自战争结束之日或者有关机关确定的下落不明之日起计算。”

2. 利害关系人应向法院提出申请。利害关系人的申请是宣告失踪的条件之一,也是宣告失踪程序的启动条件之一。《总则编解释》第 14 条规定:“人民法院审理宣告失踪案件时,下列人员应当认定为民法典第四十条规定的利害关系人:(一)被申请人的近亲属;(二)依据民法典第一千一百二十八条、第一千一百二十九条规定对被申请人有继承权的亲属;(三)债权人、债务人、合伙人等

① 参见杨震:《民法总则“自然人”立法研究》,载《法学家》2016 年第 5 期。

② 参见张新宝:《〈中华人民共和国民法典·总则〉释义》,中国人民大学出版社 2020 年版,第 78 页。

与被申请人有民事权利义务关系的民事主体,但是不申请宣告失踪不影响其权利行使、义务履行的除外。”这些利害关系人须为完全民事行为能力人,限制民事行为能力人或无民事行为能力人则不具备申请人的资格。有权申请自然人为失踪人的利害关系人没有规定先后顺序,一般只要其中有人提出申请,人民法院即可受理。但是人民法院通常遵循“不告不理”的原则,不会依职权主动宣告某失踪自然人为失踪人。

在比较法上,强调为失踪人指定财产代管人的及时性为当代各国民法典普遍采纳。宣告失踪制度旨在通过为失踪人设定财产代管人来维持相关财产关系的稳定性,包括失踪人财产的静态安全以及利害关系人财产的动态安全。然而,自失踪人下落不明时起,与之相关的财产关系就处于不确定状态,客观上,失踪人的亲属或与之关系密切的人,在宣告失踪程序正式启动之前,已经实际管理和控制了失踪人的财产。《民法典》和原《民法总则》沿用了原《民法通则》关于“下落不明满二年,利害关系人可以向人民法院申请宣告失踪”的规定,但忽略了失踪人自下落不明到被宣告失踪时间段,其财产被他人实际代管的客观状态。因此,未来相关的法律或司法解释有必要对失踪人被正式宣告失踪前的财产代管情况进行补充说明,以明确财产代管人的权利义务,维护失踪人以及利害关系人的合法权益。①

代管人代管财产不应当以获利为目的,而是为了保护失踪人财产,其管理财产的行为也应当以财产利益最大化为出发点。

(三)宣告失踪的法律后果

宣告失踪本身,主要是为了确认自然人失踪的法律事实,确定失踪人的财产代管人,以结束失踪人财产无人管理的状况。

1. 财产代管人的确定。《民法典》第 42 条规定:“失踪人的财产由其配偶、成年子女、父母或者其他愿意担任财产代管人的人代管。代管有争议的,没有前款规定的人,或者前款规定的人无代管能力的,由法院指定的人代管。”法院指定财产代管人,应当遵循有利于保护失踪人财产的原则进行。②

---

① 参见杨震:《民法总则“自然人”立法研究》,载《法学家》2016 年第 5 期。

② 参见张自合:《非讼程序研究》,中国人民大学 2011 年博士学位论文。

2. 财产代管人的职责。依据《民法典》第 43 条第 1 款和第 2 款规定，财产代管人的职责主要是妥善管理失踪人的财产，维护其财产权益；并以失踪人的财产代失踪人支付所欠税款、债务和应付的其他费用；代付的其他费用包括赡养费、扶养费、抚养费和因代管财产所需的管理费等必要的费用；财产代管人可以代付失踪人所欠债务，也可以代为向失踪人的债务人追偿。如果涉及债务追偿相关诉讼的，《总则编解释》第 15 条规定：“失踪人的财产代管人向失踪人的债务人请求偿还债务的，人民法院应当将财产代管人列为原告。债权人提起诉讼，请求失踪人的财产代管人支付失踪人所欠的债务和其他费用的，人民法院应当将财产代管人列为被告。经审理认为债权人的诉讼请求成立的，人民法院应当判决财产代管人从失踪人的财产中支付失踪人所欠的债务和其他费用。”

3. 财产代管人的赔偿责任。《民法典》第 43 条第 3 款规定：“财产代管人因故意或者重大过失造成失踪人财产损失的，应当承担赔偿责任。”在主观方面，造成被代管财产损失的代管人承担责任的前提是故意或者重大过失，如果仅仅存在轻微过失，则无须承担责任。

4. 财产代管人的变更。《民法典》第 44 条第 1 款规定：“财产代管人不履行代管职责、侵害失踪人财产权益或者丧失代管能力的，失踪人的利害关系人可以向法院申请变更财产代管人。”同样地，如果财产代管人有正当理由的，则可以向法院申请另行确定财产代管人，通常比照特别程序进行审理。人民法院变更财产代管人的，变更后的财产代管人有权请求原财产代管人及时移交有关财产并报告财产代管情况。

（四）失踪宣告的撤销

被宣告失踪的人重新出现或者确知他的下落，法院宣告其失踪的事实依据即不复存在，经本人或者利害关系人申请，法院应当撤销对他的失踪宣告。失踪宣告被法院撤销后，代管人的财产代管权随之终止，代管人应当将所代管的财产交还给被撤销失踪宣告的自然人。《民法典》第 45 条第 2 款规定：“失踪人重新出现，有权请求财产代管人及时移交有关财产并报告财产代管情况。”需要注意的是，当被宣告失踪的人重新出现或者确知他的下落时，失踪宣告不是自动失效的，而是必须经过“本人或者利害关系人申请”，法院才应当依照法定程序,撤销这个生效的失踪宣告判决书。[①]

二、宣告死亡

(一)宣告死亡的概念

所谓宣告死亡,是指自然人下落不明的状态达到法定期限,经利害关系人申请,由法院依照法定条件和程序宣告其死亡的法律制度。[②] 生活中,某些自然人离开自己的住所,长期下落不明尤其是生死不明,该自然人的财产关系、人身关系始终处于难以继续或者无法确定的状态。因此,法律规定宣告死亡制度,由法院依照法定条件和程序,推定下落不明的自然人死亡,以适时确定和调整这些关系。死亡宣告就成为民事法律关系发生、变更和消灭的重要法律手段之一,从而实现稳定社会秩序的目的。

(二)宣告死亡的条件

根据我国《民法典》第46条、《总则编解释》第16条和第17条的规定,自然人出现以下法定情形,利害关系人可以向法院申请宣告其死亡:

1. 自然人下落不明达法定期限。一般情况下,自然人下落不明满4年,从音讯消失之日起计算;战争期间下落不明的,从战争结束之日或者有关机关确定的下落不明之日起计算满4年。因意外事件下落不明的,从事件发生之日起满2年。因意外事件下落不明,经有关机关证明该公民不可能生存的,申请宣告死亡不受2年时间的限制。

2. 须由利害关系人提出申请。利害关系人向法院提出申请,是宣告死亡开始的必要条件。《总则编解释》第16条第1款规定:"人民法院审理宣告死亡案件时,被申请人的配偶、父母、子女,以及依据民法典第一千一百二十九条规定对被申请人有继承权的亲属应当认定为民法典第四十六条规定的利害关系人。"本条所指的利害关系人:一是被申请人的配偶、父母、子女。二是尽了主要赡养义务的丧偶儿媳、女婿。《民法典》第1129条规定:"丧偶儿媳对公婆,丧偶女婿对岳父母,尽了主要赡养义务的,作为第一顺序继承人。"三是其他近亲属

① 参见王建平:《民法总论》,四川大学出版社2017年版,第108页。

② 参见张新宝:《〈中华人民共和国民法典·总则〉释义》,中国人民大学出版社2020年版,第88页。

和代位继承人。被申请人的其他近亲属在一定条件下，也可以作为利害关系人申请死亡宣告，《总则编解释》第16条第2款规定："符合下列情形之一的，被申请人的其他近亲属，以及依据民法典第一千一百二十八条规定对被申请人有继承权的亲属应当认定为民法典第四十六条规定的利害关系人：（一）被申请人的配偶、父母、子女均已死亡或者下落不明的；（二）不申请宣告死亡不能保护其相应合法权益的。"本条所指的利害关系人是指有代位继承权的亲属，《民法典》第1128条第1款、第2款规定："被继承人的子女先于被继承人死亡的，由被继承人的子女的直系晚辈血亲代位继承。被继承人的兄弟姐妹先于被继承人死亡的，由被继承人的兄弟姐妹的子女代位继承。"《民法典》并没有对各利害关系人申请宣告死亡的顺序作出规定，但应当认为，各利害关系人在申请死亡宣告时有一定的顺序限制更为合理。四是不申请宣告死亡不能保护其合法权益的被申请人的债权人、债务人、合伙人等。《总则编解释》第16条第3款规定："被申请人的债权人、债务人、合伙人等民事主体不能认定为民法典第四十六条规定的利害关系人，但是不申请宣告死亡不能保护其相应合法权益的除外。"

3. 法院依法定程序宣告自然人死亡。法院受理宣告死亡案件后，应当按照《民事诉讼法》第192条规定："人民法院受理宣告失踪、宣告死亡案件后，应当发出寻找下落不明人的公告。宣告失踪的公告期间为三个月，宣告死亡的公告期间为一年。因意外事件下落不明，经有关机关证明该公民不可能生存的，宣告死亡的公告期间为三个月。公告期间届满，人民法院应当根据被宣告失踪、宣告死亡的事实是否得到确认，作出宣告失踪、宣告死亡的判决或者驳回申请的判决。"《民法典》第48条规定："被宣告死亡的人，人民法院宣告死亡的判决作出之日视为其死亡的日期；因意外事件下落不明宣告死亡的，意外事件发生之日视为其死亡的日期。"如2014年3月8日，某客机乘载二百多名旅客在印度洋失联，机上乘客生死未知，就这起意外事件而言，如果有相关人员对其飞机上的家属向法院申请死亡宣告，法院依法作出死亡宣告，则该名被宣告人死亡日期应当是2014年3月8日。[①]

① 参见杨震：《民法总则"自然人"立法研究》，载《法学家》2016年第5期。

（三）宣告死亡的法律后果

宣告死亡是法院根据法律依法推定被宣告人死亡。死亡日期的确定，依据《民法典》第48条规定："被宣告死亡的人，人民法院宣告死亡的判决作出之日视为其死亡的日期；因意外事件下落不明宣告死亡的，意外事件发生之日视为其死亡的日期。"宣告死亡制度设立的目的，在于确定与被申请人有关的人身关系、财产关系。宣告死亡并不当然消灭被宣告死亡人的民事主体资格。由于宣告死亡的目的在于终结被宣告死亡人原有的人身关系和财产关系，只是对下落不明的自然人死亡的一种拟制，不能完全等同于自然死亡。[①] 自然人在被宣告死亡后仍然生存的，当然会进行民事活动，新的民事法律关系也会产生。如果被宣告死亡的人被认定为没有权利能力和行为能力，则他从事任何行为都是无效的。这显然不符合法理。[②]

1. 被宣告死亡人的人身关系。关于婚姻关系，得依《民法典》第51条规定："被宣告死亡的人的婚姻关系，自死亡宣告之日起消除。死亡宣告被撤销的，婚姻关系自撤销死亡宣告之日起自行恢复。但是，其配偶再婚或者向婚姻登记机关书面声明不愿意恢复的除外。"被宣告死亡的人，担任的所有公职身份，一律停止；与被宣告死亡的人身有关的一切福利待遇，全部终止，等等。

2. 被宣告死亡人的财产关系。以被宣告死亡的人作为被继承人的继承关系开始，债权、债务应进行清理。由于宣告死亡只是法院的一种推测认定，被宣告人可能并未死亡，其所实施的民事法律行为仍然有效。因此，《民法典》第49条规定："自然人被宣告死亡但是并未死亡的，不影响该自然人在被宣告死亡期间实施的民事法律行为的效力。"

3. 宣告死亡与宣告失踪的关系。宣告失踪并非宣告死亡的必要前置程序。二者出现竞合时，《民法典》第47条规定："对同一自然人，有的利害关系人申请宣告死亡，有的利害关系人申请宣告失踪，符合本法规定的宣告死亡条件的，人民法院应当宣告死亡。"

（四）宣告死亡的撤销

宣告死亡为推定死亡，作为法律上的拟制死亡，失踪人死亡时间的确定直

① 参见何丽新：《论〈海商法〉第248条"船舶失踪"与〈民法总则〉第46条"宣告死亡"》，载《政法论丛》2018年第6期。

② 参见柳经纬主编：《民法总论》，厦门大学出版社2008年版，第97页。

接关系遗产继承、婚姻关系终止等开始的时间。宣告死亡和自然死亡时间不一致，可能会影响利害关系人合法权益的实现以及国家社会保障制度的实行，如人身保险理赔开始的时间、养老保险金的发放时间等。因此，如果利害关系人嗣后有充分的证据确定自然死亡的时间，则应当尊重客观事实，撤销宣告死亡确定的死亡时间，以充分保护利害关系人的合法权益。因此，我国《民法典》第50 条规定："被宣告死亡的人重新出现，经本人或者利害关系人申请，人民法院应当撤销死亡宣告。"宣告死亡的判决撤销后，在人身关系与财产关系方面均会产生一定的法律后果，具体来说包括以下情形：

1. 在人身关系方面，人身关系则视情况不同而作不同处理。如婚姻关系自撤销死亡宣告之日起自行恢复。但是，《民法典》第 51 条规定了两种例外情况：其配偶再婚或者向婚姻登记机关书面声明不愿意恢复的除外。还可能涉及父母子女关系，死亡宣告被撤销后，父母子女关系自行恢复。但《民法典》第 52 条规定："被宣告死亡的人在被宣告死亡期间，其子女被他人依法收养的，在死亡宣告被撤销后，不得以未经本人同意为由主张收养行为无效。"

2. 在财产关系方面，我国《民法典》对差错型死亡宣告的法律后果，在第 53 条进行了明确规定："被撤销死亡宣告的人有权请求依照本法第六编取得其财产的民事主体返还财产；无法返还的，应当给予适当补偿。利害关系人隐瞒真实情况，致使他人被宣告死亡而取得其财产的，除应当返还财产外，还应当对由此造成的损失承担赔偿责任。"利害关系人隐瞒了失踪人没有死亡的信息，其取得被宣告死亡人相关财产在主观上具有一定过错，因此应承担两种责任：返还财产和赔偿损失。

第六节　个体工商户与农村承包经营户

在我国，个体工商户和农村承包经营户，简称"两户"，是我国现行民事立法认可的独立类型的民事主体。在改革开放之前，自然人从事经营活动受到严格限制。1979 年，党中央国务院批转的报告提出："各地可根据市场需要，在取得有关业务主管部门同意后，批准一些有正式户口的闲散劳动力从事修理、服务和手工业者个体劳动。”[1]这是国家文件中第一次对个体户的地位认可。为了扩大自然人从事经营(包括工商业经营和农业经营)的自由,我国《民法通则》设立了个体工商户和农村承包经营户。应该说,“两户”是改革成果的制度化。

个体工商户是自然人从事工商业经营的法律形式,是自然人成为市场经济主体、参与工商业经营活动的重要途径。这一制度设计推动了市场经济的发展。2022年1月27日,国家市场监督管理总局在国务院新闻发布会上表示,截至2021年年底,全国登记在册个体工商户已达1.03亿户,占市场主体总量的2/3。2021年全国新设个体工商户1970.1万户,同比增长17.2%。根据调查显示,个体工商户平均从业人数为2.68人,全国个体工商户解决了我国2.76亿人的就业。[2] 个体户数量分布最多的行业都与居民生活服务相关,其在经济生活中发挥着十分重要的作用。在法律层面赋予个体工商户的法律地位,不仅在一定程度上有助于解决一部分社会人员的就业问题,而且在疫情时期,也是活跃经济提高收入的手段。2020年2月28日,疫情集中暴发期,国家为正确引导个体户复工复产,鼓励“摆地摊”,多部门联合印发《关于应对疫情影响加大对个体工商户扶持力度的指导意见》,为个体户在税费、社保、房租等各方面提供优惠扶持。随着抗疫战线的拉长,各种优惠政策的截止日期亦从当年6月延期到当年12月,体现了国家对个体户的极大关注。在《民法典》编纂过程中,对于是否保留个体工商户的法律规定,不少学者持否定意见,认为其已经不符合现有的经济现实状况。有学者主张,单个自然人从事工商业经营,可以采取个人独资企业的形式[3],而两个以上的自然人从事工商业经营,可以采取合伙协议或合伙企业的形式。[4] 不过,立法者还是考虑到尊重我国既有现实、国家对个体工商户的改革方向尚不明晰等因素,保留了个体工商户制度。

“两户”制度的另一概念是农村承包经营户,它的产生是由当时的社会环境决定的,是用中国办法解决中国问题。改革开放以后,以家庭联产承包为主的

---

① 参见李建伟:《个人独资企业法律制度的完善与商个人体系的重构》,载《政法论坛》2012年第5期。

② 《我国登记在册个体工商户1.03亿户,实现历史性突破》,载国家市场监管总局官网,https://www.samr.gov.cn/xw/mtjj/202201/t20220129_339492.html。

③ 参见赵旭东:《独资企业立法研究》,载《政法论坛》1995年第1期。

④ 参见梁慧星:《中国民法典草案建议稿附理由·总则编》,法律出版社2004年版,第21页。

责任制、统分结合的双层经营体制成为我国乡村集体经济组织的一项基本制度。自 20 世纪 80 年代以来,为了满足我国农村土地的公有制和使用效率的提高,农村进行以联产承包经营制为内容的经营方式改革:解散了农村人民公社,确认土地归村一级农民集体组织所有,并将土地承包给集体经济组织成员,承认其土地使用权。为使承包者经营所承包的土地,则应承认其契约当事人资格。因此“农业生产合作社土地及其他大型生产资料承包人”被以“农村承包经营户”的称谓写进了法律文本。农村承包经营户数量庞大,并且成为我国家庭承包经营为基础、统分结合的双层经营体制的重要支撑。由于农村承包经营户用以从事农业生产的基本生产资料——土地,仍然属于农民集体所有或者国家所有,因此,农村承包经营户实际是我国农村集体经济分散经营的法律形式。但是,近些年随着城市化进程加快,土地集约化、专业化经营程度增加,原有的农村承包经营制度悄然变迁。2008 年的中央一号文件将家庭农场与专业大户、农民专业合作社作为一种规模经营主体并列提出。党的十八届三中全会提出坚持家庭经营在农业中的基础性地位,再次强调要加快构建包括家庭农场、专业大户、农民合作社、农业企业等主体在内的新型农业经营体系。①

一、个体工商户

(一)个体工商户的概念

个体工商户,是指在法律允许的范围内,依法经核准登记,从事工商业经营的自然人或家庭。《民法典》第 54 条规定:“自然人从事工商业经营,经依法登记,为个体工商户。个体工商户可以起字号。”个体工商户的合法权益,受法律保护,除了起字号,还可以依据相关法律规定在银行开立账户等。对于个体工商户的债务承担,《民法典》第 56 条规定:“个体工商户的债务,个人经营的,以个人财产承担;家庭经营的,以家庭财产承担;无法区分的,以家庭财产承担。”这主要是基于在很多情况下,难以精确区分经营者是个人还是家庭成员,因此为了加强对债权人的保护,做出了如上规定。

---

① 参见杨震:《民法总则“自然人”立法研究》,载《法学家》2016 年第 5 期。

（二）个体工商户的特征

个体工商户具有如下特征：[①]

1. 个体工商户的经营资本直接来自个人财产或家庭共有财产，可以自然人经营，也可以家庭经营，财产所有者与经营者和劳动者不分离，其性质属于个体经济范畴。

2. 个体工商户依法从事工业和手工业、建筑业、交通运输业、商业、饮食业、服务业、修理业等非农业性经营活动，这与农村承包经营户依法从事农、林、牧、副、渔业等生产经营活动有所区别。

3. 个体工商户对外以“户”的名义独立进行民事活动，这里的“户”的含义是指工商登记上的户。个体工商户以“户”的名义对外从事经营活动，这与公民以个人的名义对外从事经营活动是不完全相同的。

4. 个体工商户必须依法登记。登记事项包括经营者姓名和住所、组成形式、经营范围、经营场所。个体工商户使用名称的，名称作为登记事项。

5. 个体工商户可以起字号。所谓“字号”就是个体工商户的商号，它是经营者的一个外部标记。在“字号”名义下进行的一切民事行为都是个体工商户的行为。

（三）个体工商户的法律地位

关于个体工商户的法律地位，学界观点不一，通说认为，从个体工商户的特殊意义以及设立、权利义务等方面，说明了个体工商户区别于普通的自然人，属于特殊自然人。将个体工商户放在自然人一章中规定是由个体工商户的法律性质决定的。个体工商户本质上是自然人从事工商业经营即商事活动资格法律化的表述，是对自然人商事资格的确认，自然人通过商业登记，转换为商自然人。个体工商户享有民事主体资格，对外以“户”的名义独立进行民事活动，成为民事主体的一种特殊形式，它是一种既不同于公民，也不同于法人的特殊民事主体。公民在一定条件下成为个体工商户，并没有改变其一般民事权利能力和民事行为能力，只是取得了从事某些商品生产和经营活动的民事权利能力和

① 参见最高人民法院民法典贯彻实施工作领导小组主编：《中华人民共和国民法典理解与适用》，人民法院出版社 2020 年版，第 286 页。

民事行为能力。[①]

作为民商合一的《民法典》，规定了“从事工商业经营”的自然人并体现营业自由的原则。与原《民法通则》第 26 条的规定相比，《民法典》将“从事工商业经营”放在了“依法登记”的前面，这种词语顺序的调换，一是彰显了民法权利法本位，二是符合当前市场经济主体自己从事经营活动的现实。《民法典》关于个体工商户的规定，进一步确认了个体工商户的民事主体地位，并赋予自然人以营业权能，既符合社会主义市场经济运行和发展的需要，也符合依法保障自然人财产权利的需要。

二、农村承包经营户

（一）农村承包经营户的概念

关于农村承包经营户，《民法典》第 55 条规定：“农村集体经济组织的成员，依法取得农村土地承包经营权，从事家庭承包经营的，为农村承包经营户。”

（二）农村承包经营户的特征

农村承包经营户具有以下特征：

1. 农村承包经营户，通过依法取得农村土地承包经营权、从事家庭承包经营而成立。

2. 农村承包经营户以“户”为单位从事承包经营。农村承包经营户不是独立于自然人、合伙之外的一类主体，但具有一项特殊权利即农村承包经营权。[②]农村承包经营户作为经济组织成员享有特定的权利，具体包括所承包土地及其他生产资料的占有使用权、生产经营计划权、产品收益分配权、土地转包权等综合的民事权利。[③]

3. 承包经营户依承包合同独立从事商品经营。农村承包经营户依承包经营合同取得承包经营权，农村承包经营户享有对土地、山林、水面、滩涂等生产资料的生产经营权等各项权利，应当在合同规定的经营范围内进行经营活动。

---

① 参见最高人民法院民法典贯彻实施工作领导小组主编：《中华人民共和国民法典理解与适用》，人民法院出版社 2020 年版，第 285 页。

② 参见龙卫球主编：《中华人民共和国民法典总则编释义》，中国法制出版社 2020 年版，第 136 页。

③ 参见张新宝：《〈中华人民共和国民法典 · 总则〉释义》，中国人民大学出版社 2020 年版，第 103 页。

4. 农村承包经营户的债务承担。《民法典》第56条第2款规定："农村承包经营户的债务，以从事农村土地承包经营的农户财产承担；事实上由农户部分成员经营的，以该部分成员的财产承担。"

（三）农村承包经营户的法律地位

农村承包经营户法律地位，从签订农业承包合同时开始产生。作为承包方的农村承包经营户与作为发包方的集体经济组织是具有平等的法律地位。双方在农业承包合同的基础上平等地享有合同约定的及法律规定的各项民事权利，平等地履行合同约定的及法律规定的各项民事义务。[①]

关于农村承包经营户在诉讼中的主体资格问题，司法实践中有两种认识：一种是以农户成员为诉讼主体，依据《农村土地承包纠纷司法解释》第4条第1款规定："农户成员为多人的，由其代表人进行诉讼。"另一种是以农村承包经营户为诉讼主体，依据是《农村土地承包纠纷司法解释》第3条规定："承包合同纠纷，以发包方和承包方为当事人。前款所称承包方是指以家庭承包方式承包本集体经济组织农村土地的农户，以及以其他方式承包农村土地的单位或者个人。"最高人民法院更倾向于第二种处理方法，原因在于：一是《民法典》和《农村土地承包法》都规定了"户"是承包合同的主体，当发生土地承包纠纷时，"户"就应该是诉讼主体，由"户"享有合同权利、承担合同义务和责任，而非个人；二是《农村土地承包纠纷司法解释》第3条是关于诉讼主体的规定，第4条仅是关于诉讼代表人的规定，二者含义不同。[②]

第七节　自然人的身份证明和住所

一、自然人的身份证明

自然人的身份证明文件主要包括户籍和居民身份证。户籍是以户为单位

---

① 参见张新宝：《〈中华人民共和国民法典·总则〉释义》，中国人民大学出版社2020年版，第103页。

② 参见最高人民法院民法典贯彻实施工作领导小组主编：《中华人民共和国民法典理解与适用》，人民法院出版社2020年版，第285页。

记载自然人的姓名、性别、出生日期、住所、婚姻状况等事项的法律文件。户籍可以确定自然人的姓名、住所、出生或死亡日期、婚姻和家庭状况等事项,自然人可以将此作为行使民事权利和承担民事义务的依据。居民身份证是用于证明居住在中华人民共和国境内的公民身份证明文件。

二、自然人的住所

(一)住所的概念

住所是指自然人生活和进行民事活动的主要基地与中心场所,是自然人参与民事法律关系的主要地方。

准确认定自然人的住所,在法律上具有重要意义。诉讼文书送达、宣告失踪或死亡、债务履行、婚姻登记等都涉及住所。从《民法典》的规定来看,许多规则的适用都涉及自然人的住所。例如,关于监护人的指定,《民法典》第 31 条第 1 款规定:“对监护人的确定有争议的,由被监护人住所地的居民委员会、村民委员会或者民政部门指定监护人,有关当事人对指定不服的,可以向人民法院申请指定监护人;有关当事人也可以直接向人民法院申请指定监护人。”该条对指定监护人的规则作出了规定,相关主体的确定就以确定被监护人的住所为前提。再如,关于遗产管理人的选任,《民法典》第 1145 条规定:“继承开始后,遗嘱执行人为遗产管理人;没有遗嘱执行人的,继承人应当及时推选遗产管理人;继承人未推选的,由继承人共同担任遗产管理人;没有继承人或者继承人均放弃继承的,由被继承人生前住所地的民政部门或者村民委员会担任遗产管理人。”该条对遗产的处理规则作出了规定,其中也涉及生前住所地的认定问题。①

(二)住所的确定

关于住所的确定,《民法典》第 25 条规定:“自然人以户籍登记或者其他有效身份登记记载的居所为住所;经常居所与住所不一致的,经常居所视为住所。”具体包括两种情形:

1. 以自然人户籍登记或者其他有效身份登记记载的居所为住所。户籍登记是公安机关按照法律规定,对公民的身份信息进行登记和记载的制度。公民应当在其经常居住地进行户籍登记,户籍登记地是确定自然人住所的重要依

① 参见王利明主编:《中国民法典释评总则编》,中国人民大学出版社 2020 年版,第 70 页。

据。除户籍登记外,其他有效身份登记记载的居所也是认定自然人住所的重要依据。随着我国城镇化进程的发展,人员流动日益频繁,很多人离开其户籍所在地,长期在其他地区工作和生活,并取得该地区相关的居住凭证(如北京市居住证),这也是认定其住所的重要依据。

2. 经常居所与住所不一致的,经常居所视为住所。从本条规定来看,如果自然人的经常居所与住所不一致,则应将其经常居所视为住所。作出此种规定的主要原因在于:法律规定个人住所的主要目的在于确定其经常活动地,即与其具有最密切联系的地址,这有利于纠纷的解决。除《民法典》外,其他相关立法之相关规则的解释和适用也需要准确认定自然人的住所。例如,《民事诉讼法》第22条规定:"对公民提起的民事诉讼,由被告住所地人民法院管辖;被告住所地与经常居住地不一致的,由经常居住地人民法院管辖。对法人或者其他组织提起的民事诉讼,由被告住所地人民法院管辖。同一诉讼的几个被告住所地、经常居住地在两个以上人民法院辖区的,各该人民法院都有管辖权。"该条对民事诉讼一般地域管辖的规则作出了规定,其中就涉及自然人住所的认定问题。

(三)住所的法律效力

自然人的住所一旦确定,即产生以下法律效力:

1. 确定民事主体的状态。例如,在宣告失踪的案件中,法院确定某一自然人是否下落不明,多以自然人离开自己最后的住所没有任何音讯为准。

2. 确定某些民事法律关系的发生、变更、终止和履行的地点。例如,对监护人的确定有争议的,由被监护人住所地的居民委员会、村民委员会指定监护人。

3. 确定有关民事事项的管辖权。例如,利害关系人申请宣告自然人失踪或死亡的,应向下落不明的被申请人的住所地人民法院提起。

4. 确定涉外民事法律关系法律适用的准据法。例如,依据《涉外民事关系法律适用法》第11条、第12条,自然人的民事权利能力和民事行为能力适用自然人经常居所地法律;依据《涉外民事关系法律适用法》第15条,人格权的内容,适用权利人经常居所地法律。

第四章

法　人

第一节　法人概述

一、法人的概念

法人与自然人不同,是具有私法上主体资格的团体,是一种拟制的人。我国《民法典》第 57 条规定:“法人是具有民事权利能力和民事行为能力,依法独立享有民事权利和承担民事义务的组织。”法律上所指称的人,与通常意义上的人不同,既包括自然人,也包括具有团体性的法人和非法人组织。中国法学理论和立法中的“法人”一词是从德语“Juristische Person”翻译而来,相应地,法人理论也主要继受于德国法。而德国法上的法人理论与罗马法又有直接的理论传承关系。早在罗马法时代,罗马法学家就已经注意到在民事活动中除了自然人外,还存在另一类民事主体,就是社团。虽然罗马法没有直接提出明确的法人概念,但已经提出了抽象人格的概念,为后来法人概念的提出奠定了基础。“法人”作为法学用语,是 12 世纪至 13 世纪意大利注释法学者创立的,但当时还仅仅用来说明团体的法律地位。真正赋予团体法律人格的是教会法学者。14 世纪罗马教皇英诺肯季四世提出了著名的法人拟制说,并为后来的萨维尼等人所发展和完善。现代法人理论,学界一般认为始于 19 世纪。德国法学家胡果是最早将法人概念作为专门术语用于民法教学的学者,而赋予法人现代意义的学者是海泽,在首版于 1807 年的《供学说汇纂讲授之用的普通民法体系纲要》一书中,格奥尔格·阿诺德·海泽将法人作为民法的一个抽象概念使用,与

"生物人"(physische Person)对称,并将其界定为:"法人是除了个人之外,所有在国家中被认可为独立的权利主体者"。而"法人"作为制定法上的概念,首次出现在1794年《普鲁士普通邦法》中,后来被1900年《德国民法典》采用。[①] 自《德国民法典》以来,自然人不再是民法上唯一的"人",作为法律构造物的法人亦被纳入其中。

在我国的民事立法中,1986年《民法通则》(已失效)首次界定了法人的概念。[②] 原《民法通则》第36条规定:"法人是具有民事权利能力和民事行为能力,依法独立享有民事权利和承担民事义务的组织。法人的民事权利能力和民事行为能力,从法人成立时产生,到法人终止时消灭。"《民法典》沿用了这一定义。

二、法人的特征

《民法典·总则编》第三章法人制度明确了法人独立民事主体的法律地位,同时也阐释了法人的基本特征,具体表现在:

(一)法人是一种依法成立的社会组织

法人区别于自然人的主要特点,就在于自然人是由个体作为民事主体,而法人是由自然人及其财产的集合而组成的团体或者社会组织,这个社会组织被法律确认为民事主体。由于法人是自然人或财产的集合,故而出现了不同于自然人主体的两个特殊问题:一是如何协调法人成员的意志,形成法人的意志,这就需要有法人的组织机构;二是如何管理和使用法人的财产,以实现法人的目的。

(二)法人拥有独立的财产或经费

法人的制度功能主要是财产方面的,法人要成为民事主体的支柱,就必须有独立财产。即无财产就无法人的人格。在社会组织中,有财产的未必都是法人,如合伙、分公司等也有财产,但与法人财产不同的是,前者的财产只是被看作出资人自己财产的一部分。合伙财产是合伙人的个人财产;分公司的财产是

① 参见王利明:《民法总则研究》(第2版),中国人民大学出版社2012年版,第263~264页。

② 参见谭启平:《法人制度的一般规定》,载张鸣起主编:《民法总则专题讲义》,法律出版社2019年版,第181页。

总公司的财产。而法人则不同,法人的财产属于法人所有,既独立于其出资人,又独立于其雇员。法人的出资人一旦将财产所有权移转于法人,其享有的只是股东权而不再是所有权,出资财产与出资人“脱钩”,这部分财产成了法人的独立财产。法人之所以能够独立享有民事权利能力和民事行为能力,就是依赖于其有独立财产,没有财产或者没有独立财产的法人,也就是人们所谓的“皮包公司”,无法承担其应负的义务。

(三)法人能独立承担民事责任

这是法人拥有独立财产的逻辑结果。法人既然拥有独立财产,便能够独立地以此财产负担其行为的法律后果。任何以法人名义所为的行为,其后果都由法人承担,如法定代表人所为的民事法律行为,由法人承担该行为的后果。

(四)法人能以自己的名义参加民事法律关系

法人作为拟制的人,其所为的行为总是由具体的自然人做出的,也就是法人在参加民事法律关系时,通常是由法定代表人、代理人或者其他雇员参加。但法人既为民事主体,任何自然人在代表法人从事民事活动时,其人格也就被法人吸收,不再代表自己,其行为名义上属于法人,其法律后果自然也由法人承担。法人能以自己的名义参加民事活动,使法人的独立人格显现于法律,也与法人拥有独立财产的特征相一致。①

总之,《民法典》中法人制度一章是总则编最具有创新的地方之一,该章包括一般规定、营利法人、非营利法人和特别法人四个部分。具有如下特点:一是从中国实际出发,尤其是从中国改革开放的实践出发,体现了鲜明的中国元素,如创造性地规定了法人的分类以及特别法人制度。二是依据现代企业制度构建了营利法人的治理体系,同时,对非营利法人的内部管理制度作了进一步完善。三是体现了民商合一的原则。该章规定也吸收了商法的特殊规定,尽可能地涵盖商事特别法如《公司法》的相关内容,在《公司法》等特别商法没有规定的情形下,可以适用本章规定。四是通过设置引致条款,有效地衔接了《民法典》与特别法的关系。从法律适用的层面来看,特别法有规定的,应当优先适用特别法的规则。特别法没有规定的,适用《民法典》的规则。②

① 参见许中缘、屈茂辉:《民法总则原理》,中国人民大学出版社2012年版,第222~223页。

② 参见王利明:《民法总则研究》(第2版),中国人民大学出版社2012年版,第233页。

三、法人的性质

所谓法人的性质，是指法人作为民事主体的原因。换言之，法人根据什么原因，才能够享有权利、履行义务、承担责任。关于法人的性质，主要有三种代表观点：

（一）"法人拟制说"

该学说萌芽于罗马法时期，代表人物是德国学者萨维尼。此种观点认为，法人只是观念上的无形的权利主体，是法律针对人和财产的集合而拟制的人格。该学说更侧重于从类比自然人的角度看待法人。[①] 对法律所拟制的人应采取限制的态度，表现为法人应经过国家的特许才能成立。

（二）"法人否认说"

即否认法人的存在，认为国家与个人之间不应该存在一个中间地带"法人"。其中，目的财产说的观点认为，法人本身没有独立的人格，是为了一定的目的而存在的财产，即"目的财产"。[②] 该学说不承认法人的独立主体地位，因而不符合现代社会经济活动的需要，所以一直没有成为通说。

（三）"法人实在说"

19 世纪晚期，德国法学界许多学者举起了共同主义的旗帜。该学说认为，法人并不是法律的虚构，是一种真实存在的社会生活单元。该学说关注法人的实体性。"有机体说"和"组织体说"是其代表学说。[③] 但两者并无根本区别，前者强调法人意志的独立性，侧重将法人与自然人的肌体类比，后者突出法人作为组织体，并侧重从法人的社会功能阐明法人的主体性。[④] 我国学界通说认为，我国《民法典》肯定了法人的客观存在，采纳了"法人实在说"中的组织体说。[⑤]

---

① 参见江平、龙卫球：《法人本质及其基本构造研究——为拟制说辩护》，载《中国法学》1998 年第 3 期。

② 参见朱庆育：《民法总论》，北京大学出版社 2016 年版，第 435 页。

③ 参见王利明：《论法人的本质和能力》，载王利明：《民商法研究》（第 3 辑），法律出版社 2001 年版，第 70 页。

④ 参见谢鸿飞：《论民法典法人性质的定位法律历史社会学与法教义学分析》，载《中外法学》2015 年第 6 期。

⑤ 参见王利明主编：《民法》，中国人民大学出版社 2022 年版，第 81 页。

第二节　法人的类型

一、学理上的法人分类

（一）公法人和私法人

一般认为，依法人设立目的及设立所依据的法律为标准，法人分为公法人与私法人。凡以实现社会公共福利为目的，依公法而设立的法人，称为公法人（如国家、行政区域单位、国家机关等）；与此相反，凡以实现私人利益为目的，依据私法而设立的法人，称为私法人（如公司、私立学校等）。[①] 公法与私法的区分，对于法律的调整对象和调整方法的确定具重要意义。而不同法人基于不同目的而依公法或者依私法设立，对于法人组织的性质及其活动方式具有决定性作用，故公法人与私法人之区分历来都为人所重视。[②]

（二）社团法人与财团法人

根据法人成立的基础，法人可以分为社团法人与财团法人。社团法人是以人的集合为成立基础，由两个以上的社员所组成，根据法律取得独立人格的法人。如公司、企业、合作社、各种学会、协会等。财团法人以捐赠财产为成立基础，是为一定目的而设立的财产集合体，如各种基金会组织、寺院、慈善组织等都是典型的财团法人。[③] 这种区分的法律意义在于，就法律调整来看，社团法人系由民法和商法共同调整，而财团法人系由民法及民事单行法进行调整。就具体法律规定来看，财团法人和社团法人在成立条件、成立宗旨、活动内容、成立方式、变更和解散以及对法人活动的管理等诸多方面均有所不同。

社团法人与财团法人虽同为私法人，但仍有以下主要区别：

1. 成立基础不同。前者以人为基础；后者以财产为基础。

2. 设立人数及性质不同。设立社团法人，须有 2 人以上之设立人，自然人

---

① ［日］四宫和夫：《日本民法总则》，唐晖、钱孟姗译，台北，五南图书出版股份有限公司 1995 年版，第 47 页。

② 参见王利明：《民法总则研究》（第 2 版），中国人民大学出版社 2012 年版，第 151 页。

③ 参见房绍坤主编：《民法》（第 5 版），中国人民大学出版社 2020 年版，第 38 页。

或法人均可;设立财团法人,可由1人以单独行为或遗嘱设立。

3.设立人的地位不同。前者的设立人当然地成为法人的成员,取得社员权;后者的设立人在法人成立时与法人脱离,不成为法人的成员。

4.设立行为不同。前者的设立行为是两人以上的共同行为,成员之间的地位是平等的,通过发起人协议来规定发起人之间的权利义务关系;后者的设立行为为单方行为,有的为死后生效的行为,如捐赠。

5.有无意思机关不同。前者有自己的意思机关,以社员大会为其意思机关,称自律法人;后者没有意思机关,依章程进行管理,称他律法人。

6.设立目的不同。前者可以是营利法人,也可以是非营利法人或中间法人;后者是非营利法人,不以营利为目的。

7.解散原因不同。社团法人和财团法人,均得因章程目的不能实现及主管机关决定而解散,唯社团法人得因社员大会决定解散。①

我国《民法典》没有采取社团法人与财团法人的称谓。

(三)营利法人与公益法人

根据法人的设立目的,法人可以分为营利法人与公益法人。营利法人是指以营利为目的,并将所得利益分配给成员的法人。例如,公司法人就是营利法人,其目的在于取得投资回报。公益法人是指以从事公益事业为目的而不以营利为目的的法人。例如,学校、医院、慈善组织等法人就属于公益法人,其目的在于谋取公益。区分二者的主要意义在于:这两种法人设立目的不同,法律的要求也有所不同。例如,营利法人一般依特别法如《公司法》的规定而设立;而公益法人除有特殊规定外,一般依民法的规定设立。营利法人除有特殊规定外,一般不需要得到主管机关的许可,采取准则主义;而公益法人则需要得到主管机关的许可,采取许可主义。营利法人可以从事各种营利活动,也可以从事一定的公益活动;而公益法人只能从事公益活动,不得从事以向其成员分配利润为目的的营利性活动。②

(四)本国法人与外国法人

根据法人的国籍,法人可以分为本国法人与外国法人。按照法人登记地所

---

① 参见许中缘、屈茂辉:《民法总则原理》,中国人民大学出版社2012年版,第230页。

② 参见房绍坤主编:《民法》(第5版),中国人民大学出版社2020年版,第38页。

在国家,在本国登记成立的是本国法人,在外国登记成立的为外国法人。在我国,凡依据我国法律在我国境内设立的法人,无论法人的设立人是否具有中国国籍,均为本国法人。依照外国法律在外国设立的法人,即使法人的设立人具有中国国籍,该法人也为外国法人。我国法律规定,外国法人可以在我国设立分支机构。区分本国法人与外国法人的主要意义在于:法律往往对于外国法人有特殊的法律调整规则。例如,基于国家安全的需要,外国法人不得参与国防工业有关的营业;为了吸引境外企业投资,有可能给予外国法人一些税收减免的优惠等。

二、《民法典》的法人分类

我国《民法典》总则编部分第三章以是否营利为目的作为标准,开创性地采用了营利法人和非营利法人的分类,这不仅体现了我国社会经济发展和深化改革的要求,同时也能够将新出现的法人类型,如基金会和社会服务机构等纳入我国法律保护和规制的范围,促进其健康发展。与此同时,"法人"这一章专设"特别法人"一节,针对我国最具中国特色的组织,如农村集体经济组织、城镇农村的合作经济组织、基层群众性自治组织等作出规定,并从法律上赋予其特别法人的主体资格,体现了我国既有的法治经验总结和与时俱进的立法创新,具有鲜明的中国特色。

《民法典·总则编》第三章除一般规定外,分别用三节规定了营利法人、非营利法人和特别法人。在此之前,我国原《民法通则》采用了企业法人和非企业法人的基本分类,进而具体划分为企业法人、机关法人、事业单位法人和社会团体法人四种。很多年以来,民法学者对这一划分方法质疑声不断。在制定《民法典》分两步走的部署中的第一步《民法总则》(已失效)时,对如何重新设计法人的基本分类,学界主要围绕究竟是采用社团法人与财团法人的分类,还是采取营利法人和非营利法人的分类展开讨论。如有学者建议,在民商合一、兼顾我国历史以及更进一步市场化的基础上,应采取营利法人和非营利法人的基本分类。[①] 当然,对于营利法人和非营利法人的分类,学界也有不同声音。有学者认为,"这种分类方式不够清晰,现实生活中的一些情况很难照顾到,如难以界

① 参见龙卫球主编:《中华人民共和国民法典总则编释义》,中国法制出版社 2020 年版,第 186 页。

定合作社是营利性法人还是非营利性法人”。[①] 有学者认为这是总则在法人制度上“最重要的突破和创新”，并赞扬“这一分类概念和体系体现了法典化立法应有的理性，直接反映了我国的现实国情，表现出鲜明的中国特色，既实现了对《民法通则》法人类型概念的突破和创新，又保持了我国法人制度立法的连续性和稳定性”。[②] 还有学者认为，《民法典》关于法人的分类方法，不仅符合我国法人制度的实际需要和发展，更重要的是体现了从注重概念形式到注重组织功能的一种时代趋势，以更加开放和融合的特点体现了明显的进步性，也为更好吸收和适应法人的开放发展奠定了类型框架基础。[③]

（一）营利法人

《民法典》第76条规定：“以取得利润并分配给股东等出资人为目的成立的法人，为营利法人。营利法人包括有限责任公司、股份有限公司和其他企业法人等。”

营利法人具有如下特点：

1. 营利法人以营利为目的。营利法人是以营利为目的而成立的社团，须进行生产经营活动，有自己的营业。《民法典》第86条规定：“营利法人从事经营活动，应当遵守商业道德，维护交易安全，接受政府和社会的监督，承担社会责任。”企业社会责任的概念是一个舶来品，英国学者谢尔登教授1924年在《管理哲学》一书中首次提出了企业社会责任的概念。[④] 作为现代法典，明确营利法人的社会责任，是我国《民法典》积极回应时代发展需求的表现。

2. 营利法人经依法登记成立。这也是我国《民法典》第77条的规定。我国营利法人原则上采取登记主义，凡符合法人成立的条件且依法登记，即可成立，取得法人资格。此处登记，是指营利法人应当进行的工商登记。本条仅是规定营利法人的成立、取得独立的法人资格，以登记为准。根据特别法的规定，特殊的营利法人的设立应采取核准主义，如中外合资经营企业、中外合作经营企业、

---

① 蒲晓磊：《民法总则草案法人分类方式存争议，业内人士称要考虑现实生活不同群体利益诉求》，载《法制日报》2016年8月2日，第9版。

② 赵旭东：《民法总则草案中法人分类体系的突破与创新》，载《中国人大》2016年第14期。

③ 参见龙卫球主编：《中华人民共和国民法典总则编释义》，中国法制出版社2020年版，第187页。

④ 参见郑祝君：《公司与社会的和谐发展——美国公司制度的理念变迁》，载《法商研究》2004年第4期。

外商独资企业等。[1]《民法典》第78条规定:“依法设立的营利法人,由登记机关发给营利法人营业执照。营业执照签发日期为营利法人的成立日期。”营利法人依法成立后,其合法权益受法律保护,任何人不得侵犯。关于法人设立登记的效力,大陆法系国家一般采取成立要件主义,法人如未经登记,即便其设施、内容完备,也只能认为事实上成立,属于一种团体,而不得成为团体法人,亦即不能取得团体法人资格。[2] 法人设立登记的目的在于公示法人信息,维护交易安全。因此,法人设立登记具有创设力、推定力和公信力。

权利不得滥用是现代民法的基本原则之一。德国学者拉伦茨认为,“原则上,没有权利是不受到某种限制的”。[3] 法人依法成立后,就已经取得了独立于其出资人的民事主体地位。但股东滥用公司法人独立地位和股东有限责任损害债权人利益的现象却屡见不鲜。为此,法律设计了“法人人格否认制度”,又被称为“揭开法人面纱”制度,即在承认法人独立人格的前提下,在特定的法律关系中否认法人的独立人格和出资人的有限责任,直接要求法人背后的出资人承担责任的制度。《民法典》第83条第2款正是对法人人格否认制度的规定,但该制度的设计只是针对个案而言,而不是对法人人格制度的全面和彻底的否定。法人人格否认的特例,只有在特殊的情况下才能适用,其法律效力仅仅对特定个案有效,既不影响其他法律关系,也不影响法人继续作为一个独立的民事主体存续。[4] 此外,关于出资人权利滥用的规制,依据《民法典》第83条第1条规定:“营利法人的出资人不得滥用出资人权利损害法人或者其他出资人的利益;滥用出资人权利造成法人或者其他出资人损失的,应当依法承担民事责任。”我国《公司法》第4条规定:“公司股东依法享有资产收益、参与重大决策和选择管理者等权利。”基于此,出资人滥用权利的情形,也主要表现为滥用这三种权利的情形:(1)出资人滥用资产收益权。例如,出资人对营利法人的利润和剩余财产拒不分配。(2)出资人滥用重大决策权。例如,对法人有控制权的出资人利用自己享有的多数表决权优势,滥用决策权,以权谋私。(3)出资人滥用选择管理者的权利。管理者的选任关乎营利法人的发展,出资人滥用权利、任

---

① 参见王利明主编:《中国民法典释评总则编》,中国人民大学出版社2020年版,第185页。
② 参见郑玉波:《民法总则》,中国政法大学出版社2003年版,第57页。
③ [德]卡尔·拉伦茨:《德国民法通论》,王晓晔等译,法律出版社2003年版,第304页。
④ 参见时建中主编:《公司法原理精解、案例与运用》,中国法制出版社2012年版,第60页。

人唯亲，势必会损害法人和其他出资人的利益。[①] 关于滥用关联关系的规制，《民法典》第84条规定："营利法人的控股出资人、实际控制人、董事、监事、高级管理人员不得利用其关联关系损害法人的利益；利用关联关系造成法人损失的，应当承担赔偿责任。"

3.营利法人应当依法制定法人章程。《民法典》第79条规定："设立营利法人应当依法制定法人章程。"法人章程是规定法人名称、住所、经营范围、经营管理制度等重大事项的基本文件。从各国立法例来看，要求营利法人制定法人章程是各国通行的做法。营利法人从事经营活动，应当遵守法人章程的规定。公司章程涵盖了公司从设立、运营到解散的方方面面，在某种意义上来说，公司章程甚至比《公司法》更为关键。营利法人的决议结果原则上对团体全体成员都具有法律约束力，但是如果营利法人决议存在瑕疵，《民法典》第85条规定："营利法人的权力机构、执行机构作出决议的会议召集程序、表决方式违反法律、行政法规、法人章程，或者决议内容违反法人章程的，营利法人的出资人可以请求人民法院撤销该决议。但是，营利法人依据该决议与善意相对人形成的民事法律关系不受影响。"[②]关于决议行为的效力，《民法典》第134条第2款规定："法人、非法人组织依照法律或者章程规定的议事方式和表决程序作出决议的，该决议行为成立。"同时在营利法人、非营利法人章节中分别对决议行为的效力作了规定，充分尊重了学界有益见解，体现了本次立法的民主性与科学性。[③]

4.营利法人的组织机构包括权力机构、执行机构和监督机构。法人机构是法人得以存在的必要条件，也是法人表现其人格，从而成为交易主体的必要条件。[④] 任何法人的机构均须有意思机构和执行机构。意思机构是法人的决策机构，又称法人的权力机构。法人的权力机构在法人的宗旨范围内，有权对法人的重大事务作出决策。[⑤] 例如，《民法典》第80条规定："营利法人应当设权力

---

① 参见龙卫球主编：《中华人民共和国民法典总则编释义》，中国法制出版社2020年版，第206页。

② 参见王雷：《论民法中的决议行为——从农民集体决议、业主管理规约到公司决议》，载《中外法学》2015年第1期。

③ 参见龙卫球主编：《中华人民共和国民法典总则编释义》，中国法制出版社2020年版，第211页。

④ 参见朱同琴：《我国大学法人治理结构研究——以法人机关的合理性为视角》，中国人民大学2011年博士学位论文。

⑤ 参见尹田：《民法总论》，人民法院出版社2002年版，第221~223页。

机构。权力机构行使修改法人章程,选举或者更换执行机构、监督机构成员,以及法人章程规定的其他职权。"法人的执行机构是实现法人意志的机构。《民法典》第 81 条规定:"营利法人应当设执行机构。执行机构行使召集权力机构会议,决定法人的经营计划和投资方案,决定法人内部管理机构的设置,以及法人章程规定的其他职权。执行机构为董事会或者执行董事的,董事长、执行董事或者经理按照法人章程的规定担任法定代表人;未设董事会或者执行董事的,法人章程规定的主要负责人为其执行机构和法定代表人。"监督机构不是法人的必设机构,但《民法典》第 82 条规定:"营利法人设监事会或者监事等监督机构的,监督机构依法行使检查法人财务,监督执行机构成员、高级管理人员执行法人职务的行为,以及法人章程规定的其他职权。"

(二)非营利法人

1. 非营利法人的定义和特征

《民法典》第 87 条第 1 款规定:"为公益目的或者其他非营利目的成立,不向出资人、设立人或者会员分配所取得利润的法人,为非营利法人。"

非营利法人的特征主要表现在:①

(1)基于公益目的或者其他非营利目的而成立。虽然非营利法人是基于公益目的或者其他非营利目的成立,但可以从事有偿活动,只不过其营利的最终用途也应该服务于实现公益目的或其他非营利目的。如事业单位法人没有股东,其所获得的收入不能作为利润分配,而只能作为积累盈余用于单位的存续和发展;再如基金会,除了从事公益事业,基于资产保值增值的需要,也可以对外进行营利性的投资活动。

(2)所获得的利益不能向出资人、设立人或者会员分配利润。因为基金会是财团法人,没有股东,捐资人也不得分配基金会利润,该投资获益只能作为积累盈余依照基金会的章程运用。尤其是,当公益法人终止或解散时,如果允许向出资人等主体分配剩余财产,相当于变相分配积累财富,很有可能被不当利用。为彻底贯彻公益法人的性质和目的,《民法典》第 95 条对基于公益目的非营利法人的剩余财产分配作出了特殊规定:第一步应尊重章程和权力机构的决定,这也是尊重私法人意思自治的体现。但是这种意思自治也受到一定的限

① 参见尹田:《民事主体理论与立法研究》,法律出版社 2003 年版,第 146 页。

制，即剩余财产只能用于公益目的。在章程没有规定或者权力机关无法形成决议的情况下才适用第二步，即遵循“近似原则”，由主管机关主持转给宗旨相同或者相近的法人并公告。[①] 公司等营利法人与事业单位等非营利法人的区别在于，营利法人以出资人营利为目的，所赚取的利益要分配给出资人，这是两者最核心的区别。[②] 如果法人自身营利，但是所得利益并不分配给成员，仅仅是作为自身发展经费，则属于非营利法人。

2. 非营利法人的分类

关于非营利法人的分类，《民法典》第 87 条第 2 款规定：“非营利法人包括事业单位、社会团体、基金会、社会服务机构等。”

(1)事业单位法人

事业单位法人是指从事各类社会公益事业、具有法人资格的社会组织。《民法典》第 88 条规定：“具备法人条件，为适应经济社会发展需要，提供公益服务设立的事业单位，经依法登记成立，取得事业单位法人资格；依法不需要办理法人登记的，从成立之日起，具有事业单位法人资格。”前一类需要办理法人登记，才能具备事业单位法人资格；后一类无须登记的事业单位从成立之日起即具有事业单位法人资格，如中国社会科学院。事业单位法人可以设理事会，《民法典》第 89 条规定：“事业单位法人设理事会的，除法律另有规定外，理事会为其决策机构。事业单位法人的法定代表人依照法律、行政法规或者法人章程的规定产生。”本条对《民法通则》而言，属于新增加的规定。事业单位属于公法人，其决策机构理事会应当由其设立机关政府或政府部门筹办。

(2)社会团体法人

社会团体法人是指由具有共同目的的一定数量成员共同组成的或者由一定财产组成的具有法人资格的社会组织。《民法典》第 90 条规定：“具备法人条件，基于会员共同意愿，为公益目的或者会员共同利益等非营利目的设立的社会团体，经依法登记成立，取得社会团体法人资格；依法不需要办理法人登记的，从成立之日起，具有社会团体法人资格。”社会团体法人应当制定章程、应当

---

① 参见赵旭东：《非营利法人》，载张鸣起主编：《民法总则专题讲义》，法律出版社 2019 年版，第 253 页。

② 参见王利明主编：《中国民法典释评总则编》，中国人民大学出版社 2020 年版，第 85 页。

设立权力机构和执行机构,《民法典》第 91 条规定:“设立社会团体法人应当依法制定法人章程。社会团体法人应当设会员大会或者会员代表大会等权力机构。社会团体法人应当设理事会等执行机构。理事长或者会长等负责人按照法人章程的规定担任法定代表人。”对社会团体法人来说,法人章程调整的是法人与法人成员之间的关系,参与章程行为的当事人的意思表示不指向其他成员,而是指向法人的意思形成机构;它不仅拘束同意该行为之当事人,对于没有表示同意但事后同意加入的当事人,也依法具有拘束力。[①] 法人的机构是指根据法律或者法人章程的规定,能够对内管理法人事务和对外代表法人从事经营活动的个人或集体。社会团体法人其成员组成的会员大会是其权力机构(或意思机构),权力机构是社会团体法人的最高权力机关,既可以对重要事项作出决定,也可以修改法人章程。但是,由于法人成员往往人数众多,为便于行使权利,会员大会可以选出代表组成会员代表大会,代替会员大会行使权利与作出决定,会员代表大会应对会员大会负责。除权力机构(意思机构)外,社会团体法人也应设立执行机构,负责执行具体之事务,这种执行机构一般称作理事会。[②] 法定代表人按照章程产生,一般情况下,理事会的理事长或会长是社团法人的法定代表人。

(3)捐助法人

基金会和社会服务机构属于捐助法人。关于捐助法人,《民法典》第 92 条第 1 款规定:“具备法人条件,为公益目的以捐助财产设立的基金会、社会服务机构等,经依法登记成立,取得捐助法人资格。”对于宗教活动场所,《民法典》第 92 条第 2 款规定:“依法设立的宗教活动场所,具备法人条件的,可以申请法人登记,取得捐助法人资格。法律、行政法规对宗教活动场所有规定的,依照其规定。”捐助法人在西方国家法律中被称为财团法人,是社团法人的对称,是指为实现一定公益目的,以捐助财产为基础而设立的法人。社团法人是以一定组织的社员为其成立条件的法人,如公司、企业等;而财团法人没有成员,是以捐助行为为其成立条件的法人,如宋庆龄儿童基金会等。关于捐助法人,我国理论上一直名称纷乱,有的称“基金会法人”,有的称“捐献法人”,有的称“财团法

① [德]迪特尔·梅迪库斯:《德国民法总论》,邵建东译,法律出版社 2000 年版,第 107 页。

② 参见龙卫球主编:《中华人民共和国民法典总则编释义》,中国法制出版社 2020 年版,第 229 页。

人”。《民法典》现在统一确定为“捐助法人”。捐助法人的设立基础是捐助行为,捐助行为,是指以设立捐助法人(财团法人)为目的的捐赠财产的行为。

捐助行为分两种:一是生前捐助。生前捐助行为必须要设立捐助章程,否则不能设立捐助法人。应当注意的是,旨在设立法人的捐助行为是单方法律行为,依捐助人一方的意思表示即可成立,不需要相对人。传统民法学区分捐助与捐赠,捐助是单方行为,捐赠是合同行为。如果法人已然成立,捐赠人实施捐赠,对该捐赠在民法适用赠与合同约定。赠与合同是单务合同、无偿合同、不要式合同、诺成合同,依法成立的赠与合同,自成立时起生效。赠与合同不以赠与物的交付作为合同的特别生效要件,只不过在实际转移物权之前,赠与人享有任意撤销权,但公益性、道德性赠与合同或者经过公证的赠与合同除外。《公益事业捐赠法》第12条也规定:“捐赠人可以与受赠人就捐赠财产的种类、质量、数量和用途等内容订立捐赠协议。捐赠人有权决定捐赠的数量、用途和方式。捐赠人应当依法履行捐赠协议,按照捐赠协议约定的期限和方式将捐赠财产转移给受赠人。”二是遗嘱捐助。遗嘱捐助以遗嘱方式的捐助。遗嘱是单方法律行为。有学者认为,此种遗嘱捐助,无另定章程的必要。如无遗嘱执行人,法院得依主管机关、检察官或利害关系人的申请,指定遗嘱执行人。① 但是《民法典》第93条规定:“设立捐助法人应当依法制定法人章程。捐助法人应当设理事会、民主管理组织等决策机构,并设执行机构。理事长等负责人按照法人章程的规定担任法定代表人。捐助法人应当设立监事会等监督机构。”在捐助法人成立后,《民法典》第94条规定:“捐助人有权向捐助法人查询捐助财产的使用、管理情况,并提出意见和建议,捐助法人应当及时、如实答复。捐助法人的决策机构、执行机构或者法定代表人作出决定的程序违反法律、行政法规、法人章程,或者决定内容违反法人章程的,捐助人等利害关系人或者主管机关可以请求人民法院撤销该决定。但是,捐助法人依据该决定与善意相对人形成的民事法律关系不受影响。”

(三)特别法人

特别法人是指营利法人和非营利法人以外的一类法人。《民法典》单独规定了“特别法人”一节,是一种重大概念创制,极具中国特色和现实意义。特别

---

① 参见王泽鉴:《民法概要》,中国政法大学出版社2003年版,第66页。

法人包括四种类型,《民法典》第 96 条规定:“本节规定的机关法人、农村集体经济组织法人、城镇农村的合作经济组织法人、基层群众性自治组织法人,为特别法人。”按照本条列举类型,除了在原《民法通则》已经确立的通常被看成公法人的“机关法人”之外,新增加了农村集体经济组织法人、城镇农村的合作经济组织法人、基层群众性自治组织法人三种类型,旨在满足现实中由中国特色政治经济结构决定的几类典型组织形态的法人化需要。这三种特别法人在原《民法通则》上没有得到确认,因此几十年来在现实法人生活中具有极大的不确定性。《民法典》增设本节规定,可以说是对于我国基层特别是农村地区法人现实需要的一次重大确权、一种系统的主体地位确权。其中农村集体经济组织和城乡合作社尤其重要,自从小岗村开启农村经济体制改革以来,农村经济在四十余年的改革中取得长足进步,不仅群众的财产日益增长,集体经济组织形式也得到极大发展。法律如果不能及时回应农村集体经济发展现状,将会阻碍农村经济发展以及国家深化农民财产权改革的大政方针。原《民法总则》在三审稿时集思广益,开辟了一个新专节,称“特别法人”,将机关法人纳入其中,同时将与我国政治经济有密切联系的集体经济组织、城乡合作社经济组织也首次明确赋予法人地位纳入其中,还增加了对于中国基层来说具有重要政治意义的基层群众自治组织,因就其民事活动部分需要确立其法人地位,于是形成了本条规定,确立了具有中国独特政治经济功能的特别法人。[①] 全国人大宪法和法律委员会新增特别法人主要是考虑特别法人在我国社会生活实际中具有“特殊性”,根据我国社会生活实际,机关法人、基层群众性自治组织和农村集体经济组织、合作经济组织具有特殊性,法律需要对其进行特别规定,以更好地保护其参与民事活动,更好地保护法人成员和民事活动相对人利益。

《民法典》第 96 条列举了四类特别法人:

1. 机关法人。机关法人的成立是依照法律规定或者行政命令,不需要进行核准登记程序,即可取得机关法人资格。因此,《民法典》第 97 条规定:“有独立经费的机关和承担行政职能的法定机构从成立之日起,具有机关法人资格,可以从事为履行职能所需要的民事活动。”从机关法人的类型上看,包括两种:有独立经费的机关和承担行政职能的法定机构。前者与原《民法通则》第 50 条规

① 参见龙卫球主编:《中华人民共和国民法典总则编释义》,中国法制出版社 2020 年版,第 240 页。

定的“机关法人”一致,后者是新增加的机关法人类型,为我国将来的行政机构改革预留了空间。关于机关法人的终止,是指机关法人丧失民事主体资格,《民法典》第98条规定:“机关法人被撤销的,法人终止,其民事权利和义务由继任的机关法人享有和承担;没有继任的机关法人的,由作出撤销决定的机关法人享有和承担。”

2. 农村集体经济组织法人。农村集体经济组织法人是由农民联合形成的,集体组织农业生产经营、集体劳动,按劳分配的农村经济组织。农村集体经济组织起源于20世纪50年代的初级农业生产合作社,虽然农村集体经济组织自1982年就得以进入《宪法》,但却一直没有明确的民事主体地位。《民法典》第99条规定:“农村集体经济组织依法取得法人资格。法律、行政法规对农村集体经济组织有规定的,依照其规定。”《民法典》将农村集体经济组织定位为特别法人,明确了这类组织的法律地位,增强了农村集体经济发展活力,为厘清村委会和集体经济组织之间的关系,也为保护集体财产、明确集体成员的权利义务、深化国家的改革方针奠定了坚实的法律基础。

3. 城镇农村合作经济组织法人。合作制是近代出现的一种特定的经济现象,其思想起源可追溯至古希腊的理想国到中国儒家的大同思想。① 合作经济组织也称合作社,它的宗旨既不是营利,也不是公益目的,而是满足社员的经济与社会需要。近年来,我国供销合作社等城镇农村合作经济组织发展迅速,表现形式多样。合作经济组织具有共益性,合作社的业务对象中必然有社员,合作社的业务范围是法定的,合作社是由社员管理的自主、自助的组织,具有较为明显的自治性特点。② 因此,城镇农村合作经济组织在法人资格的取得、法人治理结构等方面也将较大程度地有别于一般的法人组织,需要由专门的法律对其作出具体的规定。《民法典》第100条规定:“城镇农村的合作经济组织依法取得法人资格。法律、行政法规对城镇农村的合作经济组织有规定的,依照其规定。”将合作经济组织明确为“特别法人”,无疑可以为未来民事立法和司法实践对其的规范续造和完善预留了更为充分的空间。

4. 基层群众自治组织法人。居民委员会、村民委员会就属于基层群众自治

---

① 参见马俊驹、宋刚:《合作制与集体所有权》,载《法学研究》2011年第6期。

② 参见马跃进:《合作社的法律属性》,载《法学研究》2007年第6期。

组织法人，是居民、村民依据《城市居民委员会组织法》《村民委员会组织法》成立的自我管理、自我教育、自我服务的基层群众性自治组织。居民委员会、村民委员会在履行职能的过程中从事民事活动，法律有必要赋予其主体资格。《民法典》第101条规定："居民委员会、村民委员会具有基层群众性自治组织法人资格，可以从事为履行职能所需要的民事活动。未设立村集体经济组织的，村民委员会可以依法代行村集体经济组织的职能。"村民委员会对村集体经济组织职能具有补充作用，对有效管理农村集体财产无疑具有积极的现实意义。①

第三节　法人的民事能力

法人作为民事主体，和自然人一样，具有民事能力。法人的民事能力包括法人的民事权利能力和法人的民事行为能力。

一、法人的民事权利能力

（一）法人民事权利能力的概念

所谓法人的民事权利能力是指法人以自己的名义独立享受民事权利和负担民事义务的资格。认可了法人的民事权利能力，就相当于认可了法人在民事法律关系中的作为"人"的资格。此处所说的权利能力是指民事权利能力，即法人在参与市场经济活动时所应当享有的能力，而不包括法人在行政关系中享有权力（职权）和承担义务（职责）的资格。从这个意义上说，法人的能力通常是与民事活动联系在一起的，而很少涉及政治国家的生活。②

（二）法人民事权利能力的特征

与自然人的民事权利能力不同，法人的民事权利能力具有以下特征：③

1. 法人不享有与自然人的人身不可分离的权利。法人是一个社会组织体，某些与自然人的人身不可分离的人身权（如生命权、健康权等）不能由法人享

---

① 参见龙卫球主编：《中华人民共和国民法典总则编释义》，中国法制出版社2020年版，第250页。

② 参见江平主编：《法人制度论》，中国政法大学出版社1994年版，第22页。

③ 参见王利明：《民法总则研究》（第2版），中国人民大学出版社2012年版，第155页。

有；以性别、年龄、身份及亲属关系等为前提的权利和义务，如缔结婚姻的能力、订立遗嘱的能力等，也不能由法人享有和承担。但是，法人可以依法享有名称权、荣誉权、名誉权。

2.法人民事权利能力产生、消灭的时间与自然人不同。法人的民事权利能力，从法人成立时产生，到法人终止时消灭；自然人的民事权利能力，从出生时享有，到死亡时消灭。

3.法人的权利能力受法人宗旨的限制。一方面，法人的权利能力应当在其章程等文件中加以确定；另一方面，法人的权利能力要受到其设立人的意志的约束，其设立人在设立法人时确立的目的范围也直接决定了法人的能力范围。但也应看到，法人超越其经营范围的民事法律行为并非全部无效。《民法典》第505条规定："当事人超越经营范围订立的合同的效力，应当依照本法第一编第六章第三节和本编的有关规定确定，不得仅以超越经营范围确认合同无效。"

二、法人的民事行为能力

（一）法人民事行为能力的概念

法人的民事行为能力是指法人通过自己的行为取得民事权利和承担民事义务的资格。在比较法上，德国民法不承认法人具有行为能力，认为法人活动主要依靠法人机关代理。[①] 英美法也不承认法人具有行为能力，把法人机关看作法人的代理人。[②] 而瑞士民法则承认法人具有行为能力。《瑞士民法典》第54条规定："法人依照法律和章程设立必要机关后，取得行为能力。"[③]

（二）法人民事行为能力的特征

法人的民事行为能力具有以下特征：

1.法人的民事行为能力与其民事权利能力同时产生、同时消灭，在存续时间上具有一致性。《民法典》第59条规定："法人的民事权利能力和民事行为能力，从法人成立时产生，到法人终止时消灭。"自然人的民事权利能力与民事行为能力不是同时产生，自然人的权利能力从出生时即享有，但是行为能力则需

---

① 参见龙卫球：《民法总论》，中国法制出版社2001年版，第370页。

② 参见曾世雄：《民法总则之现在与未来》，中国政法大学出版社2001年版，第161页。

③ 《瑞士民法典》，戴永盛译，中国政法大学出版社2016年版，第25页。

自然人达到一定年龄并且智力、精神健康状况达到一定程度才能具备；自然人的民事权利能力与民事行为能力在其死亡时同时终止，但也存在不同时终止的情况，如自然人精神状况出现问题、不能辨认自己的行为或者不能完全辨认自己的行为时，自然人的民事行为能力中止或终止。

2. 法人的民事行为能力与其民事权利能力在范围上具有一致性。当然，不同法人的民事权利能力的范围有所不同，因而不同法人的民事行为能力也存在差别。

3. 法人的民事行为能力是通过法定代表人和其他法人机关成员来实现的。法人具有团体性，因而法人的意思是一种团体意思，这种团体意思只能通过一定的形式由自然人的意思来形成和表现，这里的自然人就是法定代表人和其他法人机关成员。

需要注意的是，《民法典》第 60 条规定："法人以其全部财产独立承担民事责任。"可见，"全部财产"是法人承担民事责任的基础和物质保障。

第四节　法人机关与法定代表人

一、法人机关

（一）法人机关的概念

法人机关是指根据法律、法人章程的规定，在法人成立时无须特别授权就能够以法人的名义对内管理法人事务、对外代表法人进行民事活动的机构。法人机关具有以下特点：①

1. 法人机关是形成、表示和实现法人意志的法人机构。法人是社会组织而不是生命体，因此，法人意思的形成、表示和实现必须通过一定的组织机构来实现。法人机关就是法人形成、表示和实现其意志的法人机构。

2. 法人机关是法人的有机组成部分。法人机关并不是独立的主体，而是法人的重要组成部分。因此，法人机关与法人同时产生、同时存在，不能与法人相

① 参见房绍坤主编：《民法》（第 5 版），中国人民大学出版社 2020 年版，第 42 页。

分离。有法人,必有法人机关。

3. 法人机关是根据法律、法人章程的规定而成立的法人代表机关。法人机关对内负责管理法人的各项事务,对外代表法人进行民事活动。法人机关代表法人进行民事活动时,不需另行授权。

4. 法人机关由自然人个人或集体组成。法人机关是法人组织机构的重要组成部分,该机关可以由自然人个人组成,也可以由集体组成。单个自然人组成的法人机关称为独任机关,如工厂的厂长;由集体组织组成的法人机关称为法人机构,如股份公司的股东大会等。

(二)法人机关的类型

法人类型不同,法人的机关也存在差别。一般来说,法人机关包括权力机关、执行机关和监督机关。

1. 法人的权力机关又称决策机关,是法人意思的形成机关,有权决定法人民事活动中的重大事项。例如,股份有限公司的股东大会、有限责任公司的股东会等都是法人的权力机关。

2. 法人的执行机关是实现法人意志、执行法人权力机关决定的机关,负责执行法人章程、法人权力机关所决定的事项。例如,股份有限公司的董事会是法人的执行机关。

3. 法人的监督机关是对法人的执行机关的行为和活动进行监督检查的机关,如股份有限公司的监事会。监督机关不是法人的必设机关。

二、法定代表人

(一)法定代表人的概念

《民法典》第 61 条第 1 款规定:“依照法律或者法人章程的规定,代表法人从事民事活动的负责人,为法人的法定代表人。”这就在法律上确立了法定代表人制度。法人的法定代表人具有如下特征:

1. 法定代表人是由法律或者法人章程所确定的自然人。“法定代表人”一词非常容易使人误解为法定代表人仅仅是依照法律产生的。实际上法定代表人并非都是由法律确定的,有些是由法人章程所确定的。《公司法》第 13 条规定:“公司法定代表人依照公司章程的规定,由董事长、执行董事或者经理担任,并依法登记。公司法定代表人变更,应当办理变更登记。”

2. 不同类型的法人,其法定代表人的具体名称各不相同。例如,依据《公司法》的规定,有限责任公司与股份有限公司的董事长、执行董事或经理都可以被选任为法定代表人;事业单位法人与社会团体法人的法定代表人可能被称为“校长”“所长”“主任”等。至于机关法人的法定代表人,可能被称为“处长”“院长”“主席”等。

3. 法人的法定代表人以法人的名义从事民事活动,是有权代表法人从事民事活动的人。法定代表人根据法律和章程的规定,有权代表法人对外行为,法定代表人执行职务的行为所产生的一切法律后果都应由法人承担。

(二)法定代表人的代表行为

法定代表人的确立以及对外法律地位的规定,属于法人的核心制度之一,关系重大。《民法典》第 61 条第 2 款规定:“法定代表人以法人名义从事的民事活动,其法律后果由法人承受。”这种法律后果,可能是法定代表人以法人名义从事了订立合同等民事法律行为,由此产生的民事权利和民事义务由法人承受;也可能是法定代表人对外从事民事活动而产生的民事责任由法人承担。法定代表人是法人的组成部分,法定代表人的行为就是法人的行为。

基于法人治理的需要,法人可以通过章程或由法人权力机关对法定代表人的代表权进行限制,但此种具有内部属性的限制,只在内部有效,对外却受到交易安全原理的限制,“不得对抗善意相对人”。法人的章程或者法人的权力机构可对法定代表人的权限作出一些限制,法定代表人不得超越该权限对外代表法人从事民事活动。然而,只要进行民事活动的相对人是善意的,对法定代表人超越职权不知情且无过失,那么法人就不能以其超越职权为由对抗善意相对人;如果相对人知情,则法人可以主张该民事法律行为无效或者可撤销。[①] 也就是说,一旦法定代表人超越该权限从事民事活动,依据《民法典》第 61 条第 3 款的规定,这种内部限制,不得对抗善意相对人。关于越权订立合同的效力,《民法典》第 504 条规定:“法人的法定代表人或者非法人组织的负责人超越权限订立的合同,除相对人知道或者应当知道其超越权限外,该代表行为有效,订立的合同对法人或者非法人组织发生效力。”对于法人外部,《民法典》第 62 条第 1

① 参见杨立新:《中华人民共和国民法典释义与案例评注》,中国法制出版社 2020 年版,第 153 页。

款规定:“法定代表人因执行职务造成他人损害的,由法人承担民事责任。”

法定代表人超出内部限制使得法人对外负责的,法定代表人是否应当在内部承担相应责任呢?《民法典》第62条第2款作出肯定,但以有过错为条件,该条规定:“法人承担民事责任后,依照法律或者法人章程的规定,可以向有过错的法定代表人追偿。”本条较原《民法通则》属于新增设的条款,规范了法定代表人职务行为的责任承担问题。法定代表人执行职务的行为,为职务行为,其所造成他人损害,原则上视为法人自身的行为致害,法人应当承担责任;但是在法人内部,法人可以追偿,但是以法定代表人有过错为限,这种追偿的依据应为“法律或者法人章程的规定”。[①]

第五节 法人的设立、变更和终止

一、法人的设立

(一)法人设立的原则

在法人的设立上,法律针对不同类型的法人实行不同的原则,主要有特许主义、许可主义、准则主义、强制主义等几种原则。特许主义是指法人的设立须经法律的特别许可,如机关法人的设立;许可主义是指法人的设立须经行政机关的许可,如社会团体法人的设立;准则主义是指只要符合法律规定的条件,经申请即可设立,如有限责任公司法人的设立;强制主义是指依法律规定必须设立法人,如工会法人的设立。在18世纪至19世纪初的自由资本主义时期,各国法律较为普遍地采取了法人自由设立主义。至垄断资本主义时期以后,除《瑞士民法典》第60条仍然对非营利法人采取自由设立主义以外,各国法律都放弃了这种办法,主要采取了许可主义和准则主义的设立办法,在特殊情况下,对于某些特殊的企业法人的设立,也采取了强制主义和特许主义。我国《民法典》第58条只是笼统地规定法人应当依法成立,而没有区分不同的法人类型而

① 参见龙卫球主编:《中华人民共和国民法典总则编释义》,中国法制出版社2020年版,第3页。

分别规定其设立条件。①

（二）法人设立的条件

法人的设立，是指符合法定条件的社会组织，依照法定程序而取得法人资格。法人的设立需符合法定的条件和程序进行。法人应当具备的条件，《民法典》第58条第1款、第2款规定："法人应当依法成立。法人应当有自己的名称、组织机构、住所、财产或者经费。法人成立的具体条件和程序，依照法律、行政法规的规定。"具体包括：

1. 依法成立。依法成立，包括法人成立的实质要件的要求，如目的合法、宗旨合法、经营方式合法等，还包括法人应按照法定的程序成立。

2. 有必要的财产或者经费。这是法人成立实质要件之一，是法人能够独立享有民事权利、承担民事义务的物质基础，也是其承担民事责任的财产保障。法律根据法人成立的不同目的，对法人应具有的必要财产和经费的来源、数额有不同的要求。

3. 有自己的名称、组织机构和住所。这是法人具有独立人格的重要前提。只有具有自己的名称，法人才是特定化的组织，才有可能以自己的名义参加民事法律关系，享有民事权利和承担民事义务。组织机构是法人形成团体意思，成为独立主体的组织保障。法人的场所，是法人作为特定主体的外在标志之一，也是法人开展民事活动所必需的条件。法人的住所，是民事主体从事民事活动发生民事法律关系的主要场所。《民法典》第63条规定："法人以其主要办事机构所在地为住所。依法需要办理法人登记的，应当将主要办事机构所在地登记为住所。"法人和自然人一样，也应当有自己的住所。确定法人住所的主要意义在于：一是确定诉讼管辖地。法人的住所所在地就是法人所在地，因此，法人的起诉、应诉地点应当依据其住所确定。二是法律文书的送达。法律文书的送达地点，应当依法人的住所予以确定。三是债务履行地。法人和自然人一样，本身可能具有多处经营地或事务所，但是同样需要确定一个中心地作为法律上的固定住所地，以稳定相应法律关系、法律事实的空间要素。②

4. 能够独立承担民事责任。具备以上的条件，法人就能以自己的名义，对

① 参见王利明：《民法总则研究》（第2版），中国人民大学出版社2012年版，第160页。
② 参见王利明：《民法总则研究》（第2版），中国人民大学出版社2012年版，第157页。

自己的债务独立承担民事责任。《民法典》第60条规定:“法人以其全部财产独立承担民事责任。”这既是法人作为一种独立民事主体必须具备的条件,也是其独立性的最终体现。[①]

(三)法人设立的程序

在我国,法人的成立,大都须经过登记,才能取得法人资格。例如,营利法人均须办理登记(《民法典》第77条)。除法律规定不需要登记的外,事业单位法人和社会团体法人等非营利法人均须办理登记。捐助法人的设立,如基金会,必须要经过依法登记,才能设立。当然,并非所有的法人都需要登记,例如,许多事业单位法人的设立就不需要办理登记手续。登记的重要功能在于公示,向社会公开法人的信息,以便利第三人查询知悉,从而保障交易安全。据此,《民法典》第66条规定:“登记机关应当依法及时公示法人登记的有关信息。”依据这一规定,登记机关应当依法公示,就是强调公示本身要符合法律规定。在营利法人登记制度改革中,应更多地减少审批权限,加强监管,通过公示来公开法人的信息,从而可发挥有效监管的作用。公示法人登记信息,也有利于交易相对人对法人的交易资格和交易能力进行准确判断,从而维护交易安全。凡是法律规定要公开的信息,都应当通过登记及时公示。公示就是对外公开,允许第三人查询。所谓及时,就是指在法律规定的期限内将有关信息对外公开。

法人登记的信赖保护原则的确立是我国民事立法的一大进步。《民法典》第65条规定:“法人的实际情况与登记的事项不一致的,不得对抗善意相对人。”这是法人登记的信赖保护制度,是《民法典》的新增条款。登记机关对登记事项进行公示,公示产生公信,因而能够对抗善意相对人。登记事项与法人实际情况不相符,无论是登记机关的过错还是法人的过错,善意相对人基于对登记事项的信赖从事民事活动,其信赖利益均应受法律保护。《民法典》第65条的适用范围应为依法需要办理登记的法人,包括营利性法人和部分非营利性法人,登记的类型并未指明仅限变更登记,也应包括设立登记、终止登记。根据外观主义原则,商事交易行为人的行为意思应以其行为外观为准,商事交易行为完成后,原则上不得撤销,公示事项与事实不符时,交易相对人可依外观公示主张权利。外观主义原则体现的是对信赖利益进行保护。《民法典》第65条对法人登记事项赋予公信力,

---

① 参见王建平:《民法总论》,四川大学出版社2017年版,第118页。

既能够督促法人及时履行变更登记的义务，又能够保护善意第三人。①

二、法人的变更

法人的变更是指法人在存续期间所发生的重要事项的变动。法人的变更包括法人组织体的变更、法人组织形式的变更和其他重要事项的变更。

（一）法人组织机构的变更

法人的组织机构变更，主要有法人的合并和分立：

1. 法人的合并。法人的合并是指两个或两个以上的法人合并为一个法人。主要有吸收合并和新设合并两种形式：（1）吸收合并，是法人合并时，保留其中一个法人的资格，该法人吸收其他的法人，被吸收的法人资格消灭。（2）新设合并，是两个或两个以上的法人合并为另一个新的法人。

2. 法人的分立。有派生分立和新设分立两种形式：（1）派生分立是法人分立时，保留原法人的资格，但从中分立出新的法人。（2）新设分立是法人分立时，原法人的资格消灭而分立出两个以上的新法人。

法人的合并或分立应依照法定的程序办理方为有效，并应依法向登记机关办理变更登记。法人合并或分立后，它的权利和义务由变更后的法人享有和承担，但具体规范须依法确定。《民法典》第 67 条规定："法人合并的，其权利和义务由合并后的法人享有和承担。法人分立的，其权利和义务由分立后的法人享有连带债权，承担连带债务，但是债权人和债务人另有约定的除外。"

（二）法人其他重大事项的变更

法人其他重大事项的变更，主要包括法人的名称、住所、活动宗旨、业务范围、经营方式、注册资金等方面的变化，亦属于法人的变更。法人的这些重大事项发生变化，应依法进行，并办理变更登记。②

三、法人的终止

（一）法人终止的原因

法人的终止是指法人资格的消灭。法人终止后，其主体资格消灭，不再享

---

① 参见龙卫球主编：《中华人民共和国民法典总则编释义》，中国法制出版社 2020 年版，第 162 页。

② 参见王建平：《民法总论》，四川大学出版社 2017 年版，第 119 页。

有民事权利能力和民事行为能力。依据《民法典》第68条的规定,法人终止的原因主要有以下几种:

1. 法人解散。《民法典》第69条规定:"有下列情形之一的,法人解散:(一)法人章程规定的存续期间届满或者法人章程规定的其他解散事由出现;(二)法人的权力机构决议解散;(三)因法人合并或者分立需要解散;(四)法人依法被吊销营业执照、登记证书,被责令关闭或者被撤销;(五)法律规定的其他情形。"

2. 法人被宣告破产。当企业法人出现《企业破产法》所规定的应宣告破产的事由时,经该企业法人、其债权人或债务人提出申请,人民法院受理并宣告该企业法人破产的,该破产企业的法人资格消灭。

3. 法律规定的其他原因。如发生法律规定的其他法人终止事由,法人亦应当终止。

(二)法人的清算

法人的清算是指法人终止时由清算组织依据职权清理并消灭法人参与的全部财产关系,使法人归于消灭的行为。

清算是法人终止的程序,而不是法人终止的原因。法人在清算期间仍具有部分民事权利能力,《民法典》第72条第1款规定:"清算期间法人存续,但是不得从事与清算无关的活动。"从清算程序上看,法人清算有破产清算与非破产清算之分。《民法典》第71条规定:"法人的清算程序和清算组职权,依照有关法律的规定;没有规定的,参照适用公司法律的有关规定。"该条款并没有具体规定清算程序与清算组职权,而是指出确定清算程序与清算组职权的法律依据。

关于清算义务人的确定。清算义务人,不同的国家有不同的规定。《德国民法典》第48条第1款规定,清算由董事会进行,也可以选任其他的人为清算人。[①]《日本民法典》第74条规定,理事为清算人。[②] 我国《民法典》第70条第2款规定:"法人的董事、理事等执行机构或者决策机构的成员为清算义务人。法律、行政法规另有规定的,依照其规定。"清算义务人应当及时进行清算,《民法典》第70条第3款规定:"清算义务人未及时履行清算义务,造成损害的,应当

① 参见杜景林、卢谌:《德国民法典全条文注释》,中国政法大学出版社2015年版,第46页。

② 参见渠涛编译:《最新日本民法》,法律出版社2006年版,第20页。

承担民事责任;主管机关或者利害关系人可以申请法院指定有关人员组成清算组进行清算。"

关于法人清算后剩余财产的处理,《民法典》第 72 条第 2 款规定:"法人清算后的剩余财产,按照法人章程的规定或者法人权力机构的决议处理。法律另有规定的,依照其规定。"关于公益性非营利法人剩余财产的分配,《民法典》第 95 条规定:"为公益目的成立的非营利法人终止时,不得向出资人、设立人或者会员分配剩余财产,剩余财产应当按照法人章程的规定或者权力机构的决议用于公益目的;无法按照法人章程的规定或者权力机构的决议处理的,由主管机关主持转给宗旨相同或者相近的法人,并向社会公告。"关于清算的法律效果,《民法典》第 72 条第 3 款规定:"清算结束并完成法人注销登记时,法人终止;依法不需要办理法人登记的,清算结束时,法人终止。"此外,《民法典》第 73 条规定:"法人被宣告破产的,依法进行破产清算并完成法人注销登记时,法人终止。"

第五章

非法人组织

第一节 非法人组织概述

一、非法人组织的概念

非法人组织是指不具有法人资格，但具有相应民事权利能力和民事行为能力的社会组织。①《民法典》第102条第1款规定："非法人组织是不具有法人资格，但是能够依法以自己的名义从事民事活动的组织。"非法人组织的类型包括个人独资企业、合伙企业、不具有法人资格的专业服务机构等。非法人组织不同于自然人、法人，在我国《民法典》中是与自然人、法人并列的第三类民事主体。

本章与1986年的《民法通则》相比，属于新增加的一章，也是《民法典》的亮点之一，反映了中国民事法律的与时俱进。关于民事主体，原《民法通则》仅规定了公民（自然人）、法人两类民事主体，没有规定其他形式的主体。而随着中国改革开放的逐步发展，很多非法人性质的组织如个人独资企业、合伙企业、不具有法人资格的会计师事务所、律师事务所等大量涌现，客观上需要民事基本法的承认和保护。一方面是实践中的需求没有得到满足，另一方面是民事实体法与民事程序法存在脱节，如《民事诉讼法》第3条规定："人民法院受理公民之间、法人之间、其他组织之间以及他们相互之间因财产关系和人身关系提起的

---

① 参见郭明瑞：《非法人组织》，载张鸣起主编：《民法总则专题讲义》，法律出版社2019年版，第291页。

民事诉讼,适用本法的规定。"第51条第1款规定:"公民、法人和其他组织可以作为民事诉讼的当事人。"这里的"其他组织"就包括了上述非法人组织。因此,《民法典·总则编》第四章规定了"非法人组织"并赋予其民事活动主体法律地位,本章的重大意义就在于不仅明确了非法人组织的民事主体地位,即自然人、法人之外的第三类主体,解决了经济发展需求与法律滞后的矛盾,还解决了民事实体法与程序法之间的冲突。应当注意的是,将非法人组织这一民事主体区别于其他民事诉讼主体,非法人组织实现了民事实体法主体地位与民事诉讼主体地位的一致,意义重大。①

非法人组织作为一种组织形式,在世界各国广泛存在,但是,其具体称谓则不尽相同。德国称"无权利能力的社团",日本称"非法人的社团或财团",英美称"非法人社团"或"非法人团体"等。② 虽然称谓不同,但其非法人组织的基本含义近似,都是指介于自然人和法人之间的,且未经法人登记的社会组织。这种社会组织,是为实现某种合法目的以一定财产为基础并供某种目的之用,联合为一体的非按法人设立规则而设立的组织体。

二、非法人组织的特征

非法人组织具有以下特征:③

1. 非法人组织是依照法律规定设立的社会组织,但不是法人,不具有法人资格。非法人组织在实体上是依照法律设立的,在程序上须履行法定的登记手续,经有关机关核准登记并取得营业证照或社会团体登记证等,这是非法人组织的合法性要件。《民法典》第103条规定:"非法人组织应当依照法律的规定登记。设立非法人组织,法律、行政法规规定须经有关机关批准的,依照其规定。"因此,非法人组织的设立,原则上采取登记主义。如合伙企业设立时,应当申请工商登记,领取营业执照(《合伙企业法》第9条、第10条)。当特别法对非法人组织成立规定批准的,依照特别法经批准登记后成立。对于不具有法人资格的非营利性社会团体,其成立也经其主管单位审查同意后登记成立(《社会团

① 参见最高人民法院民法典贯彻实施工作领导小组主编:《中华人民共和国民法典理解与适用》,人民法院出版社2020年版,第516页。

② 参见梅仲协:《民法要义》,中国政法大学出版社1998年版,第74页。

③ 参见王建平:《民法总论》,四川大学出版社2017年版,第146页。

体登记管理条例》第3条)。[①]

2. 有一定的组织机构。即拥有符合规定的名称、固定地从事生产经营等业务活动的场所,以及相应的组织管理机构和负责人,使之能够以该组织的名义对外从事相应的民事活动。

3. 有一定的财产或经费,能够以自己的名义从事民事活动。非法人组织不能独立承担民事责任,也不应要求其有独立的财产,但由于它是经核准登记领有营业执照或社会团体登记证的组织,可以以自己的名义对外从事民事、经济活动,因此,它应该有与其经营活动和经营规模相适应的财产或经费,作为其参与民事、经济活动,享受民事权利、承担民事义务的物质基础和财产保证。

4. 不具有独立承担民事责任的能力。能否独立承担民事责任是非法人组织与法人区别的一个根本标准。由于非法人组织没有独立的财产或经费,因而它不具有独立承担民事责任的能力。虽然非法人组织具备了一定的法人特征,依法享有民事权利并承担相应的民事义务,但是二者仍存在很大的差别,这种差别除了表现在法人相对于非法人组织具有更强的团体性外,最显著地表现在它们的责任形式的差别上。法人一经设立便与其设立人及其他法人成员各自为独立的民事主体,各自的财产相互分离,民事责任也各自独立、互不连带。而非法人组织的财产因缺乏独立性或独立性较差,所以非法人组织所需要承担的是一种团体的有限责任与其成员的无限责任相结合的一种责任形式,即如果非法人组织以自己所有的财产对外承担责任不足以进行清偿时,由其成员负连带责任或补充责任。与法人的民事责任特点相比,非法人组织的民事责任有以下两个特点:[②]

其一,非法人组织的民事责任是一种无限责任。与法人相似,非法人组织也是以自有财产对外承担责任。区别在于,法人在其财产赔付完成之后其所承担的民事责任就宣告结束,而非法人组织在财产赔付完成之后只是非法人组织财产责任结束,若此时债务仍未清偿完毕,非法人组织成员仍需以其个人财产继续赔付。因此,法人的责任是一次性的,其成员除出资法人的财产外,无须再

---

① 参见龙卫球主编:《中华人民共和国民法典总则编释义》,中国法制出版社2020年版,第271页。

② 参见最高人民法院民法典贯彻实施工作领导小组主编:《中华人民共和国民法典理解与适用》,人民法院出版社2020年版,第523页。

负任何责任;而非法人组织的责任则是二次性的,其组织成员除出资非法人组织的财产外,往往还须以其另外的个人财产负二次补充责任。

其二,非法人组织的民事责任是一种连带责任。与法人承担民事责任的有限性特点相反,非法人组织承担的民事责任为连带责任,这是由非法人组织的自身特点所决定的。非法人组织成立时并没有法定最低限额独立财产的要求。因此,在最终承担相关责任时法律设定其对外责任是先以非法人组织自己的财产负责,在组织财产不足以清偿时,由组织成员负连带责任。也就是说,非法人组织不能作为独立组织与其出资人或设立人相分离,其民事责任问题就形成了组织与成员互不分离、互为连带、互相转承的法律关系。

在非法人组织存续期间,当同时存在非法人组织债务和非法人组织设立人、负责人或内部成员之个人债务时,原则上非法人组织的债务应优先以非法人组织的财产予以清偿;非法人组织设立人、负责人或内部成员的个人债务应优先以其个人财产予以清偿;但非法人组织设立人、负责人或内部成员自愿以个人财产优先清偿非法人组织债务的则在所不限。《民法典》第 104 条规定:“非法人组织的财产不足以清偿债务的,其出资人或者设立人承担无限责任。法律另有规定的,依照其规定。”本条规定有助于保护与非法人组织实施民事行为的第三人的合法利益,符合法律承认非法人组织具有民事主体资格的宗旨。例如,作为非法人组织的个人独资企业,《个人独资企业法》第 31 条规定:“个人独资企业财产不足以清偿债务的,投资人应当以其个人的其他财产予以清偿。”当然,如果法律对非法人组织债务承担另有规定的,应当依照其特别规定。

第二节 非法人组织的类型

非法人组织主要有三种类型,《民法典》第 102 条第 2 款规定:“非法人组织包括个人独资企业、合伙企业、不具有法人资格的专业服务机构等。”

一、个人独资企业

所谓个人独资企业,我国《个人独资企业法》第 2 条规定:“本法所称个人独资企业,是指依照本法在中国境内设立,由一个自然人投资,财产为投资人个人

所有,投资人以其个人财产对企业债务承担无限责任的经营实体。”个人独资企业具有如下特征:①

其一,个人独资企业是非法人组织。个人独资企业是一个依照《个人独资企业法》设立的经营实体,具有企业名称、出资人申报的出资、必要的生产经营条件、固定的经营场所,符合作为一个组织的必要条件。但独资企业不具备法人的条件,不能成为法人。

其二,个人独资企业具有民事主体资格。个人独资企业是具有民事主体资格的非法人组织,对外以企业的名义进行民事活动,具有民事权利能力和民事行为能力。个人独资企业的自主经营权受到法律的保护,任何人不得非法干涉。

其三,个人独资企业债务由投资人承担无限责任。这是它与法人最大的区别。个人独资企业的财产与投资人的个人财产发生重合,企业的意思表示即为投资者个人的意思,对外责任也应由投资人来承担。在这一点上,个人独资企业与一人公司显然不同,一人公司在法律上属于法人,公司投资者的财产与公司财产相分离,投资者的责任与公司的责任也是相分离的,投资者对公司的债务仅以自己认缴的出资额为限承担有限责任。个人独资企业投资者与企业的财产没有分离,个人独资企业只能由一个自然人投资,投资人以其全部财产对个人独资企业的债务承担无限责任。如果以家庭共有财产登记出资的,《个人独资企业法》第 18 条规定,“应当依法以家庭共有财产对企业债务承担无限责任”。

此外,关于个人独资企业的解散,依据《个人独资企业法》第 26 条规定,个人独资企业有下列情形之一时,应当解散:(1)投资人决定解散;(2)投资人死亡或者被宣告死亡,无继承人或者继承人决定放弃继承;(3)被依法吊销营业执照;(4)法律、行政法规规定的其他情形。出现上述情况的,个人独资企业解散,要由投资人自行清算或者由债权人申请法院指定清算人进行清算。

二、合伙企业

合伙企业是指自然人、法人或非法人组织依照《合伙企业法》在中国境内设

---

① 参见王利明:《民法总则研究》(第 2 版),中国人民大学出版社 2012 年版,第 220 页。

立的普通合伙企业和有限合伙企业。这两种合伙企业的合伙人承担的责任不同,《合伙企业法》第 2 条第 2 款、第 3 款规定,普通合伙企业由普通合伙人组成,合伙人对合伙企业债务承担无限连带责任。有限合伙企业由普通合伙人和有限合伙人组成,普通合伙人对合伙企业债务承担无限连带责任,有限合伙人以其认缴的出资额为限对合伙企业债务承担责任。合伙企业是现代企业制度的一种典型形态,是民事主体中非法人组织的一种类型。

合伙包含两方面的内容:一是合伙协议。合伙协议是确定合伙人之间的权利义务关系的协议,合伙人一致同意订立书面形式的合伙协议,才能成立合伙企业。合伙协议是调整内部关系的依据,合伙企业的内部关系主要涉及合伙财产的使用、管理和合伙事务的决策、执行和监督。二是合伙组织。即在对外表现形式上,合伙作为一个组织体,可以与第三人发生各种法律关系。[①] 外部关系主要涉及善意第三人的保护和合伙债务的清偿。因此,合伙乃是由合伙协议与合伙组织两部分所组成的,前者是对合伙人有拘束力的内部关系,后者是由全体合伙人作为整体与第三人产生法律关系的外部形式。[②] 在合伙企业中,合伙人不仅要订立合伙协议,还要建立合伙组织。合伙企业是合伙人共同出资、共同经营的经营实体。

合伙企业解散是指合伙人之间的合伙关系终止,合伙企业的主体资格消灭。依据《合伙企业法》第 85 条的规定,合伙企业有下列情形之一的,应当解散:(1)合伙期限届满,合伙人决定不再经营;(2)合伙协议约定的解散事由出现;(3)全体合伙人决定解散;(4)合伙人已不具备法定人数满 30 天;(5)合伙协议约定的合伙目的已经实现或者无法实现;(6)依法被吊销营业执照、责令关闭或者被撤销;(7)法律、行政法规规定的其他原因。还有一种情况,依据《合伙企业法》第 75 条的规定:有限合伙企业仅剩有限合伙人的,应当解散;有限合伙企业仅剩普通合伙人的,转为普通合伙企业。[③]

三、不具有法人资格的专业服务机构

所谓不具有法人资格的专业服务机构,是指专门提供专业服务的非法人组

---

① 参见佟柔主编:《中国民法》,法律出版社 1990 年版,第 131 页。

② 参见王雷:《我国民法典编纂中的团体法思维》,载《当代法学》2015 年第 4 期。

③ 参见龙卫球主编:《中华人民共和国民法典总则编释义》,中国法制出版社 2020 年版,第 269 页。

织,这种组织凭借自己的专业知识和专业技能为客户提供专业服务。不具有法人资格的专业服务机构,主要包括不具有法人资格的会计师事务所和律师事务所。我国《注册会计师法》和《律师法》对其分别作出了规定,允许采用合伙方式设立。

专业服务机构是为客户提供专业服务的社会组织。如会计师事务所为企业进行审计或代理纳税,律师事务所为当事人提供法律咨询或代理案件,咨询机构可以提供各种商务金融或者科技咨询服务,市场调查机构可以为客户进行各种市场调查等。专业服务机构,可以依法登记为法人,也可以是非法人组织。如果具备法人条件,取得法人资格的专业服务机构属于法人;不具备法人条件,未取得法人资格的专业服务机构,属于非法人组织。如《会计师事务所执业许可和监督管理办法》第 6 条第 1 款规定:“会计师事务所可以采用普通合伙、特殊普通合伙或者有限责任公司形式。”合伙形式的会计师事务所为非法人组织,公司形式的会计师事务所则为法人。

非法人组织其设立原则上采取登记主义(《民法典》第 103 条第 1 款),一般仅需要登记即可成立,如个人独资企业经工商登记方得设立。但是法律有特别规定的,依照其规定。如不具有法人资格的专业服务机构中,合伙制的会计师事务所除了应办理工商登记,还需经省、自治区、直辖市的人民政府财政部门批准(《注册会计师法》第 25 条、《会计师事务所审批和监督暂行办法》第 17 条);律师事务所则需经省、自治区、直辖市的人民政府司法行政部门审核,作出是否准予设立的决定(《律师法》第 18 条、《律师事务所管理办法》第 16 条)。

此外,除了上述列举的非法人组织以外,还存在其他不具备法人资格的非法人组织。《民法典》第 102 条第 2 款采用了“等”这一兜底表述,表明非法人组织并不限于该条所明确列举的合伙企业、个人独资企业以及不具有法人资格的专业服务机构,还有其他类型的非法人组织,如业主委员会等。

第三节　非法人组织的设立与解散

一、非法人组织的设立

《民法典》第 103 条规定:“非法人组织应当依照法律的规定登记。设立非法人组织,法律、行政法规规定须经有关机关批准的,依照其规定。”登记要求的提出主要是非法人组织有很多不同的类型,登记后有助于对其进行管理,另外也有助于第三人了解非法人组织的主体资格和交易能力,可以更好地维护交易安全。在债务承担方面,《民法典》第 104 条规定:“非法人组织的财产不足以清偿债务的,其出资人或者设立人承担无限责任。法律另有规定的,依照其规定。”①

二、非法人组织的解散

《民法典》第 106 条规定:“有下列情形之一的,非法人组织解散:(一)章程规定的存续期间届满或者章程规定的其他解散事由出现;(二)出资人或者设立人决定解散;(三)法律规定的其他情形。”上述解散情形一旦出现,非法人组织还要进行清算。《民法典》第 107 条规定:“非法人组织解散的,应当依法进行清算。”当然,清算的具体情况还要结合相关的单行法加以适用。非法人组织清算后还应依法办理注销登记,登记注销后,非法人组织消灭。

第四节　非法人组织的财产责任

非法人组织作为一类与自然人、法人并列的民事主体,在其合法存续期间,原则上以自己的相应财产承担责任,但因其毕竟不具有法人人格,《民法典》第 104 条规定:“非法人组织的财产不足以清偿债务的,其出资人或者设立人承担

---

① 参见王利明:《民法总则研究》(第 2 版),中国人民大学出版社 2012 年版,第 224 页。

无限责任。法律另有规定的,依照其规定。”非法人组织是依法成立的社会组织,但它不同于法人,尽管它有自己可以支配的财产,却不能独立承担民事责任,在其财产不足以清偿债务时,还需要由其出资人或者设立人承担无限责任。从该表述上看,债务承担是有一定顺序的:首先,要以非法人组织的财产清偿,《合伙企业法》第38条和《个人独资企业法》第31条都遵循了这样的规定。其次,如果非法人组织的财产不足以清偿债务的话,才由其出资人或者设立人承担无限责任。该无限责任是一种法定责任,即使出资人或者设立人约定由某一人承担全部债务责任的话,也只能是一种内部约定,对外不发生效力,不能对抗债权人。当然,法律如果另有规定的,要依照其规定。[①] 如《合伙企业法》第2条第3款规定:“有限合伙企业由普通合伙人和有限合伙人组成,普通合伙人对合伙企业债务承担无限连带责任,有限合伙人以其认缴的出资额为限对合伙企业债务承担责任。”其中,有限合伙人即承担有限责任。

① 参见张黎:《中国法上“家”的民事法律地位研究》,西南政法大学2020年博士学位论文。

第六章

民事权利

第一节　民事权利概述

一、民事权利的概念

与其他的权利概念不同，民事权利有着自身的特点：首先，民事权利是由民法所确认的一种权利，这表明它在法律依据、义务主体、权利内容及救济途径等方面不同于公法上的权利。其次，民事权利是由民事主体所享有的利益，强调对个人利益的确认。再次，除强调个人利益外，国家也可从维护社会整体利益出发对民事权利的内容作出某种必要的限制，从而在一定程度上使权利的内容体现社会利益的要求。最后，民事权利是一个动态的、变动的体系。① 综合以上特征，所谓民事权利是指法律为保障民事主体特定利益而提供法律之力的保护，是法律之力和特定利益的结合，是类型化了的利益。②

需要特别强调的是，《民法典·总则编》第五章对各种民事权利进行了列举，其中也包含了民事权利客体。与民事权利的概念不同，民事权利客体是一个与民事权利主体相对应的概念，是民事权利和民事义务共同指向的，在法律上可以被支配的对象。③ 如第115条规定了物权的客体“物”，第123条列举规

---

① 参见王利明、杨立新、王轶、程啸：《民法学》（第5版），法律出版社2017年版，第237页。

② 参见王利明：《民法总则》，中国人民大学出版社2017年版，第233页。

③ 参见王泽鉴：《民法总则》，北京大学出版社2009年版，第221页。

定了知识产权的各种客体等。[①] 简单列举如下,所有权的客体和用益物权的客体都是物;担保物权和继承权的客体既有物又有权利;债权的客体被称为给付,是债务人的行为。此外,值得强调的是,人本身不能成为权利客体,民法中的人身权的客体不是人身,而是与人身相关的利益。[②] 人身利益分为人格利益和身份利益,前者可以分为一般人格利益和个别人格利益,而后者则是以一定的社会关系为基础,比如基于婚姻和家庭关系等身份所取得的利益便属此类。

为何民事权利客体未能单独成章,而是要和民事权利放在同一章中呢?其实,在总则中对民事权利客体进行规定,是大陆法系民事立法的一个通例,早期的民事权利客体仅对物进行了规定,但随着人们对客观世界认识和控制能力的不断加强,能为人所支配的物质利益也在不断增多,因此,后来的民法典规定的权利客体也变得更加丰富,现在对民事权利客体规定最为详尽的当属《俄罗斯联邦民法典》。但20世纪60年代的《苏俄民法典》并没有规定民事权利客体,我国在20世纪60年代以后的民事立法受到苏联民事立法的影响,直到原《民法通则》的颁布,也不再单独规定民事权利客体,并似乎自此形成了一个惯例。在编纂民法典中,有学者曾提出民事权利客体独立成为一章的要求,但最后立法机关还是把民事权利和民事权利客体合在一起,这被部分学者认为是民法典编撰过程中比较遗憾的一件事情。[③]

二、民事权利的类型

我国《民法典·总则编》第五章是"民事权利",其中第109~111条规定了对人格权的保护;第112条强调了自然人享有身份权;第113~117条则主要涉及了对于物权保护的内容;而第118条是对债权及债权种类的规定,接下来的第119条到第122条则对合同之债、侵权之债、无因管理之债和不当得利之债分别进行了规定;第123条规定的是知识产权及其客体;第124条对自然人依

① 《民法典》第115条规定:"物包括不动产和动产。法律规定权利作为物权客体的,依照其规定。"第123条第2款规定:"知识产权是权利人依法就下列客体享有的专有的权利:(一)作品;(二)发明、实用新型、外观设计;(三)商标;(四)地理标志;(五)商业秘密;(六)集成电路布图设计;(七)植物新品种;(八)法律规定的其他客体。"

② 参见王泽鉴:《民法总则》,北京大学出版社2009年版,第196页。

③ 参见杨立新:《民法总则条文背后的故事与难题》,法律出版社2017年版,第270页。

法享有的继承权予以了确定；此外，总则编还对股权和其他投资性权利以及法律规定的其他民事权利和利益受民法典的保护进行了强调。鉴于各类民事权利在相应的分则部分还会再进行详细的讲解，因此，本部分仅作简单的介绍。

（一）人格权

《民法典》第109～111条是关于人格权的规定。所谓人格权，是指以主体依法固有的人格利益为客体，以维护和实现人格尊严、人身自由为目的的权利，包括生命权、健康权、身体权、肖像权、名称权、姓名权、荣誉权、名誉权、隐私权等权利。[①] 人格权是人身权的一种，具有专属性特征，除法律另有特别规定以外，一般不能转让、抛弃，也不能继承。这是人格权与其他权利的重要区别。根据权利客体的不同，人格权又可分为一般人格权和具体人格权。

《民法典》第109条是关于一般人格权的规定："自然人的人身自由、人格尊严受法律保护。"所谓一般人格权，是指具有高度概括性的，以人格尊严、人格平等、人身自由为内容的权利。《民法典》第109条在法律上确认了一般人格权，形成了对人格权进行保护的兜底条款，这既保持了人格权体系的开放性，为新型人格利益保护预留了空间，也为法官裁判提供了依据。不过，从该规定我们可以看出，一般人格权仅适用于自然人，但不适用于法人。

与一般人格权不同，具体人格权不仅可以包括自然人的人格权，也可以包括法人和非法人组织的人格权。《民法典》第110条第1款规定："自然人享有生命权、身体权、健康权、姓名权、肖像权、名誉权、荣誉权、隐私权、婚姻自主权等权利。"同时，第111条规定："自然人的个人信息受法律保护。任何组织和个人需要获取他人个人信息的，应当依法取得并确保信息安全，不得非法收集、使用、加工、传输他人个人信息，不得非法买卖、提供或者公开他人个人信息。"这些规定都是《民法典》对自然人人格权保护的体现。其中，对于隐私权的保护以及对个人信息保护的强调，凸显了时代精神和时代特征。《民法典》第110条第2款规定："法人、非法人组织享有名称权、名誉权和荣誉权。"表现出了《民法典》对于法人人格权利的保护。

（二）身份权

《民法典》第112条规定："自然人因婚姻家庭关系等产生的人身权利受法

---

① 参见王利明：《民法总则》，中国人民大学出版社2017年版，第233页。

律保护。”就是对身份权中亲属权的一种保护。所谓身份权，是指民事主体基于特定身份而依法享有的、以身份利益为客体的权利。[①] 不同于人格权强调保护人格尊严和自由，身份权更注重对基于一定身份关系所产生的利益进行维护。基于一定的身份所取得的利益是它的客体，简称为“身份利益”。身份利益和人格利益，两者一般可统称为“人身利益”。

（三）物权

《民法典》第114条规定：“民事主体依法享有物权。物权是权利人依法对特定的物享有直接支配和排他的权利，包括所有权、用益物权和担保物权。”物权本质上是一种体现了权利人对物直接支配的支配权，具有不可侵害性和排他性等特征。

物权的主体包括自然人、法人和非法人组织在内的特定权利人。《民法典》第113条规定：“民事主体的财产权利受法律平等保护。”该条确定了“财产权的平等保护原则”，这是在原《物权法》第4条的基础上，针对财产权保护的问题首次在法律上使用了“平等”二字，彰显了民事法律“私权平等”的价值取向，对财产权平等保护和维护社会主义基本经济制度具有重要作用。

物权的客体主要包括动产和不动产在内的特定的物，《民法典》第115条规定：“物包括不动产和动产。法律规定权利作为物权客体的，依照其规定。”值得注意的是，传统的物权客体主要是有体物，而一般作为物权客体的物除了需要有体之外，[②]还要求具有存在于人身之外、有确定的界限或范围、独立为一体、能满足人的某种利益需求、能够为主体所控制和支配等特征。[③] 但随着时代的发展，民法意义上的物的概念也在不断扩张，像电、热、声、光这类可为人力所支配的自然力，虽然“无形”，但也可以视为物，从而成为民事法律关系的客体。此外，《民法典》第345条规定：“建设用地使用权可以在土地的地表、地上或地下分别设立。”依此规定，“空间”在特殊情况下可成为物权的客体。

《民法典》第116条规定：“物权的种类和内容，由法律规定。”这被称为“物权法定原则”，包括物权种类法定和物权内容法定两个方面。该原则为大陆法

---

① 参见郭明瑞主编：《民法》（第3版），高等教育出版社2007年版，第156～157页。

② 《德国民法典》将物权限于有体物，大陆法系各国如日本等也沿袭了这一观念。

③ 参见梁慧星：《民法总论》（第5版），法律出版社2017年版，第152～153页；王建平主编：《民法学》，四川大学出版社2005年版，第70～71页。

系各国物权法普遍承认，对于确定物权、定分止争具有重要意义。

《民法典》第117条规定："为了公共利益的需要，依照法律规定的权限和程序征收、征用不动产或者动产的，应当给予公平、合理的补偿。"虽然征收和征用都是对私有产权进行合法限制的方式，但都必须基于社会公共利益需要，且必须要符合法定的程序，并依法作出公平合理的补偿。该条对于进一步保护私有财产具有较为积极的作用。

（四）债权

《民法典》第118条第1款规定："民事主体依法享有债权。"所谓债权，是指特定主体请求特定主体为一定行为或者不为一定行为的权利。[①] 从债权的定义我们可以看出，无论是请求的一方还是被请求的一方都是特定主体，债的关系仅在特定的当事人之间具有法律效力，这是债的相对性的体现。债权的客体是债务人的行为。

债的产生原因具有多样性，依据《民法典》第118条第2款的规定，债权的发生原因包括合同、侵权行为、无因管理、不当得利以及法律的其他规定。

1. 合同之债

《民法典》第119条规定："依法成立的合同，对当事人具有法律约束力。"合同是债权发生的重要原因，而且是基于当事人的意思而产生的债权，属于意定之债的范围。当事人须严格按照合同的约定履行，否则应承担法律责任。值得注意的是，"依法成立"是合同产生法律约束力的前提，如果合同不符合国家意志，该合同将可能被宣告无效或被撤销。

2. 侵权之债

《民法典》第120条规定："民事权益受到侵害的，被侵权人有权请求侵权人承担侵权责任。"侵害行为也称"侵权行为"，是指行为人对受害人实施的，对受害人的民事权益造成侵害的不法行为。除自己从事的加害行为外，它还包括在法律上应当承担责任的"准侵权行为"，如被监护人致人损害的侵权行为以及雇员的加害行为等。需要注意的是，《民法典》第120条使用了"民事权益"的表述，以凸显侵权法保护客体的开放性。

---

① 参见王利明：《民法总则》，中国人民大学出版社2017年版，第245页。

3. 无因管理之债

《民法典》第 121 条是关于无因管理制度的规定:“没有法定的或者约定的义务,为避免他人利益受损失而进行管理的人,有权请求受益人偿还由此支出的必要费用。”所谓无因管理,是指在没有法定或约定义务的前提下,为防止他人利益受损,而对他人事务进行管理的行为。构成无因管理,须具备以下条件:第一,没有法定或者约定的义务;第二,管理人具有为他人利益进行管理的意思;第三,行为人实施了管理他人事务的行为;第四,管理人不应违背本人明示或可得推知的意思进行管理。

4. 不当得利之债

《民法典》第 122 条对不当得利作出了规定:“因他人没有法律根据,取得不当利益,受损失的人有权请求其返还不当利益。”所谓不当得利,是指没有法律根据,取得不当利益,造成他人损失的情形。① 不当得利的成立要满足如下条件:第一,一方获得利益;第二,另一方遭受损害;第三,获利和损害间存在因果关系;第四,没有法律上的原因。不当得利的主要效力是在当事人之间产生返还义务即受损的一方有权请求获益人返还其所受领的利益。当然,在确定不当得利返还请求权的返还范围时,应对受益人主观上善意和恶意的情形作出区分,以利于平衡当事人之间的合法权益。

(五)知识产权

《民法典》第 123 条第 1 款规定:“民事主体依法享有知识产权。”知识产权,也称智慧财产所有权,是指民事主体基于其创造性智力成果和工商业标记依法产生的专有的民事权利的统称。② 虽然知识产权没能在民法典中独立成编,但该条规定已经宣示了其仍属于民事权利的范畴。此外,《民法典》第 123 条第 2 款对知识产权客体作出了规定:“知识产权是权利人依法就下列客体享有的专有的权利:(一)作品;(二)发明、实用新型、外观设计;(三)商标;(四)地理标志;(五)商业秘密;(六)集成电路布图设计;(七)植物新品种;(八)法律规定的其他客体。”从该条来看,其在规定知识产权的客体时,采用了具体列举与兜底

---

① 参见石宏主编:《中华人民共和国民法总则条文说明、立法理由及相关规定》,北京大学出版社 2017 年版,第 286 页。

② 参见杨立新:《民法总则条文背后的故事与难题》,法律出版社 2017 年版,第 309 页。

规定相结合的方式，扩大了知识产权范围的同时，也为将来新型知识产权保护预留了空间。

(六)继承权

《民法典》第124条规定："自然人依法享有继承权。自然人合法的私有财产，可以依法继承。"所谓继承权，是指继承人依照遗嘱或法律规定而取得被继承人财产的权利。广义上的继承权包括继承期待权和继承既得权两种。前者是指继承开始前，继承人所享有的依照遗嘱或法律规定而获得被继承人遗产的资格；后者是指继承开始后，继承人实际享有的可以依照遗嘱或法律规定而取得被继承人遗产的资格。① 继承权是一种兼具财产权和人身权双重属性的综合性权利。从实质上看，个人的财产继承权不过是被继承人财产所有权在其死后的延伸，保护个人的财产继承权也是对财产所有权的保护。

(七)股权和其他投资性权利

《民法典》第125条规定："民事主体依法享有股权和其他投资性权利。"该条对股权和其他投资性权利进行了规定。股权是指民事主体因投资公司成为公司股东而享有的权利，是成员权或社员权的一种；而其他投资性权利，是指民事主体通过各种投资而取得的权利②，如通过购买基金、保险等取得的权利。

(八)数据和网络虚拟财产

为适应时代需要，《民法典》第127条明确了对于数据和网络虚拟财产的保护："法律对数据、网络虚拟财产的保护有规定的，依照其规定。"对于数据和网络虚拟财产，《民法典》并未赋予"权"字来进行保护，但第127条的表述已经表明了《民法典》给予数据和网络虚拟财产以民事权利客体地位的事实。③ 该条在体现《民法典》时代性的同时，也为《数据安全法》等相关法律的颁布奠定了基础。

(九)其他民事权益

权益包括权利和利益，《民法典》第126条规定："民事主体享有法律规定的

① 参见史尚宽：《继承法论》，中国政法大学出版社2000年版，第92～93页。

② 参见石宏主编：《中华人民共和国民法总则条文说明、立法理由及相关规定》，北京大学出版社2017年版，第298页。

③ 参见陈甦主编：《民法总则评注》(下册)，法律出版社2017年版，第878页。

其他民事权利和利益。”实际上就是一个兜底性的条款，表明民事主体所享有的，除了《民法典·总则编》第五章所明确的这些民事权利之外，还包括民法典分编以及其他民事单行法等法律规定的其他民事权益。[①] 随着经济社会的发展，合法权益的范围不断变化，一些新型权益将不断出现，权益的兜底条款也就有了存在必要性。此兜底条款在保持了受法律保护的民事权益范围的开放性同时，也使民事权利的保护形成了完整的体系。[②] 通过这种开放性的规定，可以为法官审理没有明文法律规定的案件提供裁判依据。

第二节　民事权利的分类

一、人身权、财产权和综合性的权利

根据权利的内容和性质的不同，民事权利可分为人身权、财产权和综合性的权利。[③] 其中，人身权是指民事主体基于其人格或身份而依法享有的对其人格利益或身份利益的排他支配权。[④] 人身权是人格权和身份权的统称，一般具有专属性，尽管个别人格权的权能可以转让，但人身权作为整体是不能转让的，也不能抛弃和继承。而财产权是指以财产利益为直接内容的权利，可以由主体转让、抛弃，也可以继承。物权和债权均属于财产权利。至于所谓综合性的权利，是指由财产权和人身权结合所产生的一类权利。这些权利的特点表现在，其内容既包括人身利益又包括财产利益，其专属性并不十分强烈，典型的综合性权利主要包括知识产权、社员权、继承权等。[⑤]

二、支配权、请求权、抗辩权、形成权

这是以民事权利的作用为标准进行的分类。

---

① 参见王利明主编：《中华人民共和国民法总则详解》（上册），中国法制出版社 2017 年版，第 540 页。

② 参见王利明：《民法总则》，中国人民大学出版社 2017 年版，第 258～259 页。

③ 参见王利明、杨立新、王轶、程啸：《民法学》（第 5 版），法律出版社 2017 年版，第 130～131 页。

④ 参见郭明瑞主编：《民法》（第 3 版），高等教育出版社 2007 年版，第 154 页。

⑤ 参见王利明：《民法总则》，中国人民大学出版社 2017 年版，第 259～260 页。

（一）支配权

支配权是权利人可以直接支配权利客体并享有其利益的权利。[①] 物权是典型的支配权，并且以支配作为其主要的功能。除物权之外，知识产权、人格权、身份权在性质上也可以称为支配权，但是身份权只是对身份利益的支配，而不是对他人人身的直接支配。

支配权的客体是特定的，即特定化的财产和人身利益。支配权的权利主体也是特定的，但义务主体是不特定的，除权利人之外的任何人都负有不侵害支配权的义务。义务人只有不实施妨碍支配权实现的行为，才能使支配权得以实现。根据所支配的客体不同，支配权可以分为对物的支配权、对人身利益的支配权及对无形财产的支配权等多种类型。[②]

（二）请求权

请求权是指"要求他人作为或不作为之权利"。[③] 请求权在权利体系中居于枢纽的地位，权利的实现须借助请求权的行使，才可恢复其圆满状态。但与此同时，请求权也需要基于基础权利的存在，才有其存在的可能。不同于支配权，请求权不能对权利标的直接支配，只能对义务人作出请求。[④] 请求权具有请求性、合作性、非排他性以及平等性等特征。[⑤] 根据产生的基础关系，请求权可以分为债权请求权、物权请求权、占有保护请求权、人格权和身份权上的请求权以及知识产权法上的请求权等。需要强调的是，请求权与诉权不同，前者存在于平等主体之间，属于私权，而后者则存在于私人和国家之间，属于公权，两者性质不同，不得予以混淆。因此，即便请求权不存在或已消灭，仍然不妨碍诉权的存在。

（三）抗辩权

所谓抗辩权，是指能够阻止相对人所行使的请求权效力的权利。[⑥] 抗辩权

---

① 参见李建伟：《民法 60 讲》（第 11 版），人民法院出版社 2013 年版，第 13 页。

② 参见王利明：《民法总则》，中国人民大学出版社 2017 年版，第 260～269 页。

③ 《德国民法典》第 194 条第 1 款规定："要求他人作为或不作为的权利（请求权），因时效而消灭。"

④ 参见梁慧星：《民法总论》（第 5 版），法律出版社 2017 年版，第 73 页。

⑤ 请求性是指权利的作用表现为对特定人行为的请求，而非对特定标的物的直接支配；合作性指仅凭权利人意志不足以实现权利，尚需义务人相应的配合；非排他性是指在同一标的物上可成立数项内容相同的请求权；平等性是指同一标的物上的数项请求权理应相互平等。参见朱庆育：《民法总论》（第 2 版），北京大学出版社 2016 年版，第 515～516 页。

⑥ 参见张俊浩主编：《民法学原理》（上册）（修订第 3 版），中国政法大学出版社 2000 年版，第 74 页。

的功能乃是阻止请求权的行使，系请求权的“反对权”，所以，抗辩权的行使也必须以请求权的行使作为前提。《民法典》中规定的先履行抗辩权、不安抗辩权、同时履行抗辩权、先诉抗辩权以及诉讼时效抗辩权等均属于抗辩权在实体法中的体现。需要注意的是，实体法上的抗辩权不同于诉讼上的抗辩，所谓诉讼上的抗辩，是指被告用来防御和对抗原告主张的一切主张。[①] 包括权利障碍之抗辩和权利消灭之抗辩两类。前者如法律行为当事人无行为能力，合同内容违反法律强制性规定或合同不成立等情况；后者如清偿及代物清偿，权利不当行使或行使撤销权等情况。[②] 实体法上的抗辩权和诉讼上的抗辩，两者在适用与效力上都存在区别：诉讼上的抗辩可以由法官依职权审查，而实体法上的抗辩权由当事人自行决定是否行使，法官不得干预；诉讼上的抗辩足以使请求权消灭，但实体法上的抗辩权只是对已存在的请求权，产生一种对抗效力而已。[③]

（四）形成权

形成权也被称为能为权、变动权，是指依权利人单方意思表示，就能使既存的法律关系发生变化的权利，包括终止权、解除权、撤销权、抵销权、追认权、变更权、同意权等。[④] 依据产生原因，形成权可以分为法定形成权和约定形成权；根据行使的方式，形成权可以分为非通过诉讼而行使的形成权和通过诉讼而行使的形成权。形成权的行使必须遵循两项重要规则：一是形成权的行使不得附条件或附期限。二是形成权的行使不得撤销。[⑤] 此外，形成权必须合理行使，民法上关于权利不得滥用的一般原理对于形成权的行使也应当适用。形成权通常都具有一定的存续期间，学说上称为除斥期间。权利人如果超过了该期限仍未行使权利，则将会导致形成权的消灭。而且，与诉讼时效不同，除斥期间在性质上属于不变期间，一旦开始计算便不能中止、中断或延长。

---

① 参见张俊浩主编：《民法学原理》（上册）（修订第3版），中国政法大学出版社2000年版，第75页。

② 参见梁慧星：《民法总论》（第5版），法律出版社2017年版，第75页。

③ 参见李永军主编：《民法总论》，北京大学出版社2015年版，第75页。有学者将诉讼上的抗辩称为程序上的抗辩权，但综合多方学者的观点，并考虑到诉讼上的抗辩在行使时所表现出的法官可依职权主动审查的特点，因此笔者并未采用程序上的抗辩“权”这一概念，而是使用了传统的“诉讼上的抗辩”这一表述。

④ 参见李永军主编：《民法总论》，北京大学出版社2015年版，第47页。

⑤ 参见王利明：《民法总则》，中国人民大学出版社2017年版，第267页。

三、其他分类

(一)绝对权和相对权

根据义务主体是否特定以及权利的特点,权利可以分为绝对权和相对权。所谓绝对权,又称对世权,是指权利人的权利无须通过义务人实施一定的行为,即可以实现,并能对抗不特定人的权利。[①] 绝对权主要包括人格权、身份权、物权、继承权和知识产权。所谓相对权,又称对人权,是指其效力及于特定人的权利。[②] 债权是最典型的相对权。绝对权具有排他性,在绝对权遭受侵害的时候,权利人可以针对任何第三人提出主张和提起诉讼;但相对权只能针对特定人产生效力。随着民法的发展,绝对权和相对权逐渐呈现一种相互融合的趋势。

(二)既得权和期待权

根据权利成立要件是否全部实现,可将民事权利分为既得权与期待权。既得权是指实现条件已完全具备,权利人即可行使的权利,一般权利都是既得权。期待权是指其实现条件尚未完全具备,权利人尚不能行使,需要等一定条件具备时才可行使的权利,如附条件合同的权利人在条件成就前享有的权利即为期待权,只有在条件成就时权利人才可行使该权利。[③] 继承开始前,法定继承人享有的继承权,也属于期待权。区分既得权和期待权,有助于区别权利人是否实际取得某种权利,有助于区别权利的实现是否要以某种法律事实的实际发生作为前提,也有助于对救济的方法进行区别。[④]

(三)主权利和从权利

根据民事权利之间的主从关系,可以将民事权利分为主权利和从权利。主权利是指在相互关联的几项民事权利中,不依赖于其他权利而独立存在的权利,也称为独存权。从权利也被称为附属权,是指需以主权利为前提的权利,例如,在担保之债中,担保权是从权利,而被担保债权则是主权利。[⑤] 区分主权利与从权利,有助于确立不同的法律关系中的义务主体及其内容。

---

① 参见魏振瀛主编:《民法》(第4版),北京大学出版社、高等教育出版社2010年版,第39页。
② 参见郭明瑞主编:《民法》(第3版),高等教育出版社2007年版,第31页。
③ 参见郭明瑞主编:《民法》(第3版),高等教育出版社2007年版,第32页。
④ 参见王利明:《民法总则》,中国人民大学出版社2017年版,第269~270页。
⑤ 参见张俊浩主编:《民法学原理》(上册)(修订第3版),中国政法大学出版社2000年版,第77页。

第三节　民事权利的取得与行使

一、民事权利的取得

《民法典》第129条规定："民事权利可以依据民事法律行为、事实行为、法律规定的事件或者法律规定的其他方式取得。"此条的规范目的旨在概括性地阐明民事权利的取得。所谓民事权利的取得，是指民事主体依据法律赋予，或者依据合法的方式或根据，获得并享有民事权利。[①] 在学理上，民事权利的取得归为民事权利得丧变更，而引起民事权利得丧变更的原因称为法律事实。本条概括列举相应的法律事实，可与民事法律行为、事实行为等规范相呼应，体现了民法规范的体系化。值得强调的是，域外立法例并无这种规范，故而应属我国《民法总则》的独创。[②] 其中，依民事法律行为是取得民事权利最为主要的方式，如当事人通过买卖合同、赠与合同等方式而取得民事权利。[③] 除此之外，民事权利还可依"事实行为、法律规定的事件或者法律规定的其他方式"取得。例如，法定的优先权就是直接通过法律的规定而取得的权利，但绝大多数民事权利还是基于法律行为或其他法律事实而取得的。值得强调的是，法院的判决也是民事主体取得某些民事权利的方式之一。《民法典》第229条规定："因人民法院、仲裁机构的法律文书或者人民政府的征收决定等，导致物权设立、变更、转让或者消灭的，自法律文书或者征收决定等生效时发生效力。"对民事权利的取得而言，只要取得手段、条件合法，就会产生民事权利获得法律认可及保护的效力。因而，民事权利取得后的效果主要包括：发生或转让物权，建立债权关系，形成知识产权，确定人身权，派生救济权等。[④] 但无论采取何种方式，民事权利的取得都必须合法。

通常认为，民事权利的取得方式分为两种：原始取得与继受取得。[⑤] 所谓原

---

① 参见杨立新：《民法总则条文背后的故事与难题》，法律出版社2017年版，第328页。

② 参见陈甦主编：《民法总则评注》（下册），法律出版社2017年版，第129页。

③ 参见王利明：《民法总则》，中国人民大学出版社2017年版，第271页。

④ 参见王建平主编：《民法学》（上），四川大学出版社2005年版，第98页。

⑤ 参见苏号朋：《民法总论》，法律出版社2006年版，第82页。

始取得,是指不以他人已有的所有权和意志为根据,直接依照法律的规定,通过某种方式或行为取得所有权。[①] 取得的根据主要包括:添附、没收、劳动、孳息等。继受取得又称传来取得,它是指权利人通过某种法律事实,从原权利人处取得民事权利。[②] 这种方式是以原民事权利人对该项民事权利享有权利作为取得的前提条件。继受取得的方式主要包括买卖、继承、赠与、互易等形式。继受取得往往伴随着所有权的转移,这对原权利人而言,是所有权的灭失。[③]

在权利取得的过程中,也伴随着民事权利的变更和消灭。导致民事权利变更的事实主要包括两个方面:一是基于当事人的约定,如通过合同的履行,使当事人之间的债权债务关系发生变更;二是基于法律规定的原因。对于后一种情况,具体还可再细分为以下两种类型:一种是根据法律规定直接变更民事权利,另一种是还要通过诉讼程序来进一步实现民事权利的变更效果。[④]

关于民事权利的消灭,同样存在两类原因——绝对消灭和相对消灭。所谓绝对消灭,主要是指权利本身不复存在。发生此种消灭的情形主要包括:其一,因权利人抛弃导致的民事权利灭失,如权利人放弃担保物权、免除债务人的债务、抛弃其财产等;其二,因客体灭失使得民事权利消灭,例如,所有权因标的物的灭失而消灭,或者债权因清偿而消灭等;其三,具有除斥期间限制的权利,因超过除斥期间不行使而消灭。所谓的相对消灭,则是指权利本身并不消灭,只是在不同主体之间发生转移,于权利的移出方而言,属于消灭,但对于权利的移入方来说,则属于权利的取得。[⑤] 例如,权利人通过合同将其权利移转给他人,在一方丧失权利的同时,另一方取得该权利,但对原权利人而言即为所有权的消灭。除此之外,权利人死亡也是导致民事权利消灭的原因之一,如果权利主体死亡,一些由特定权利人所享有的权益,会因为没有主体承担而发生消灭,但其财产权则可由权利人的继承人予以继承。对于像著作权这样的一些特殊的权利,即便权利人已经死亡,但利益仍在一定期限内受到法律保护。

---

① 参见杨立新:《民法总则条文背后的故事与难题》,法律出版社 2017 年版,第 331 页。

② 参见杨立新:《民法总则条文背后的故事与难题》,法律出版社 2017 年版,第 332 页。

③ 参见王利明、杨立新、王轶、程啸:《民法学》(第 5 版),法律出版社 2017 年版,第 149 页。

④ 参见王利明:《民法总则》,中国人民大学出版社 2017 年版,第 272 ~ 273 页。

⑤ 参见朱庆育:《民法总论》(第 2 版),北京大学出版社 2016 年版,第 505 页。

二、民事权利的行使

民事权利行使,是指民事权利主体具体实施构成民事权利内容的行为,实现其受法律保护的合法民事权益。① 民事权利的行使要受到自愿原则、义务必须履行原则以及禁止权利滥用原则的约束。

《民法典》第130条规定:“民事主体按照自己的意愿依法行使民事权利,不受干涉。”这便是自愿原则在民事权利一章中的具体体现。依据这一规定,是否行使某种民事权利应由民事主体自行决定,任何个人和组织都不得对民事主体依法行使权利的行为进行非法干涉,即便该组织是政府机构也不例外。需要注意的是,民事主体虽然可以根据其意愿行使权利,但也要受到《民法典》第131条与第132条的限制,这三条之间,构成了完整的民事权利行使的规则体系。②

《民法典》第131条规定:“民事主体行使权利时,应当履行法律规定的和当事人约定的义务。”依据这一规定,权利人在行使权利时,必须履行其应尽的义务,具体包括履行法律规定的义务以及履行当事人约定的义务。

《民法典》第132条规定:“民事主体不得滥用民事权利损害国家利益、社会公共利益或者他人合法权益。”该条是对禁止权利滥用原则的确立。自由是有限度的,即便是民事权利也要在法律的限度内行使,“法无禁止”是行使“自由”的前提。滥用权利的行为不仅不能让行为人预期的法律效果发生,还会给他人的合法权益造成损害,进而承担法律责任。对此,《总则编解释》第3条第3款明确规定:“构成滥用民事权利的,人民法院应当认定该滥用行为不发生相应的法律效力。滥用民事权利造成损害的,依照民法典第七编等有关规定处理。”而关于“滥用民事权利”的认定问题,《总则编解释》第3条第1款和第2款分别作出了规定:“对于民法典第一百三十二条所称的滥用民事权利,人民法院可以根据权利行使的对象、目的、时间、方式、造成当事人之间利益失衡的程度等因素作出认定。行为人以损害国家利益、社会公共利益、他人合法权益为主要目的行使民事权利的,人民法院应当认定构成滥用民事权利。”

---

① 参见江平主编:《民法学》,中国政法大学出版社2000年版,第84页。

② 参见王利明主编:《中华人民共和国民法总则详解》(上册),中国法制出版社2017年版,第557页。

第四节 民事权利的保护

《民法典》对民事主体的民事权利应予以平等的保护。为使平等保护不流于形式,法律对于一些弱势的群体,如未成年人、老年人、残疾人等,有必要进行特殊的照顾。对此,《民法典》第 128 条规定:“法律对未成年人、老年人、残疾人、妇女、消费者等的民事权利保护有特别规定的,依照其规定。”在《民法典》颁布之前,我国已经制定了《未成年人保护法》《老年人权益保障法》《残疾人保障法》《妇女权益保障法》《消费者权益保护法》等多部保障特殊群体权益的法律。《民法典》第 128 条虽然只是一条衔接性规定①,但该条宣告了这些法律中民法特别法条款的存在,有助于让民法体系得到进一步的完善。②

除了对民事权利保护的主体需要进行区别之外,民事权利的保护措施也存在区分的必要。根据性质的不同,民事权利的保护措施可以被分为私力救济和公力救济两种。所谓私力救济,又称为民事权利的自我保护,是指权利人自己采取各种合法手段来保护自己的权利不受侵犯。采取自我保护手段受到法律的严格限制,权利主体只能以法律许可的方式和在法律允许的限度内保护自己的权利。而所谓的公力救济,又称为民事权利的国家保护,是指权利受到侵犯时,由国家机关给予保护。③

这两种保护方法,就其发展过程而言,私力救济应该在公力救济之前。在人类社会发展初期,国家组织尚不健全,加之信息传播不畅,难以实现较为及时的国家保护,因此,只能以私力的方式对权利进行救济。随着社会的发展,国家组织日益完善,信息传递能力的加强,公力救济才逐渐发挥出更为主要的作用。在法治社会,应当对私力救济予以适当的抑制,以防止不必要的暴力冲突,进而维护社会秩序的稳定。但若将私力救济予以绝对的禁止,也不利于权利的保护。所以,各国的法律都在坚持以公力救济为原则的同时,允许一定程度上的

---

① 参见石宏主编:《中华人民共和国民法总则条文说明、立法理由及相关规定》,北京大学出版社 2017 年版,第 311 页。

② 参见杨立新:《民法总则条文背后的故事与难题》,法律出版社 2017 年版,第 326 ~ 327 页。

③ 参见王利明:《民法总则》,中国人民大学出版社 2017 年版,第 277 ~ 278 页。

私力救济存在。例如,《民法典》第 181 条、第 182 条就对正当防卫和紧急避险这两种私力救济的方式进行规定。这部分内容会在“民事责任”部分做进一步的介绍。

此外,需要强调的是,《民法典》第 1177 条对自助行为作出了规定。所谓自助行为,是指权利人为了保护自己的合法权益,在情况紧迫而又不能获得国家机关及时救助的情况下,对他人的财产或自由在保护自己合法权益的必要范围内采取扣押、拘束或者其他相应措施,而为法律或社会公德所认可的行为。[①] 需要注意的是,自助行为的行使应以保护请求权所需的必要程度为限。对于自助行为超过必要限度,给债务人造成的损害,应当由行为人承担民事责任。

公力救济最为典型的形式就是权利人通过诉讼的方式,请求人民法院对权利予以国家保护。由于民事权利的种类不同,受到侵害的方式不同,因而当事人提起诉讼请求保护的目的和要求也不同。一般来说,当事人提起的民事诉讼请求可以分为确认之诉、给付之诉和形成之诉三类:所谓确认之诉,是请求人民法院确认某种法律关系是否存在的诉讼。确认之诉的对象主要是支配权,请求确认的权利主要也是绝对权,包括物权、知识产权、人身权等。至于相对权发生纠纷如合同债权,一般是通过给付之诉来解决的。给付之诉,则是请求人民法院责令对方作出某种行为,以实现自己的权利如请求交付财产、偿付违约金和赔偿金等。给付之诉针对的主要是请求权,因此,当事人提起给付之诉必须要以请求权为基础。至于形成之诉,则是请求人民法院通过判决变更现有的某种民事权利义务、形成某种新的民事权利义务的诉讼。形成之诉主要针对的是形成权,只要有形成权存在,通过形成之诉使形成权实现,就可以导致法律关系发生、变更和消灭。

此处要强调的是,尽管在权利人的权利受到侵害以后,是否提起诉讼,可以由权利人依法自行决定。但是,对于一些涉及国家和社会利益的民事争议,国家有关机关也应依法予以干预。

---

① 参见杨立新:《中华人民共和国民法典条文要义》,中国法制出版社 2020 年版,第 853 页。

第七章

民事法律行为

第一节　民事法律行为概述

一、法律行为概念的来源与含义

（一）法律行为概念的来源

罗马法并没有“法律行为”这一概念。它的兴起应是德国潘德克顿学派的产物。在德国启蒙时期，法学家丹尼尔·奈特尔布莱特在1748年的著作中借用过拉丁文“actus iuridus（法律行为）”和“delarato voluntatis（自愿表示）”表示自愿追求法律效果的行为。他将“actus iuridus”定义为“设定权利和义务的行为”。①

一般认为，“法律行为”一词是历史法学派的创始人之一胡果最早使用的。在1805年《日耳曼的普通法》一书中他使用了“Rechtgeschaeft”一词代替罗马法中的negozio giuridico（适法行为）。但是，“法律行为”一词真正的创始人应是海泽，他在1807年的《供学说汇纂讲授之用的普通民法体系纲要》一书中使用了“Rechtgeschaeft”一词，该书详细讲述了法律行为的意义、类型和构成要件，海泽第一次揭示了法律行为的基本属性是意思表示。之后，萨维尼在《现代罗马法体系》第3卷将法律行为理论进一步精致化，将海泽揭示法律行为本质为意思表示的理论作出了重要的发展。此时，法律行为理论基本成形。

立法上，1794年《普鲁士普通邦法》规定了“行为”但并不是“法律行为”，同

---

① 参见［德］茨威格特、克茨：《比较法总论》，潘汉典等译，法律出版社2003年版，第3页。

时采取了“意思表示”的概念。1863年《萨克森王国民法典》采用了“法律行为”概念，并且在该法第88条规定“如某行为与法律要求相符，旨在设定、废止、变更法律关系的意思表示，即为法律行为”。1900年《德国民法典》在其总则第三章规定了法律行为制度，共计59个条文。众所周知，潘德克顿体系的主要特征在于前置总则之体例，法律行为理论为总则之核心。法律行为概念在德国法体系中的地位极其重要的主要原因在于：第一，法律行为制度贯穿于整个民法典物权编、债权编、婚姻家庭编以及继承编，属于民法总则提取公因式的典型条款，成为民法总则的核心内容，可以说无法律行为制度无民法总则；第二，意思自治是民法的基本理念，民事主体通过法律行为来实现意思自治。民法调整社会关系最基本的方法是法律授权当事人创造、决定自己与他人的权利义务关系，法律确定一个框架的边界，在框架内的行为都是合法的。那么，当事人通过自己的意思创造和决定法律关系即是意思自治，意思自治是民法的理念，这种意思自治必须要有一种有效的手段，这就是法律行为。在法律行为制度中，抽象出法律行为概念，从而能实现民法各种自治行为体系的科学整合。

（二）法律行为的含义

对于法律行为，萨维尼的定义是：“行为人创设其意欲的法律关系而从事的意思表示行为，称法律行为。”温德赛的定义是：“法律行为旨在法律效力创立的私人意思宣告。”拉伦茨和沃尔夫认为，法律行为是指，“以发生私法上的效果为目的的，促成私法关系变动的单个人或者多数人的单个或多个内在关联的行为。这些行为的目的是追求发生私法上的效果，改变或者引起具体的法律关系。”[①]我国台湾地区学者史尚宽指出：“法律行为者，以意思表示为要素，法律因意思之表示，而使发生法律上之效力的私法上法律要件也。”[②]郑玉波认为：“法律行为者，乃欲发生私法上效果的意思表示为要素之一的法律事实也。”[③]

由上述学者的观点可以看出，法律行为定义的关键在于对法律行为与意思表示的关系的看法。我国学者对法律行为定义争议不大，一般认为，法律行为，是指当事人通过意思表示获得相应法律效果的行为。法律行为是意思自治的

---

① 参见朱庆育：《民法总论》（第2版），北京大学出版社2016年版，第77~79页。

② 参见史尚宽：《民法总论》，中国政法大学出版社2000年版，第266页。

③ 参见郑玉波：《民法总则》，中国政法大学出版社2003年版，第211页。

表现形式,其属于民法中的基本概念,当前,其他部门法中使用“法律行为”一词,应属于借用概念。例如,行政法律行为中的“法律行为”即属于借用概念,其意义同民事法律行为之“法律行为”意义不能等同。因此,民事法律行为中的定语“民事”可以省略,即法律行为其实就是我国民法中的民事法律行为。

我国1986年《民法通则》第54条规定:“民事法律行为是公民或者法人设立、变更、终止民事权利和民事义务的合法行为。”原《民法通则》在“法律行为”定义之前加上了“民事”二字,又由于对民事法律行为是“合法行为”的限制,原《民法通则》创造了“民事行为”这一上位概念,即民事行为分为“民事法律行为”“无效民事行为”“可撤销民事行为”“效力待定民事行为”。原《民法通则》的立法定义的一个严重的错误在于民事法律行为定义中缺少了意思表示要素,另一个不正确之处是将法律行为强加了合法性要件。《民法典》第133条规定:“民事法律行为是民事主体通过意思表示设立、变更、终止民事法律关系的行为。”作为法律行为的意思表示,是行为人内心生成的,旨在发生某种民法上权利义务关系的效果,即法律行为是民事主体通过意思表示自由地选择、是民事主体自主地决定私权关系的行为。因此,意思表示应当是法律行为的核心要素。《民法典》放弃了原《民法通则》中民事法律行为是“合法行为”的限制,明确了不能先验地将法律行为限定为“合法行为”,同时取消了“民事行为”概念的使用,直接使用“无效、可撤销以及效力待定的民事法律行为”是符合逻辑的。

二、民事法律行为与周边概念的比较

(一)民事法律行为与情谊行为

情谊行为,通常被称为是好意施惠,是指仅具有社交意义,按一般社会观念看,当事人在“表示”中不具有发生法律效果的意思。例如,请客吃饭、提醒下车、好意搭车均是一种约定,但无人会以合同关系对待,相互间也不会因约定受约束,通常仅仅会影响情谊关系。与情谊行为不同,民事法律行为是能够产生法律效果的行为。

情谊行为本身不是合同行为,与无偿合同是有本质区别的,本身不会发生法律效果。但是情谊行为有可能会构成侵权产生侵权责任,同时因为情谊行为是好意的,具有无偿性,所以,基于情谊行为而构成侵权时,在损害赔偿中会减轻责任,如《民法典》第1217条的相关规定。

(二)民事法律行为与事实行为

事实行为是指没有意思表示,而由法律直接规定特定行为的法律效果的行为,如拆除建筑物、无因管理行为、拾得遗失物、创作作品等事实行为。

民事法律行为与事实行为都可以产生法律效果,二者不同之处在于,民事法律行为的法律效果是根据行为人意思表示而发生,事实行为的法律效果是法律直接规定的而与行为人意思无关。事实行为不是表意行为,不以意思表示为要素,因此事实行为的法律效果不受行为能力的限制,其不适用行为能力规则。

(三)民事法律行为与准法律行为

准法律行为,是指有表示行为,但行为的法律效果不是由当事人设定,而是由法律直接规定。属于准法律行为的有:

第一,意思通知。行为人将包含特定目的之意思向相对人表达。例如,《民法典》第145条第2款、第171条第2款以及第563条第3项有关催告权的规定,行为人只是享有催告权,此类情形下,当事人的意思通知中虽含有特定目的,但法律效果并非来自行为人的目的意思,而是来自法律的直接规定。

第二,事实通知。行为人所表达的,非其行为目的,而是某种事实。例如,《民法典》第546条债权让与通知,债权人通知债务人转让债权只是通知这一事实,但法律规定通知债务人债权让与对债务人生效。

第三,情感宽恕。对受赠人忘恩负义行为的宽恕也属于准法律行为。

民事法律行为与准法律行为都是表示行为,它们的区别在于,民事法律行为效果的实现取决于行为人意思,是行为人自主设定;而准法律行为之法律效果是法律直接规定而非当事人预设。

三、民事法律行为的分类

(一)单方民事法律行为与多方民事法律行为

这是以民事法律行为所包含意思表示的个数为标准进行的分类。我国《民法典》第134条按此标准将民事法律行为分为单方民事法律行为、双方民事法律行为、多方民事法律行为和决议行为四类。

1. 单方民事法律行为

单方民事法律行为，是指只需要一项意思表示就可成立的民事法律行为。根据单方意思表示是否需要受领，又可将其分为需要受领和不需要受领这两类单方民事法律行为。如果意思表示需要受领，需要到达受领人时该意思表示方能生效，如撤销权、解除权等形成权之行使；如果意思表示不需要受领，就不存在意思表示的送达，该意思表示作出即生效，如悬赏广告等行为。

单方民事法律行为中的一项意思表示并不限于一人作出，也可能是数人共同作出。例如，数人共同作为一方合同当事人，在行使解除权时，需要共同向对方当事人发出一项意思表示。

2. 双方民事法律行为

双方民事法律行为，是指需要有两项意思表示一致方可成立的民事法律行为。双方民事法律行为就是通常意义上的"合同"，也有国家或地区称为"契约"。相比之下，"契约"概念的使用具有学术性，我国实证法上则称为"合同"。两种称谓只是用语习惯不同，再无其他区别。双方民事法律行为的当事人可以是两个，也可以是多个，但是多个当事人是"对立方"，即无论每一方人数多少，却仅能形成两个意思表示。

3. 多方民事法律行为

多方民事法律行为，是指必须两个以上的意思表示才能成立的民事法律行为。多方民事法律行为称为"共同行为"更为准确，即多方民事法律行为是因当事人多个方向相同的意思表示趋于一致而形成的法律行为，因为其特征为多个意思表示的平行一致，所以也是一种"合同行为"，但此种多方法律行为的"合同"区别于一般双方民事法律行为的"合同"。例如，公司发起人股东的协议、合伙协议等，属于多方民事法律行为。

4. 决议行为

决议是指多人有意思表示，但不需要所有的意思表示一致，可以遵循多数决规则即可成立的民事法律行为。决议行为也可以理解为是特殊的多方民事法律行为。例如，公司股东会决议或董事会决议通常不实行全票制，而是实行多数表决制。关于决议是否属于法律行为是值得探讨的，李永军老师作了相应的分析。[1]

这种分类的意义主要在于两方面：第一，不同法律行为成立要件有区别。单方民事法律行为仅有一个意思表示就可成立；双方民事法律行为必须是合同的"对立方"意思表示一致方可成立，即存在"对立方"意思表示，而且需要意思表示一致法律行为方能成立；多方民事法律行为是多个意思表示一致才能成立，但与双方民事法律行为区别在于，多方意思表示的多方当事人并不是"对立面"，而且多方意思表示的方向相同，而非相反；在决议中，并不要求多个意思表示完全重合，通常经过多数意思一致即可通过决议。第二，法律行为的效力有区别。从效力上说，单方民事法律行为仅是为了给他人设权（如悬赏）或是为了行使法定权利的行为（如形成权之行使），而且，对于许多单方民事法律行为法律上设有限制，例如，追认或撤销等形成权之行使是不得附条件或期限；双方法律行为（合同）遵循意思自治，必须是当事人意思表示一致成立，并且其权利义务原则上仅在双方当事人内部具有效力。因此，民法的一条基本规则是：双方当事人的约定不得对抗善意第三人。至于多方法律行为和决议行为，该法律行为仅在内部有效，而且通常不会因其中一个意思表示有瑕疵或者无效影响整个法律行为的效力，例如，合伙协议（多方民事法律行为）以及股东会决议一经作出，对全体合伙人以及股东都是有效的，而且在公司股东会决议中，少数反对决议的人也应受决议约束。

（二）财产行为与身份行为

这是以民事法律行为效果意思进行的分类。财产行为是以发生财产上的效果为目的的民事法律行为，如买卖合同当事人负担了财产性的给付义务，抛弃个人所有之物产生所有权消灭的法律效果等。身份行为则是以发生身份上的效果为目的的民事法律行为，如结婚、离婚、收养行为等。另外，我国学者有主张广义的身份行为观点，认为身份行为除了亲属行为之外，还包括以身份为基础的财产关系，如夫妻约定之契约、遗嘱等都认为是身份行为。[2] 我国《民法典·总则编》中提取公因式的法律行为制度是以财产行为为基准的，身份行为

---

① 李永军老师认为，《民法总则》第134条第2款规定的法人、非法人组织依照章程规定的议事方式和表决程序作出决议，最多是一个"准法律行为"。参见李永军：《民法总则》，中国法制出版社2018年版，第577页。

② 参见张俊浩主编：《民法学原理》（修订第3版），中国政法大学出版社1991年版，第239页。

是由特别法加以规定的。本书认为,《民法典·总则编》虽未对身份行为予以明确规定,但理论上应承认身份行为是民事法律行为,进入《民法典》时代,身份关系的行为特别法未规定的,应适用《民法典·总则编》中的民事法律行为制度。例如,关于婚约的性质,学者也有争议,有人认为是法律行为,有人认为婚约仅仅是双方表示相互同意的一种事实行为。[①] 应当认为,婚约是双方民事法律行为,因为它符合民事法律行为的要件,但效力方面存在问题。在我国,法律不承认婚约具有强制力。因为,如果承认婚约可以强制执行,则会与《民法典》结婚自由的宗旨相悖。

人与人之间在实际生活中的关系可以分为财产关系和身份关系两类。民法中区分财产行为和身份行为的意义在于,和财产行为相比,身份行为中民法的意思自治原则是受到限制的,例如夫妻关系不可以通过合同来约定产生,近亲属关系也不可以通过合同关系而终止;此外,以身份为基础的权利通常不具有支配性,并且不可以自由转让。

(三)无偿行为与有偿行为

这是以取得权利是否需要承担对待给付义务为标准进行的分类,此种分类是财产行为的亚类型。无偿行为是指一方取得权利并无对待给付义务的民事法律行为,如赠与、借用等;有偿行为是指一方取得权利需要承担对待给付义务的民事法律行为,如买卖、租赁等。

区分无偿法律行为与有偿法律行为的主要意义在于:第一,债务人所负的注意义务不同。在无偿法律行为中,债务人只负故意和重大过失责任;在有偿法律行为中,债务人对于轻过失也应负责任。第二,无偿法律行为中,债务人通常不负瑕疵担保责任(包含权利瑕疵和质量瑕疵),但在有偿法律行为中,法律无特别规定时,则适用买卖合同的规定。

(四)要式法律行为与不要式法律行为

这是以法律行为是否需要具备特定的形式为标准进行分类。古代民法,法律行为以要式为原则。但近现代民法,因为私法自治的原因,民法上的法律行为以形式自由的不要式法律行为为常态,而以形式强制的要式法律行为为例外。即除法律有特别规定的以外,法律行为成立不需要特定形式,只有法律规

---

① 参见[德]卡尔·拉伦茨:《德国民法通论》,王晓晔等译,法律出版社2003年版,第434~435页。

定要求特定形式的,才是要式法律行为,如民法对房屋买卖、保证合同要求采用书面形式属于要式法律行为。至于当事人自由约定某种法律行为的形式,则是基于意思自治必须遵守,但仍属于不要式法律行为的性质。我国现行法中,财产行为以不要式为原则,要式为例外;身份行为则以要式为原则,如遗嘱、结婚、离婚、收养等皆为要式法律行为。要式法律行为的法定必要形式包括书面形式、登记形式以及公证形式等。

区分要式法律行为与不要式法律行为的意义在于对法律行为的效果说明。而欠缺必要形式的法律行为到底是不成立还是不生效?当前有成立要件说、生效要件说和证据效力说三种学说观点。[①] 我国现行法律规定中,要式法律行为不具备特定形式的,则法律行为的后果并不统一。例如,依据《民法典》第490条的规定,未履行特定形式的,原则上合同不成立。但是仍存在补正的可能,当事人可以通过履行合同主要义务而使合同成立;依据《民法典》第707条的规定,租期为6个月以上的租赁合同未采用书面形式,无法确定租赁期限的,视为不定期租赁;依据《民法典》第1105条的规定,未采用登记形式的收养,收养不成立。

(五)负担行为与处分行为

负担行为与处分行为是财产法律行为的亚类型。负担行为是指使一方相对于他方承担给付义务的法律行为。一般指的是所谓的债权行为。负担行为通常以合同行为表现出来,但也可以通过少数单方法律行为进行负担行为,如悬赏广告、捐助行为、遗赠等;处分行为是直接使权利发生变动的法律行为,是支配权行使的表现方式,如动产的交付行为直接转移所有权,抛弃自己之物的行为所有权消灭。可以认为,处分行为一般指的是物权变动行为。

负担行为与处分行为并不都是相伴而生,二者的关系有三种情形:第一,仅存在负担行为而无处分行为之情形,如无偿保管或者无偿借用他人之物当中并不存在处分权利。第二,仅存在处分行为而无负担行为之情形,如抛弃所有权最为典型。第三,负担行为与处分行为并存之情形,此种情形为常态,如买卖、租赁、赠与、有偿保管等。

财产法律行为区分为负担行为与处分行为,我国台湾地区学者王泽鉴形象

① 参见王洪:《合同形式欠缺与履行治愈论——兼评〈合同法〉第36条之规定》,载《现代法学》2005年第3期。

喻之为“民法学上的任督二脉”。[1] 区分负担行为和处分行为通过以下两个标准:第一,两种行为产生的法律效果不同。负担行为旨在产生债权债务关系,而不是引起物权变动;处分行为则旨在产生物权变动的法律效果。第二,是否要求具备处分权要件不同。负担行为的成立,行为人只是负担给付义务而不直接变动权利,故无须处分权要件,或者说负担行为成立只是为对方创设了请求权,产生请求为给付的债权。因债权具有平等性则意味着负担行为具有兼容性,因此,一物数卖的多重买卖合同(负担行为)可以同时有效;处分行为当然须以处分权为要件,倘若行为人无处分权而进行处分行为,处分行为效力待定。例如,无处分权人处分他人之物,原则上处分行为效力待定,有待于所有权人的追认或同意,所有权人追认或无处分权人事后取得处分权,则处分有效,引起物权变动,否则处分行为未生效,不发生物权变动。至于无处分权人处分他人之物,第三人构成善意取得则应属于无权处分行为的例外情形。我们必须明确的是,无处分权人处分他人之物,处分行为效力待定,但是负担行为(债权合同)的效力不应受处分权要件的影响,是可以有效的。因此,曾经的争议法条原《合同法》第 51 条在此次《民法典》中消失了其实是不必要的,该法条完全可以基于负担行为与处分行为区分理论进行重新构造来使用。我国立法者或许是出于在我国法律中处分行为的概念尚并不明晰的考虑而将此条删除。

以一个有效的买卖合同为例,进一步来解释说明负担行为与处分行为的区别。买卖合同有效成立,买卖双方只是相互负担了给付义务,卖方负担了给付所卖之物并转移所有权给买方的义务,买方负担了给付价款给卖方之义务,因此,买卖合同的订立只是一种负担行为(给付义务)的发生。而当卖方将动产交付或者将不动产登记过户给买方则双方买卖之物的所有权发生转移,此时引起物权变动的行为即为处分行为。当然买方付款给卖方也是处分行为。买卖双方交易合意达成,则债权发生,而买方取得物权是以公示(动产的交付或不动产的登记)完成之时,卖方取得价款所有权是以买方付款完毕之时。因此,可以理解为,买卖合同中,负担行为(债权行为)和所卖之物的物权变动以及价款所有权转移(处分行为)是两个时间点,二者的生效应予以区分。现实生活中的一物数卖或者出卖他人之物以及出卖未来之物的买卖合同皆可以有效,其原因在于

---

① 参见王泽鉴:《民法总则》,北京大学出版社 2014 年版,第 243 页。

买卖合同行为是负担行为。所以,一物数卖或者出卖他人之物以及未来之物,仅是卖方为自己设定了负担给付义务,若卖方无法履行自己所负担的给付义务,则会构成违约并因此承担违约责任。

通过分析买卖合同的例子能够发现,区分负担行为与处分行为的意义在于,首先,有利于对交易过程的理解。一笔买卖交易,当事人之间订立了买卖合同,双方当事人相互之间负担了给付义务同时相互取得了给付请求权,当事人进行处分行为时即实现了债的清偿,同时也完成了物权变动。其次,区分负担行为与处分行为是构建物权变动公示公信原则的基础。负担行为的成立只是在当事人之间产生了给付请求权,而请求权是相对性权利,与他人无关,故不需要公示。因为处分行为引起物权变动,物权归属发生改变,而物权具有对抗他人的效力,所以必须公示让他人知晓。梅迪库斯指出:公示原则仅适用于物权法。① 物权的变动绝大多数是基于法律行为(合同)引起的,也就是说,物权与债权密切相关,物权变动的公示公信原则是负担行为(债权行为)与处分行为(物权行为)区分后的必然要求。

通说认为,我国现行民事立法中未认可负担行为与处分行为,但司法实践中已经运用了区分负担行为和处分行为的相应理论。

(六)要因法律行为与不要因法律行为

要因法律行为与不要因法律行为是财产法律行为的亚类型。这是以法律行为与其原因的关系为标准进行的分类。此处所谓的"原因",学理上的观点基本一致,即是指交易的直接目的。应该说,同类交易中目的是相同的,如买卖合同中,卖方就是为了得到价款,买方为了得到货物,至于双方各自交易的动机则是各种各样的。因此要分清法律行为的"原因"指的是交易目的而不是交易动机。要因行为是指,法律行为以原因为成立要件而与原因不可分离。例如,负担行为多为要因行为。不要因法律行为是指,原因是有的,但是原因与法律行为效力无关。不要因法律行为通常是人为切断原因与法律行为效力的关系。例如,票据行为是典型的不要因行为,其有助于发挥票据的流通功能。

区分要因法律行为和不要因法律行为的意义在于,要因法律行为如果原因

① 参见[德]迪特尔·梅迪库斯:《德国民法总论》,邵建东译,法律出版社2000年版,第169页。

不存在，则其行为归于无效；不要因法律行为虽然原因不存在，其行为仍然可以有效。

（七）主法律行为与从法律行为

把法律行为区分为主法律行为与从法律行为，这是以法律行为之间的相互依从关系为标准进行的分类。民法上的三对主从关系，例如主物与从物，主权利与从权利，主法律行为与从法律行为，这些主从关系有相似之处。主法律行为，是指不需要有其他民事法律行为而能够独立存在的民事法律行为；从法律行为，是指依赖于其他民事法律行为而存在的民事法律行为。

区分主法律行为与从法律行为的意义在于，从法律行为的成立和效力取决于主法律行为。主法律行为未成立，从法律行为无理由成立；主法律行为无效，则从法律行为不能生效。

第二节　意思表示

一、意思表示的概念及构成

（一）意思表示的概念

“意思表示”这个概念是由格劳秀斯使用的“诺言”一词演化而来。首次提出并阐述这一概念的是同时期的自然法学家克里斯蒂安·沃尔夫。此后，这一概念成为19世纪德国民法理论的基本概念。[①] 意思表示是民事法律行为的核心要素，在法律行为理论中，意思表示是最为基础的概念，理论上关于意思表示和法律行为的差别是有争议的。萨维尼认为，意思表示与法律行为是相同的概念。弗卢姆认为，在很多情况下，意思表示与法律行为是作为同义词使用的，虽然法律行为可能由一个意思表示组成，也可能由数个意思表示组成。另有德国学者认为，法律行为的概念和意思表示的概念并不是一回事，更准确地说，法律行为由一个或多个意思表示构成，后者引起一个特定的、符合法律制度预期的法律结果。[②]

① 参见沈达明、梁仁杰编著：《德意志法上的法律行为》，对外贸易教育出版社1992年版，第49页。

② 参见［德］本德·吕特斯、阿斯特丽德·施塔德勒：《德国民法总论》，于馨淼、张姝译，法律出版社2017年版，第154页。

按梅迪库斯的说法，法律行为和意思表示的区别是“微乎其微”。[①]《德国民法典》第3章是“法律行为”，在这一章里频繁使用了“意思表示”这一概念。《德国民法典》的《立法理由书》写道：“就常规而言，意思表示与法律行为为同义之表达方式。使用意思表示者，乃侧重于意思表示之本身过程，或者乃是某种法律行为事实构成之组成部分而已。”[②]我国《民法典·总则编》第六章是“民事法律行为”，“意思表示”在本章第二节专门作了规定，“意思表示”在本章其他各节中也是高频词语。

所谓意思表示，我国学者一般表述为：意思表示是行为人把进行某一民事法律行为的内心意愿，以一定的方式表达于外部的行为。[③] 可以认为，法律行为是在法律对意思表示作了某些调控和管制后赋予的另外一个称呼。因为法律行为是意思表示经过了法律的调整，所以二者并不完全等同，例如，在要式法律行为和要物法律行为中，当事人虽然有意思表示，但是未采取特定形式或未交付标的物的，则不成立法律行为。

（二）意思表示的构成

意思表示的构成很难理解。首先介绍两个相关的案例来进行分析。案例1，著名的特里尔葡萄酒拍卖案。[④] 案情为，K连续5年参加特里尔的一个葡萄酒拍卖会，其中将拍卖酒厂主W自己储藏的葡萄酒。当W正在拍卖一箱酒的时候，K发现了一个老朋友并向他挥手。在拍卖时，挥手意味着给出更高的购买价格要约，同时K在挥手之后没有再出现更高价格的要约，所以K中标。令人深思的是，即使K在挥手的时候没有想到他的行为可能被理解成做出购买要约，他也必须支付该箱酒的价格吗？案例2，教授甲举办学术讲座时，在礼堂外的张贴海报中公告其一部新著的书名及价格，告知有意购买者在门口签字簿上签名。学生乙未留意该公告，以为签字簿是为签到而设，遂在上面签名。乙的行为性质如何？是构成重大误解？还是甲的行为并非意思表示？

回答关于“葡萄酒拍卖案”和“教授售书学生签字购买案”的问题关键在

---

① 参见[德]迪特尔·梅迪库斯：《德国民法总论》，邵建东译，法律出版社2000年版，第191页。

② 参见[德]迪特尔·梅迪库斯：《德国民法总论》，邵建东译，法律出版社2000年版，第190页。

③ 参见佟柔主编：《民法总则》，中国人民公安大学出版社1990年版，第218页。

④ 参见[德]本德·吕特斯、阿斯特丽德·施塔德勒：《德国民法总论》，于馨淼、张姝译，法律出版社2017年版，第154页。

于,拍卖案中 K 的举手和学生在签字簿签字的行为是否构成意思表示。

意思表示是由意思和表示两部分组成。其中,“意思”是一种主观的内心状态。“表示”则是表达内心状态的外在行为。传统民法学思想上认为,完整的意思表示应具备客观要件表示行为和主观要件意思两个方面。

1. 意思表示的客观构成要件

表示行为,是指以一定的方式将行为人的意思外部化的行为。表示行为应当以社会上通用的语言、文字、动作为之。表示行为所使用的文字、语言含义不清时,则需要做意思表示的解释。依据《民法典》第 140 条的规定,法律有特别规定、当事人之间有特别约定或者符合当事人之间的交易习惯时方可以沉默为意思表示。

2. 意思表示的主观构成要件

(1)行为意思

行为意思是意思表示产生的基本条件,它是指表示行为是由行为人有意识地实现,即表示行为本身必须是由意识控制的。或者可以理解成行为意思是行为人有举动,同时是有意识状态下而为。无行为意思则无意思表示,因此在无意识行为的情况下(如被暴力强制在合同书上签字或者梦游状态发承诺要约的电子邮件等)是不存在行为意思的,因此不会成立意思表示。至于某人被恶意欺诈或者被胁迫以及重大误解的情形下签合同,尽管表意人非自愿为之,但他仍是有意识地举动,行为意思是存在的,只是因为意思表示不真实而属于可以撤销之情形。由此,上述拍卖案中的 K 和教授售书案中签字的学生所为都是具有行为意思的。

(2)表示意识

表示意识在于,行为人在做出举动时必须知道,通过自己的行为表达了某种“法律上重要的事情”并由此在“法律上受到约束”。例如,某人在签署合同要约时,认为他是在邀请他人参加生日宴会,因为他并不知道做了某种法律上重要的事情,那么该行为时就不具有表示意识。又如,某公司经理在其秘书拿来一份购买要约的信件上签了字,之后该信件被寄出,即使经理在签字时以为是一份劳动合同而并不知道是一份购买要约,则经理也是带有表示意识地签署了事实上的购买要约。因为经理签字时,他自己知道是在做法律上重要的事情,至于具体法律行为(购买要约或劳动合同)的错误,也不能否定其具有表示意识。

因此,上述拍卖案中的K应是具有行为意识的,因为K是连续5年参加葡萄酒拍卖会。这里K在没有事前特别说明的情况下可以相信,正如通常情况下,拍卖会上举手意味的是一个法律上的要约。但是可以看出教授售书案中的签字的学生应当是不具有表示意识。

(3)效果意思

又称为法效意思或者效力意思,这是行为人追求的私法上特定法律效果的意思。效果意思是法律上的意思,属于同一类行为的效果意思是相同的。例如,所有的买卖合同,无论是动产买卖还是不动产买卖,效果意思都是卖方取得金钱买方取得物权。再看上述两个案例中,K和签字学生都是不具有效果意思的,即做出相应举动时是不存在追求特定法律效果的意思。

古典的民法学思想下,意思表示的主观构成要件需要具备行为意思、表示意识和效果意思等。这种观点重在照顾表意人的意志(意思主义)而忽略了善意受领人的信赖利益的保护。即表意人主观上缺少了任何一个"意思"则意思表示不成立。

基于古典的民法学思想,上述两个案例中K和签字学生的行动均不构成意思表示,即法律行为不成立。继"特里尔葡萄酒拍卖案"之后,在德国学说发展中逐渐认为,一个被赋予物定符号的表示行为从受领人的角度去看能解读出表示行为是一种意思表示的话,则意思受领人的信赖利益是需要获得保护的(表示主义)。因此,有学说认为此拍卖案中可以先视为意思表示成立,然后让K为自己打招呼的错误行动予以撤销,因为K有错误,所以应承担对信赖相对人的损害赔偿责任,即K在拍卖会打招呼的行为按照可撤销的法律行为来处理。此种学说观点是通过信赖保护机制来平衡当事人之间的利益。随着民法学的发展,晚近以来一些法学家已经意识到传统意义上的意思表示主观构成要件(三个意思要件)必须同时具备存在的不足。

二、意思表示的类型

(一)有相对人的意思表示与无相对人的意思表示

这是根据意思表示应否向相对人表示为标准进行的分类。

有相对人的意思表示,是指表意人应当向相对人为意思表示。通常情形下，意思表示是有相对人的，例如，合同订立中的要约和承诺、解除合同、免除债务等。有相对人的意思表示根据相对人是否特定，又可分为对特定人的意思表示和对不特定相对人的意思表示。例如，承诺是典型的对特定相对人的意思表示，招生广告以及邮购广告则是对不特定相对人的意思表示。

无相对人的意思表示是指无须向相对人所为的意思表示，如遗嘱行为、抛弃自有之物的行为。需要注意的是并不是说单方法律行为就是无相对人的意思表示。例如，追认、撤销、抵销、免除这些单方法律行为就是有相对人的意思表示。

区分有相对人的意思表示和无相对人的意思表示的意义体现在两个方面：第一，意思表示生效时间不同。有相对人的意思表示必须于意思表示到达相对人时发生效力；无相对人的意思表示一般于意思表示完成时，立即生效。例如，《民法典》第 139 条规定："以公告方式作出的意思表示，公告发布时生效。"公告是无相对人的意思表示，生活中公告作废的票据，应当自公告之日即发生效力；抛弃自有之物于行为作出时立即生效。但是遗嘱这种死因行为仍是个例外。第二，意思表示的解释方法不同。依据《民法典》第 142 条的规定，有相对人的意思表示的解释是以文义解释为基本方法；无相对人意思表示的解释方法不是以文义解释为基本方法，法律特别提示不应拘泥于文义的解释方法，而是更着眼于探究表意人的真实意愿来解释意思表示。原因在于，有相对人的意思表示都是交易行为，而无相对人的意思表示多为非交易行为，对于交易行为的有相对人意思表示的解释是以维护交易安全为立法目的，而非交易行为则不然。

（二）对话的意思表示与非对话的意思表示

这是根据相对人是否可同步受领意思表示为标准对有相对人的意思表示进行的再分类。在有相对人的意思表示中，相对人可以同步受领意思表示的，为对话的意思表示，如口头缔约等；相对人不可同步受领意思表示的，为非对话的意思表示，如顺风车要约等。

区分对话的意思表示与非对话的意思表示的意义在于二者的生效时间不同。对话的意思表示应采取了解主义，是以相对人了解意思表示时生效。《民法典》第 137 条第 1 款规定："以对话方式作出的意思表示，相对人知道其内容时生效。"至于相对人是否知道，应依一般情形而定。若相对人故意掩耳不闻，亦不因此阻却其效力的发生。[1]

非对话的意思表示,情况较为复杂。其意思表示应在何时发生效力,主要有四种立法例:(1)表示主义,于表意人完成其表示行为时发生效力;(2)投邮主义,于意思表示离开表意人,如信件付邮时发生效力;(3)到达主义,于意思表示到达相对人的支配范围时生效;(4)了解主义,于相对人了解意思表示时发生效力。

关于非对话意思表示的生效时间,我国民事法律采取了到达主义,当事人对采用数据电文形式的意思表示的生效时间另有约定的除外。《民法典》第137条第2款规定:"以非对话方式作出的意思表示,到达相对人时生效。以非对话方式作出的采用数据电文形式的意思表示,相对人指定特定系统接收数据电文的,该数据电文进入该特定系统时生效;未指定特定系统的,相对人知道或者应当知道该数据电文进入其系统时生效。当事人对采用数据电文形式的意思表示的生效时间另有约定的,按照其约定。"

(三)明示的意思表示、默示的意思表示和沉默的意思表示

《民法典》第140条规定:"行为人可以明示或者默示作出意思表示。沉默只有在有法律规定、当事人约定或者符合当事人之间的交易习惯时,才可以视为意思表示。"这一规定表明,我国《民法典》采取意思表示形式多元化立场。

所谓明示的意思表示,是指行为人通过明确的语言(口头、书面、肢体)将自己内在的意思表示出来的表意形式。例如,在拍卖会上举牌亮价即是明示的意思表示。

所谓默示的意思表示,是指通过对特定行为间接推知行为人意思的表意形式。"特定行为"一般是指积极作为,例如,驾车进入收费停车场的行为属于默示的意思表示。《总则编解释》第18条明确了当事人实施的行为本身表明已经作出相应意思表示符合法律行为成立条件的,则属于实施法律行为。

所谓沉默,是指单纯的不作为。这种情形通常不具有意思表示的意义。只有符合《民法典》第140条第2款规定情形下方可适用,即只有在有法律规定、当事人约定或者符合当事人之间的交易习惯时,才可以视为意思表示。例如,《民法典》第1124条第2款规定:"受遗赠人应当在知道受遗赠后六十日内,作

---

[1] 参见郑玉波:《民法总则》,台北,三民书局1979年版,第262页。

出接受或者放弃受遗赠的表示；到期没有表示的，视为放弃受遗赠。”此处即为法律明确规定的以沉默方式作出了放弃遗赠的意思表示。

三、意思表示的撤回

意思表示的撤回，是指行为人作出的意思表示尚未生效时，表意人以撤回通知的方式撤回意思表示，从而使该意思表示不发生法律效力的行为。我国《民法典》第141条中仅规定了有相对人的意思表示撤回。

有相对人的意思表示实行撤回自由原则。原因在于有相对人的意思表示的生效时间采取到达主义，表意人作出意思表示之后，意思表示到达相对人之前，有“在途时间”，表意人有撤回的可能。表意人的撤回通知先于意思表示到达相对人的，表意人作出的意思表示尚未生效，则撤回当然有阻止意思表示生效的效力；撤回通知与意思表示同时到达相对人的，即表明表意人无意使该意思表示生效，相对人知道了意思表示被撤回，此时发生意思表示撤回的效果，亦无害于相对人利益。

无相对人的意思表示，通常意思表示作出即完成，而且立即生效，原则上不可以撤回。例如，投票表决行为或者票据作废公告一经作出即已生效，是不可能撤回的。但是也有例外情形，即无相对人的意思表示生效时间晚于表示完成之时，此种情形则有撤回的可能性。例如，遗嘱的撤回就是可能的，而且遗嘱人只能撤回遗嘱而不能将其撤销。

四、意思表示的解释

意思表示的解释，是指依照法律规定的原则和方法，阐明并确定当事人已为意思表示的正确含义。须注意的是，“补充解释”（意思表示的补充）不属于意思表示的解释，而是纯粹的填补空白。基于私法自治原则，除法律明文规定授权法官补充合同的情形外，不得对法律行为存在的情形作“补充解释”。现行法仅允许补充合同漏洞（《民法典》第510条），不允许对其他民事法律行为补充漏洞。

（一）意思表示解释的原则

当意思表示不明确、有歧义的，意思表示的解释实际上是法官的判断过程，那么法官做意思表示解释时，是按照表意人视角探究表意人真意？还是应该采用表意受领人视角对已有的意思表示做通常理解？是以内心意思还是以外部表示为根据？19 世纪的最后 25 年，以错误理论为导火索，德国学者就内心意思和外部表示各取一端，掀起意思主义与表示主义之争，论战涉及整个欧洲，绵延至今。①

1. 意思主义

意思主义，又称“意思说”，将意思表示的解释目标确定为表意人的内心意图。意思主义强调行为人仅对自身自由意志负责，体现了个人本位和自由主义的精神。按意思主义观点，行为人必须具有行为意思、表示意识以及效果意思等方可能成立意思表示，所以前文案例中的 K 举手和签字学生皆因不符合意思表示的主观构成要件不成立意思表示。意思主义下的意思表示解释方法是采取了表意人视角，它主要有两个缺点：第一，在有相对人的意思表示情形下，当事人之间通常是进行交易行为，如果以具备严格的意思表示主观构成要件来判定行为人意思表示成立与否，而忽略善意相对人信赖利益的保护，则会损害交易安全。第二，对行为人真意的探究是很难操作的。

2. 表示主义

表示主义，又称“表示说”，将意思表示解释的视角由表意人视角转为受领人视角。所谓受领人视角，指的是按受领人理解的表示意义来进行意思表示的解释。当然受领人的“理解”应指客观的、一般理性人的理解标准。表示主义更重视相对人的信赖利益保护。其优点在于保护了善意相对人的信赖利益，有利于维护交易的安全。但是缺点在于，表意人表示错误时可能会损害表意人的利益。

综上，意思主义和表示主义的解释都是各有优点和缺点的，因此意思表示解释的方法如果绝对坚持某一个原则都不完美，也许选择折中主义的办法可能更好。另外，只有涉及有相对人的意思表示的解释中意思主义和表示主义之争是有意义的。而对于无相对人的意思表示，因为通常不是进行交易活动，因此不需要考虑维护交易安全，所以采取意思主义进行意思表示解释是无可非议的。

---

① 参见朱庆育：《民法总论》（第 2 版），北京大学出版社 2016 年版，第 220 页。

（二）意思表示解释的方法

我国《民法典》第 142 条规定："有相对人的意思表示的解释，应当按照所使用的词句，结合相关条款、行为的性质和目的、习惯以及诚信原则，确定意思表示的含义。无相对人的意思表示的解释，不能完全拘泥于所使用的词句，而应当结合相关条款、行为的性质和目的、习惯以及诚信原则，确定行为人的真实意思。"依据该条的规定，意思表示的解释有如下方法：

1. 文义解释

文义解释，是意思表示解释的首要方法。文义解释，是一切解释的出发点。本条第 1 款对于有相对人的意思表示所称"按照所使用的词句"即是文义解释方法；本条第 2 款对于无相对人的意思表示"不能完全拘泥于所使用的词句"是指要采用文义解释，但不能只按文义解释。

2. 整体解释

整体解释，又称为体系解释。即在解释意思表示的某一项内容时，必须结合当事人的整个意思表示的全部内容进行解释。本条第 1 款和第 2 款中的"结合相关条款"，即指整体解释之意。

3. 目的解释

目的解释，是指以意思表示的目的为根据来解释意思表示的一种解释方法。目的解释应成为意思表示解释的最重要的方法之一，"当事人所欲达到之目的，实为决定意思表示内容的指南针"。[①] 目的解释是尊重当事人的真实意愿，维护私法自治原则的表现。在依文义解释不能确定意思表示内容的准确意思，运用体系解释方法又得出不同结论时，应采用最符合意思表示目的的结论。尤其是不同结论中存在意思表示有效和无效情形，应坚持"有效解释优先"规则。因为进行无效或无意义的行为，显然不符合行为人的目的。

另外，本条中所称"行为性质"也属于意思表示目的解释范畴。因为行为的性质是可以作为认定行为目的的依据，例如，行为人进行有偿行为和无偿行为时其目的是有区别的。

4. 习惯解释

习惯解释，是指意思表示中的文字词句有疑义时，参照当事人的习惯予以

① 史尚宽：《民法总论》，中国政法大学出版社 2000 年版，第 462 页。

解释。本条中的“习惯”,不是指习惯法,而是指事实上之习惯,其中包括交易习惯、风俗习惯等。意思表示解释中的习惯应是当事人双方共同遵守的习惯,而且习惯不能违反法律的强行性规范以及公序良俗。例如,合同法律行为的解释大多指向交易习惯,但是,像遗嘱、捐助这类单方法律行为的,一般不涉及交易习惯,而只涉及参考风俗习惯。

5. 诚实信用解释

诚实信用解释,是指意思表示的解释应当遵循诚实信用原则。诚实信用原则是民法的基本原则,法院或仲裁机构依照这一原则解释意思表示也是该原则的基本功能之一。上述其他解释方法的目的主要是探求当事人真意,诚实信用解释方法和作用在于平衡利益关系。一般情形下,不能首先采用诚实信用解释方法,这种方法应是在其他解释方法无果时采用,或者最后用来检验其他解释结果的方法。即无论采取何种解释方法,最后得出结论均不得违反诚实信用原则。

6. 多元解释方法综合运用

意思表示的各种解释方法,并非相互独立、相互排斥,对意思表示的解释,可以结合多种方法综合运用,以追求确定当事人意思为终极目标。

依据《民法典》第 142 条的规定,能够看出,《民法典》中刻意将有相对人的意思表示和无相对人的意思表示的解释方法做了区分。而且表明,对有相对人的意思表示的解释方法是坚持以表示主义为原则,意思主义为补充;对无相对人的意思表示的解释方法则并不突出表示主义的立场。另外,《民法典》中对两类意思表示的解释方法都是作出了综合运用多种解释方法的立法安排。

第三节 民事法律行为的成立与生效

一、民事法律行为成立与生效的区分

民事法律行为的成立与否是一个事实问题,其着眼点在于某一民事法律行为是否已经存在;民事法律行为的生效与否体现了民法对私法自治的限制,其着眼点在于民法对已成立的民事法律行为作出的价值判断,民事法律行为生效

是法律秩序对已成立的民事法律行为予以认可,而民事法律行为的无效是法律秩序对已经成立的民事法律行为予以否认。

《民法典》第136条第1款规定:"民事法律行为自成立时生效,但是法律另有规定或者当事人另有约定的除外。"这一规定表明,民事法律行为通常于成立之时,即发生法律效力,体现了法律秩序对私法自治的尊重。但是法律另有规定或者当事人另有约定的除外。例如,民事法律行为之附条件和附期限的附款约定属于当事人另有约定的情形,附生效条件的民事法律行为是先成立而不确定生效与否;附生效期限的民事法律行为则是先成立而后生效。此两种民事法律行为是当事人约定的特殊情形。另外,要式法律行为法律有特别规定的,其生效需要按照法律的规定。其实,民事法律行为的成立与生效并不能一律依时间顺序予以区分,二者之间主要涉及的是法律思维逻辑的先后,即如果民事法律行为未成立,则不存在生效与否。

《民法典·总则编》中的"民事法律行为"一章是基本制度,民事法律行为贯穿于整部法典,民事法律行为的类型是多元的,但是最基本的民事法律行为应是合同行为。《民法典》第502条第2款规定:"依照法律、行政法规的规定,合同应当办理批准等手续的,依照其规定。未办理批准等手续影响合同生效的,不影响合同中履行报批等义务条款以及相关条款的效力。应当办理申请批准等手续的当事人未履行义务的,对方可以请求其承担违反该义务的责任。"上述民事法律行为成立与生效的一般逻辑关系解释此种"待审批合同"的效力相对不容易。审判实践中关于待审批合同的处理规则可以参考2019年《九民纪要》第38条、第39条和第40条。

二、民事法律行为的成立要件

(一)民事法律行为的一般成立要件

我国台湾地区学者王泽鉴先生认为,法律行为的成立要件,可以分为一般成立要件与特别成立要件。前者是一切法律行为所共通的要件,即当事人、标的、意思表示;后者是个别法律行为特有的要件,如要式、要物等。[1] 我国台湾地区学者邱聪智先生的观点与王泽鉴先生的观点趋同。日本学者山本敬三认为,

① 参见王泽鉴:《民法概要》,中国政法大学出版社2003年版,第82页。

法律行为的一般成立要件是意思表示的存在,特殊要件是特殊形式的完成、物的交付。[①] 董安生先生认为,所谓法律行为的一般成立要件,是指一切法律行为依法成立所必不可少的共同条件。这一共同条件就是意思表示。[②] 本书认为,一般民事法律行为的成立要件即为意思表示成立。因为意思表示当然是行为人作出的,而行为人的意思表示的内容一定是包含标的在内。因此,意思表示成立是民事法律行为成立的一般要件,但该意思表示的成立应具备客观构成要件表示行为与主观构成要件意思两方面的条件。

(二)民事法律行为的特别成立要件

有一些民事法律行为的成立,除了具有民事法律行为成立的一般要件意思表示成立以外,还应当具备其他要件。主要包括以下情形:(1)合同这种双方法律行为需要双方意思表示一致即达成合意;多方法律行为中需要多方意思统一;决议行为需要形成多数决。(2)要式法律行为需要具备特定形式。当然,有些要式法律行为欠缺特定形式是可以因履行而补正(《民法典》第 490 条)。(3)要物法律行为需要实际交付标的物。例如,借用合同、保管合同以及定金合同等,这些要物合同的共同特征是一方当事人针对对方的交付承担返还的义务,因此,这类民事法律行为以实际交付标的物为成立要件。

三、民事法律行为的生效要件

(一)民事法律行为的一般生效要件

《民法典》第 143 条规定:"具备下列条件的民事法律行为有效:(一)行为人具有相应的民事行为能力;(二)意思表示真实;(三)不违反法律、行政法规的强制性规定,不违背公序良俗。"本条所规定的是民事法律行为的一般有效要件,而不是生效要件。有效要件是决定法律行为效力状态(有效、无效、可撤销和效力待定)应具备的条件;生效要件决定法律行为自何时起发生效力,涉及时间问题。根据前述民事法律行为成立和民事法律行为生效的区分,民事法律行为的生效要件即指意思表示已经成立,同时已经成立的民事法律行为符合有效要件,则民事法律行为生效。所谓民事法律行为的一般生效要件,是指一般民

---

① 参见[日]山本敬三:《民法讲义:Ⅰ·总则》,解亘译,北京大学出版社 2004 年版,第 83 ~ 84 页。

② 参见董安生:《民事法律行为》,中国人民大学出版社 1994 年版,第 189 页。

事法律行为所共同的生效要件，即指意思表示已经成立，同时符合《民法典》第143 条规定的一般民事法律行为的有效要件。

关于《民法典》第 143 条民事法律行为的一般有效要件的规定值得研讨。本书认为，此条属于民事法律行为积极有效要件的规定，这种立法选择并无太大"实益"。因为私法自治原则下，民事法律行为成立即推定有效，法律只须从相反方面规定民事法律行为无效、可撤销或者效力待定等效力瑕疵事由即可，而无须从正面规定有效要件。这种正面规定有效要件会产生举证责任错配的误导性，即有人根据此条会认为，要求行为人证明其民事法律行为有效要件。但是司法实践中，法院并不能要求主张民事法律行为有效的一方对《民法典》第 143 条中规定的三个要件逐一举证，而是由相对人承担民事法律行为效力瑕疵的举证责任。相比《民法典》第 143 条的一般有效要件的法律规定，《民法典》第 144 ~ 154 条这些民事法律行为效力瑕疵情形的条款在司法实践中更具"实益"。但遗憾的是，从《民法通则》时起，我国坚持以一般民事法律行为有效要件的规定统领民事法律行为效力一章的立法习惯从未动摇，延续至今。

（二）民事法律行为的特别生效要件

民事法律行为的特别生效要件，是指特定民事法律行为所特有的生效要件。例如，遗嘱这种附期限的民事法律行为以行为人的死亡为特别生效要件；附生效条件的民事法律行为以条件成就为特别生效要件。

第四节　附条件与附期限的民事法律行为

一、民事法律行为之附款概述

民事法律行为之附款，是指当事人对于民事法律行为的生效或失效所加的限制。传统民法上，有附条件的民事法律行为和附期限的民事法律行为两种民事法律行为之附款情形。

当事人设置"条件"或"期限"来控制民事法律行为的生效或失效，利用好"条件"和"期限"这些附款，可以未雨绸缪，将许多事情提前做好规划，从而使自己处于有利的位置实现其利益最大化。这种通过民事法律行为之附款手段来控制民事法律行为的生效或失效时间,符合私法自治原则,充分体现了行为人的意志。

民事法律行为原则上可以附条件,也可以附期限。我国《民法典》第 158 条明确规定了民事法律行为可以附条件,第 160 条明确规定了民事法律行为可以附期限。

二、附条件的民事法律行为

(一)条件之构成

附条件的民事法律行为之条件,是指民事法律行为效力的发生或消灭,取决于将来不确定的事实。其构成要件如下:

1. 条件须为当事人意定之事实

条件是民事法律行为之附款,只包括当事人设定的条件而不包括法定条件,即作为附款的条件是当事人的意定条件。例如,不动产抵押须登记抵押权生效,这种办理抵押登记是法律直接规定的有效要件,其不属于附条件的民事法律行为之条件。法定条件和作为民事法律行为附款的意定条件的功能是不同的,意定条件是当事人以自由意志来限制民事法律行为的生效或失效,而法定条件是法律强制民事法律行为必备的要件,二者适用不同的法律规则。

当事人意定条件须是具有控制民事法律行为效力的功能,否则不构成条件。例如,交货质量、交货时间、付款时间和方式等一般交易条件属于民事法律行为本身的内容,这些不属于法律行为附款之条件。

2. 条件须为将来之事实

条件作为民事法律行为之附款,它是行为人控制法律行为效力的手段,当然应以未来之事实为之。对于已经发生的事实,通常不能作为条件。但是,民事法律行为的双方当事人以均不知道已经发生的事实作为民事法律行为效力的附款条件,这种情形是否准用附条件规则是有争议的。

有学者认为,如果双方当事人规定行为的有效性有赖于一个现在或者过去已经决定了的情况,若是因为这个情况在行为实施时不被当事人知道,那么,在这里并不存在一个客观上不确定性和由此引起的不确定状态,因此,这种情况不属于附条件的法律行为，并把它称为“不真正的条件”。[①] 还有的学者认为，应准用有关条件的规定。[②]

3. 条件须为是否发生具有不确定性之事实

当事人意定民事法律行为之附款条件，目的是提前做好规划使自己有利，只有条件的发生具有不确定性，方具有控制民事法律行为效力的意义。例如，以太阳从西方升起为所附条件是不可能发生的，这种条件不具有实际意义，此种约定不属于条件。《总则编解释》第 24 条作出了相应的解释说明。如果以将来确定发生的事实为所附条件，例如太阳从东方升起，这属于必成事实，此种情形应属于期限，而不是条件。民事法律行为附款之条件应是将来不确定的客观事实，虽属于将来的事实，但该事实已确定发生者，应属于期限，而不作为条件。

4. 条件须为合法之事实

条件不是独立的行为，也不是从属性行为，条件是民事法律行为之附款，其实为民事法律行为的一部分，只不过条件是控制民事法律行为效力的工具。条件之附款应适用《民法典》第 153 条的规定，即违反法律、行政法规的强制性规定以及违背公序良俗的条件也是无效的。

（二）条件之分类

1. 生效条件与解除条件

此种分类是以条件决定民事法律行为的生效或失效为标准。

生效条件，是以条件成就则民事法律行为生效。附生效条件具有延缓民事法律行为生效之功能，所以又称为附延缓条件；附生效条件的民事法律行为在条件成就之前，民事法律行为效力处于停止状态，所以又称为附停止条件。例如，甲对乙承诺，若乙考试顺利通过，甲赠送乙一台笔记本。乙是否考试顺利通过是甲设定的将来、不确定的、合法的事实。乙考试顺利通过属于赠与法律行为的条件；赠与合同意思表示一致成立，但是，以乙考试顺利通过为生效条件。

解除条件，是以条件成就则民事法律行为失效。附解除条件对于法律行为效力的控制方向与附生效条件是相反的。例如，甲对乙说，若乙考试顺利通过，

---

① 参见［德］卡尔·拉伦茨：《德国民法通论》，王晓晔译，法律出版社 2003 年版，第 684 页。

② 参见［德］迪特尔·梅迪库斯：《德国民法总论》，邵建东译，法律出版社 2000 年版，第 628 页。

则乙应返还曾为学习之用借甲的电脑。考试顺利通过则甲乙之间的借用合同失效,乙考试顺利通过为解除条件。

我国《民法典》第 158 条、第 160 条对附生效条件的法律行为和附解除条件的法律行为作了相应规定。

2. 积极条件与消极条件

此种分类是以将来某事实之发生或不发生为标准。

以将来某事实之发生作为条件成就者,称积极条件。例如,甲对乙承诺,若乙考试顺利通过,甲赠送一台笔记本。乙考试顺利通过,条件成就;乙未考试顺利通过,条件不成就。消极条件之成就,则以某事实不发生为条件成就。例如,甲对乙说,若乙考试未通过,甲乙笔记本借用合同有效。乙考试未通过,条件成就;乙考试通过,则条件不成就。

当事人可以任意设置积极条件或消极条件来控制民事法律行为的效力。此种区分,在法律适用上并无意义。分类的意义在于,附条件的民事法律行为中,并不都是以条件“发生”为条件“成就”,如果当事人设置消极条件,即是以条件“不发生”方为“成就”。

3. 随意条件、偶成条件与混合条件

根据条件之成就原因不同为标准,条件可区分为随意条件、偶成条件与混合条件。

(1)随意条件。依当事人一方的意思决定条件之成就的条件,称为随意条件。例如,所有权保留买卖中,所有权是否移转发生物权变动,取决于买受人是否依约定支付价款。一般认为,此种约定属于典型的随意条件。再如,如果我出国,住房卖给你。此种约定也属于随意条件。

须注意的是,条件之成就取决于当事人意思,可以分为纯粹随意条件和非纯粹随意条件两种情形。纯粹随意条件仅以当事人主观意愿为条件,而且该意愿直接以民事法律行为是否有效为内容。例如,如果我愿意,则买你的住房。非纯粹随意条件则是以一方当事人的“作为或不作为”(行为)为条件,而且该行为与民事法律行为的内容无关。例如,“出国与房屋买卖合同内容无关”;再如,“买方支付价款与所有权保留买卖中的处分行为内容无关”。非纯粹随意条件与纯粹随意条件的根本区别在于,非纯粹随意条件虽然取决于当事人的意思,但是以行为构成将来不确定发生之事件,即具有客观性。而纯粹随意条件是单纯取决于一方当事人的主观意愿，附纯粹随意条件之民事法律行为，其法律行为的有效性取决于一方当事人是否作出同意的意思表示。

非纯粹随意条件作为法律行为附款不必禁止，纯粹随意条件则难以构成法律行为附款之“条件”。郑玉波先生讨论纯粹随意条件之效力，区分了系债务人意思与系债权人意思两种情形。[①]

（2）偶成条件。条件之成就与否与当事人的意思无关，而取决于自然事件或第三人意思之条件，称为偶成条件。例如，地震、台风、下雨等为自然事件；儿子回国，朋友出国等为第三人意思。偶成条件原则上可以作为民事法律行为附款之条件。

（3）混合条件。条件成就与否取决于当事人意志与其他事实的结合之条件，称为混合条件。例如，以对方考试顺利通过或者与他人结婚为赠与条件的，考试通过或者与他人结婚都不是单纯取决于当事人意志单独决定，而是以当事人意志与其他事实配合条件方能成就。混合条件的成就是具有不确定性的，这种条件作为法律行为效力附款应不为法所禁止。

（三）条件之效力

条件之效力可以从条件未确定期间、条件之成就与条件不成就三方面观察。

1. 条件未确定期间

条件未确定期间，是指条件成就与否尚未确定期间。附生效条件的民事法律行为在条件未确定期间已经成立，但并未生效；附解除条件的民事法律行为在条件未确定期间是有效状态。

我国《民法典》第 158 条仅规定了附条件的法律行为于条件成就时产生法律行为生效或解除的效力，从中也可以推出条件不成就之时法律行为不生效或不解除的效力。但是我国法律对因条件成就与否未确定期间之效力并不明确，在此期间对因条件成就而受有利益之人的法律地位如何，其利益应如何保护？对此问题，有学者认为，应予之以期待权保护。[②] 至于保护的具体方式，《德国民法典》第 160 条和第 161 条分别规定了损害赔偿和处分权限制两种方式。

---

① 参见郑玉波：《民法总则》（第 11 版），台北，三民书局 2016 年版，第 309 页。

② 参见梁慧星：《民法总论》（第 4 版），法律出版社 2011 年版，第 187 页。

2. 条件之成就

所谓条件之成就，是指当事人设置的作为条件的内容已经实现。如果附延缓条件已成就，民事法律行为生效，当事人的期待权变为完整权；如果附解除条件已成就，则民事法律行为效力终结。例如，甲对乙承诺，若乙考试顺利通过，甲赠送一台笔记本。乙考试顺利通过，条件成就，则赠与合同生效。再如，甲对乙说，若乙考试顺利通过，则乙应返还曾为学习之用借甲的电脑。乙考试顺利通过，条件成就，甲乙之间借用合同解除。

3. 条件不成就

所谓条件不成就，是指当事人设置的作为条件的内容确定不实现。如果附延缓条件确定不成就，民事法律行为不生效，当事人的期待权消灭；如果附解除条件不成就，则民事法律行为效力维持有效。例如，甲对乙承诺，若乙考试顺利通过，甲赠送一台笔记本。乙考试未顺利通过，条件不成就，则合同不生效。再如，甲对乙说，若乙考试顺利通过，则乙应返还曾为学习之用借甲的电脑。乙考试未顺利通过，条件不成就，甲乙之间借用合同继续有效。

4. 条件成就与不成就的拟制

《民法典》第159条规定："附条件的民事法律行为，当事人为自己的利益不正当地阻止条件成就的，视为条件已经成就；不正当地促成条件成就的，视为条件不成就。"

当事人不正当地阻止条件成就和当事人不正当地促成条件成就的，均属于当事人不正当地改变了所设条件发展的轨迹，有违诚实信用原则，因而《民法典》第159条作此相应的规定。即如果当事人设置民事法律行为条件附款之条件，则条件就应该顺其自然而不应被当事人不正当地拟制。

（四）条件之限制

1. 有关身份的民事法律行为不得附条件

有关身份的法律行为主要是指婚姻、收养、继承等行为，此类行为附加条件有违公序良俗，因此不得约定附条件。

2. 依民事法律行为的性质不得附条件

某些民事法律行为性质决定不能附加条件，例如，《票据法》规定了禁止票据行为附条件。这是因为票据行为的功能重在强调流通性，所以票据行为具有无因性，同时进行出票、背书、承兑、保证等票据行为也不得附条件。再如，撤销、追认、解除等行使形成权的民事法律行为，因其属于单方行为即决定法律关系的发生变更或消灭，限制了他方的意思自治，因此，行使形成权也不得附条件。

三、附期限的民事法律行为

（一）期限之构成

附期限的民事法律行为之期限，是指民事法律行为效力的发生或消灭的时间。作为民事法律行为附款的期限与条件的根本区别在于，条件的发生与否不确定，期限则确定届至（生效期限为届至）或届满（失效期限为届满）。

有些情况下，条件和期限界限也并不清晰，分辨条件和期限须根据情境来判断。例如，甲对乙说，乙结婚时赠与乙一台彩色电视机，假如婚期已经确定，“乙结婚时”属于期限；但若并未确定婚期，“乙结婚时”则属于条件。再如，甲对乙说，甲父母去世时赠与乙一栋房屋。若甲的父母确实先于甲去世，则“甲父母去世时”属于期限；但其实也存在甲先于其父母死亡的可能性，所以，甲对乙的这种约定也存在不确定性。所以“甲父母去世时”这种约定到底是期限还是条件，不可以一概而论。

另外，需要注意的是，民事法律行为附款之期限，是指控制民事法律行为生效或失效之附款，其区别于民事法律行为的履行期限。例如，合同中当事人约定的义务的履行期限，它是基于已经生效的民事法律行为当事人对所负义务的履行期限，这种履行期限并不影响民事法律行为的效力，与民事法律行为附款之期限是完全不同的两个问题。

（二）期限之类型

1. 始期与终期

此种分类是以期限决定民事法律行为效力的发生或失效为标准。

始期，也称为生效期限，决定民事法律行为效力发生者为始期。例如，遗嘱这种死因行为于立遗嘱之人死亡时遗嘱发生效力。与始期相反，决定民事法律行为效力之消灭者为终期，终期也称为解除期限。例如，冬至之时房屋租赁合同终止，此即属于附终期的合同。一般情形下，继续性法律关系当事人可以通过附终期来控制法律关系的效力终止，如租赁合同、借用合同、用工合同、供用电水汽热力合同等。

2. 确定期限与不确定期限

此种分类是以确定民事法律行为附款期限时该期限是否确定为标准。

民事法律行为附款之期限是一定届至或届满，但是如果所附期限是具体确定则是此处的"确定期限"，例如，2021 年 12 月 31 日为确定期限；反之，某人死亡时，天下雨时，这类皆属于一定届至或届满的不确定期限。

（三）期限之效力

附始期之民事法律行为，期限届至生效；附终期的民事法律行为，期限届满则解除。即附期限的民事法律行为期限届至或届满的效力，相当于附条件的民事法律行为条件成就与未成就之效力。

（四）期限之限制

通常情形，不得附条件的民事法律行为也不得附期限。但也有例外情况，例如，票据行为不得附条件，但是可以附期限。

第五节　民事法律行为的无效

一、民事法律行为无效概述

（一）民事法律行为无效的含义

民事法律行为无效，是指法律对已经成立的民事法律行为进行评价后所得的否定性结论。民事法律行为的有效要件即是法律评价的标准，例如，民事法律行为主体的行为能力以及意思表示真实等要件。民事法律行为的无效意味着当事人意思表示中追求的法律效果得不到法秩序的认可，但并不意味着无效的民事法律行为没有任何法律意义。正因如此，民事法律行为的无效也可能产生一系列法律规定的后果。理解民事法律行为的无效，应注意其与民事法律行为的可撤销、效力待定的区别。

（二）民事法律行为无效与可撤销的区别

1. 法律对意思自治限制程度的区别

民事法律行为的无效，被称为绝对无效，是自始无效；民事法律行为的可撤销，又称为相对无效，被撤销无效，未被撤销则有效。民事法律行为的无效，是指法律行为因为严重违法而被法律坚决否定，即当事人预设的法律效果根本无效。民事法律行为的可撤销，通常是因为不具备《民法典》第 143 条中规定的“意思表示真实”要件，即因为当事人意思表示有瑕疵而被法律作出否定性评价。但对于民事法律行为的可撤销，法律赋予了遭受不利影响的当事人自主决定行使撤销民事法律行为的权利，即尽管民事法律行为已经生效，处于不利一方的当事人基于法律规定的撤销权，则享有打破民事法律行为约束的主动权。当事人行使撤销权是一种形成权，是否行使此权利是可以自由决定的。

对于民事法律行为的无效和可撤销，在德国和法国学理上有区分说和统一说两种对立的观点。统一说反对区别无效民事法律行为和可撤销民事法律行为。区分说认为二者的区分是具有实际意义的。但是，《德国民法典》和《法国民法典》的法律制度中都未采用统一理论。《德国民法典》中对法律行为的无效原因和可撤销原因作了区别规定。《法国民法典》中无法律行为概念，但在合同制度中规定了无效合同和可撤销合同的原因。[①]

在我国，学理上主流观点是“区分说”。我国立法上，对民事法律行为的无效和可撤销也一直坚持“区分说”。1986 年《民法通则》、1999 年《合同法》以及 2020 年《民法典》都是分别规定了民事法律行为的无效和可撤销制度。

2. 原因上的区别

民事法律行为的无效和可撤销，体现了法律对私人意思自治的评价态度。我国从 1986 年《民法通则》至 1999 年《合同法》，再至 2020 年《民法典》，关于民事法律行为的无效和可撤销的法律评价标准具有很大的变化，我国民法中民事法律行为的无效和可撤销原因的制度变迁梳理如下：

1986 年《民法通则》第 58 条规定了民事法律行为无效的原因：(1) 无民事行为能力人实施的；(2) 限制民事行为能力人依法不能独立实施的；(3) 一方以欺诈、胁迫的手段或者乘人之危，使对方在违背真实意思的情况下所为的；(4) 恶意串通，损害国家、集体或者第三人利益的；(5) 违反法律或者社会公共利益的；(6) 经济合同违反国家指令性计划的；(7) 以合法形式掩盖非法目的的。

---

① 参见李永军：《民法总则》，中国法制出版社 2018 年版，第 647 ~ 648 页。

1986 年《民法通则》第 59 条规定了可变更、可撤销民事法律行为的原因：(1)行为人对行为内容有重大误解的；(2)显失公平的。由此看出，1986 年《民法通则》所规定的法律行为无效范围十分宽泛，可撤销法律行为的原因范围很窄。这体现出国家对法律行为的过度干预。民事法律行为本是私人意思自治的工具，法律对私人法律关系的干预过多，影响了民事法律行为制度在市场经济中所应发挥的积极作用。《民法通则》的这一制度受到了学界的批评，也引起了立法者的高度重视。故在 1999 年《合同法》中对无效合同的原因和可撤销合同的原因立法上作了重大改变。

1999 年《合同法》第 52 条规定，合同无效的原因：(1)一方以欺诈、胁迫的手段订立合同，损害国家利益；(2)恶意串通，损害国家、集体或者第三人利益；(3)以合法形式掩盖非法目的；(4)损害社会公共利益；(5)违反法律、行政法规的强制性规定。

1999 年《合同法》第 54 条规定，合同可变更或可撤销的原因：(1)因重大误解订立的；(2)在订立合同时显失公平的；(3)一方以欺诈、胁迫的手段或者乘人之危，使对方在违背真实意思的情况下订立的合同。1999 年《合同法》相关制度中扩大了可撤销合同的范围，减少了无效合同的情形。这种减少无效合同情形体现了减少法律对私人自治的限制，扩大可撤销合同的范围表明法律更多地赋予了当事人自主决定民事法律行为效力的权利。

《民法典》时代，民事法律行为的无效和可撤销制度又有了新的改变。依据《民法典》第 144 条、第 146 条、第 153 条和第 154 条的规定，法律行为无效的情形包括：(1)无民事行为能力人实施的民事法律行为；(2)行为人与相对人以虚假的意思表示实施的民事法律行为；(3)违反法律、行政法规的强制性规定的民事法律行为；(4)违背公序良俗的民事法律行为；(5)行为人与相对人恶意串通，损害他人合法权益的民事法律行为。

依据《民法典》第 147～151 条的规定，民事法律行为的可撤销原因：(1)基于重大误解实施的民事法律行为；(2)一方以欺诈手段，使对方在违背真实意思的情况下实施的民事法律行为；(3)第三人实施欺诈行为，使一方在违背真实意思的情况下实施的民事法律行为(对方知道或者应当知道该欺诈行为的)；(4)一方或者第三人以胁迫手段，使对方在违背真实意思的情况下实施的民事法律行为；(5)一方利用对方处于危困状态、缺乏判断能力等情形，致使民事法律行为成立时显失公平的。由此看出,《民法典》尽可能地缩小了无效民事法律行为的范围,表现出民法对私人自治的尊重。通过观察我国民法这一制度的发展历程,能够发现我国民事立法上的不断进步。

(三)民事法律行为无效与效力待定的区别

民事法律行为的效力待定并不是无效行为,而是已经成立的民事法律行为须他人作为(追认)可以生效的法律行为。

民事法律行为的无效中之"效力",是指当事人意思表示中追求的法律效果;民事法律行为的效力待定中的"效力",是指当事人意思表示不完整而使法律行为不能有效的状态。当限制行为能力人所为的超越行为能力的行为和无权代理人所为的行为发生以后,法定代理人以及被代理人追认后,该行为是否有效仍需要法秩序的评价。即如果法定代理人或者被代理人追认以后的民事法律行为,仍属于违反法律的强制性规定或者违反公序良俗的情形,该民事法律行为应当无效。

民事法律行为的无效和民事法律行为的效力待定主要区别在于:第一,民事法律行为的无效是法律对当事人意思自治的控制;民事法律行为的效力待定须他人追认方能有效,可以理解为仍属于私人的控制。第二,民事法律行为的无效原因和民事法律行为效力待定的原因不同。民事法律行为的无效通常是民事法律行为违反法律或违反公序良俗;效力待定的原因通常因为缺少第三人行为的出现。第三,成立的法律行为效果不同。民事法律行为的无效是绝对无效,没有补正的可能;民事法律行为的效力待定并不是绝对无效,经第三人的追认,是可能发生当事人追求的法律效果。

(四)民事法律行为的全部无效与部分无效

根据民事法律行为无效的原因系存在于行为内容的全部或一部分为标准,民事法律行为可以分为全部无效与部分无效。《民法典》第 156 条规定:"民事法律行为部分无效,不影响其他部分效力的,其他部分仍然有效。"可见,民事法律行为部分无效时,原则上可推定为全部归于无效。主张部分无效的一方应举证说明部分无效不影响其他部分的效力,否则应判定民事法律行为全部无效。部分无效原则上民事法律行为全部归于无效。其法理基础在于,当事人原意在于实施一项完整的民事法律行为,当部分无效时,推定为当事人无意受不完整的法律行为之约束,除非能证明部分无效不影响其他部分的效力。须注意的是,主从民事法律行为中,从民事法律行为无效的,因其与主民事法律行为是两个法律行为,性质上从民事法律行为是另一个民事法律行为。因此,从民事法律行为无效的,不能适用《民法典》第156条民事法律行为部分无效规则。例如,担保合同无效,应适用“从合同不影响主合同效力”之规则。

民事法律行为部分无效不影响其他部分效力的主要情形如下:

(1)当事人有约定。当事人约定,部分无效不影响民事法律行为其他部分效力的情形下,表明民事法律行为仅部分无效不违反其真意,基于意思自治原则,从其约定。

(2)法律有特别规定。有的法律规范中,明确了部分无效不影响民事法律行为其他部分的效力,例如,《民法典》第507条规定:“合同不生效、无效、被撤销或者终止的,不影响合同中有关解决争议方法的条款的效力。”

(3)合同中结算和清理条款具有独立性,不因其他部分无效而无效。合同中的结算和清理条款约定的本意在于,当合同命运终了时发挥作用。合同终止、合同无效或者被撤销在经济实质上都是合同失败的形态,同样都需要进行结算和清理。因此,合同终止、无效或者被撤销是不影响合同中的结算和清理条款的效力。同样,当事人另行订立对无效合同后果进行清理的协议,也不受被清理合同无效的影响。

(4)民事法律行为中非核心内容部分无效,不影响民事法律行为的目的实现。一般而言,民事法律行为中的主给付义务条款无效,则民事法律行为目的无法实现。从给付义务条款无效,原则上不影响合同中其他条款的效力。又如,违反法律规定的免责条款无效,则按法律规定处理,此种情形不影响其余条款的效力。再如,抵押合同中的流押条款以及质押合同中的流质条款无效,也只是该条款部分无效,不能影响整个合同的效力。

二、民事法律行为的无效原因

根据我国《民法典》的规定,民事法律行为的无效原因有以下情形:

(一)行为能力欠缺

此类民事法律行为的无效,是因为欠缺了《民法典》第143条所规定的第一项民事法律行为有效要件,即行为人具有相应的民事行为能力。行为能力欠缺具体包括两种情形：

1. 无民事行为能力人实施的民事法律行为无效

依据《民法典》第 144 条的规定，无民事行为能力人独立实施的民事法律行为全部无效，不存在例外。即便是纯获利益的行为也是无效。无民事行为能力人，应由其法定代理人代理实施法律行为。《民法典》立法如此坚决，是因为无民事行为能力人根本欠缺意思表示能力，故其独立实施的民事法律行为无效，其实这一制度是民事法律行为逻辑的必然。

对于《民法典》规定无民事行为能力人独立实施的民事法律行为未留任何余地，一律无效，这种法律规定和现实生活是否脱节，值得思考。

2. 限制行为能力人不可独立实施的民事法律行为无效

依据《民法典》第 145 条的规定，限制民事行为能力人可以独立实施的民事法律行为包括纯获利益的民事法律行为和与其年龄、智力、精神健康状况相适应的民事法律行为。除此之外，其他的民事法律行为，须由法定代理人代理，或经其法定代理人同意或者追认。如果未经法定代理人同意或者追认，则该民事法律行为不发生效力。

（二）意思表示不真实

行为人具有民事行为能力，是其单独进行法律交往的基本要求。然而，意思表示是民事法律行为的核心要素，一个具有健全判断力的行为人如果意思表示不真实，则其民事法律行为的效力也是有瑕疵的。通常情况下，意思表示不真实的民事法律行为属于可撤销情形，但是，虚假意思表示这种表意不真实的民事法律行为则属无效。因为，虚假的意思表示行为人并没有所表示的虚假意思的真意，民事法律行为的有效是以意思表示真实为要件，所以，这种虚假意思表示的民事法律行为不生效是符合逻辑的，同时也符合意思自治原则。

1. 通谋虚假

（1）含义

通谋虚假民事法律行为需要两方当事人合作而成，表意人与相对人互相明知意思表示虚伪而故意就虚伪意思表示达成合意。

通谋虚假民事法律行为经常在结构上有表面行为和隐藏行为。表面行为，是两方当事人共同作出的不是真意的行为，是虚假的意思表示，是伪装行为；隐藏行为，是两方当事人在伪装行为的外衣之下掩盖的共同真意行为，真意是当事人之间的“秘密”，两方当事人对隐藏的真意“心照不宣”。另外，许多人愿意将通谋虚假与恶意串通等同是不正确的，因为通谋虚假不涉及第三方，“通谋”应是一个中性词，两方当事人通谋可能是为了逃避债务或税收等行违法之事，也或许通谋是为了更好地处理一些事务，例如，父母子女较多，想将一套房产送给生活较困难的小儿子，但为了家庭和睦，父母和小儿子通谋订立了80万元房屋买卖合同以防止其兄姐之不满情绪，此种情形，实际上父母是以买卖合同虚假意思表示隐藏了赠与之真意，实践中这种处理家事的方式也算妥当。而恶意串通则是双方恶意损害第三方利益的行为。

(2)效力规则

通谋虚假民事法律行为中，民法上需要解决的关键问题在于，两层意思表示的法律效力如何？既然通谋虚假民事法律行为包含两层结构，其效力自然应当就表面行为和隐藏行为分别考察。《民法典》第146条是我国第一次在民事立法中明确规定了“虚假意思表示”，其内容分别就虚假意思表示和隐藏真意的法律效力作出了规定，即通谋虚假民事法律行为中，虚假意思表示和隐藏真意的法律效力并不是一律无效。

第一，表面行为无效。表面行为是伪装行为，是两方当事人相互明知而合意，但该“意思表示”所指向的法律效果不是当事人所追求，所以，尽管双方已就此达成合意，但若此种虚假意思表示视为有效，则属于对当事人强加法律效果，有违私法意思自治。因此，通谋行为中，表面行为应是无效。即表面行为之所以无效，是因非当事人真意，而不是因为该行为违法，该表面行为无论是否违法，均属无效。例如，当事人之间为了少交税，约定500万元的房屋以200万元的价格签订房屋买卖合同，此时，双方约定200万元的房屋价格是虚假意思表示，应是无效。再如，上述父母和小儿子通谋订立80万元房屋买卖合同之例中，买卖合同这一虚假意思表示也是无效。

但是，在我国司法实践中，建设工程合同领域的“阴阳合同”是一个例外。《建设工程施工合同司法解释(一)》第2条第1款规定：“招标人和中标人另行签订的建设工程施工合同约定的工程范围、建设工期、工程质量、工程价款等实质性内容，与中标合同不一致，一方当事人请求按照中标合同确定权利义务的，人民法院应予支持。”依据此规定，如果工程合同中有“阴阳合同”的，当事人的表面行为(虚假意思表示)是中标合同，隐藏行为是另行订立的“真意合同”,此时中标合同可以有效,真意合同无效。因为,如果按上述一般规则“表面行为无效”去处理建设工程合同签订中的虚假意思表示行为,会使建设工程秩序崩溃。最高人民法院这一司法解释的立场,是确保招投标透明和公平,反对工程项目招投标“暗箱操作”,依据此规定,招投标中的“暗箱操作”是无意义的。此外,本条司法解释第 2 款还有关于中标以后,当事人另行签订合同无效的规定。

须注意的是,对通谋虚假意思表示效力的理解,上述司法解释对工程合同中“阴阳合同”的处理规则是例外情形,我们不要以例外情形去否定一般规则,即表面行为无效,仍是通谋虚假意思表示效力的一般规则。

第二,隐藏行为可以有效。隐藏行为虽不为外人所知,却是当事人的真实意思表示,其效力应按民事法律行为效力一般规则来考察确定。隐藏的真意行为原则上推定为有效,例如,当事人之间为了少交税,约定 500 万元的房屋以 200 万元的价格签订房屋买卖合同,表面的 200 万元房屋买卖合同无效,一般情形下,隐藏的 500 万元的房屋买卖合同可以是有效的。父母和小儿子通谋订立 80 万元房屋买卖合同之例中,买卖合同这一虚假意思表示无效,隐藏行为赠与合同可以有效。即隐藏行为的效力不因真意隐藏无效,也不受表面行为的效力影响,隐藏行为可以有效。但隐藏行为如有法定的无效事由,则为无效。我国《民法典》146 条第 2 款规定:“以虚假的意思表示隐藏的民事法律行为的效力,依照有关法律规定处理。”其中的“依照法律规定处理”即为此意。

对隐藏真意行为效力的理解通过一实例更为清楚。在山东省滨州市中级人民法院(2015)滨中民一终字第 436 号民事判决书中,法院认定:先由郑某某为马某某书写“借条”;再由郑某某夫妇与马某某就郑某某实际居住房屋签订“房屋买卖合同”;后由马某某向借款方郑某某打款;最后马某某多次讨要借款未果,以郑某某“既不还款又不交房”为由提起诉讼,请求郑某某交付房屋。根据以上前后紧密相连的事实行为可以探知,诉讼双方签订房屋买卖合同的目的并非实现房屋所有权的转移,而是贷款清偿预先担保,即预先约定借款方不履行还款义务时则以房抵债。有效成立的合同才有履行的必要和可能,缺乏真意表示的合同不能认定为有效合同。以物抵债的“担保型买卖合同”不属于双方真实意思表示,合同中“卖方”与“买方”均知晓并认可物权变动的真实原因是以物抵债的约定,即不能如期偿还贷款则以房屋抵顶贷款,属于双方通谋虚伪的意思表示。通谋虚伪的意思表示无效,但通谋虚伪表示中隐藏其他法律行为的,应适用关于其他法律行为的规定。代物清偿预约是“担保型买卖合同”的隐藏行为,其效力应依据关于代物清偿预约的法律规定进行判断。《物权法》第 186 条、第 211 条(现均已失效)分别禁止在抵押合同和质押合同中约定流担保条款。在债务履行期届满前,当事人关于“届期不履行债务,则抵押财产或质押财产归债权人所有”的流担保条款属于我国法律禁止的无效约定。流担保条款的本质就是以债务不履行为条件的代物清偿预约。担保型买卖合同所隐藏的代物清偿预约因违反法律的禁止性规定应认定为无效。本案中,上诉人虽未直接就合同效力提出抗辩,但是上诉人关于诉讼双方是民间借贷关系而非房屋买卖关系的上诉理由已经蕴含了房屋买卖合同缺乏双方真实意思表示的抗辩主张。综上,法院认为诉讼签订的房屋买卖合同属于无效合同,被上诉人要求上诉人交付房屋的诉求缺乏法律依据,法院不予支持。对于诉讼之间的借贷关系,被上诉人马某某可以另行提起民间借贷之诉,主张权利。

此案判决表明,表面行为虚假买卖合同无效,隐藏真意“代物清偿预约”也不能按一般有效合同直接履行,因为该法律行为违反了我国法律中“流押条款”的禁止性规定。

2. 真意保留

真意保留,又称为内心保留或心意保留,是指一方有意作出与真意不符的意思表示。真意保留中虚假意思表示和保留的真实意思法律效力如何？对于真意保留,我国法律未作规定。

《德国民法典》第 116 条规定:“表意人作出的意思表示非其所愿,却作内心保留者,意思表示不因此无效。若意思表示向对方作出,而对方知悉保留,则意思表示无效。”《德国民法典》第 116 条的规定,可以理解为,被保留的内心真意因为未表示于外,无论动机如何,均不能发生效力,亦无从影响表示于外行为之效力;保留真意而所作的单方虚假意思表示是否有效,取决于相对人是否知悉有真意保留,相对人若不知悉,则意思表示有效;反之,相对人知道有真意保留则表示于外的行为无效。该制度体现了表示主义立场,对善意不知情的相对人以优待保护,而知情的相对人则无保护之必要。

真意保留与通谋民事法律行为的主要区别在于:第一,真意保留不具有“通谋”性,属于单方虚假意思表示,对方事前对表意人的“虚假意思”并不知晓;通谋属于双方虚假意思表示,且相互明知而合意伪装意思。第二,真意保留所作的意思表示原则上有效,以相对人知情而无效为例外。通谋虚假意思表示原则上无效,有效为特例。

3. 戏谑表示

戏谑表示,也称为游戏表示,非诚意表示,是指表意人作出意思表示时并无诚意,可能是一句戏言、开玩笑,并且期待对方不至于对此产生误认。例如,吹牛夸下海口“送给别人一栋别墅”;广告词“一旦拥有,延年益寿”等均属于此类。通常情形下,意思表示受领人知晓表意人的意思表示是戏言或玩笑。戏谑表示是否具有法律效力?我国《民法典》也未作规定。

《德国民法典》第118条规定:“无诚意的意思表示,若表意人期待诚意之缺乏不至于被误认,无效。”也就是说,戏谑表示通常是无效的。但是,如果相对人出乎意料地相信了表意人的意思表示其法律效力如何?德国学者通说认为,表示行为依然无效,但此时应适用善意信赖人利益保护机制,表意人应向信赖其表示为有效的相对人赔偿消极利益的损害。① 另外,非诚意的,表意人须向相对人说明情况,否则表示视为有效。②

关于戏谑表示,虽然我国立法中未明确规定,但在审判实践中有实际案例,例如,北京市朝阳区法院(2010)朝民初字第20321号案件系“非诚意表示的著作纠错悬赏案”。被告出版一部古籍校注著作,并为此在家宴请分属四家媒体的记者。席间,自信满满的被告称“希望读者来监督,挑出一个错,奖励1000元”。其中一家媒体报道了这一内容。被告获悉报道内容后,未提出异议。原告就该书挑出909处错误,并要求支付相应报酬。被告以悬赏广告无效为由予以拒绝。法院认为,鉴于悬赏广告的重要性,其发布“应当是明确、具体、严格、正式的”,家宴过程中以聊天方式作出悬赏表示,不能认定为表意人的真意,遂

---

① 参见[德]迪特尔·梅迪库斯:《德国民法总论》,邵建东译,法律出版社2000年版,第448页。

② 参见[德]卡尔·拉伦茨:《德国民法通论》,王晓晔等译,法律出版社2003年版,第497页。

以悬赏表示不具足够的正式性为由驳回原告诉讼请求。法院表达的是戏谑表示之原理。值得探讨的是，被告在知悉媒体相关报道后，未对纠错悬赏系戏谑表示性质尽说明义务，是否有权主张表示无效？

戏谑表示与通谋法律行为的主要区别是：第一，戏谑行为没有双方的“通谋”性，是单方的虚假意思表示；第二，戏谑表示，表意人须向相对人说明情况，否则表示视为有效。另外，即便戏谑表示与通谋虚假行为都是无效的情形下，戏谑单方虚假意思表示中，表意人可能要赔偿对方消极信赖利益，而通谋行为中，不存在相互赔偿问题。

（三）违反强制性法律规定

《民法典》第 153 条第 1 款规定：“违反法律、行政法规的强制性规定的民事法律行为无效。但是，该强制性规定不导致该民事法律行为无效的除外。”此条规定表明，作为行为能力健全之人，进行意思表示真实的民事法律行为也可能因违反法律、行政法规的强制性规定而无效。在生活中，一些民事法律行为违反强制性法律规定的，有的是行为人受到处罚后该民事法律行为仍然有效。但也有的是，行为人并未受到处罚而民事法律行为无效，例如，诉讼时效属于强制性法律规定，订立合同的当事人自行约定不受诉讼时效的，该约定无效而当事人不受处罚。那么，如何理解行为人违反强制性法律规定的民事法律行为无效、如何区分强制性法律规定呢？

《民法典》第 153 条的民事法律行为无效原因的规定有循环定义之嫌疑，该条基本意义是违反法律、行政法规的“效力性强制性规定”的民事法律行为无效。由于效力性强制性规定的法律定义很难确定，故立法者作出了如今一个这样拗口而抽象的一般性条款，此种表述实属迫不得已。实践中关于如何适用违反“效力性强制性规范”的民事法律行为无效，以及如何识别强制性法律规定，2019 年《九民纪要》第 30 条对审判实践解决此问题也作了一个指引性规定。

（四）违背公序良俗

“公序良俗”这一概念，通常被拆分成“公共秩序”和“善良风俗”两项。在立法例上，《法国民法典》对公序良俗的规定即采用此法。而《德国民法典》中仅使用善良风俗概念，至于公共秩序，则被认为是国际私法领域的概念。

我国1986年《民法通则》第7条中的“社会公德”及“社会公共利益”，学理通说认为，“社会公德”相当于“善良风俗”，“社会公共利益”相当于“公共秩序”。2020年《民法典》第153条第2款规定：“违背公序良俗的民事法律行为无效。”这是我国第一次在民事立法中使用了“公序良俗”概念，但《民法典》仅规定了违反“公序良俗”导致民事法律行为无效，至于其概念和外延在法律规定中并不明确。

公序良俗，是难以确定的法律概念，属于规则之外的抽象的一般条款，其意义在于，能够作为具体法律规则的补充。

何为我国《民法典》第153条第1款中的违反“强制性规定”？法律（包括《九民纪要》指引性规定）不可能对“强制性规定”作穷尽式列举，因此，《民法典》通过第153条第2款中的违反“公序良俗”导致民事法律行为无效的规定，作出了法官司法裁判中判定法律行为无效的一个兜底性补充规定。即无论是违反明确的“强制性规定”的民事法律行为，还是其他违反公序良俗的民事法律行为，都是法秩序对该民事法律行为的否认，是无效的民事法律行为。至于到底何为违反“公序良俗”，实践中需要法官在自由裁量时通过价值判断和利益衡量。当前，《九民纪要》第31条中关于违反规章的合同效力指出，违反规章的民事法律行为，只有违反公序良俗方属无效。

关于确定公序良俗概念的内涵与外延，我们可以借鉴国外立法或司法判例类型化的做法。例如，在法国，违反善良风俗的案例类型主要包括：违反性道德的行为；赌博行为；限制人身自由的行为；违反家庭伦理道德的行为；为获得其他不道德利益的行为；违反人类一般道德的行为。在德国，此类司法案例主要类型包括：束缚性行为；违反职业道德的行为；违反性道德的行为；诱使他人违反合同的行为；暴利行为；对违反道德目的的无偿资助行为。英美法系的国家因为是判例法，对于此类案件自然也是以借助司法判例类型化来界定违反善良风俗的法律行为。在英美法系，公共秩序是以公共政策为原则的。

（五）恶意串通，损害他人合法权益

《民法典》第154条规定：“行为人与相对人恶意串通，损害他人合法权益的民事法律行为无效。”与原《民法通则》第58条第1款第4项及原《合同法》第52条第2项相比，将“损害国家、集体或者第三人利益”改为“损害他人合法权益”。此种民事法律行为的无效,本质上属于违背善良风俗的行为,属于悖俗类行为的特别例示规定。该条法律规定是我国法律上较具特色的规定,在其他国家几乎无此类规定。

须注意的是,恶意串通,损害他人合法权益的,与双方虚假通谋的法律行为是有区别的。恶意串通当事人之间的表意是真实的,而双方虚假通谋是意思有瑕疵;恶意串通是当事人真实意思损害他人利益的手段,是不法行为,接近违法,其行为无效。虚假通谋意思表示,不以损害他人利益为要件,因其意思表示不真实而无效。

三、民事法律行为无效的法律后果

民事法律行为的无效,不发生行为人意思表示中预设的效果意思,但可能发生当事人希望目的以外的法律效果。依据《民法典》第 155 条的规定,民事法律行为无效、被撤销自始无效,即民事法律行为的无效是具有溯及力的。结合《民法典》第 157 条的规定,民事法律行为无效、被撤销或者确定不发生效力后,产生如下法律后果。

(一)恢复原状义务

民事法律行为无效,就应该使当事人的财产状况不因民事法律行为的成立而发生任何变化,即当事人的财产状况应予恢复,当事人之间产生了恢复原状的义务。如此,才能体现民事法律行为溯及既往地消灭的效力。以合同无效为例,双方尚未履行的,不再履行,但当事人一方或双方按合同约定已经交付的财产应当予以返还。至于当事人恢复原状之请求权基础,在理论上观点并不统一,有债权请求权和物上请求权的争议。两种请求权基础不同,原因在于存在物权变动的要因性与不要因性的争议。

依据我国《民法典》第 157 条的规定,恢复原状以返还原物为原则,但不能返还或者没有必要返还的,应当折价补偿。其中“不能返还或者没有必要返还的,应当折价补偿”这一法律规定有何意义?本书认为,基于对善意第三人保护的原则,民事法律行为无效或者被撤销的效力将受法律对善意第三人保护的制约。

（二）损害赔偿义务

民事法律行为无效或者被撤销，当事人根据过错原则承担损害赔偿义务。例如，学理上通说认为，合同无效，恢复原状之后，过错方应承担损害赔偿义务，这是缔约过失责任，即过错当事人赔偿对方信赖利益的损失。2019 年《九民纪要》第 32 条规定体现的立场也是如此。

须注意的是，《民法典》第 157 条的规定不仅适用于民事法律行为无效、被撤销或者效力待定的法律行为确定不发生效力情形，依据《总则编解释》第 23 条的规定，民事法律行为不成立的，也参照适用该条规范处理。

四、无效民事法律行为的转换

（一）无效民事法律行为转换的概念

所谓无效民事法律行为转换，是指一个无效的民事法律行为，如果具备另一民事法律行为的有效要件，而且另一民事法律行为的效果是当事人希望的，则可以作为另一民事法律行为而生效。

无效民事法律行为转换应当具备以下条件：第一，必须存在无效的民事法律行为。民事法律行为无效的原因不影响无效民事法律行为的转换。第二，无效的民事法律行为中必须包含一个有效的替代行为。关于替代行为也要符合以下要求：(1)其范围应比无效民事法律行为更小，只有这样，通过无效民事法律行为转换为有效的替代行为，行为人所追求的结果才能全部或部分实现。(2)替代行为本身不得被无效原因所累。例如，无行为能力人所为的无效民事法律行为，是无法实现转换的，原因是替代行为也同样会因行为能力欠缺而无效。(3)替代行为应当符合当事人意图。即如当事人知道其所订立合同的无效性，将愿意从事该替代行为。

民事法律行为的无效是因为违反法律的规定或公序良俗，故绝对无效的民事法律行为一般是不能救治，也不存在效力补正问题。但是，“绝对无效民事法律行为不能救治”这一原则也不是绝对的，罗马法就允许对无效的合同进行补正。①

---

① 参见［意］彼德罗・彭梵得：《罗马法教科书》，黄风译，中国政法大学出版社 1992 年版，第 76 页。

罗马法的这一原则为大陆法系许多国家民法典所接受。《意大利民法典》第1424条规定："如果当事人知道契约无效，在当事人力求达到的目的时，则应当推定使无效契约得以产生包括实质要件和形式要件在内的另一个契约的效力是当事人所希望的。"《德国民法典》第140条规定："无效的法律行为若具备另一法律行为的要件，并可认定当事人如知其无效即有意为此另一法律行为者，则此一法律行为为有效。"

（二）我国无效民事法律行为转换理论与实践

在我国无效民事法律行为转换理论是有争议的，现行民事法律制度中也没有无效民事法律行为可以补正的规范。但是，《九民纪要》第54条中规定，根据"无效法律行为的转换"原理，独立担保无效转为有效的从属性担保。

最高人民法院的这一指引性规定表明，我国审判实践中是认可了无效民事法律行为转化。例如，甲公司（出卖人）和乙公司（买受人）约定了标的额100万元货物买卖合同，第三人丙公司（非金融机构）作为担保人向甲公司作了担保约定，只要甲公司收不到乙公司的货款，无论何种原因（基于买卖合同无效或者买方行使抗辩权等），丙应当根据自愿之担保承担向甲公司交付100万元货款的担保责任。此例中丙公司对甲公司所做的货款担保，因不具有担保之从属性特征属于"独立担保"，但根据最高人民法院的相关规定，独立保函仅限于银行或非银行金融机构开立，其他当事人开立的"独立保函"应当认定无效。上述案例中的丙公司是非金融机构，因而丙公司所做的"独立担保"是无效的民事法律行为。但是，依据《九民纪要》第54条的规定，最高人民法院同时又坚持了"无效法律行为的转换"原理立场，根据该规定，即认为丙公司和甲公司之间的保证合同与甲公司和乙公司之间的买卖合同是具有从属性的，即审判实践中捆绑了保证合同与买卖合同的从属性，从而使"无效的独立担保"转为"有效的从属性保证"民事法律行为。

《九民纪要》第54条的规定，在我国司法实践中开启了无效民事法律行为转换原理的先例，在我国未来的民事法律制度中是否要引入无效民事法律行为转换原理值得研究探讨。

第六节　民事法律行为的可撤销

一、《民法典》相关制度的主要变化

关于民事法律行为的可撤销制度，与原《民法通则》《合同法》相比，《民法典》主要变化体现在以下方面：

（一）增加了“第三人欺诈”的可撤销行为

《民法典》第149条规定：“第三人实施欺诈行为，使一方在违背真实意思的情况下实施的民事法律行为，对方知道或者应当知道该欺诈行为的，受欺诈方有权请求人民法院或者仲裁机构予以撤销。”

（二）增加了“第三人胁迫”的可撤销行为

《民法典》第150条规定：“一方或者第三人以胁迫手段，使对方在违背真实意思的情况下实施的民事法律行为，受胁迫方有权请求人民法院或者仲裁机构予以撤销。”

（三）将乘人之危和显失公平合为一个可撤销原因

《民法典》第151条规定：“一方利用对方处于危困状态、缺乏判断能力等情形，致使民事法律行为成立时显失公平的，受损害方有权请求人民法院或者仲裁机构予以撤销。”

（四）新增了受胁迫方行使撤销权适用除斥期间的起算时间

依据《民法典》第152条第1款第2项规定，当事人受胁迫，自胁迫行为终止之日起一年内没有行使撤销权的，撤销权消灭。

（五）缩短了重大误解撤销权人行使撤销权的除斥期间

依据《民法典》第152条第1款第1项规定，当事人自知道或者应当知道撤销事由之日起一年内、重大误解的当事人自知道或者应当知道撤销事由之日起九十日内没有行使撤销权，撤销权消灭。

（六）取消了可变更的民事法律行为

依据《民法典》的规定，重大误解、受欺诈、受胁迫、显失公平的法律行为，处于不利益的当事人可以自主决定行使撤销权，《民法典》中删除了原《民法通则》和《合同法》中的民事法律行为可变更制度。

二、可撤销原因

民事法律行为的可撤销,是指已经生效的民事法律行为,但可能因撤销权的行使而溯及既往地失去效力。民事法律行为的可撤销,并不是法律对当事人的行为彻底否认,而是对于一些意思表示不真实的民事法律行为赋予了处于不利益一方当事人撤销权,由撤销权人自主决定去行使撤销权。通过法律赋予不利益一方的撤销权,更能体现对私法自治的尊重。

依据《民法典》第147~151条的规定,可撤销民事法律行为有以下原因:

(一)重大误解

1. 误解与错误

错误是指表意人非故意的表示与意思不一致;误解是指相对人对意思表示内容了解的错误。[①] 我国自原《民法通则》《合同法》至《民法典》的法律制度中一直习惯使用了重大“误解”的概念。

大陆法系各国民法典中,均使用“错误”而非“误解”。例如,《德国民法典》第119条规定:“表意人所为意思表示的内容有错误时,或表意人根本无意为此种内容的意思表示者,如果可以认为,表意人若知悉情事并合理地考虑其情况即不为此项意思表示时,表意人得撤销其意思表示。”《法国民法典》第1110条规定:“错误仅涉及契约标的物的本质时,始构成无效的原因;如错误仅涉及当事人一方愿与之订约的他方当事人个人时,不成为无效的原因;但他方当事人个人被认为是契约的主要原因时,不在此限。”由此表明,《德国民法典》中的错误分为表达错误和内容错误。其中内容错误,是指在内心意思形成过程中因对事物认识的不正确所形成的意思瑕疵。《法国民法典》中的错误仅指意思形成过程中发生的错误,而不包含表达上的错误。

本书认为,误解应是错误的一种,错误不仅包括非故意的表达有错误,还包括意思形成有错误。因此,《德国民法典》中的错误可称为真正的“错误”;而《法国民法典》所规定的“错误”其实为“误解”。导致民事法律行为可撤销的“错误”应该是属于《德国民法典》中规定的包含误解的错误。错误源自表

---

① 参见梁慧星:《民法总论》,法律出版社1996年版,第169页。

意人自己的认知,而非他人不正当影响的结果,而且发生“错误”的表意人不存在故意的虚假意思。在我国立法习惯上的“误解”应当理解成错误。所谓误解,可以解释为既包括表意人无过失的意思与表示不符,也包括相对人对意思表示内容了解的错误。我国《民法典》中的重大误解应理解为“重大错误”,应当是既包含相对人对内容理解的错误,又包含口误、错误书写等的表示错误。

2. 可撤销错误的理论基础

在当事人实施民事法律行为过程中有错误是可能的,什么样的错误是可以撤销的?在大陆法系,学理上有主观主义和客观主义两种对立的观点。

主观主义原则和客观主义原则影响了大陆法系的各国立法。按照主观主义理论,合同义务只是因为义务方“意图”约束自己时才可以执行。[①] 即任何一方如有超出“意图”之外的义务是可以撤销,不受约束的。客观主义理论认为,一个公开表达意见的人出现错误,原则上行为有效,只有在有理由认为对方对合同有效性的信赖的确不值得保护时才可以撤销。[②] 由此看出,主观主义原则是表意人立场,重在保护表意人的意思自治的完整性,客观主义原则是相对人立场,重在相对人的信赖利益的保护,即维护交易安全。

在大陆法系国家的立法体例上,坚持主观主义原则的国家有德国、法国和瑞士等。在以德国为代表的主观主义立法体例中,法律虽然允许表意人有错误可以撤销法律行为,但也规定了错误方应赔偿相对方信赖利益损失。坚持客观主义的国家主要有意大利、奥地利等国家,这些国家特别重视当事人信赖利益保护,在表意人有错误时通常是不可以撤销的。

须注意的是,无论是坚持主观主义还是坚持客观主义的国家立法中,并非所有的错误均能引起法律的救济,只有“重大错误”或是“根本性错误”才是撤销的理由。

3. 错误的类型

行为人的错误可能发生在意思形成阶段,也可能发生在意思表达阶段。当事人在法律行为的过程中的错误具体情形如下:

---

① 参见[德]海茵·克茨:《欧洲合同法》(上),周忠海等译,法律出版社 2001 年版,第 249 页。
② 参见[德]海茵·克茨:《欧洲合同法》(上),周忠海等译,法律出版社 2001 年版,第 250 页。

(1)意思形成的错误

其一,动机错误。动机错误是在意思形成阶段产生,它破坏的是意思的决策。例如,某人为了抵抗新型冠状肺炎病毒,买了普通感冒药,后来知道这些药根本没有效果。此种买普通感冒药情形属于动机错误,但这种动机错误不可以撤销。

私法领域,民事法律行为通常不会仅仅因为动机错误而被撤销。因为动机很难证实,另外,如果因动机错误而撤销民事法律行为,会影响交易秩序,不利于维护交易安全。各国民法典大都肯定这一原则。

其二,性质错误与同一性错误。性质错误存在于人或物上,与同一性错误界限模糊,有时不好区分。一般情况下,二者区别在于,同一性错误未能正确指认契约对方当事人或行为客体,性质错误是对于被正确指认的人或物具有行为人所需要的性质发生错误。例如,甲公司以为 A 曾获得过电竞比赛冠军,于是高薪聘请 A 加入团队,但其实 A 并不是冠军。此时,甲公司聘请的是 A,没发生同一性错误,但对 A 的能力判断错误,属于性质错误。

(2)意思表达错误

其一,表示错误。表示错误,它是指表意人错误使用了表示符号,而表示符号所表达的效果并不是表意人希望的。例如,商品标价 100,000 元错写成了 10,000 元、要 A 种货物却错拿了 B 种货物。

其二,内容错误。内容错误与表示错误不同,它是指表意人使用表示符号是正确的,但是就该符号所代表的内容发生理解上的错误。同一性错误以及行为类型错误属于典型的内容错误。

同一性错误分为对人的同一性错误和对物的同一性错误。例如,甲想和乙订合同,却错将丙当成乙,属于对人的同一性错误;如果甲想买橙子,但指着橘子说,买 1 斤橙子,属于对物的同一性错误。

行为类型错误,是指表意人想要实施的行为与相对人理解的行为类型不同。例如,甲是想把自己用过的电脑出卖给同学乙,但是同学乙却当成了赠与。

表示错误是表示符号的错误,而内容错误是对表示的意义理解错误。表示错误和内容错误紧密相连,难以分界,另外,无论是表示符号错误,还是表示内容错误均属于表示错误,依主观主义,都属于意思表示不真实,均会产生可撤销的法律效果。所以,二者的区分意义不大。

其三,传达错误。有的学者将传达错误作为独立的错误类型。所谓传达错误,是指意思传输过程中发生错误。当事人在实施民事法律行为中,通过第三人传达意思,可能会出现传达意思与表意人的意思不一致,即出现了传达错误。这种传达错误仍然是意思表达阶段的表示错误,其实不必将其作为一种单独的错误形态来讨论。

4. 我国法上的"错误"

我国原《民法通则》第 59 条、原《合同法》第 54 条以及《民法典》第 147 条规定了"重大误解"为可撤销的原因。关于何为"重大误解",曾经于 1988 年《民通意见》第 71 条规定:"行为人因为对行为的性质、对方当事人、标的物的品种、质量、规格和数量等的错误认识,使行为的后果与自己的意思相悖,并造成较大损失的,可以认定为重大误解。"这一界定表面上看与《德国民法典》采取主观主义、坚持意思表示完整性的立场相同,但因其加上了"造成较大损失"的构成要件,所以在立法逻辑上含混不清。

《民法典》第 147 条沿袭以往的立法习惯,直接规定"重大误解"的民事法律行为可以撤销。但是如何界定"重大误解",审判实践中依据《总则编解释》第 19 条予以认定。

(二)欺诈

1. 欺诈的概念

欺诈,是指故意向对方提供虚假情况或者在有说明义务时,故意违反说明义务而隐瞒事实。欺诈,是欺诈人对受欺诈人意思自由的侵害。准确地说,是受欺诈一方因被欺诈受到误导而作出不真实意思表示的,受欺诈一方可以撤销该法律行为。受欺诈实施的法律行为可以撤销,旨在矫正意思表示不自由状态,而并非重在弥补当事人一方的损失。因此,即使受欺诈一方因该民事法律行为获得了利润,也不影响欺诈的构成。

受欺诈一方作出的意思表示是不真实的意思表示,其意思表示最终也是错误的,但是和错误(重大误解)是有区别的,错误(重大误解)是当事人自己原因产生意思表示不真实,受欺诈的错误是由于相对人的故意欺诈陷于错误。

2. 欺诈的类型

(1)积极欺诈与消极欺诈

积极欺诈,是指以虚假陈述的方式诱导他人作出意思表示。例如,提供虚假材料，进行虚假宣传。消极欺诈，是指行为人在有说明义务时，故意隐瞒重要事项。例如，生产者未按照《产品质量法》的规定提供产品说明书，对产品情况不作必要的说明则属于消极欺诈。

区分积极欺诈和消极欺诈的主要意义在于，欺诈的构成要件是不同的。详见下文。

(2)相对人欺诈与第三人欺诈

《民法典》第148条规定的是相对人欺诈，《民法典》第149规定了第三人欺诈。两种情形下，受欺诈一方行使撤销权的条件是有区别的。

3. 欺诈的构成要件

(1)主观故意

构成欺诈要件的主观故意，是指欺诈人意图使受欺诈人对事实作出错误的判断并以此判断为基础而成立民事法律行为。《总则编解释》第21条明确了欺诈一方须是故意为之。我国学者大都主张欺诈必须是当事人故意而为之。各国学理及立法一般也采用这种观点。

在相对人欺诈中，故意是指相对人有明知或应知欺骗他人的主观心态。需要说明的是，第三人欺诈情况下，仅以对方当事人(相对人)知道或应当知道为限，只要对方当事人知道或者应当知道第三人实施欺诈，即具有主观故意之构成要件，而并不要求对方当事人有何积极表示或者与实施欺诈行为的第三人有何意思联络，这一点是第三人欺诈与恶意串通的不同。例如，甲和乙订立的合同，丙帮助甲欺诈乙。若甲明知丙是欺诈，此时，因甲是"明知"，具有可归咎性，则即便不是甲直接欺诈乙，而是第三人丙欺诈，乙仍然有权撤销甲乙之间成立的合同；若丙是"仗义"相助，默默地帮助甲欺诈乙，此时甲对丙的欺诈行为并不知情，则乙无权撤销其与甲之间的合同，此时，甲乙之间的合同可以有效。但是乙可以依法诉丙侵权。

(2)客观欺诈行为

欺诈行为是客观要件。欺诈人可以是民事法律行为的一方当事人，也可以是第三人。欺诈人的欺诈行为有积极欺诈行为和消极欺诈行为两种形态。

积极欺诈，须行为人明知真实情况，而进行虚假陈述，方可构成。构成欺诈的虚假陈述应当是超出法律、道德或交易习惯所能允许的限度。例如，一般的商业上的夸大宣传，或者"王婆卖瓜，自卖自夸"并不构成欺诈。那么如何判断构成欺诈的虚假陈述呢？在英美法系国家有一个重要的标准性规则，即构成欺诈的错误性陈述必须是对事实的陈述，仅仅是对自己意见或者见解的错误陈述不构成欺诈。例如，卖瓜的人说“我的瓜很甜”是一种个人意见或见解，不构成欺诈；但如果说“我的瓜很甜，含糖量 40%”，则是一种事实的陈述，如果事实陈述与实际不符合，就构成欺诈。英美法系国家的这种区分标准具有实操性，值得借鉴。

消极欺诈的构成要件为：第一，行为人有告知真实情况的义务。第二，行为人明知真实情况而故意隐瞒。如果行为人不知真实情况即不是“故意隐瞒”。第三，行为人未告知真实情况。

消极欺诈构成要件中的告知义务源自三种情形：①法律有规定。例如，《食品安全法》第 26 条中有关于食品标签和说明书的要求。②当事人有约定。③依习惯，一方负有告知义务。例如，实践中的所谓“凶宅”交易。标的物为“凶宅”，且出卖人明知该事实的，对相对人负有告知义务。违反告知义务，即构成欺诈。此种告知义务，属于依习惯发生。

（3）相对人（受欺诈人）因受欺诈而陷于错误

欺诈的构成必须是相对人误信欺诈人的表示为真实。如果行为人的故意虚假陈述或隐瞒事实被相对人识破，或相对人不信欺诈之表示而仍实施该民事法律行为的，不构成欺诈。

相对人对于误信欺诈有无过错，不是欺诈的构成要件。相对人误信欺诈有过错仅对损害赔偿责任分担有意义，即相对人对陷于错误有过失的，当民事法律行为被撤销，相对人请求损害赔偿时，欺诈人可主张过错相抵。

（4）相对人因错误而为意思表示

被欺诈的相对人因受欺诈陷于错误而作出意思表示，即相对人的错误同其作出意思表示之间有因果关系。

实务中的“知假买假”案例，是有争议的。买假者明知经营者所售商品为假冒伪劣商品而大批量购入，之后依据《消费者权益保护法》第 55 条第 1 款规定向出卖经营者请求惩罚性赔偿。① 知假买假案件是否适用惩罚性赔偿规定，理

① 《消费者权益保护法》第 55 条第 1 款规定：“经营者提供商品或者服务有欺诈行为的，应当按照消费者的要求增加赔偿其受到的损失，增加赔偿的金额为消费者购买商品的价款或者接受服务的费用的三倍；增加赔偿的金额不足五百元的，为五百元。法律另有规定的，依照其规定。”

论和实务中是有争议的。如否定说认为,知假买假者不是消费者,因其不是为生活需要而大量购买假商品,而是为从中获取惩罚性赔偿谋取利益,因其不是消费者,故不适用《消费者权益保护法》。此种观点是存疑的,难以判定知假买假者不是为生活需要而大量购买假商品。此外,依据《消费者权益保护法》第55条第1款的规定,惩罚性赔偿是以欺诈为构成要件,欺诈本义是以被欺诈方因欺诈陷于错误而为意思表示,而知假买假者并不是陷于错误,其所为意思表示非因欺诈所致,因而不属于《消费者权益保护法》第55条第1款的适用范围。当然,像食品或药品,法律有特殊规定的,不以欺诈为构成要件而允许知假买假者亦可请求惩罚性赔偿的,属于特例。

(三)胁迫

1. 胁迫的概念

胁迫,是指故意告以危害而使表意人陷于恐惧,从而作出有瑕疵的意思表示。在胁迫的情况下,受胁迫人意思自由受到侵害,而作出了意思表示不真实的法律行为,因此,法律应当进行干预。准确理解是,受胁迫作出虚假的意思表示,受胁迫一方有权撤销该民事法律行为。

受胁迫实施的民事法律行为可以撤销,与欺诈行为一样,旨在矫正意思表示不自由状态,而并非重在弥补当事人一方的损失。因此,即使受胁迫一方因该民事法律行为获得了利益,也不影响胁迫的构成。当事人受胁迫和受欺诈的结果都是意思表示不真实,二者最关键的区别是,作出意思表示的人是基于何种原因及表意时的心态都是不同的。受欺诈者是由于欺诈一方的误导而"心甘情愿"地作出意思表示;受胁迫者是由于实施胁迫一方告以危害则内心恐惧不得已作出意思表示。

2. 胁迫的构成要件

(1)主观故意

胁迫者主观必是故意,应当是胁迫人故意使相对人陷于恐惧,并使其不得已作出不真实的意思表示。《总则编解释》第22条作出了相应的解释说明。

胁迫者可以是相对人或者第三人。依据《民法典》第150条的规定,第三人胁迫的构成,是不以相对人知道或应当知道为要件,即使相对人不知道第三人胁迫,受胁迫人仍有权撤销民事法律行为。这与第三人欺诈的构成要件不同,第三人欺诈是以"相对人知道或应当知道"为构成要件。由此看出,法律对受胁迫者保护力度更高于受欺诈,原因在于胁迫的强制性程度太大,因此法律干预的更多。

(2)客观胁迫行为

胁迫行为,是胁迫者告以损害的行为。胁迫行为,可以是举动,或言语、文字,而不应是暴力行为。我国司法实践以及大陆法系国家均规定,胁迫不包括暴力在内。但胁迫必为积极行为,沉默(消极不作为)不构成胁迫。胁迫的手段通常是具有不法性,但胁迫并不以不法性为要件,例如,举报偷税违法或者举报犯罪行为都可构成胁迫。

至于损害的对象,不限于受胁迫者本人,与受胁迫人有相当关系的人皆可成为损害的对象,例如,捱你一刀如何如何,杀你全家如何如何,都是胁迫行为。

(3)受胁迫人因胁迫而陷于恐惧

法律对胁迫的救济旨在保护意思表示的自由,因此,只有胁迫达到足以影响行为人意思表示自由的程度,受胁迫人才能行使撤销权使意思表示不真实的法律行为无效。《民法典》第150条规定:"一方或者是第三人以胁迫手段,使对方在违背真实意思的情况下实施的民事法律行为,受胁迫方有权请求人民法院或者仲裁机构予以撤销。"其中"使对方在违背真实意思的情况下实施的民事法律行为"强调了胁迫达到的程度。胁迫达到足以影响行为人意思表示自由的程度可以理解为是受胁迫方因胁迫而陷于恐惧的状态。

导致受胁迫方陷于恐惧,因而意思表示不自由的胁迫程度如何衡量?大陆法系和英美法系的国家标准并不相同。在法国,采取了双重标准来衡量。《法国民法典》第1112条第1款规定:"如行为的性质足以使正常人产生印象并使其担心自己的身体或财产面临重大且现实的危害者,为胁迫。"这可谓合理人一般标准。该条第2款规定:"在此方面,应考虑到受胁迫人的年龄、性别及个人状况。"这是个别标准。

在德国,根据学理与判例,胁迫必须使一个通情达理的人害怕极大祸患的到来,而违心地表示同意。[①]

在英美法系,早期的普通法采取客观标准,即要求威胁足以克服"一个具有一般意志的人"的意志。20世纪初的美国法院多采用主观标准,即威胁只需达

① 参见李永军:《民法总则》,中国法制出版社2018年版,第748页。

到剥夺特定的被胁迫者的自由意志的程度。因为“自由意志”难以确定，所以后来又发展成另一条标准，即威胁必须使特定的被威胁者“没有合理的选择余地”。[①] 由此表现出，英美法系国家，为了维护实质正义，对胁迫程度的衡量由客观标准过渡到后来的主观标准，即以受胁迫者的个体为衡量标准。

我国《民法典》并未明确胁迫程度的衡量标准，本书认为，采取主观标准（威胁必须使特定的被威胁者“没有合理的选择余地”）更有利于实现个人正义，即实质正义。

（4）受胁迫人因恐惧而作出意思表示

须胁迫行为与受胁迫人的意思表示有因果关系。正是因为受胁迫人由于胁迫而陷于恐惧，其所作出的意思表示不真实的民事法律行为法律应予救济。

（四）显失公平

1. 显失公平的概念

显失公平的民事法律行为，是指一方利用对方处于危困状态、缺乏判断能力等情形，成立了结果上明显有利于一方不利于另一方的民事法律行为。此种民事法律行为是一方危难被乘机利用，而造成显失公平的结果。显失公平与重大误解、欺诈、胁迫下的撤销权制度法理基础同一，均是以维护表意人的意思自由为目的，即法律针对意思表示瑕疵行为赋予当事人撤销权，向当事人提供救济。

我国民事立法发展过程中，1986 年《民法通则》中规定，乘人之危民事行为无效，显失公平的民事行为可变更或可撤销。1999 年《合同法》中，将乘人之危和显失公平规定为两种可撤销合同类型。1999 年《合同法》实施以后，多年来，我国的司法实务中很少单独以结果显失公平作为合同撤销的原因，学理上对拆分乘人之危和显失公平作为两种可撤销合同的理由也大都是批评的态度，认为此种做法有违法理，同时也不符合民法体系的合理性要求。另外，在比较法上，也鲜有将显失公平和乘人之危两者分开适用的情形。因此，我国《民法典》第 151 条中，将“乘人之危”和“显失公平”合二为一，作为可撤销民事法律行为的原因，实属必然。

---

① 参见王军：《美国合同法》，中国政法大学出版社 1998 年版，第 196 页。

2. 显失公平的构成要件

(1)主观要件

构成显失公平的主观要件,是指一方利用对方处于危困状态、缺乏判断能力等情形中,利用行为人主观为故意,即属于明知对方处于危困状态或缺乏判断能力,而乘机利用与之实施明显不公平的民事法律行为谋取利益。若为过失则不符合显失公平的构成要件。至于是为自己利益还是为他人利益在所不问。其特点在于乘机利用,而非胁迫使对方处于困境(可构成胁迫),也不是因对方缺乏判断能力而欺骗(可构成欺诈)。

危困状态,是指人身或财产权益处于受损害或有遭受损害的现实危险状态,且该损害应有相当的重要性。例如,高速公路上汽车故障,急于求救属于危困状态。负有债务而急需还债的事实,如债务并非重大,实务中不认定为构成危困状态。另外,一方当事人处于羁押状态是否属于危困状态在实务中处理意见也有分歧。

缺乏判断能力,是指由于年老衰弱、不识字、患有丧失辨认能力的精神疾病等原因,而对于一般生活上或交易上的事务欠缺判断能力。若仅对某种特定交易而缺乏判断能力,应不构成此情形,否则进行新型交易,动辄可主张显失公平,显然不合适。例如,企业投融资中常见的“对赌协议”(估值调整协议),一般不构成显失公平。

《民法典》第151条在显失公平的主观要件中使用的“等”字要合理解释。显失公平的民事法律行为的撤销,体现了国家对意思自治的干预,其构成要件法律应作明文规定,其主观要件宜采取穷尽式列举。然而,《民法典》是以“等”字预留了解释空间,就解释论而言,也应作与危困状态和缺乏判断能力相当的情形理解,总之,要严控主观要件的规定。

(2)客观要件

客观要件是指民事法律行为成立时明显有失公平。即显失公平判断的时点,是民事法律行为成立之时,若是成立之后显失公平可能涉及情事变更原则的适用。

判断显失公平的方法,不以当事人主观价值判断为依据,应按照客观标准,即给付明显不相称是以市场通行的情况来衡量,不相称必须达到以市场活动的本质无法对之作出解释的程度,更确切地说是该程度使人可以通过反推得出,遭受不利的那一方当事人的自由意志的形成受到了限制。[①]

三、撤销权

(一)撤销权的权利归属

可撤销的民事法律行为中,无论是重大误解、欺诈、胁迫还是显失公平的情形,都仅涉及当事人私益,因此,法律赋予了特定的当事人自主决定行使撤销权,其他人或机关无权提出或依职权直接否定民事法律行为的效力。

可以理解为,撤销权归属于表意不真实之人。具体情形是,依据《民法典》第147条的规定,基于重大误解实施的民事法律行为,发生错误的当事人是撤销权人;依据《民法典》第148条和第149条的规定,相对人欺诈或者第三人欺诈的民事法律行为,受欺诈人享有撤销权;依据《民法典》第150条的规定,相对人或者第三人胁迫的民事法律行为,受胁迫人享有撤销权;依据《民法典》第151条的规定,显失公平的民事法律行为,撤销权归属于因显失公平而遭受损失者。

(二)撤销权的行使

可撤销民事法律行为的撤销权,属于形成权。大陆法系的德国、日本等国家民法典规定,撤销权人仅以意思表示向相对人为之即可达到撤销的效果。但是根据我国《民法典》,可撤销民事法律行为的撤销权必须依诉权行使,撤销权人有权请求法院或仲裁机构予以撤销。此种撤销权称为"形成诉权",其与《民法典》第145条中的相对人追认权以及善意撤销权等"一般形成权"的行使方式有区别。

可撤销民事法律行为的撤销权是形成诉权,由权利人自主决定是否向人民法院提起诉讼或者申请仲裁。基于形成权的特点,撤销权是一方当事人掌控,法律规定了除斥期间要求权利应及时行使。依据《民法典》第152条的规定,可撤销民事法律行为的撤销权须在法定期间内行使。具体规定如下:第一,不考虑当事人主观因素情形下,当事人自民事法律行为发生之日起五年内没有行使撤销权的,撤销权消灭。第二,有当事人主观因素影响情形下,撤销权消灭分为以下几种:(1)当事人自知道或者应当知道撤销事由之日起1年内没有行使撤

---

① 参见[德]迪特尔·施瓦布:《民法导论》,郑冲译,法律出版社2006年版,第480页。

销权。但属于重大误解的民事法律行为适用 90 日期间;(2)当事人受胁迫,自胁迫行为终止之日起 1 年内没有行使撤销权;(3)当事人知道撤销事由后,表示或者以自己的行为表明放弃撤销权。

关于理解撤销权除斥期间的法律规定须注意以下几点:第一,重大误解人撤销权除斥期间较短为 90 日的原因在于,误解方(错误)不同于受欺诈方和受胁迫方,误解方在可撤销法律行为形成过程中是有"过错的",法律对其在除斥期间上差别对待有其合理性。第二,受胁迫的民事法律行为撤销权除斥期间自胁迫终止之日起 1 年,原因在于受胁迫之人精神陷于恐惧可能在摆脱物理强制后仍有持续,因此会影响受胁迫方行使撤销权。第三,要注意 5 年除斥期间与 1 年和 90 日除斥期间的关系。二者之间是通常先适用 1 年和 90 日的除斥期间,但法律又规定了最长除斥期间五年,即假使民事法律行为发生已经满 5 年,当事人才知道本来享有撤销权,当事人仍然无权在知道之日起 1 年或 90 日内行使撤销权,在法律上当事人的撤销权会因民事法律行为发生之日起满 5 年而消灭。

(三)法律后果

可撤销的民事法律行为被撤销以后,同无效民事法律行为一样,自始无效,即撤销民事法律行为具有溯及力。因此,民事法律行为的绝对无效与相对无效的可撤销的民事法律行为被撤销,法律后果是一样的。基于此,我国《民法典》第 157 条将民事法律行为无效、被撤销或者确定不发生效力的法律后果作了统一规定。

第七节　效力未定的民事法律行为

一、效力未定民事法律行为概述

效力未定的民事法律行为,是未生效的民事法律行为,是指已经成立但由于某项特别生效要件不具备,效力处于不确定状态的民事法律行为。但是,对于效力未定的民事法律行为,法律允许来自第三人的补正。效力未定的民事法律行为在合理期间内得到补正的,自被补正时,民事法律行为发生效力;如在合理期间内得不到补正,则民事法律行为确定不发生效力。

效力未定的民事法律行为区别于无效民事法律行为。效力未定的民事法律行为效力可以补正,无效法律行为没有补正的余地。效力未定的民事法律行为区别于可撤销的民事法律行为。可撤销的民事法律行为在被撤销前或者撤销权消灭后是有效的,被撤销才无效,可撤销民事法律行为始终效力是确定状态。也有说可撤销民事法律行为是“效力未定”,其效力取决于撤销权的行使,但这种“效力未定”区别于本节中效力未定的民事法律行为类型。

《民法典》第 145 条、第 168 条、第 171 条规定了效力未定的民事法律行为。关于《民法典》第 168 条和第 171 条是代理中涉及的效力未定的民事法律行为,此内容将在代理制度中论述。本节主要介绍欠缺行为能力的民事法律行为和无权处分的民事法律行为类型。

二、欠缺民事行为能力的行为

健全的民事行为能力,是自然人实施有效的民事法律行为必备的条件。依据《民法典》第 145 条的规定,如果限制民事行为能力人实施民事法律行为,因欠缺相应的行为能力,其法定代理人有权同意或者追认。

(一)法定代理人的追认权

1. 追认权的性质

追认权是一般形成权,是法定代理人单方意思表示即可发生法律效力的权利。法定代理人的追认行为,弥补了限制行为能力人实施民事法律行为欠缺行为能力的有效要件,使该民事法律行为发生效力。法定代理人的追认行为是一种辅助行为。

2. 追认的方式

《民法典》第 145 条第 2 款规定,相对人可以催告法定代理人自收到通知之日起 30 日内予以追认。法定代理人未作表示的,视为拒绝追认。法定代理人可以向限制行为能力人或者相对人作出追认的意思表示,追认的意思表示到达相对人时发生追认的效力。法定代理人向限制行为能力人作出追认的意思表示,其视为同意,限制行为能力人将其同意的意思表示转达给相对人,即发生法定代理人追认的效力。

法定代理人的追认行为,可以是明示的或者默示的方式,但是,沉默视为拒绝追认。

3. 追认的效力

限制行为能力人实施欠缺行为能力的民事法律行为，法定代理人予以追认，则该民事法律行为自始有效；法定代理人不予追认，该民事法律行为确定不发生效力。

(二) 相对人的催告权与撤销权

1. 相对人的催告权

相对人有权催告法定代理人对限制行为能力人的民事法律行为予以追认。依据《民法典》第 145 条的规定，相对人应当给法定代理人 30 日的追认期限。法定代理人在相对人确定的 30 日以内的合理期限内未作表示的，视为拒绝。关于"30 日内"的期限属于强制性规范还是任意性规范，学术上是有争议的。

2. 相对人的撤销权

相对人的撤销权，也是形成权性质，它是指善意相对人撤销其意思表示的权利。相对人的撤销权不同于催告权，无论是善意的相对人，还是恶意的相对人都有催告权，但是，只有善意的相对人才可以行使撤销权。相对人撤销意思表示，应当向法定代理人表示。相对人撤销其意思表示，效力未定的民事法律行为确定不发生效力。

相对人行使撤销权的条件是：(1) 应在法定代理人追认之前行使，因为法定代理人追认后民事法律行为生效，则不得撤销。(2) 相对人为善意，即相对人实施民事法律行为时不知道也不应当知道对方是欠缺行为能力之人。因其善意，对于限制行为能力人实施欠缺行为能力的民事法律行为，法律赋予其法定代理人追认权的同时也赋予了相对人撤销权以示平衡。(3) 应采用明示的方式。

三、无权处分的行为

(一) 处分的含义

在 1999 年《合同法》第 51 条中，将"处分"的范围加上了"合同"，而且《合同法》第 51 条中的"合同"通常被理解为"买卖合同"等，据此出现了出卖他人之物的买卖合同属于效力待定的合同之错误结论。后来，民法理论中的负担行为和处分行为区分理论影响了我国的立法和司法实践,人们意识到债权合同的有效性完全不以处分权为必要。处分权应是处分行为的有效要件,欠缺处分权的行为应为处分行为效力待定。处分行为是一种物权行为,可以理解为是引起物权变动的行为。

《民法典》法律行为制度中未对无权处分予以明确规定,而且取消了原《合同法》第51条的规定,《民法典》第597条的相关规定也仍是合同(负担)行为的效力问题,关于无权处分行为的效力如何?下文作具体分析。

(二)无权处分行为的效力

无权处分,应指无处分权人处分财产的行为,处分他人财产是无权处分,处分被查封、扣押等行政强制的所有人之物也是无权处分。处分权是处分行为的有效要件,欠缺处分权要件的处分行为的效力有以下三种:

1.无权处分行为经权利人追认的,处分行为自始发生效力。权利人追认权是形成权,追认的方式可以是向无处分权人表示,也可以是向相对人表示。追认是不要式行为,既可以是明示的,也可以是默示的。但也有人认为追认应当是明示的。

2.无权处分后,取得处分权的,处分行为自始发生效力。无权处分后,行为人取得了该物的处分权是可能的,例如,接受赠与,付款买来,或者所有权人之物的查封、扣押等行政强制措施被解除等。

3.无权处分之后,既未取得处分权,也未被权利人追认,则处分行为确定不发生效力。

第八章

代　　理

第一节　代理概述

一、代理的概念与特征

（一）代理的概念

代理，是指行为人以他人名义与第三人为民事法律行为，由此所产生法律效果直接归属于该他人的行为。代理涉及三方当事人。其中，代他人为民事法律行为的人，称为代理人；他人即承受代理人所做法律行为效果的人，称为被代理人或本人；与代理人为民事法律行为之人为相对人或第三人。常见的分法，是依据代理权的产生不同，将代理分为两种：一是法定代理，代理权源自法律的直接规定；二是意定（委托）代理，代理权来自被代理人本人的授权。①

代理实质是民事法律行为，然而，相较于一般民事法律行为，代理独具特色。从所涉及的法律关系来看，一般民事法律行为只涉及行为人与相对人之间的法律关系，即双方法律关系，而代理涉及三方当事人（本人、代理人、相对人），包括三个法律关系，即内部关系（本人与代理人）、外部关系（本人与相对人、代理人与相对人）。通常的民事法律行为，意思表示人与法律效果承受人一致，代理行为中，意思表示人与法律效果承受人分离，因此，代理是民事法律行为实施的特殊形态。我国《民法典·总则编》第七章单独规定代理制度，将代理制度位

① 参见梁慧星：《民法总论》（第5版），法律出版社2017年版，第221页。

于“第六章民事法律行为”之后，此外，有的教科书中，直接将“法律行为与代理”作为一章，这种安排都源自代理本身就是民事法律行为。

（二）代理的特征

1. 代理人与相对人独立为民事法律行为

代理是以意思表示为要素的民事法律行为，因而，代理人实施代理行为时，当然需要作出意思表示，以代理合同行为为例，其中，包括发出意思表示与受领意思表示两种。前一种是向相对人发出订立合同要约的法律行为，后一种是相对人作出受领要约即接受合同的承诺。

代理行为中，代理应是代理人独立的民事法律行为。代理人并不是信息的直接传递者，代理人不同于传达使者，传达使者仅相当于合同双方当事人之间的“传声筒”，不单独作出意思表示。“传达人”转达一个由其他人事先拟好的表示，而不对该表示的内容施加任何影响。① 代理人独立实施法律行为并且独立作出意思表示。代理人必须独立地进行意思表示，是由本人对代理之需要决定的：由于主客观原因（无行为能力、生病、欠缺技能、事务繁忙难以分身等），本人不能亲力亲为，因此需由委托代理人去实施法律行为。② 因为代理人是独立为民事法律行为，依其自身的行为能力、意思表示作出行为，因此，当代理行为出现意思表示瑕疵情形，应以代理人的意思表示为准。

2. 代理人以本人的名义实施代理行为

（1）显名原则

代理人在代理权限内所作出的意思表示（或受领意思表示），须以“本人名义为之”，在学理上称为显名原则（又称为公开原则）。此原则以保护相对人为目的，使其知晓代理人是为本人为此行为，不致发生重大误解。关于代理意思的显名方式，既可明示亦可默示。在传统大陆法系民法的代理制度中，代理是以显名为必要和常态，要求代理行为必须以本人名义行使。而英美法系的商事代理制度中，除显名代理外，还承认隐名代理，即不要求代理人以本人名义为代理行为，代理人以自己名义为代理行为亦可成立代理。

---

① 参见［德］哈里·韦斯特曼：《德国民法基本概念》，张定军等译，中国人民大学出版社 2013 年版，第 63 页。

② 参见李永军：《民法总论》，中国政法大学出版社 2018 年版，第 342 页。

我国《民法典》第 162 条规定："代理人在代理权限内，以被代理人名义实施的民事法律行为，对被代理人发生效力。"这是民事代理制度的一般性条款。

依据《民法典》第 162 条的规定，在我国《民法典·总则编》的代理基本制度中，表明代理的显名主义立场，即民事代理以显名主义为基本原则。我国《民法典》第 925 条规定："受托人以自己的名义，在委托人的授权范围内与第三人订立的合同，第三人在订立合同时知道受托人与委托人之间的代理关系的，该合同直接约束委托人和第三人；但是，有确切证据证明该合同只约束受托人和第三人的除外。"这一规定，通常称为隐名代理，此种隐名代理应属于商事代理，与民事代理是有区别的。另外，生活中还会有这样的情况，例如，甲去超市为同学乙买生活用品，若此时甲对售货员说是给乙买的生活用品，自己是乙的代理人在实施代理行为，则售货员会感觉莫名其妙，此种情形下，售货员并不关心谁是缔约主体，这种事例也属于特殊情形。其实生活中，代理通常应是代理人以被代理人名义实施民事法律行为，例如，代理人去银行借款，则必须明示被代理人，因为此时银行非常在意谁是借款人。本书认为，判定代理行为，采相对人视角比较好，即相对人能意识到与之打交道者并不是当事人，而且具名者是最后的当事人，则为代理。

(2)冒名行为

冒名行为，是指假冒他人之名而为法律行为，即表意人将他人姓名当作自己的姓名使用。[①] 例如，儿子甲(19 岁)在他父亲乙的电脑上，通过网络在经销商丙处，购买一些飞机模型，并冒充他的父亲乙，且同时使用了父亲乙的密码，该密码在经销商丙处将甲识别为乙。此时，经销商丙对合同相对人并不清楚，他与两个人(被代理人、代理人)均有关系。在此种情况下，相应的意思表示是将对实际作出该表示的人甲产生效果，还是对真正的姓名持有人乙产生效果？鉴于交易中的公开性原则之目的在于保护意思表示相对人，因此，这种行为产生的效果，取决于相对人能够如何理解该行为，以及多大程度上他的利益是仅仅和特定的人缔结相应的民事法律行为。如果对交易相对人重要的是与其协商交易的、真正的行为人自身，那么在一个单纯的姓名欺诈案例中，这个姓名持

① 参见[德]本德·吕特斯、阿斯特丽德·施塔德勒：《德国民法总论》，于馨淼、张姝译，法律出版社 2017 年版，第 502 页。

有人对于意思表示相对人来说没有意义,并且也不会造成对身份表象的错误认知。该交易此时为相对人与实际行为人缔约,这在特定的民事法律行为中是可以采纳的。

如果交易相对人恰恰看重与姓名持有人订立合同,例如,由于他将后者认作购买力强或信用度高的人,或者合同缔结的其他情况恰恰表现出是与这个人订立合同,然而存在身份欺诈时,该合同行为既不是与行为人本人订立,而且由于缺乏代理权限也并没有和姓名持有人订立。此时参照有关代理的法律规定,真正的姓名持有人拥有事后追认该交易并因此对自己产生效果的可能性。如果他拒绝追认,那么冒用他人姓名的行为人将承担责任,如同无权代理的代理人,类推适用无权代理的相关规定。

3. 代理行为的法律效果直接归属于本人

前述《民法典》第162条规定中,“对被代理人发生效力”,是指代理人为法律行为的法律效果直接归属于本人承担,即代理人的代理行为直接为本人设立、变更或消灭一定的法律关系。这是因为,代理人在代理权限内以本人的名义实施的民事法律行为,相当于本人自己的行为,产生与本人自己行为相同的法律后果。因此,本人享有因代理行为产生的民事权利,同时也应当承担代理行为产生的民事义务。其中法律效果的直接归属包括以下情况:(1)代理人所为法律行为有效时,由本人直接承担依该法律行为内容所生的法律效果。如乙代理甲与丙订立买卖合同,则甲为买卖合同的当事人。(2)代理人所为法律行为无效、被撤销的,由被代理人直接承担返还财产、赔偿损失等法律后果。如乙代理甲与丙订立合同,乙欺诈丙,则甲、丙之间的买卖合同被撤销,由甲承担合同被撤销的法律后果。

4. 代理人须有代理权

代理权是代理人以被代理人名义所为法律行为的效力,得直接归属于本人的法律上的权能。这种法律上的权能本质上是一种资格或地位,而非独立的权利或能力。不属于权利,因代理权非为代理人的利益而存在,而是为本人的利益而赋予。不属于能力,因其非在使代理人取得某种权利或义务,而是扩大本人的法律上交易活动。①

① 参见王泽鉴:《民法总则》,北京大学出版社2009年版,第424页。

代理人有代理权，并在代理权限内实施的代理行为，法律上称为有权代理。须注意的是，表见代理和紧急代理也产生有权代理的效力。有权代理之外的代理，即为无权代理。无权代理(狭义无权代理)，不能发生代理的效力。但无权代理如果经被代理人追认，则转变为有权代理。此所谓追认，实质上是被代理人进行补充授权，因此使本来无代理权的代理人获得了代理权。此问题可详见本章第四节无权代理与表见代理。

二、代理的适用范围

民事法律行为中的财产行为，如债权行为、物权行为、准物权行为，均可代理。准法律行为中的观念通知与意思通知，亦可以代理，如债权让与通知等。诉讼行为、非讼行为也可以代理。某些履行财政、行政义务的行为也可代理。代理的适用范围十分广泛，但仍然是有限制的。

我国《民法典》第161条第2款规定："依照法律规定、当事人约定或者民事法律行为的性质，应当由本人亲自实施的民事法律行为，不得代理。"可以认为，不得适用代理的范围具体包括：

1. 具有人身性质的民事法律行为。为保护当事人的真实意思，原则上不得代理。诸如结婚、离婚、收养、认领子女等身份行为均不得代理。遗嘱这种死因行为为人身专属行为，亦不得代理。

2. 被代理人无权进行的行为。代理人所代理的行为必须是被代理人有权进行的行为，这是代理行为的前提。内容违法的行为和侵权行为被代理人不可为，代理人实施代理行为也不能产生代理效果。

3. 具有人身性质的义务。具有人身性质的义务，是指其发生或履行与义务人的身份、知识、技能具有密切联系的义务。这种义务，一般由双方当事人约定必须由本人亲自实施，必须遵从约定，不适用代理。如作者履行约稿合同、剧团履行演出合同等行为。

4. 事实行为，如占有、无主物先占、遗失物拾得、无因管理等非表示行为，无须意思表示，其效力系基于法律规定而生，故不得代理。[①]

5. 准法律行为中的情感表示。例如，对受赠人忘恩负义行为的宽恕，因涉

---

① 参见王泽鉴：《民法总则》，北京大学出版社2009年版，第415页。

及尊重当事人意思自治原则,不得代理。

三、代理与其他类似制度的区别

为了厘清代理与其他类似制度的区别,现举例如下:

甲公司董事乙派遣20岁实习生丙去告知员工丁,乙授权其(丁)以甲公司名义向店主戊购买一红木办公桌,戊的店员己与丁进行磋商,订立买卖合同、丁刷卡付款给己,清偿价金,己即依合同将该红木办公桌交付于丁。分别说明甲、乙、丙、丁、戊、己法律上的地位(资格),以及当事人之间的法律关系。下面我们先做如下的区分理解,再来回答此问题:

1. 使者与代理人

使者与代理人的不同在于,使者是在"传达"他人的意思表示(表示使者),或受领他人的意思表示(受领使者);而代理人系"自为"意思表示,或受领意思表示而为。使者与代理人的区别,应就其外部行为从相对人的立场客观地加以认定。使者只是传达在内容上已确定的意思,类似一种表示工具。代理人对意思表示内容的形成,具有一定的意思自治空间。使者与代理人有以下三点区别:

(1)使者可以是无行为能力人或限制民事行为能力人。例如,甲叫其6岁儿子乙(使者),告知丙餐厅送来一份外卖,是完全可以的。而代理人则须是具有相应的民事行为能力之人。

(2)使者仅传达他人的意思表示,有无错误等情形,应就表意人确定。意思表示因使者传达不实的,本人可以撤销。而代理人的意思表示有错误等情形时,该事实的有无由代理人确定。

(3)因身份行为是不可代理事项,可借由使者来传达其意思表示。例如,甲男生想要与乙女生订婚,羞于当面表示,完全可由15岁的妹妹传达其想订婚的意思。

2. 代表与代理人

法人组织必有代表人。法人代表行为,指法人的法定代表人以法人名义所实施的行为。代表与代理人有以下四点区别:

(1)行为人的法律人格不同

法人的法定代表人是法人的代表机关。在法人的内部关系上,法人与其法定代表人的关系,是组织与其组织机关的关系,法定代表人享有法人的代表权,可对外代表法人。例如,公司董事长在为公司签约,其行为就是公司行为。因此,法定代表人代表法人,与法人是一个人格而非两个人格。而代理人与被代理人无论在内部关系或外部关系上,都是两个不同的法律人格。

(2)行为性质不同

法定代表人是法人的机关,在对外关系上与法人是一个法律人格,因此法定代表人对外行使其代表权的职务行为,也即代表行为,就是法人的行为,而非法定代表人的个人行为。在对外关系上,法人除了法定代表人的代表行为外,没有其他行为。而代理人与被代理人,由于是两个完全不同的人格,因此代理行为是代理人个人的行为,而非被代理人的行为。

(3)承受法律效果的机理不同

法人代表是法人的组织之一,其所为的意思表示即为法人自己的意思表示,法律效果当然由法人承受,无须透过法律效果归属规定而发生。代理人行为的法律效果虽亦归属于被代理人,但因代理人的行为并非被代理人所为,该法律效果归属则需通过法律规定而发生。

(4)适用的范围不同

代理制度适用于民事法律行为与准法律行为,不适用于非以意思表示为要素的事实行为与不法行为。而法人代表制度则适用于法定代表人职务上的一切行为,包括民事法律行为、事实行为与不法行为。法定代表人因履行其职务而实施的民事法律行为、事实行为与不法行为皆属于法人的行为。

3. 代理人与占有辅助人

代理仅限于法律行为。占有属于一种事实,不得代理,对占有只可成立占有辅助关系。如售货店的店员对其经销的商品,工人对其使用的机器,均属占有辅助人,以雇主(自然人或法人)为占有人。

4. 居间人与代理人

居间为一种合同关系。依居间合同,居间人为委托人报告签订合同的机会或充当签订合同的媒介,而由委托人给付报酬。居间人与代理人的主要区别在于:代理人有缔结合同的代理权,可代委托人订立合同,而居间人无代理权,不得代委托人订立合同。

5. 行纪人与代理人

行纪为一种合同关系。依行纪合同,行纪人受他方委托,以自己的名义为委托人实施法律行为,并收取报酬。行纪与代理的主要区别在于:行纪人是以自己的名义为法律行为,其法律效果依据行纪合同间接地归属于委托人,因此理论上亦称为间接代理。这种间接代理,是一种商事代理,它不同于一般民事代理,只存在于商事活动之中。而委托代理中,代理人系以委托人的名义为法律行为,其法律效果直接归属于委托人,理论上称为直接代理。行纪人须有特殊身份,乃依法登记专门从事行纪营业的主体,并为一般人服务;而代理人不需要有特殊身份,并且只为特定人服务。行纪行为的范围由法律规定,限于动产的买卖及法律规定的某些行为;而代理行为的范围比较广泛,前述代理的适用范围已说明。

通过区分代理与其他相似制度,可以分清案例中的法律关系以及当事人的法律地位。其中甲公司与董事乙之间是代表关系,乙是甲公司的法定代表人;实习生丙是董事乙和员工丁之间的传达使者;丁是甲公司的委托代理人,在委托权限内行使权利;店员己是店主戊的占有辅助人;店主戊为代理相对人;假如红木家具是他人寄卖之物,则家具店为行纪人。

四、代理与私法自治

1. 代理的作用在于扩张私法自治。个人根据自己的意思处理社会生活关系,是近代法的理想。在现代分工的社会,从事交易活动,因个人时间精力有限,不需要事必躬亲,完全可以将自己信任的人作为代理人,而依其行为坐享其法律效果。不论是个人或是公司,借助代理制度,均可以克服地域的限制,由代理人为其进行各种民事法律行为,尤其是订立契约,从而扩张私法自治的范围,以满足社会生活的需要。当然,这一功能主要体现在意定代理之中。

2. 代理的作用在于补充私法自治。这一功能主要体现在法定代理中。在近代法中一切自然人均具有权利能力。但并非所有自然人均有意思能力,因而无意思能力人,不得自为法律行为。为保障无民事行为能力或限制民事行为能力的未成年人及有精神、智力障碍的成年人,能够实际参加社会活动,享受权利能力的实效,则有赖于代理制度。各国民法为未成年人及有精神、智力障碍的成年人设定法定代理人,正是出于此种目的。

第二节　代理的分类

一、意定代理与法定代理

民法学上根据代理权取得的依据，代理可分为意定代理与法定代理。但是在我国《民法典》当中并没有意定代理这一概念。我国《民法典》第 163 条规定："代理包括委托代理和法定代理。委托代理人按照被代理人的委托行使代理权。法定代理人依照法律的规定行使代理权。"我国《民法典》从法律上将代理划分为委托代理与法定代理。

(一)意定代理

意定代理的代理权来自当事人意志(代理权授予行为)。《民法典》中以"委托代理"取代意定代理，其实并不准确。意定代理与委托代理的区分有三：其一，意定代理的基础关系未必是委托。构成意定代理之基础关系的，除委托合同外，雇佣与劳动合同也是常见，甚至可以存在只有单纯的外部授权行为而无基础关系的意定代理。其二，即便基础关系为委托合同，也应将委托合同与意定代理权的发生分开对待。委托属于合同关系，只是代理关系的基础法律关系。而意定代理中，代理人取得代理权的，是基于单方行为的代理权授予行为。其三，委托关系未必伴随着代理权。当事人之间可能仅存在委托合同而无代理关系，受托人或者不必借助法律行为完成委托事务，或者无权以委托人名义实施法律行为。综上，"委托"与"代理"之间并无必然联系，以"委托"去修饰"代理"，极易混淆。代理规范之设置以意定代理为原型，原因在于，几乎所有关于法定代理的规则，均可在意定代理中找到，而诸如代理权授予、无权代理等问题，则仅出现于意定代理场合。就此而言，在代理制度中，重要的是意定代理，法定代理基本没有特别说明价值，其实法定代理完全可以划归于监护制度之中。

意定代理人所享有的代理权，是被代理人授予的，所以意定代理又称为授权代理。意定代理多数情形下产生于代理人与被代理人之间存在的基础法律关系之上，这种代理通常表现为建立了委托合同、雇佣合同、劳动合同、合伙合同等。

委托代理是意定代理的基本形式。在委托代理中，代理权的授予可以用书面形式，也可采用口头形式或其他形式。法律规定或者当事人约定应当采用特定形式的，应当用特定形式，书面授权的形式称为授权委托书。我国《民法典》第165条规定："委托代理授权采用书面形式的，授权委托书应当载明代理人的姓名或者名称、代理事项、权限和期限，并由被代理人签名或者盖章。"

（二）法定代理

法定代理，是指依法律规定而直接产生的代理。其主要目的是保护无民事行为能力人或者限制民事行为能力人利益，以监护人的法定代理权为典型。由于无民事行为能力人或者限制民事行为能力人，没有民事行为能力或者没有完全民事行为能力，不能为自己委托代理人，为实现和保护被监护人的合法权益。我国《民法典》第23条规定："无民事行为能力人、限制民事行为能力人的监护人是其法定代理人。"因此，法定代理产生的根据是代理人与被代理人之间存在的监护关系，监护人是被监护人的法定代理人。法定代理人所享有的代理权是由法律直接规定的，与被代理人的意志无关。

法定代理可以根据代理权限范围为标准，细分为一般代理与特别代理。特别代理是指代理权被限定在某些方面的代理，又称为部分代理、特定代理或者限定代理。一般代理，它是特别代理的对称，是指代理权范围及于代理事项的全部的代理，故又称概括代理、全权代理。通常在实践中，如未指明为特别代理时则为一般代理。

二、积极代理与消极代理

根据代理人是否处于主动地位，将代理可分为积极代理与消极代理。积极代理，也称为主动代理，是指代理人在代理权限范围内，以被代理人名义作出意思表示的代理。消极代理，也称为被动代理，是指代理人在代理权限范围内受领他人作出意思表示的代理。须注意，实践中这两种代理形态往往会交织在一起。例如，张三授权李四代理购买汽车，当李四向王五发出要约时为积极代理，而李四受领王五的承诺时则为消极代理。

三、单独代理与共同代理

根据代理权归属主体数量的不同，可将代理分为单独代理与共同代理。单独代理是指代理权归属于一人的代理，即代理人只有一人。共同代理是指代理权归属于数人的代理，即数个代理人共同行使同一个代理权。

在共同代理中，代理权原则上应由数个代理人共同行使。《民法典》第 166 条规定："数人为同一代理事项的代理人的，应当共同行使代理权，但是当事人另有约定的除外。"数个代理人共同行使代理权要求：(1)共同代理人的每一个人都享有平等的代理权，共同代理人之间的地位平等、没有高低之分。(2)共同代理权为数个代理人共同享有，共同代理权为一个整体，而不能分割后由每一个代理人分别行使。否则为数个代理权而不是共同代理权。(3)共同代理权行使应由共同代理人共同的意思决定，其中的一人或数人违反共同代理人的共同意志实施的代理行为无效。当然，共同行使代理权并不是代理事项中的每一项都是由共同代理人共同实施，只要是按照共同代理人的共同意志由一个或数个代理人实施的代理行为也属于共同行使代理权。《总则编解释》第 25 条规定："数个委托代理人共同行使代理权，其中一人或者数人未与其他代理人协商，擅自行使代理权的，依据民法典第一百七十一条、第一百七十二条等规定处理。"此解释明确了共同代理权的行使必须是共同代理人的共同意志所为的意思表示。

需要说明的是，《民法典》第 166 条中的"但是当事人另有约定的除外"之法律表述易产生误解。因为此种表述按文义解释，可以解释为"被代理人与其中之一代理人约定"，而代理权的授予系单方法律行为，即代理人系共同行为或各自行为，应取决于被代理人之意思而非约定。

四、直接代理与间接代理

直接代理，是指代理人在代理权限范围内，以被代理人的名义为民事法律行为，直接对被代理人发生法律效力的代理。理论上，将代理行为的效果直接归属于被代理人的代理被称为"直接代理"。而"直接代理"作为一种思维形态,直到19世纪才清晰地显现出来。[①] 欧洲中世纪,间接代理在商事活动中逐渐被广泛运用。间接代理,是指代理人以自己的名义为民事法律行为,其法律效果首先对间接代理人发生,然后依间接代理人与本人之内部关系,而移转于本人的制度,例如,通过物权或者债权让与以及债务承担或者免除而转移给本人。间接代理其实并不是民事代理,而是一种商事代理行为,仅在商事活动中采用。

直接代理与间接代理并不是代理的分类,间接代理的称谓也只是为了说明上的方便。《民法典·总则编》第七章所规定的代理,应当仅指直接代理。而《民法典》第926条的规定即是所谓的间接代理,这其实是一种行纪行为。

五、本代理与复代理

本代理,也称为主代理,是指代理人根据被代理人授权或依法取得代理权的代理。本代理是代理人自己为代理行为,为代理的一般化类型。复代理,又称为次代理,再代理或转委托代理,是指由代理人为被代理人再选任代理人,使其行使全部或者部分代理权而形成的代理。其中由代理人选定的第三人称为次代理人或者复代理人。

《民法典》第169条是关于复代理的规定,该条款处于“委托代理”之下,按照体系解释的方式,复代理应当仅适用委托代理,而不适用法定代理。然而,根据私法自治原则,法定代理人可以选任复代理人,因此该条规定存在类推适用于法定代理的余地。[②]

在委托代理中,基于委托合同,委托授权关系人基于信任的前提,代理人承担着自己亲自实施代理行为的义务,在一般情况下不得将自己的代理权转委托第三人,以避免对被代理人利益的损害。但是该转委托行为是基于被代理人的自由意思决定,或者突发状况的发生导致被代理人利益面临损害的危险,以及面对突发情况代理人无法实施代理行为时,法律应当允许转委托情况的存在。因此,我国《民法典》对适法的转委托代理规定了条件,即“应当取得被代理人的同意或者追认”,或者在“紧急情况下”可以转委托,以此来协调尊重当事人意思

① 参见尹田:《民法典总则之理论与立法研究》(第2版),法律出版社2018年版,第575页。
② 参见李宇:《民法总则要义》,法律出版社2017年版,第789页。

自治和保护被代理人权益之间的冲突。根据转委托代理行为是否符合条件，可以将转委托代理行为分为“适法的转委托代理”与“不适法的转委托代理”。

（一）适法的转委托代理

1. 具体情形

（1）被代理人同意或者追认。法律之所以对转委托行为进行严格限制，是因为这种转委托行为极易对被代理人的合法权益造成损害。但是，民法属于私法，因此应当尊重被代理人的意思自治。被代理人同意转委托的意思表示可以是在授予代理权时概括同意，即对选任复代理人的概括授权，也可以是在授予代理权后对转委托个别复代理行为的同意。

（2）紧急情况下转委托。紧急情况下，代理人为了维护被代理人的利益需要转委托给第三人代理，此时因为情况急迫，不需要被代理人同意或者追认。此种情形下转委托要件是“情况紧急”而且“为被代理人利益”。《总则编解释》第 26 条规定：“由于急病、通讯联络中断、疫情防控等特殊原因，委托代理人自己不能办理代理事项，又不能与被代理人及时取得联系，如不及时转委托第三人代理，会给被代理人的利益造成损失或者扩大损失的，人民法院应当认定为民法典第一百六十九条规定的紧急情况。”与原《民通意见》第 80 条关于“紧急情况”的规定相比，增加了“疫情防控”情形。

2. 效力

（1）外部效力。转委托的外部效力，是指复代理人所为代理行为对被代理人与相对人发生效力。因为此种转委托代理行为已经得到被代理人的同意或者追认，在实质上被代理人已经承认了复代理人的代理行为，此种情况下，复代理与本代理已经并无本质差别，复代理的代理行为对被代理人直接发生法律效力完全合理。即复代理关系一旦形成，复代理人就是被代理人的代理人，而不是代理人的代理人，复代理人在代理权限内为代理行为，其法律后果必然是被代理人承担。

（2）内部效力。转委托的内部效力，是指复代理在代理人与被代理人之间所产生的效力。首先，被代理人与代理人之间的代理关系并不因为转委托代理的发生而消灭。其次，在复代理人的代理权限范围内，代理人的代理义务消灭。最后，代理人仅就复代理人的选任以及对复代理人的指示承担责任。虽然代理人对于复代理人所为的代理行为不承担责任，但是由于该复代理人为代理人选任的,因此代理人应当对其选任行为负责。如果代理人对于复代理人的选任行为以及指示行为并无过错,即使复代理人行使代理行为造成了被代理人权益的损害,代理人也不承担责任,而是应由复代理人承担责任。

(二)不适法的转委托代理

如果转委托行为未经被代理人同意或者追认,也不是因为紧急情况发生转委托代理,则属于不适法的转委托代理。此种转委托代理的法律效力如下:

1. 外部效力

代理人擅自转委托,未取得被代理人同意或者追认,此时的"复代理人"行为的法律后果不能直接归属于被代理人。因为,"复代理人"相当于未取得代理权而以他人名义与相对人进行法律行为,"复代理人"属于无权代理,此时,被代理人与相对人之间的关系应当准用《民法典》第171条无权代理的处理规则。

2. 内部效力

不适法的转委托代理的内部效力表现为:第一,代理人与被代理人之间的授权关系并不因为转委托代理行为而消灭,代理人仍然负有为代理行为的职责。第二,因为转委托代理行为并未得到被代理人的同意或者追认,因此代理人必须对复代理人所为与复代理相关的一切行为承担责任。

第三节 代 理 权

一、代理权的性质

代理权,是指代理人得为一定法律行为且使被代理人直接承受该法律行为的效果的权限。代理权为代理关系的基础,代理权的有无决定代理人的代理行为是否有效。

对代理权是否存在,在理论上存在否定与肯定两种不同观点。否定说认为,代理只是委托、监护、合伙、雇佣等基础法律关系的外部效力,并非独立的制度,因而无所谓的代理权。此种观点为法国学者所倡导。在该观点影响下,1804年《法国民法典》只规定了委任,而未规定代理制度。肯定说则认为,委托、监护、雇佣等只是代理的基础法律关系,代理人以被代理人的名义为代理行为的直接依据并非此类基础法律关系，而是其依法享有的代理权，其中包括监护人根据法律规定取得的代理权，本人基于雇佣、委托等关系向受雇人、受托人等以授权行为授予的代理权。[①] 肯定说坚持代理权独立存在，但是对代理权性质仍有不同的观点：

（一）权力说

该说认为，代理权是代理人被授予的改变本人与第三人之间法律关系的权力，本人则承受了此种被改变了的关系的相应义务。权力说主要为英美法学者倡导。按照英美法系的代理法，代理权是一种“权力”（the power of agency），代理是一种“权力—责任关系”（a power-liability relationship）。学者道里克指出，代理人被授予改变本人与第三人之间的法律关系的权力，而本人则承担接受这种被改变了关系的相应责任。[②] 该说的不妥当之处在于，权力为公法概念，民事主体之间原则上不应存在权力。[③]

（二）权利说

该说认为，代理权是一种权利。在属于何种权利上学者之间存有分歧，有学者认为代理权属于形成权，另有学者认为代理权属于一种财产管理权。[④]

权利说有着显而易见的缺点，法律上的权利总是与某种利益相联系的，无论何种情形，只要涉及权利，总是意味着权利人享有某种受法律保护的利益，即使非财产权，亦不例外。而代理关系中，代理人以被代理人名义为法律行为，由此所生效果，不论是利益还是损失，均由被代理人承担，代理人并不享有任何利益。即使是有偿代理，代理人获得报酬的权利和请求本人偿还垫付费用的权利，也不是基于代理关系，而是基于委托合同或雇佣合同等其他基础关系。代理权不包含利益，代理权仅具有辅助本人之功能，为本人而存在，代理行为的效果，直接归属于本人，因此代理权并非权利。

（三）资格说

又称为能力说。该说认为，代理权是代理人以本人名义为法律行为的资格或地位。此说为现今多数认同之说，特别是在日本已成通说。此说认为，代理

① 参见李永军：《民法总论》（第 4 版），中国政法大学出版社 2018 年版，第 358 页。
② 参见梁慧星：《民法总论》（第 5 版），法律出版社 2017 年版，第 233 页。
③ 参见李永军：《民法总论》（第 4 版），中国政法大学出版社 2018 年版，第 358 页。
④ 参见［日］北川善太郎：《民法总则》，有斐阁 1993 年版，第 165～166 页。

权性质上与权利能力、行为能力相同,是一种法律上的能力。[①]

资格说的不足在于,难以解释以下问题。首先,法律上所谓能力(资格),性质上与主体不可分离,而且不能转让,所以本人是无法实现将自己的能力(代理权)再授予他人。其次,法律上所谓行为能力概念,其本身已包含代理能力在内,而无须他人授予或法律的特别规定。如果将代理权解释为一种能力将如何解释这种因授权而获得的代理能力与代理人行为能力中所固有的代理能力之相互关系?[②] 最后,法律上所谓权利能力或行为能力,是民事主体据以取得某种权利或负担某种义务的资格,代理权之目的非在使代理人取得某种权利或负担某种义务,而在于扩大本人的法律上交易活动,故非能力。[③]

对于代理权的性质,上述学说观点都有不足之处,各自并不圆满。本书认为,首先应肯定代理权的存在,但代理人之代理权其实并非真正的权利,而是一种"权限"或"职责"。

二、代理权的发生原因

代理权直接由法律规定,是为法定代理权;由被代理人以法律行为的方式授予,则为意定代理权。

(一)法定代理

法定代理,通常被规定于保护无民事行为能力人与限制民事行为能力人的监护制度中。实际上,除了为无民事行为能力人、限制民事行为能力人外,以下情形也可以发生法定代理:

其一,财产代管人在财产代管事务范围内,为失踪人的法定代理人;

其二,夫妻日常家事代理,即夫妻对于夫妻以及未成年子女共同生活所必需的日常支出,如水电、物业费、医疗保险等事项,可以互为代理人;

其三,清算人在清算职权范围内为清算中法人的法定代理人;

其四,破产管理人在管理与处分债务人的财产时,为债务人的法定代理人;

其五,遗产管理人,负有为全体继承人利益管理与处分遗产的职责,就其职

① 参见胡长清:《中国民法总论》,中国政法大学出版社1997年版,第303页。
② 参见梁慧星:《民法总论》(第5版),法律出版社2017年版,第234页。
③ 参见王泽鉴:《民法总则》,北京大学出版社2009年版,第481页。

责范围内的事务,为全体继承人的法定代理人;

其六,紧急状态时法律特别授权的代理,例如,在紧急情况下,船长、承运人、保管人等依据法律规定的紧急代理权,成为货主的代理人。

(二)意定代理

代理权根据法律行为授予的,称为意定代理。此种被意定地授予的代理权叫意定代理权。① 意定代理权是授权人意思表示的结果,因此,只要能够清楚表达授权意思,授权人有权自由选择授权方式,而不必须固定于常规模式。意定代理权授予既可以是内部授权,也可以是外部授权。

1. 内部授权与外部授权

无论内部授权,还是外部授权,授予代理权均是有相对人的授权意思表示。授权表示相对人是被授权人(代理人)的,为内部代理权。被代理人可以自由决定,是否告知潜在的交易相对人或者其他第三人有关已经被授予的意定代理权。如授权表示相对人是特定的第三人(法律行为相对人),则为外部代理权。区别内部授权与外部授权有以下三点意义:

第一,关于代理权的范围,在内部授权,应以代理人了解的观点加以确定。在外部授权,则应以第三人了解的观点加以确定。

第二,代理权授予行为有瑕疵(如错误、受诈欺或胁迫)时,在内部授权,原则上撤销授予代理权行为应向代理人作出;而在外部授权,则撤销授予代理权行为应向第三人做出。

第三,《民法典》第 172 条规定:"行为人没有代理权、超越代理权或者代理权终止后,仍然实施代理行为,相对人有理由相信行为人有代理权的,代理行为有效。"此种代理权的限制及终止,不得对抗善意第三人的法律规定通常适用于授权人先进行外部授权,而后由授权人于内部对代理人限制或撤回代理权的情形。

关于代理权的授予,除了典型的内部授权与外部授权外,还有两种非典型方式:

其一,内部授权的变通。授权人以对第三人个别通知或公告通知的方式宣

---

① 参见[德]本德·吕特斯、阿斯特丽德·施塔德勒:《德国民法总论》,于馨淼、张姝译,法律出版社 2017 年版,第 506 页。

告已授予代理权，通知之后，代理人即基于宣告取得向前一情形之特定第三人、后一情形之任意第三人实施代理行为之权限。由于通知本身仅是准法律行为中的事实通知，并不包含授予代理权之法效意思，故不足以构成授权表示。通知之外，授权人须对代理人另作授权表示。正是在此意义上，此等授权方式被称为“对外通知的内部授权”（《德国民法典》第171条第1款）。

其二，外部授权的变通。德国通说认为，向不特定人公告亦构成外部授权，这种外部授权与前述对不特定第三人通知的内部授权不同，区别在于，这种情况是以公告的方式授权，前述情形是对外公告已经授予的代理权。

2. 代理权授予形式自由

代理权授予是一种民事法律行为，原则上授权行为形式自由，但若法律有特别规定须采用书面形式，从其规定。《民法典》第165条规定：“委托代理授权采用书面形式的，授权委托书应当载明代理人的姓名或者名称、代理事项、权限和期限，并由被代理人签名或者盖章。”本条仅是规定了法律上对授权委托书的内容要求，但并未规定委托代理一律应采用书面形式授予代理权，即授予代理权的形式自由。

3. 代理权授予是单方法律行为

意定代理权的发生，来自被代理人的授权，关于代理权授予行为的性质，有以下三种学说：

第一，委任契约说。以法国立法为代表。《法国民法典》第1984条规定：“委任或代理，为一方授权他方以委任人名义为委任人处理事务的行为。委任契约，须经受托人的承诺而成立。”

第二，单独行为说。此为德国学者的通说。据此观点，《德国民法典》第167条规定：“代理权的授予，应向代理人或向代理人对之为代理行为的第三人以意思表示为之。”

第三，无名契约说。此说认为，代理权非来自委任，而是来自本人与代理人间的某种诺成的无名契约。此为日本学者的通说。[①]

授予代理权旨在令代理人取得将代理行为法律效果归属于被代理人的权限，代理人不会因此享有任何权利或者负担任何义务。故受领人的受领表示是

① 参见［日］北川善太郎：《民法总则》，有斐阁1993年版，第147页。

不必要的，代理权授予行为属于单方意思表示。本人的授权行为，可以类推是纯获利益的行为，因此，限制行为能力人基于本人的代理权授予而取得代理权是完全可能的。

另外，依据我国《民法典》第165条规定，授权行为仅是委托人（被代理人）单方意思表示即可成立，无须代理人在授权委托书上签字或盖章，说明授权行为是单方法律行为。

4. 代理权授予与基础法律关系

（1）分离原则

德国学者拉邦德于1866年发表《代理权授予及其基础关系之区别》一文，力倡严格区别委任合同与代理权的授予，被誉为法学上的发现之一，主张的严格区别代理权的授予行为与委任合同的理论，对此后大陆法系的民法典编纂产生重大影响。①

理解代理权授予，一定要将“委托合同”与“代理权授予”分开看待，即代理权授予行为是独立于基础法律关系而存在。在代理权外部授权中，代理人仅仅是基于授权人向第三人的外部授权行为而取得代理权，该授权行为系单方法律行为，无须被授权人作出受领的表示，甚至不以被授权人知悉为必要，由此看出，外部代理权授予的独立性展露无遗。内部授权时，被授权人虽然知悉该授权，但取得代理权仍是被代理人的授权行为的法律效果，而非来自委托合同、雇佣合同等代理权授予基础法律关系。

当然，若代理人仅享有代理权而不负担义务，这一“孤立代理权”将对授权人极为不利。② 因此，在授予代理权的同时，授权人往往对代理人行为作出一定的限制，以保证代理人不至于滥用代理权。即使如此，代理人的义务也不可能来自授权行为（单方行为无法令相对人负有义务），而只能来自另一法律关系（基础法律关系）。

代理权之授予，通常伴有委托、雇佣、承揽等基础法律关系，但是应当将代理权之授予与委托等基础法律关系严加区别。被授权人（代理人）根据委托合

① 参见王泽鉴：《法学上之发现》，载王泽鉴：《民法学说与判例研究》（第4册），北京大学出版社2009年版，第3～6页。

② 参见朱庆育：《民法总论》（第2版），北京大学出版社2016年版，第342页。

同、雇佣合同等(基础关系)负有为授权人(被代理人)处理事务的义务。无论委托合同还是雇佣合同,如果是双务合同,其权利义务关系均是受托人(受雇人)有义务为委托人(雇主)处理事务,并且受托人(受雇人)享有报酬请求权或在无偿委托时享有费用偿还请求权。可见,代理权的授予并不构成基础关系之内容,二者相互分离。另外,在代理权外部授权中,代理权并不必要有委托合同或雇佣合同等基础关系,代理权发生仅是基于本人之授权行为。

因此,代理权之授予是具有独立性的。代理权授予行为与基础法律关系未必同时存在,即使同时存在,亦因其各自法律性质与效果不同而彼此分离。

(2)授权行为的有因性与无因性

代理权的授予是单方法律行为,具有独立性,但是它往往伴随着委托、雇佣等基础法律关系,因此产生一个问题:作为授权行为原因的基础法律关系假如不成立、无效或被撤销时,授权行为的效力是否受其影响?此为代理权授权行为的有因性与无因性问题。对此,学说上有不同主张:

①授权行为无因说。此为德国学者的通说。此说认为,授权行为与基础关系各自独立,本人与代理人之间,其内部权利不必受此法律关系的拘束。基础关系无效或撤销,不影响授权行为的效力,授权行为是无因行为。我国台湾地区学者梅仲协先生也主张此说。[①]

②授权行为有因说。有因说认为,授权行为与基本法律关系不可分离,基本法律关系不发生效力或被撤销时,授权行为亦因之而消灭。依此见解,在雇佣或委任限制行为能力人的情形中,若雇佣或委托契约因法定代理人不同意而不产生效力时,其授予之代理权亦随之消灭,该限制行为能力人以本人名义而为的法律行为,因欠缺代理权,应成立无权代理。[②]

有因说侧重保护被代理人利益,同时简化了当事人的法律关系,即授权行为与基础关系同命运。但若采有因说,当基础关系不成立、无效或被撤销时,因代理权丧失而成为无权代理,此时,相对人有理由信赖有权代理的表象,善意相对人需要依表见代理主张本人承担无权代理行为之后果。

从保护相对人利益及交易安全考虑,采取无因说较为合理,无因说符合严

① 参见梅仲协:《民法要义》,中国政法大学出版社1998年版,第140页。
② 参见王泽鉴:《民法总则》,北京大学出版社2009年版,第437页。

格区别代理权授权行为与基础关系,使相对人不必顾虑代理人与本人之间的内部关系,有利于促进交易安全。但如果采无因说,即使相对人为恶意,明知基础关系不成立、无效或撤销,其与代理人所为法律行为仍对本人发生效力,显然有悖于法律不保护恶意者的目的,在利益保护上明显失衡,对于无辜或过错较轻的本人过于苛责。同时,相对人明知无代理权却仍可主张代理行为有效,将与表见代理制度形成规范冲突与体系违反,抵触表见代理制度保护善意第三人的宗旨。①

以上为授权行为的有因性与无因性的理论观点,其中以梁慧星教授为代表主张授权行为的有因性,但也有很多学者主张无因性观点,此问题尚未形成统一观点。我国《民法典》规定了意定代理中的委托代理,但关于授权行为与委托合同的关系问题,未设规定。

三、代理权行使原则

(一)法定代理权

法定代理权的行使受法律的直接约束。因监护关系及失踪人财产代管等情形产生的法定代理,其本人或者为欠缺行为能力的人,或者为失踪之人等,均不可能对法定代理人的代理活动进行监督或者控制,也不可能在法定代理人不当行使代理权时,行使撤销权,故只能以法律的规定去直接约束法定代理人的代理行为。

(1)一般规则的限制

法律有关代理权限制的一般规则,原则上均得适用于法定代理权。例如,《民法典》第 164 条规定:“代理人不履行或者不完全履行职责,造成被代理人损害的,应当承担民事责任。代理人和相对人恶意串通,损害被代理人合法权益的,代理人和相对人应当承担连带责任。”这一规定,就适用于法定代理。又如,《民法典》第 168 条有关自己代理、双方代理等相关规则,也适用于法定代理。

(2)特别规则的限制

鉴于监护人的法定代理权的行使缺乏本人之监督,在《民法典》第 34 条、第 35 条作出了对监护人的法定代理权的特别限制。在第 34 条第 3 款中规定:“监

---

① 参见梁慧星:《民法总论》(第 5 版),法律出版社 2017 年版,第 239 页。

护人不履行监护职责或者侵害被监护人合法权益的,应当承担法律责任。”《民法典》第35条规定:“监护人应当按照最有利于被监护人的原则履行监护职责。监护人除为维护被监护人利益外,不得处分被监护人的财产。未成年人的监护人履行监护职责,在作出与被监护人利益有关的决定时,应当根据被监护人的年龄和智力状况,尊重被监护人的真实意愿。成年人的监护人履行监护职责,应当最大限度地尊重被监护人的真实意愿,保障并协助被监护人实施与其智力、精神健康状况相适应的民事法律行为。对被监护人有能力独立处理的事务,监护人不得干涉。”

法律对监护人处分财产的限制,其意义在于,如果监护人对被监护人的财产实施处分行为,则就其行为是否属于维护被监护人利益所必需,监护人应承担举证责任,否则,应推定其滥用法定代理权。

另外,对于失踪人的财产代管人法定代理权的限制,《民法典》第43条规定:“财产代管人应当妥善管理失踪人的财产,维护其财产权益。失踪人所欠税款、债务和应付的其他费用,由财产代管人从失踪人的财产中支付。财产代管人因故意或者重大过失造成失踪人财产损失的,应当承担赔偿责任。”这一规定表明,法律将失踪人的财产代管人的处分权代理行为限制于清偿失踪人所欠税款、债务和应付的其他费用的范围之内。并且财产代管人给失踪人财产造成损失的,并非一律不承担责任,有重大过失或故意行为要负赔偿责任。

对夫妻家事代理权,其法定代理权应仅限于涉及日常生活的夫妻共同财产之处分行为的代理范围。

(二)意定代理权

意定代理权是代理人基于本人的授权表示而取得。代理人应当履行代理职责,不得滥用代理权。代理权的滥用,不是无权代理,是代理人有代理权,但滥用之。代理人的代理行为具有为本人设定负担之效力,因此可能发生代理人利用代理权为自己或关联人牟利的风险。为保护本人利益,法律对代理权行使设有限制。

(1)禁止自己代理。《民法典》第168条第1款规定:“代理人不得以被代理人的名义与自己实施民事法律行为,但是被代理人同意或者追认的除外。”法律之所以作此禁止规定,原因在于代理人与自己进行法律行为,通常会出现损人利己、有失公平现象,而且自己代理有违代理是三方关系之法理。但是,如果被代理人同意或者追认的,自己代理行为是可以有效的。即自己代理行为的效力由被代理人自主决定,体现了对私法自治的尊重。

(2)禁止双方代理。《民法典》第 168 条第 2 款规定:“代理人不得以被代理人的名义与自己同时代理的其他人实施民事法律行为,但是被代理的双方同意或者追认的除外。”这一禁止性规定原因在于,双方代理情形下,通常会使代理人陷于利益冲突而无所适从,进行双方代理行为时,对双方当事人利益平衡会出现顾此失彼。但是,基于双方代理所为法律行为,本人同意或者追认的,代理行为也可以有效。

法律禁止代理人以被代理人名义与自己建立法律关系,或者同时代理的双方当事人建立法律关系,但是由于自己代理与双方代理并不是为了保护公共利益所设,因此代理人所为的法律行为并非被法秩序否认而当然无效,实为“效力待定”,即自己代理和双方代理行为是否有效取决于被代理人是否同意或者追认。依据《民法典》第 171 条的规定,无权代理行为效力待定,与无权代理行为相比,自己代理和双方代理中毕竟代理人还是有代理权的,举重以明轻,因此,尽管自己代理和双方代理属于代理人滥用代理权,但将此类行为归为效力待定是有合理性的。

四、代理权行使的法律效果

(一)效果归属

代理行为有效,意味着代理行为所生法律效果直接归属于本人,而不是先归属代理人然后转承本人,即代理行为完成,则代理人就脱离代理法律关系。《民法典》第 162 条规定:“代理人在代理权限内,以被代理人名义实施的民事法律行为,对被代理人发生效力。”

(二)代理人的意思表示瑕疵

代理行为意思表示由代理人作出,相应地,代理行为中的错误、受欺诈、受胁迫等瑕疵的意思表示也应以代理人而非被代理人的意思表示为判断准据,即代理行为的可撤销性或无效性存在于代理人作出的意思表示中。但是,由于被代理人是代理行为实际效果承受者,当代理行为出现可撤销事由时,应由被代理人决定是否接受该瑕疵表示所带来的法律效果,即撤销权归属于被代理人。

需要注意的是,代理意思表示归根结底是为被代理人作出,当意思表示的错误存在于与被代理人关系之中时,被代理人的撤销权可能被排除。这主要体现在以下两种情形:

其一,代理权限的错误。代理人因为表述错误而超越代理权限,例如,代理人得到的授权是最高以5万元购入一块表,但买表时错误表述为50万元。此时,代理人虽为错误表意人却不享有撤销权,无权撤销其错误表示;对于被代理人而言,代理人的错误表示超越代理权限,故适用无权代理规则,即产生效力待定的法律效果。被代理人享有追认权而不必行使撤销权。但如果该无权代理构成表见代理,被代理人必须承受法律后果。

其二,名义的错误。代理人本想以被代理人名义发出意思表示,却误以自己名义发出。此时,被代理人名义因为未显示于外而不必承受法律行为后果,故不存在撤销的问题。同时,显名原则的违反并不必然导致该"代理行为"无效,代理人自己可能须为该行为承受法律后果。

(三)善意取得

当被代理人通过代理行为从无权处分人处取得利益时,被代理人是否有权主张善意取得,关键在于善意的判断。

同意思表示瑕疵的判断一样,意思表示由代理人作出,原则上善意与否应以代理人为判断准据。因此,如果代理人实施代理行为时明知或应知第三人无处分权,无论被代理人知悉与否,皆不得主张善意取得。如果被代理人明知或应知第三人为无权处分,并指示代理人与其实施法律行为时,即便代理人此时不知第三人无权处分,被代理人亦不得主张善意取得。原因在于,代理人毕竟为被代理人服务,如若肯定了被代理人的善意取得,则会令被代理人借代理人之手,轻而易举令其有违诚信的行为合法化。即只要被代理人非善意,则其一定不能主张善意取得。

无论是被代理人非善意而代理人善意,还是代理人非善意而被代理人善意,都将阻却被代理人善意取得。即被代理人基于代理行为从无权处分人处取得利益的善意取得构成中,实行代理人和被代理人皆为善意的双重善意要件规则,这一要求看似对被代理人严苛,但由于被代理人通过代理人代理活动本已实现了意思自治的扩张,因此提高善意取得构成要件的标准也无可非议。

（四）违法行为代理

《民法典》第 167 条规定："代理人知道或者应当知道代理事项违法仍然实施代理行为，或者被代理人知道或者应当知道代理人的代理行为违法未作反对表示的，被代理人和代理人应当承担连带责任。"即代理人或者被代理人，任意一方对违法代理行为知情且不做反对，继续实施该代理行为的，代理人和被代理人应当承担连带责任。

依据《民法典》第 167 条"由代理人和被代理人承担连带责任"的规定，此处的"责任"性质应为侵权责任。被代理人将违法事项委托代理人代理，代理人明知或者应当知道代理事项违法仍实施代理行为，或者被代理人明知或应当知道代理行为违法而不予反对的，代理人和被代理人则构成共同侵权行为，当然应负连带责任。例如，代理人与相对人恶意串通损害第三人利益的，被代理人明知或者应当知道的，代理人和被代理人属于共同侵权，应当对第三人承担连带责任。

五、代理权的撤回、撤销与终止

（一）代理权的撤回

代理权的撤回应是取消代理权。意定代理权是因授权而发生，其效力是将代理行为之效果归属于本人，通常不为代理人带来法律上的利益，代理人亦不存在信赖利益保护问题，因而，原则上代理权可随时撤回，不受基础关系是否存续之影响。

在意定代理中，代理权的可撤回性可由双方通过约定予以排除，但一般代理权（全权代理）与"孤立代理权"除外。一般代理权不得排除撤回权的原因如下，此类代理权给予代理人以全面代理的权限，若不得撤回，本人将沦为"被监护人"，有违私法自治。"孤立代理权"则顾名思义，不存在基础关系，且"孤立代理权"之行使则本就无所约束，被代理人若被排除撤回权，代理人就会信马由缰地行使代理权而后果归属被代理人实属不当。因此，一般代理权和"孤立代理权"下，不能约定排除代理权的撤回。

撤回代理权的意思表示既可向代理人作出，也可以向对方当事人作出，还可以公告作出。

需注意的是,为维护第三人利益,撤回表示不具有溯及力,即只对作出撤回意思表示之后的行为生效,撤回之前的代理行为仍属有权代理,被代理人不得拒绝承受法律效果。我国《民法典》第173条第2项中的"被代理人取消委托"即为代理权的撤回。

(二)代理权的撤销

我国《民法典》规定,受欺诈、受胁迫、重大误解或危难被乘之法律行为可以撤销。在意定代理中,代理权的授予行为是一种单方法律行为,但因为授权行为可能存在意思表示瑕疵,因而授权表意人有撤销授权行为的可能,但需就代理权行使前与行使后分别观察。

1. 代理权行使前

授予代理权是一种单方法律行为,授权行为生效,代理人取得代理权。授权人若存在授权意思表示不真实,可以按照可撤销法律行为规则处理,这与代理权是否行使本无关联。但是,与一般法律行为撤销相比,代理权撤销的特别之处在于,代理权行使前,代理行为尚未实施,未产生需要保护的第三人利益,因此,授权人撤销授权行为后,原则上不必承担损害赔偿责任。但此时,授权人行使撤回权比撤销权更为便利,因为取消代理权可以任意为之,也不需要明示理由,因代理权行使前并未产生代理的法律效果,所以撤回代理权无溯及力,对被代理人也无任何影响。因此,在代理权行使前,授权人即便是授权行为意思表示不真实,也应采撤回代理权而不必要撤销代理权。

2. 代理权行使后

由于撤回代理权不具有溯及力,只产生未来效力,因此,代理权行使后,如果授权人欲排除代理权行为之效果,则只能行使撤销权。授权行为之撤销主要有两个特殊性:

(1)撤销相对人

授权行为有内部授权和外部授权,授权行为属于有相对人的、需受领的意思表示,内部授权的意思表示相对人是代理人,外部授权的意思表示相对人是第三人(代理行为相对人)。依法律行为撤销一般规则,应以意思表示的相对人为撤销相对人。然而,代理权撤销相对人则不能依此规则。

代理权撤销的意义在于:第一,授权人否认代理行为的效力从而拒绝接受相应的效果。第二,撤销授权行为后,可能会产生损害赔偿问题。两种情形都与代理行为相对人有关联。所以,无论是内部授权还是外部授权,仅向代理人作出撤销表示而代理行为相对人并不知情是没有意义的。

撤销意定代理权是一般形成权,最合理的安排是以代理行为相对人为撤销相对人,而不是以授权行为相对人为撤销相对人。撤销相对人与授权相对人意义不同,而且,也不必要保持二者的一致性。

(2)法律后果

授权行为撤销后,代理行为变成无权代理,不能对被代理人生效。根据无权代理的一般规则,第三人有权请求代理人对其信赖利益损失进行赔偿。

(三)代理权的终止

1. 委托代理的终止

(1)委托代理的终止情形

依据我国《民法典》第173条的规定,有下列情形之一的,委托代理终止:

其一,代理期限届满或者代理事务完成。代理事务或代理期限是委托关系存在的基础,若当事人在代理期限届满或为代理事务完成,无其他意思表示,则代理基础消失,代理关系自然终止。

其二,被代理人取消委托或者代理人辞去委托。委托代理是基于意思自治由被代理人与代理人双方合意达成,且不具有强制义务性质,如一方终止代理关系,代理关系自动终止。且被代理人享有任意解除权,可自行解除委托合同。

其三,代理人丧失民事行为能力。代理人为代理行为是独立作出意思表示,因此代理人必须具备相应的民事行为能力,但代理行为并不一定需要完全民事行为能力。所以,这里的"丧失行为能力",是指代理人不具备所实施的代理行为应具有的行为能力,而不必是完全丧失行为能力。

其四,代理人或者被代理人死亡。代理权的授予,系基于被代理人对特定代理人的信任而为,且代理权不是权利,不能为代理人带来利益。代理权更非义务,代理人不必受代理行为效果拘束,因而,代理权不具有可继承性,将随代理人死亡而消灭。

其五,作为代理人或者被代理人的法人、非法人组织终止。作为被代理人或者代理人的法人、非法人组织终止后,一切法律关系归于绝对消灭,并无继承人予以承受,因而,法人或非法人组织无论作为被代理人抑或代理人,一旦终止,代理关系即告消灭。

(2)委托代理终止的例外

依据我国《民法典》第174条的规定,被代理人死亡后,以下情形委托代理人实施的代理行为有效:

其一,代理人不知道且不应当知道被代理人死亡。

其二,被代理人的继承人予以承认。

其三,授权中明确代理权在代理事务完成时终止。

其四,被代理人死亡前已经实施,为了被代理人的继承人的利益继续代理。

2. 法定代理的终止

依据我国《民法典》第175条的规定,法定代理的终止原因如下:

其一,被代理人取得或者恢复完全民事行为能力。法定代理是为补充被代理人的行为能力的不足,因此限制民事行为能力人"取得或恢复民事行为能力"时,法定代理没有存在基础,自然应当终止。

其二,代理人丧失民事行为能力。法定代理属一般代理,代理人需独立作出意思表示,因此代理人必须具备完全的民事行为能力,一旦代理人丧失行为能力,代理当然应当终止。需要注意的是,这里的"丧失行为能力",是指代理人即使未完全丧失行为能力,仅部分丧失行为能力亦足以导致代理关系的终止。

其三,代理人或者被代理人死亡。法定代理不同于意定代理,它是以监护关系为基础,一般基于监护资格而取得,不可继承亦无授权行为。一旦被监护人死亡,监护关系随之消灭,法定代理亦终止。

其四,法律规定的其他情形。这主要是指失踪人的财产代管人、夫妻家事代理权等法定代理行为。

失踪人之财产代管人法定代理权随财产代管关系的终止而消灭。依据我国《民法典》第44条、第45条规定,有以下情形:

(1)财产代管人被申请变更。《民法典》第44条第1款规定:"财产代管人不履行代管职责、侵害失踪人财产权益或者丧失代管能力的,失踪人的利害关系人可以向人民法院申请变更财产代管人。"

(2)失踪宣告被撤销。《民法典》第45条第1款规定:"失踪人重新出现,经本人或者利害关系人申请,人民法院应当撤销失踪宣告。"因此,财产代管人的法定代理权随财产代管权的终止而当然消灭。

(3)财产代管人死亡或者丧失行为能力。此种情形,虽未有法律规定,但亦可理解,代理的目的是弥补本人能力的不足,财产代管人死亡或丧失行为能力(无论是部分丧失行为能力,还是全部丧失行为能力),当然都无法为代理行为,代理关系自然终止。

夫妻关系因夫妻离婚或者夫妻中一方死亡而终止时,夫妻家事代理权将归于消灭。

第四节　无权代理与表见代理

一、无权代理概述

无权代理,是指行为人没有代理权而以被代理人名义与第三人为民事法律行为。一般有以下几种情况:

第一,根本没有代理权的无权代理。这是指未取得代理权而以他人名义实施代理行为。主要表现为:其一,没有经过代理权授予却以他人名义实施代理行为;其二,法定代理人以外的人以无民事行为能力人或者限制民事行为能力人的名义进行代理。无权代理是否为被代理人谋取利益,或者为自己谋取利益在所不问。

第二,超越代理权的无权代理。这种情形下代理人本来享有代理权,但是代理人所实施的民事法律行为已经超越代理权限范围,这种超越包括全部超越(质的超越)和部分超越(量的超越)。例如,被代理人要求代理人实施买卖房屋的法律行为,但是代理人实施了房屋抵押的代理行为,这种情形就是全部越权或者质的越权;再如,被代理人与代理人约定代理人订立合同应当经被代理人签字确认,代理人全然不顾该限制约定,径行订立合同,则属于部分越权。在共同代理的情形下,数个代理人必须共同实施代理行为,如一方违背代理人的共同意志单独实施,也构成无权代理。

第三,代理权消灭后的无权代理。这是指在实际上代理权已经消灭,但是代理人仍以本人名义实施代理行为。

第四,授权行为无效或者被撤销的无权代理。意定代理中,代理人之所以享有代理权是因为被代理人的授权行为,因此被代理人的授予代理权的行为是代理人享有代理权的基础,但是当被代理人授予代理权的行为不符合有效的民事法律行为要件时,可能会被宣告无效或者撤销,这时代理人实施代理行为构成无权代理。例如,无民事行为能力人授予王某代理权,王某实施的代理行为构成无权代理。

根据无权代理人实施的代理行为是否具有代理权表象,可以将无权代理分为表见代理和狭义无权代理。表见代理发生有权代理的效果,狭义无权代理所为的民事法律行为效力待定。

二、表见代理

(一)表见代理的概念

表见代理,是指第三人基于特定的客观事实信赖无权代理人具有代理权,从而产生有权代理法律后果的无权代理。通俗地说,表见代理的前提是代理人无代理权,却以本人的名义和相对人实施民事法律行为,并且相对人有足够理由相信行为人有代理权,因此法律强制使本人对善意无过失的相对人承担被代理人责任的代理。

《民法典》第172条规定:"行为人没有代理权、超越代理权或者代理权终止后,仍然实施代理行为,相对人有理由相信行为人有代理权的,代理行为有效。"该条即是表见代理的规定。

(二)表见代理的制度价值

现代生活中,安全十分重要。安全是法律的基础性价值之一,法律是安全保障的工具。法律上的安全可分为静的安全与动的安全。静的安全又称为所有的安全或者享有的安全,是指法律对主体已经享有的既定利益加以保护,使其免受他人任意侵夺。动的安全即交易安全,是指法律对主体取得利益的行为加以保护,使其合理期待能够依法实现。保护交易安全的目的在于保证财产流通顺畅,实现社会整体效益。在现代社会生活中,由于商品经济高度发达,财产的流转和利用已成为社会发展必不可少的要素,因此当静的安全与动的安全发生冲突时,法律一般选择优先保护动的安全。在表见代理的情况下,虽然行为人没有代理权,但由于存在行为人有代理权的外观,相对人有正当理由相信行为人具有代理权并与之进行交易,对相对人的此种合理信赖应当予以保护。否则，相对人就会担心由于行为人无代理权时本人不承担责任从而使自己蒙受损失，为慎重起见，相对人势必要详细了解本人的意思、反复调查行为人是否真正取得授权及其权限范围，此类工作必然影响交易的效率。因此，只要相对人对无权代理人有权代理本人行为的状态产生了合理信赖，即便实际情况相反，也应保护相对人的信赖。表见代理制度正是通过使在本质上属于无权代理的行为发生有权代理相同的法律效果，从而实现了保护交易安全的价值目标。

(三)表见代理的构成要件

表见代理的构成，须具备以下要件：

1. 无权代理人须以被代理人的名义为民事法律行为

表见代理也属于无权代理，其构成需要无权代理人以被代理人的名义为民事法律行为。代理人若为有权代理而为民事法律行为，则不需要依表见代理制度使被代理人承受代理行为之效果。

2. 须客观上存在使相对人相信无权代理人具有代理权的事由

即存在行为人有代理权的外观或假象，正是由于此外观存在，使相对人有正当理由相信行为人有代理权，如行为人持有授权委托书、本人已向相对人为授权通知等。

在实践生活中，权利外观很少是单一要素构成，而往往是一系列情况，一般可从以下五个方面来判断相对人是否有正当理由相信行为人具有代理权：

其一，特定的场所。若无权代理人在本人的场所从事代理活动，则可以认为相对人有理由相信该行为人已获得本人的授权。

其二，无权代理人与本人的关系。若无权代理人与本人之间存在夫妻关系、父母子女关系、雇佣关系、合伙关系等特定关系，或者无权代理人具有诸如遗产管理人等特殊地位，则可以根据具体的交易情况来认定相对人有正当理由相信无权代理人具有代理权。

其三，无权代理人是否从事了与其职务职责有关的行为。如无权代理人为本人的高级管理人员，其对外以本人的名义与相对人从事了与其职责相关的民事活动，就有可能使相对人有理由相信其具有代理权。

其四，本人对无权代理行为的发生所起的作用。如本人容忍无权代理人以其名义为民事法律行为、本人于代理权终止后未收回授权委托书等，则可能使相对人有理由相信行为人具有代理权。

其五,无权代理人在与相对人缔约时宣示其拥有具有代理权的根据。如无权代理人持有代理证书、单位的业务介绍信等凭证,则可以认定相对人有理由相信行为人具有代理权。在具体认定时,可依据合理人的标准加以判定,即将特定相对人与一个合理交易当事人的行为进行比较,当一个一般理性之人在从事此种交易时,根据客观事实相信无权代理人有代理权时则可认为相对人具有正当理由。还要指出的是,在认定这些客观情形的存在时应当从严把握,若任意扩大表见代理的适用范围,势必会不当干预本人的意思自治。

3. 相对人须为善意无过失

善意无过失,是指相对人不知道行为人无代理权且该不知道并非因其疏忽大意或懈怠所致。如授权委托书为伪造,一般人只要稍加注意即可看出,而相对人未作审核或虽然审核但未看出,则其主观上有过失而不构成表见合理。《民法典》第172条仅规定"相对人有理由相信行为人有代理权",并未明确要求相对人必须是善意的,据此是否可断定相对人有理由相信行为人有代理权就意味着相对人在主观上为善意无过失?我们认为,权利外观的存有在很多情况下确实意味着相对人在主观上是善意无过失的,但并不能绝对化。如无权代理人假冒本人的名义为代理,假设相对人对无权代理人的情况甚为了解,此时,或许可以认为存在权利外观,但相对人并非善意,则不构成表见代理。再如代理权终止后,本人已发出公告或在公章被盗后已公告该公章作废,而相对人并没有阅读有关报刊,从而不知道代理人并无代理权。此时,当无权代理人持有本人的公章与相对人为民事法律行为时,或许可以认为存在权利外观,相对人也为善意,但显然存在过失而不应构成表见代理。因此,表见代理之构成,在权利外观的要件外,另行要求相对人善意无过失是必要的。《总则编解释》第28条明确了此种观点。

4. 本人的可归责性

本人的可归责性是否作为表见代理的构成要件,我国学界对此存在很大的争议。[①] 此部分我国《民法典》的规定中也并不明确。总体上,学界存在须本人具有可归责性与无须本人具有可归责性两种截然不同的学说观点。其中,前说侧重于维护静的安全,后说则较多维护交易动的安全。坚持须本人具有可归责

---

① 参见孙礼海主编:《中华人民共和国立法资料选》,法律出版社1999年版,第154页。

性的学说中，又存在本人对代理权外观产生是否具有过错（过错归责）、代理人外观产生是否与本人存在关联（诱因归责）以及是否属于本人应承担的风险范围（风险归责）等不同见解。[①]

表见代理的要件设计需兼顾不同的价值。该制度固以保护交易安全为价值取向，但“意思自治始终是民法的核心原则，表见代理只是立法者基于交易安全的考虑作出的一个让步。如果被代理人对无权代理的产生没有任何过错，仍然让其承担责任，是对私法自治原则的极大冲击”。[②] 而且，从表见代理与善意取得的关系来看，这两个制度在基本利益结构上具有相似性，《民法典》第311条、第312条为有关善意取得制度，立法者在其中潜藏着区分占有委托物与占有脱离物的思想，占有委托物因基于权利人的意思而丧失占有，故原则上适用善意取得，占有脱离物则不然。因此，为实现价值判断的一贯性，避免出现评价矛盾，在表见代理的构成中也应顾及与善意取得相同的价值判断，即应该考虑被代理人的可归责性问题。至于被代理人对权利外观适用有过错、有关联还是风险控制规则仍需要深入研讨。

（四）表见代理的类型

表见代理是无权代理，一般可分为有授权表象的表见代理、有未越权表象的表见代理以及有代理权延续表象的表见代理三种类型。

1. 有授权表象的表见代理

这是一类基于某种原因呈现出授权表象，而实际上并未授权的表见代理，它包括以下四种情形：

（1）向特定第三人通知授予他人代理权而实际上并未向该他人授权。授权人对特定第三人个别通知已经授予代理权是内部授权的变通形式，依其性质，该授权行为只有向代理人本人为之，才能产生授权的效果。向第三人为授权的通知，只具有向第三人告知授权的意义，属于一种缺乏法效意思的事实通知，并不发生授权的效果。因此，若被代理人仅向第三人为授权的通知，而未向代理人为授权的意思表示，就不能成立有权代理而只能成立表见代理。当然，该他

① 参见叶金强：《表见代理构成中的本人归责性要件——方法论角度的再思考》，载《法律科学（西北政法大学学报）》2010年第5期。

② 参见方新军：《〈民法总则〉第七章“代理”制度的成功与不足》，载《华东政法大学学报》2017年第3期。

人所为的代理行为也必须是在授权人向第三人表示授予代理权的权限范围内，自不待言。

(2)公告授予他人代理权而实际上未向该他人授权。公告授权对任何第三人都具有授权表象的意义，若公告人并未向该他人授权，该他人以公告人名义向任何人所为的代理行为都可构成表见代理。同样，该他人所为的代理行为也必须是在公告人表示授予代理权的权限范围内，才能构成表见代理。以上两种情形在理论上被称为“表示行为授权”或者“表见授权代理”。

(3)知道他人以自己名义为代理行为而不作否认的意思表示。此种情形在理论上被称为“容忍授权”。相对人应对本人知道他人以其名义为代理而不否认的事实承担举证责任，本人则应对相对人非善意无过失承担举证责任。

(4)出借单位的合同专用章、业务介绍信或盖有公章的空白合同书等文书。这些文件是单位对外活动的重要凭证，若单位将其出借给他人，借用人以之与相对人订立合同，相对人有充分的理由相信订约人是受该单位委托，有权代理该单位对外订立合同。实践中，被原单位开除、解聘的业务员仍持有原单位的专用章等订立合同，原单位也应承担责任。

2. 有未越权表象的表见代理

这是一类在实际授权小于授权表象时发生的表见代理。其典型形态为：被代理人对代理权加以限制或者撤回，而相对人有正当理由相信代理权未受限制或者被撤回，代理人不顾该限制或者撤回为代理。此种情形在理论上被称为“逾越代理权之表见代理”与“撤回代理权之表见代理”。如本人以口头形式限制代理人的代理权，但委托书并未载明该限制；本人向第三人为授权通知时未告知代理人的代理权受限制；公告授权时未公示代理权受限制等。

3. 有代理权延续表象的表见代理

代理权消灭后，如有代理权继续存在的表象，代理人在原代理权限内与相对人为民事法律行为，成立表见代理。代理权继续存在的表象，包括以下三种情况：其一，代理权消灭后，被代理人未收回授权书或者未通知相对人，又或者未公告授权委托书失效。其二，向特定第三人为授权通知，代理权消灭后未向该特定第三人通知代理权消灭。其三，以公告方式授予他人代理权，代理权消灭后未公告代理权消灭。

（五）表见代理的效力

表见代理发生相当于有权代理的法律效果。相对人可请求本人承担授权人责任，亦即请求本人承担代理行为的后果。须注意的是，相对人是否基于表见的事实而主张本人承担授权人责任，应由其自主决定并承担举证责任，法院不得主动依职权认定构成表见代理。当然，由于表见代理仍属于无权代理，因此，相对人也可以在知悉表见代理人无代理权后抛弃该权利而去主张狭义无权代理。以无权代理合同为例，首先，相对人可在本人追认前撤销无权代理人订立的合同，此时，相对人不得要求无权代理人承担责任；其次，相对人还可以催告本人行使追认权或者否认权。在本人否认或者视为否认时，相对人可以要求无权代理人承担损害赔偿责任。在表见代理的场合，相对人固然享有选择权，可以主张有权代理的效果或者狭义无权代理的效果，不过，若相对人已主张狭义无权代理，则不能再主张表见代理。

三、狭义无权代理

（一）狭义无权代理的概念

狭义无权代理，是指没有代理权表象或者第三人无理由相信其有代理权的无权代理。即无代理权实施代理行为，且不构成表见代理的，则为狭义无权代理。

在狭义无权代理的制度中，无权代理人以本人名义与第三人为民事法律行为，其效果应当属于效力待定，该民事法律行为既可能有效，也可能无效。《民法典》第 171 条赋予了本人和相对人的形成权（追认和撤销）使代理行为效力及时确定，并对无权代理人苛以责任。《民法典》不支持第三人主张无权代理人以本人名义或者善意信赖无权代理人有代理权而要求本人承担法律行为的后果。无权代理的法律制度构建是因为本人无须对擅自以其名义从事法律行为的后果负责。

（二）效力确定

1. 本人的追认权和否认权

在无权代理的情形中，本人享有追认权和否认权。追认权和否认权属于形成权，本人只要发出追认或者否认的表示，无须相对人的任何意思表示，就可以使该法律行为的效力处于确定的状态,即追认有效,否认则无效。本人的追认或者否认的意思表示可以向无权代理人做出,也可以向相对人做出,可以明示当然也可以默示。

2. 相对人的催告权与撤销权

法律制度的设定一定要追求"平衡",在无权代理的制度中,既然给本人设定了追认和否认的权利,那也一定要给相对人设定相对应的权利,无权代理人、本人与相对人的利益必须进行平等保护。因此为了使待定的民事法律行为效力确定下来,法律同样给予了相对人催告权与撤销权。

(1)催告权。催告权是指相对人确定相当期限催告本人答复是否追认的权利。无权代理行为,本人追认前,效力不确定,对相对人不利,法律为保护相对人免受民事法律行为效力不确定之困扰,为相对人设定了催告权。此种权利的目的在于,尽快确定无权代理行为的效力,而且,相对人无论善意还是恶意,均享有催告权。此项权利并非形成权,其性质为意思通知,属于准法律行为。

《民法典》第 171 条第 2 款规定:"相对人可以催告被代理人自收到通知之日起三十日内予以追认。被代理人未作表示的,视为拒绝追认。行为人实施的行为被追认前,善意相对人有撤销的权利。撤销应当以通知的方式作出。"依据此条规定,催告应向本人为之,且应确定不少于 30 日的追认期限,即相对人如催告本人在 30 日以上期限内追认,对本人并无不利,应为有效;但相对人所定期限少于 30 日的,不利于本人,则不发生催告的效力。

(2)撤销权。撤销权是指善意相对人撤销无权代理行为,阻止其因本人的追认而发生效力的权利。此种相对人的撤销权是形成权性质。授予善意第三方此项权利的原因是为避免本人成为唯一能根据市场变化推测并决定是否追认的情况。①

须注意的是,相对人行使撤销权要符合一定的条件:首先,要求无权代理行为尚未被本人追认或否认,若该行为已经被追认或者否认,效力已经确定,因此不可以再被撤销;其次,还需要相对人为"善意",其中善意应当是指相对人不知

① 参见张玉卿主编:《国际统一私法协会国际商事合同通则 2010》,中国商务出版社 2012 年版,第 231 页。

道行为人无代理权，此处的善意要求可以宽松些，若相对人应知因过失而不知道不影响其为善意。[①] 原因在于，善意相对人撤销法律行为的后果是相对人可以从该法律行为中抽身，本人也不会受该法律行为约束，无权代理人更不必为此承担责任。反之，如果法律对相对人为善意条件严格，则会造成无效率的后果。

该撤销的意思表示应当以通知的方式作出，且不因相对人已经对本人催告而受影响，亦即相对人催告后，于本人追认前，仍可行使撤销权。但若相对人知悉代理人无代理权，则即使本人尚未追认或否认，该相对人也不能行使撤销权，而应受自己意思表示的约束，承担本人追认或否认的不确定风险。以上追认权、否认权、催告权、撤销权，均属于须受领的意思表示，在对话的意思表示中，于对方当事人了解，发生效力；在非对话的意思表示中，于到达对方当事人时，发生效力。

此处相对人撤销权，不同于受欺诈，受胁迫等原因发生的撤销权，实为撤回权。因为狭义无权代理行为，在本人追认之前是效力待定的民事法律行为，即追认之前，民事法律行为尚未生效。民法习惯上，撤销是针对已生效的行为，撤回才是针对未生效的行为。

（三）无权代理人的责任

无权代理人所为的代理行为因本人否认、视为否认（本人于催告期满仍不追认无权代理行为）或相对人撤销而归于无效时，该行为对本人不发生效力，但此时尚需处理无权代理人与相对人之间的法律关系。《民法典》第 171 条第 3 款规定："行为人实施的行为未被追认的，善意相对人有权请求行为人履行债务或者就其受到的损害请求行为人赔偿。但是，赔偿的范围不得超过被代理人追认时相对人所能获得的利益。"该条第 4 款规定："相对人知道或者应当知道行为人无权代理的，相对人和行为人按照各自的过错承担责任。"此规定表明，处理无权代理人与相对人之间的法律关系，区分相对人善意和恶意，采不同的处理规则。

1. 相对人善意

依据《民法典》第 171 条第 3 款的规定，无权代理人应就其行为向相对人承

① 参见王泽鉴：《债法原理》，北京大学出版社 2009 年版，第 291 页。

担履行债务或者损害赔偿责任，但需要具备以下条件：

(1)无权代理人以本人名义为民事法律行为，而该民事法律行为因本人否认或者视为否认确定地不发生效力。值得研究的是，若相对人在本人追认或否认前行使撤销权，使无权代理人所为法律行为对其不发生效力，此时，相对人可否要求无权代理人承担责任？对此，在理论上存在一定争议。一种观点认为，不能使无权代理人承担责任。另一种观点则认为，善意第三人行使撤销权，其仍可依《民法典》第 171 条由无权代理人承担责任。[①] 本书认为，应以前说为是。

(2)相对人为善意。《德国民法典》第 179 条规定，"……相对人明知或可得而知无代理权者，代理人无责任……"更是以相对人善意无过失为条件。《瑞士债务法》第 39 条、《日本民法典》第 117 条、《意大利民法典》第 1398 条亦设有类似规定。

狭义无权代理的构成不需要相对人在主观上为善意，但欲使无权代理人承担责任，则需要相对人在主观上为善意，因为若相对人明知无权代理人无代理权，而仍与其进行民事法律行为的，属于相对人自甘风险，应使其承受不能与本人建立法律关系的风险；法律之所以让无权代理人承担责任，主要是考虑到相对人对无权代理人具有代理权也存在一定信赖，并因不能与本人发生法律关系而遭受信赖利益损失。至于相对人对无权代理人具有代理权的信赖程度不应过高要求，因为如果达到了合理信赖的程度，则可以适用表见代理规则。[②]《民法典》第 171 条第 3 款明确要求相对人为"善意"，较为妥当。此处的"善意"与《民法典》第 171 条第 2 款善意相对人撤销权之"善意"，应作不同理解。第 171 条第 3 款中相对人"善意"应采《德国民法典》中"善意无过失"之义，即相对人不知道且不应知道行为人无代理权方为"善意"。

值得探讨的问题有两个：其一，无权代理人对善意相对人所承担责任是何性质？学说上存在争议，有合同责任说、侵权责任说以及特别责任说等。

其二，无权代理人是限制行为能力人的情形，善意相对人是否享有履行债

① 参见王利明主编：《〈中华人民共和国民法总则〉条文释义》，人民法院出版社 2017 年版，第 419 页。

② 参见王利明：《合同法研究》(第 1 卷)，中国人民大学出版社 2002 年版，第 334 页。

务或者损害赔偿请求权?

2. 相对人恶意

《民法典》第 171 条第 4 款规定:“相对人知道或者应当知道行为人无权代理的,相对人和行为人按照各自的过错承担责任。”对此规定应当如何理解?

此规定紧跟本条第 3 款之后,一般会理解为,此规定系无权代理人和相对人之间的损失分担规则。但我国有学者主张,相对人明知行为人无权代理时,不可请求无权代理人承担损害赔偿责任,原因在于相对人自甘冒险,无须保护。① 理由是:第 3 款规定,只有善意相对人对无权代理人享有履行债务或损害赔偿请求权,恶意相对人根本无权请求无权代理人承担责任。

对《民法典》第 171 条第 4 款的理解,《总则编解释》第 27 条规定:“无权代理行为未被追认,相对人请求行为人履行债务或者赔偿损失的,由行为人就相对人知道或者应当知道行为人无权代理承担举证责任。行为人不能证明的,人民法院依法支持相对人的相应诉讼请求;行为人能够证明的,人民法院应当按照各自的过错认定行为人与相对人的责任。”

(四)狭义无权代理与表见代理的区别

狭义无权代理与表见代理都属于广义上的无权代理,它们在很多方面存在共同之处,但是,这两种制度的设计以及立法的宗旨又有着本质的区别。

1. 客观要件不同

表见代理中,在客观上无权代理人并不具有代理权,但是存在足以让第三人相信其有代理权的事实,而在狭义无权代理中客观上不仅无代理权,而且并没有足够的理由使第三人相信其有代理权。

2. 主观要件不同

在主观上,构成表见代理须第三人为善意且无过失;而狭义无权代理的成立,则不考虑第三人的主观过错问题,即无论第三人主观上是否具有过错,都不能妨碍狭义无权代理的成立。即只要相对人存在过失,表见代理就不能构成,而且表见代理的主观构成要件和《民法典》第 171 条中关于无权代理中相对人的主观要件相比,条件更为严苛。

---

① 参见谢鸿飞:《代理部分立法的基本理念和重要制度》,载《华东政法大学学报》2016 年第 5 期。

3. 本人是否具有否认权不同

表见代理成立后,本人不享有否认权,即本人不能以代理人并无代理权或超越代理权为由而否定表见代理的效力。而狭义无权代理中的本人则享有追认权和否认权,即本人可以通过追认无权代理行为,使之发生如同有权代理的法律效果,也可以通过行使否认权使之对自己不发生效力,从而不承担无权代理产生的后果。

4. 法律效果的归属不同

表见代理的法律效果如同有权代理,直接归属于本人,由本人向相对人承担授权责任,若其遭受损失,则可以要求无权代理人予以赔偿。而狭义无权代理的法律效果并非必然归属于本人,而是处于效力待定状态,即非经本人追认,对本人不发生效力。

5. 立法目的不同

法律创设表见代理制度的目的是保护善意第三人的利益和维护交易的安全,而狭义无权代理制度则更注重保护本人利益和维护静的安全。

第九章

民事责任

第一节　民事责任概述

一、民事责任的概念

法律责任是法学基本范畴之一，关于法律责任的概念，存在“义务说”“处罚说”“后果说”等多种学说，但这些定义都存在一定程度的不足和局限。有学者主张应将各学说的合理因素进行吸收，合并出一个表述更加全面的法律责任概念，即法律责任是指有责主体因法律义务违反之事实而应当承受的由专门国家机关依法确认并强制或承受的合理的负担。[①] 作为法律责任的一个重要分支，民事责任是指当事人因民事义务违反之事实而应承受的民法上的合理负担。

民事责任的本质表现在以下几个方面：首先，民事责任为民事法律关系的构成要素，民事法律关系是由民事权利、民事义务和民事责任三者结合而成的；其次，民事责任使民事权利具有法律上之力，民事权利因与民事责任结合具有法律上之力；再次，民事责任是连接民事权利与国家公权力之中介，是私人向司法机关请求保护之诉权的实质要件或权利保护要件；最后，民事责任是一种特殊的债[②]，由国家公权力保障实现，表现为由法院作出裁判，强制义务人履行或由执行机关强制执行。

---

① 参见付子堂主编：《法理学高阶》，高等教育出版社 2008 年版，第 307 ~ 309 页。

② 参见梁慧星：《民法总论》（第 5 版），法律出版社 2017 年版，第 84 ~ 86 页。

民事责任与民事义务之间存在一定的关系。《民法典》第176条规定："民事主体依照法律规定或者按照当事人约定，履行民事义务，承担民事责任。"该条在表述上，将民事义务和民事责任进行了明确区分，以免混同。两者在法律性质、发生条件以及法律约束力上也都存在区别。民事责任之发生须以民事义务人不履行义务为前提。

民事责任也不同于其他法律责任。《民法典》第187条规定："民事主体因同一行为应当承担民事责任、行政责任和刑事责任的，承担行政责任或者刑事责任不影响承担民事责任；民事主体的财产不足以支付的，优先用于承担民事责任。"在因同一行为而产生了民事责任、行政责任和刑事责任时，行为人的财产应当优先用于承担民事责任。随着时代的发展，现代的民事责任主要是财产责任，并禁止对违约当事人实行人身强制。与刑事责任、行政责任等法律责任相比，民事责任具有财产性、补偿性及任意性的特征。[①] 但民事责任也不限于财产责任，还包括恢复名誉、赔礼道歉、消除影响等责任承担的方式。

《民法典·总则编》第八章对"民事责任"进行了规定，其主要内容包括：民事责任及民事责任形态、承担民事责任的方式和具体适用方法、民事责任的免责事由、冲突性民事责任竞合、非冲突性责任竞合以及责任的优先权保障等。[②]

值得强调的是，《民法典》第185条规定："侵害英雄烈士等的姓名、肖像、名誉、荣誉，损害社会公共利益的，应当承担民事责任。"该条是在原《民法总则》表决通过的最后时刻形成的，到了《民法典》时代，又将此条文延续了下来。该条文规定了侵害英雄烈士等人格利益的民事责任，对于维护民族精神、弘扬社会公共道德、有效保护英雄烈士人格利益，都具有重要的现实意义，是社会主义核心价值观的体现。

二、民事责任的分类

（一）按份责任与连带责任

《民法典》第177条规定："二人以上依法承担按份责任，能够确定责任大小

① 参见王利明主编：《中华人民共和国民法总则详解》（下），中国法制出版社2017年版，第806～807页。

② 参见杨立新：《民法总则：条文背后的故事与难题》，法律出版社2017年版，第447页。

的，各自承担相应的责任；难以确定责任大小的，平均承担责任。”该条对按份责任作出了规定。所谓按份责任，是指责任人为多人时，各责任人按照一定的份额向权利人承担民事责任，各责任人之间无连带关系。① 同时，《民法典》第1172条也规定：“二人以上分别实施侵权行为造成同一损害，能够确定责任大小的，各自承担相应的责任；难以确定责任大小的，平均承担责任。”可以看出，对于部分因果关系型无意思联络的数人侵权其责任分担规则，采取的就是按份责任。对于按份责任，需要注意以下几点：第一，按份责任属于多数人责任；第二，按份责任产生的依据是法律规定或者当事人约定；第三，按份责任对外按照一定的份额承担责任，在债权人请求债务人承担超过其份额的责任时，义务人有权拒绝。

《民法典》第178条对连带责任作出了规定：“二人以上依法承担连带责任的，权利人有权请求部分或者全部连带责任人承担责任。连带责任人的责任份额根据各自责任大小确定；难以确定责任大小的，平均承担责任。实际承担责任超过自己责任份额的连带责任人，有权向其他连带责任人追偿。连带责任，由法律规定或者当事人约定。”所谓连带责任，是指当事人按照合同的约定或法律的规定，连带地向权利人承担责任的民事责任形态。② 根据产生的原因不同，可将连带责任分为两种：一是按照合同约定因违反连带债务产生的连带责任，如违反连带债务的违约行为所承担的连带责任；二是依照法律的直接规定发生的连带责任，如《民法典》第1168条规定的共同侵权行为或第1170条规定的不能确定具体侵权人的共同危险行为所承担的连带责任。连带责任的承担规则分为对内和对外两个部分。在对外关系中，凡是法律规定承担连带责任的，权利人都有权请求连带责任人的全体或部分对责任进行承担，而每一个连带责任人也都有承担全部或部分赔偿责任的义务，任何连带债务人对债权人作出的全部清偿，都将产生连带责任消灭的效果；而在对内关系中，连带责任人则需要根据各自责任大小，来确定彼此具体的赔偿数额，当其中一人或者几人所支付的数额超过了自己所需赔偿的责任份额时，他将拥有向其他连带责任人进行追偿

① 参见石宏主编：《中华人民共和国民法总则条文说明、立法理由及相关规定》，北京大学出版社2017年版，第414页。

② 参见王利明：《民法总则》，中国人民大学出版社2017年版，第401页。

的权利。《民法典》第1168～1171条分别规定了共同侵权行为、共同侵权中的教唆或帮助行为、共同危险行为以及积累因果关系型无意思联络的数人侵权行为等①,所需承担的均是连带责任。按份责任与连带责任的区别在于所谓债务的连带性,此债务连带性是对债权人的外部关系而言不是针对内部关系而言的。任何连带责任在债务人内部关系上都是按份责任。②

(二)违约责任与侵权责任

违约责任,是指合同当事人因违反合同规定的义务而应当承担的责任。侵权责任,是指行为人因其过错侵害他人民事权益,依法应当承担的责任。违约责任和侵权责任的区别主要在于产生责任的原因和侵害的对象不同,前者是因为违反了约定义务而产生的责任,后者是因为行为人违反了法定义务而产生的责任;前者侵害的是相对权即合同债权,而后者所侵害的则主要是如物权、人身权等这样的绝对权。③

区分违约责任和侵权责任的现实意义在于二者在诉讼时效、归责原则、构成要件、举证责任、免责事由以及诉讼管辖等方面都存在重大的区别,对此受害人在选择何种责任进行主张的时候,应该对以上这些因素进行综合考量。

(三)单独责任与共同责任

根据民事责任主体人数的不同,可将民事责任分成单独责任和共同责任两类。单独责任,是指由一个民事主体独立承担的民事责任。共同责任,是指两个以上责任主体所承担的民事责任。按份责任与连带责任都属于共同责任的进一步分类。

(四)单方责任与双方责任

根据民事责任是否在加害方与受害方之间同时存在,可将民事责任分成单方责任和多方责任。

单方责任,是指损害的发生是由当事人一方实施的违法行为所导致的,仅由造成损害的一方当事人承担损害后果的民事责任。不同于单独责任,单方责任所强调的是一方责任,所谓的一方,可以是一人,也可以是多人,而单独责任

---

① 其中共同危险行为只有在不能确定具体侵权人时,行为人承担的才是连带责任。

② 参见李建伟:《民法60讲》(第11版),人民法院出版社2013年版,第23页。

③ 参见王利明、杨立新、王轶、程啸:《民法学》(第5版),法律出版社2017年版,第233～234页。

则只是一人的责任。

双方责任，亦称混合责任，是指由于当事人双方实施过错行为造成同一损害而产生的，各自根据过错大小，分别承担相应的民事责任。[①] 双方责任还可以进一步分成有过失责任和公平责任等多种形态。例如，《民法典》第1173条规定："被侵权人对同一损害的发生或者扩大有过错的，可以减轻侵权人的责任。"该条所规定的情形就是双方责任。区分单方责任和双方责任，对于确定责任的主体范围具有积极的意义。

（五）过错责任、严格责任与公平责任

过错责任，是指在一方违反民事义务致他人损害时，以过错作为判断标准，来判断行为人是否承担责任以及确定责任范围的一种归责方式。在法律规定应承担过错责任的情况下，如果当事人对损害的发生没有过错，那么即便存在损害发生的事实，行为人也不必为此承担责任。一般认为，过错推定责任属于过错责任的特殊类型。

严格责任，是指行为人的行为造成对他人的损害，不论该行为人是否具有过错，如不存在法定的免责事由，都应承担相应的民事责任。[②] 严格责任主要适用于违约责任和法定的特殊侵权责任。《民法典》第1166条规定："行为人造成他人民事权益损害，不论行为人有无过错，法律规定应当承担侵权责任的，依照其规定。"该条便是关于严格责任的相关规范。

公平责任，是指在当事人双方对损害的发生均无过错的情况下，由人民法院依照法律的规定，在考虑当事人的财产状况及其他情况的基础上，责令双方对损失进行分担的一种责任形式。因为公平责任会给予法官较大的自由裁量权，所以在制定《民法典》的过程中，对其相关条文进行了适当的调整，以防止自由裁量权的扩大及滥用。

（六）无限责任与有限责任

这是根据承担民事责任的财产范围所作的分类。

无限责任，是指责任人应以自己的全部财产来进行承担的责任。一般说来，债务人总是以自己的全部财产承担责任；对于超出债务人全部财产范围的

---

① 参见许中缘、屈茂辉：《民法总则原理》，中国人民大学出版社2012年版，第466页。

② 参见李仁玉：《比较侵权法》，北京大学出版社1996年版，第152～153页。

债务,债务人不负清偿之责。因此,从这个意义上讲,责任总是有限的,不是无限的。但是,债务人的财产又是可分的,从法律上看,债务人可以仅以其中的一部分财产清偿债务或仅清偿部分债务,也可以以其全部财产清偿全部债务。正是从这一意义上,才有无限责任与有限责任之分。

有限责任,是指债务人仅以一定范围内或一定限额的财产承担民事责任。[①]《民法典》第 60 条规定:"法人以其全部财产独立承担民事责任。"无论法人应承担多少责任,最终都是以其全部财产为限来承担责任[②],故而所承担的是有限责任,而非无限责任。

第二节　民事责任的承担方式

一、民事责任承担方式概述

《民法典》第 179 条规定:"承担民事责任的方式主要有:(一)停止侵害;(二)排除妨碍;(三)消除危险;(四)返还财产;(五)恢复原状;(六)修理、重作、更换;(七)继续履行;(八)赔偿损失;(九)支付违约金;(十)消除影响、恢复名誉;(十一)赔礼道歉。法律规定惩罚性赔偿的,依照其规定。本条规定的承担民事责任的方式,可以单独适用,也可以合并适用。"

所谓民事责任承担方式,也称为民事责任的形式,是指行为人将承担与其所实施的违反法定义务或者约定义务行为,以及救济对方当事人相适应的民事责任的具体方法和形式。[③] 责任方式不确定,责任就无法最终实现,受害人也无法获得救济,因此,确定责任方式是将民事责任落实的必要环节。《民法典》第 179 条规定了多元的民事责任承担方式,一方面,便于受害人从中选择最有利于自己的方式,使得自身的权利可以得到更好地实现;另一方面,《民法典》第 179 条第 3 款强调:"本条规定的承担民事责任的方式,可以单独适用,也可以合并适用。"这就形成了对受害人的全面保护,强化了对受害人的救济。值得强调的

① 参见许中缘、屈茂辉:《民法总则原理》,中国人民大学出版社 2012 年版,第 467 页。
② 参见杨立新:《中华人民共和国民法典条文要义》,中国法制出版社 2020 年版,第 46 页。
③ 参见杨立新:《中华人民共和国民法典条文要义》,中国法制出版社 2020 年版,第 139 页。

是,选择以何种方式向行为人提出请求是受害人的权利,无论是受害人坚持某项请求权,还是受害人放弃某种请求,只要没有给行为人强加不适当的责任,法院都应当予以尊重。

根据承担责任的类型,民事责任承担方式可以分为财产型责任方式、精神型责任方式以及综合型责任方式。其中返还财产,恢复原状,赔偿损失等属于财产型责任方式;停止侵害,赔礼道歉,消除影响、恢复名誉属于精神型责任方式;排除妨碍,消除危险属于综合型责任方式。[①] 还可以根据责任承担的性质,将民事责任承担方式分作救济性的责任方式、预防性的责任方式和惩罚性的责任方式。所谓救济性的责任方式,是指以救济受害人为目的的侵权责任方式。最典型的救济性责任方式是赔偿损失,这也是适用最为广泛的责任方式。所谓预防性的责任方式,是指以预防损害的实际发生为目的的民事责任方式,如停止侵害,排除妨碍,消除危险等。当然这些责任方式也具有一定的救济功能,但是其还是以预防性为主。所谓惩罚性的责任方式,是指以惩罚侵权人为目的的民事责任方式。[②] 救济性的责任方式包括恢复原状,赔偿损失,赔礼道歉,消除影响、恢复名誉。预防性的责任方式包括停止侵害,排除妨碍,消除危险。而惩罚性的责任方式就是指惩罚性赔偿。这三种责任方式的功能各不相同,其中,救济性的责任方式是为了实现使受害人恢复到如同损害没有发生的状态;预防性的责任方式是为了预防损害的实际发生;而惩罚性的责任方式是为了对具有重大过错的侵权人进行惩罚。

二、承担民事责任的具体方式

根据《民法典》第 179 条第 1 款的规定可知,承担民事责任的方法主要有:停止侵害;排除妨碍;消除危险;返还财产;恢复原状;修理、重作、更换;继续履行;赔偿损失;支付违约金;消除影响、恢复名誉;赔礼道歉、惩罚性赔偿。

(一)停止侵害

停止侵害,是指行为人正在侵害受害人权利的时候,受害人有权要求其停

① 参见杨立新:《侵权责任法原理与案例教程》(第 3 版),中国人民大学出版社 2013 年版,第 96 ~ 98 页。

② 参见王利明:《民法总则》,中国人民大学出版社 2017 年版,第 402 页。

止正在进行的侵权行为的一种民事责任承担方式。此种责任方式的主要作用在于能够及时制止侵害行为，防止侵害后果扩大。但对尚未发生的或业已终止的侵权行为则不能适用。

(二)排除妨碍

排除妨碍，是指行为人实施的行为使得受害人无法行使或不能正常行使其绝对权，受害人有权请求行为人将此种阻碍或妨害予以排除，或请求人民法院强制排除的一种民事责任的承担方式。其中，行为人的妨碍行为必须具有不正当性，若为正当行使权利的行为，被请求人则可拒绝受害人的请求。同时，受害人要求排除的妨碍不以已经发生为条件，对尚未发生但又确有可能发生的妨碍，受害人也有权请求予以排除。另外，只要不法行为妨碍他人行使物权、人身权或知识产权这类绝对权，受害人就有权请求将妨碍排除。排除妨碍的费用一般由侵害人负担。

(三)消除危险

消除危险，是指行为人实施的行为存在着对他人人身或财产造成损害的危险，且他人并无容忍义务之时，他人有权请求行为人采取有效的措施消除此种危险的民事责任承担方式。例如，存在污染环境的危险时，排放污染的单位和个人就有消除污染环境危险的责任。消除危险的适用不同于排除妨碍之处在于，适用此种责任方式必须是在损害尚未实际发生，也没有妨碍他人的民事权利的行使，但行为人的行为又确有可能造成损害的后果或对他人造成威胁之际。此种责任方式的作用在于能有效地防止损害的发生，保护民事主体的民事权利。

(四)返还财产

返还财产主要指返还财物。包括《民法典》第122条规定的不当得利返还；《民法典》第157条规定的民事法律行为无效或被撤销后发生的返还；以及不法侵占的他人财产的返还。返还财产的目的在于恢复权利人对原财产的占有和支配，是一种可以充分实现对受害人救济的民事责任承担方式。

(五)恢复原状

恢复原状有广义和狭义之分。广义的恢复原状，是指恢复权利被侵犯前的原有状态。狭义的恢复原状，是指将损害的财产修复，即所有人的财产在被他人非法侵害而遭到损坏时，如果能够修理，则所有人有权要求加害人通过修理，恢复财产原有的状态。在侵权责任中适用的恢复原状，主要是指狭义上的恢复原状。在适用此种责任形式时应当注意两点：第一，是否有修复的可能；第二，是否有修复的必要。如无修复的可能或必要，则不应适用恢复原状的民事责任，而应当折价赔偿。

（六）修理、重作、更换

修理、重作、更换是交付标的物不符合合同要求的质量标准时，债务人应当承担的民事责任。其中，修理是指行为人造成他人财产毁损或交付的标的物不合格，权利人有权要求行为人对财产进行修缮，以恢复原状或符合合同的要求；重作是指行为人造成他人损害或者违反合同约定，权利人有权要求行为人按照原物样子以重新制作；更换是指行为人造成他人财产毁损，或交付的标的物不合格，则权利人有权要求行为人另行交付同等质量、同等数量的标的物。在违约责任中，采取这些补救措施，有利于实现非违约方的订约目的。在侵权的情形下，此种责任承担方式也有利于使遭受侵害的财产恢复原有的状态。

（七）继续履行

继续履行也称为实际履行，它是指在一方违反合同时，另一方有权要求其依据合同的规定继续履行。我国《民法典》第 577 条对继续履行这一责任承担方式作出了规定，同时，《民法典》第 579 条与第 580 条又分别对金钱债务的继续履行与非金钱债务的继续履行作出了规定。根据上述规定可以看出，金钱债务原则上都应当继续履行，但对非金钱债务而言，虽然一般也需要继续履行，但在例外情形下并不需要继续履行。

（八）赔偿损失

赔偿损失是适用最为广泛的，也是最基本的一种责任形式。它是指行为人因违反合同或侵权行为而给他人造成损害的，应以其财产赔偿受害人所受的损害的一种责任形式。《民法典》第 583 条规定："当事人一方不履行合同义务或者履行合同义务不符合约定的，在履行义务或者采取补救措施后，对方还有其他损失的，应当赔偿损失。"它既可以适用于违约责任，也可以适用于侵权责任。法律允许权利人向行为人提出赔偿请求，有利于有效地保护受害人的利益、维护社会秩序、消除违法行为的后果，并预防损害的发生。

(九)支付违约金

所谓违约金,是指由当事人通过协商预先确定的,在违约发生后作出的独立于履行行为以外的给付。《民法典》第585条在原《合同法》的基础上,进一步确认了支付违约金作为民事责任的承担方式。当事人约定违约金的权利是我国法律所确立的合同自由原则的具体体现。法律上允许当事人自由约定违约金,有利于发挥当事人在合同订立和纠纷解决中的自主性,有利于鼓励交易,也有利于迅速地解决违约纠纷。值得强调的是,违约金的支付是独立于履行行为之外的给付,我国法律和司法实践也不允许以支付违约金替代实际履行。

(十)消除影响、恢复名誉

消除影响,是指行为人因其行为对公民或法人的人身权益造成不良影响,应在影响所及的范围内,以公开的形式澄清事实、承认错误,将对被害人的不良后果予以消除的一种责任形式;恢复名誉是指行为人因其行为侵害了公民或法人的名誉,应在其造成的损害后果所及范围内,将受害人的原来的名声和信誉恢复至未受侵害时的状态的一种责任形式。消除影响、恢复名誉是侵害公民、法人的人身权所承担的责任形式。在适用消除影响、恢复名誉的责任方式时,应明确消除影响、恢复名誉的范围及方式(采取口头或书面以及其他形式)。

(十一)赔礼道歉

赔礼道歉,是指责令违法行为人向受害人公开认错、表示歉意的一种民事责任承担方式,主要适用于侵害人身权的情况。作为一种承担民事责任的方式,它是依靠国家的强制力保障实施的,与一般道义上所说的"赔礼道歉"不同。赔礼道歉既可以由加害人向受害人口头表示承认错误,也可以由加害人以写道歉书的书面形式进行。这种责任方式的适用,可以缓和矛盾,促进当事人之间的和睦团结。

(十二)惩罚性赔偿

《民法典》第179条第2款规定:"法律规定惩罚性赔偿的,依照其规定。"该规定将惩罚性赔偿规定为民事责任的承担方式。惩罚性损害赔偿也称为惩戒性的赔偿或报复性的赔偿,是指由法院作出决定的赔偿数额超出实际损害数额的赔偿。《民法典》第1207条规定:"明知产品存在缺陷仍然生产、销售,或者没有依据前条规定采取有效补救措施,造成他人死亡或者健康严重损害的,被侵权人有权请求相应的惩罚性赔偿。”该制度对于弥补损害赔偿的不足、预防损害的发生，都具有重要的意义。

第三节　免责事由

一、免责事由概述

民法中的免责事由，也被称为民事责任的减轻或免除，是指减轻或免除行为人责任的理由。[①] 在民法中，免责事由是针对承担民事责任的请求而提出来的，所以又称为抗辩事由。狭义上的免责事由仅限于“免除”责任的事由，但广义的免责事由既包括“免除”行为人责任的事由，也包括“减轻”行为人责任的事由。我国《民法典·总则编》中既有免除责任事由的规定，也有减轻责任事由的规定，因此，对于民法中的免责事由，我们应当作广义上的理解。[②] 值得强调的是，此处所说的免责事由是由“法律规定”的事由，具有法定性，在合同中，当事人也可以“约定”免责条款，但其并不属于此处所说的免责事由。免责事由既可以由被告提出，也可以由法院依职权调查确定。只要能够确定免责事由的存在，就可以发生相应的法律效果。

二、不可抗力

我国《民法典》第 180 条第 2 款规定：“不可抗力是不能预见、不能避免且不能克服的客观情况。”它包括某些自然现象（如地震、台风、洪水、海啸等）和某些社会现象（如战争等）。由此定义我们可知，首先，不可抗力是不能预见的，此“不能预见”必须以一般人的预见能力作为判断的标准；其次，不可抗力是不可避免且不能克服的，这要求当事人在当时的情况下已尽了最大的努力，并采取了一切可以采取的措施，仍未能避免某种事件所带来的损害；最后，不可抗力是一种客观情况，具有外在于人的行为的特点，因此，第三人的行为不能作为不可

---

① 参见王利明、杨立新、王轶、程啸：《民法学》（第 5 版），法律出版社 2017 年版，第 240 页。
② 参见王利明：《民法总则》，中国人民大学出版社 2017 年版，第 408～409 页。

抗力对待。

《民法典》第180条第1款规定:“因不可抗力不能履行民事义务的,不承担民事责任。法律另有规定的,依照其规定。”可见,除法律另有规定外,原则上,不可抗力都可以作为免责事由。但是,如果法律有特别规定,则应当依据法律特别规定认定当事人的责任,即使发生不可抗力,也不能完全免责。值得注意的是,在发生不可抗力的时候,应当查清不可抗力与造成的损害后果之间的关系,应由主张方承担举证责任,如果当事人对损害的发生或扩大也有过错的,则不能完全免除当事人的责任。

三、正当防卫

《民法典》第181条规定:“因正当防卫造成损害的,不承担民事责任。正当防卫超过必要的限度,造成不应有的损害的,正当防卫人应当承担适当的民事责任。”根据《民法典》第181条的规定,因正当防卫造成他人损害的,可导致正当防卫人被免除或减轻责任,这是因为正当防卫是一种合法的、受法律鼓励的行为,属于行使法律赋予的自卫权利。所谓正当防卫,是指为了使国家利益、社会公共利益、本人或者他人的人身权利、财产权利以及其他合法权益免受正在进行的不法侵害,而针对实施侵害行为的人采取的制止不法侵害的一种防卫措施。《总则编解释》第30条规定:“为了使国家利益、社会公共利益、本人或者他人的人身权利、财产权利以及其他合法权益免受正在进行的不法侵害,而针对实施侵害行为的人采取的制止不法侵害的行为,应当认定为民法典第一百八十一条规定的正当防卫。”

值得强调的是,正当防卫不得超过必要限度。所谓必要的限度,是指为了制止不法侵害,正当防卫必须具有足以有效制止侵害行为的应有强度。只要是为了制止侵害所必需的,就不能认为是超过了正当防卫的必要限度。如果正当防卫超过了必要限度,本身已构成侵权行为,那么,防卫人就应当为其超过必要限度的行为承担适当的责任。判断防卫行为是否超过必要限度,要根据案件的具体情况,综合考虑多方因素,最终得出结论。《总则编解释》第31条第1款规定:“对于正当防卫是否超过必要的限度,人民法院应当综合不法侵害的性质、手段、强度、危害程度和防卫的时机、手段、强度、损害后果等因素判断。”

对于判断正当防卫行为是否超出必要限度的不同结果,需要给出不一样的审判结论。对此,《总则编解释》第 31 条第 2 款规定:“经审理,正当防卫没有超过必要限度的,人民法院应当认定正当防卫人不承担责任。正当防卫超过必要限度的,人民法院应当认定正当防卫人在造成不应有的损害范围内承担部分责任;实施侵害行为的人请求正当防卫人承担全部责任的,人民法院不予支持。”

需要注意的是,要构成防卫过当,除了防卫人的防卫行为要超出必要限度外,还需造成不应有的损害结果。《总则编解释》第 31 条第 3 款规定:“实施侵害行为的人不能证明防卫行为造成不应有的损害,仅以正当防卫人采取的反击方式和强度与不法侵害不相当为由主张防卫过当的,人民法院不予支持。”这一规定,对于民事主体更好地保护国家、社会、本人或者他人的合法权益免受不法侵害具有一定积极的意义。

四、紧急避险

《民法典》第 182 条规定:“因紧急避险造成损害的,由引起险情发生的人承民事责任。危险由自然原因引起的,紧急避险人不承担民事责任,可以给予适当补偿。紧急避险采取措施不当或者超过必要的限度,造成不应有的损害的,紧急避险人应当承担适当的民事责任。”所谓紧急避险,是指为了使公共利益、本人或他人的合法权益免受现实和紧急的危险损害,不得已而采取的致他人和本人损害的行为。对此,《总则编解释》第 32 条规定:“为了使国家利益、社会公共利益、本人或者他人的人身权利、财产权利以及其他合法权益免受正在发生的急迫危险,不得已而采取紧急措施的,应当认定为民法典第一百八十二条规定的紧急避险。”

需要注意的是,紧急避险的成立也有对行为适当性的要求,不能超过必要限度。对于判断是否超过必要限度,需要综合多方因素,才能予以认定。对此《总则编解释》第 33 条第 1 款规定:“对于紧急避险是否采取措施不当或者超过必要的限度,人民法院应当综合危险的性质、急迫程度、避险行为所保护的权益以及造成的损害后果等因素判断。”对于判断紧急避险行为是否超出必要限度的不同结果,需要给出不一样的审判结论。对此,《总则编解释》第 33 条第 2 款规定:“经审理,紧急避险采取措施并无不当且没有超过必要限度的,人民法院应当认定紧急避险人不承担责任。紧急避险采取措施不当或者超过必要限度的,人民法院应当根据紧急避险人的过错程度、避险措施造成不应有的损害的原因力大小、紧急避险人是否为受益人等因素认定紧急避险人在造成的不应有的损害范围内承担相应的责任。”

《民法典》第182条规定的“适当的责任”,是指紧急避险人所承担的责任应当与其过错程度相适应。适当补偿在性质上属于公平责任,法院在衡量补偿数额时应综合考虑多种因素。对此,《总则编解释》第34条规定:“因保护他人民事权益使自己受到损害,受害人依据民法典第一百八十三条的规定请求受益人适当补偿的,人民法院可以根据受害人所受损失和已获赔偿的情况、受益人受益的多少及其经济条件等因素确定受益人承担的补偿数额。”

紧急避险和正当防卫之间的区别体现在两个方面:第一,在正当防卫的情况下,危害来源于人的行为,而在紧急避险的情况下危险既可能来源于人的行为,也可能来源于自然原因;第二,正当防卫只能针对实施不法侵害的行为人实施,而不能针对未从事侵害行为的人实施,但紧急避险行为一般只是对第三者或紧急避险人造成损害,而不会损害非法侵害者本人。紧急避险人一般要比正当防卫人承担更重的责任。

五、见义勇为

《民法典》第183条规定:“因保护他人民事权益使自己受到损害的,由侵权人承担民事责任,受益人可以给予适当补偿。没有侵权人、侵权人逃逸或者无力承担民事责任,受害人请求补偿的,受益人应当给予适当补偿。”该条对“因保护他人民事权益使自己受到损害”的情形作出了规定,有助于实现对“见义勇为者”权益的保护,同时,也鼓励了人们实施见义勇为的行为,对于弘扬正气、醇化道德风尚具有重要意义。

构成受益人补偿义务需要有以下四个要件:首先,必须实施了防止、制止他人民事权益被侵害的行为,即便行为人实施某种行为时,主观上并没有为他人谋利的意思,但客观上有利于他人,也可以适用该规定;其次,实施见义勇为行为和受害人遭受损害之间应当具有因果联系;再次,只有受害人在不能向侵权人请求赔偿时,才能要求受益人给予适当补偿,包括没有侵权人,侵权人逃逸或者无力承担责任等情形;最后,受害人向受益人请求补偿。在因见义勇为使自己遭受损害的情形下,受益人应当给予适当补偿,其在性质上属于公平责任。《民法典》第183条给予法官一定的自由裁量权,允许其根据具体案情,综合被侵权人受到的损失情况、当事双方的经济状况、受益人的受益范围等因素来确定补偿的数额。

除了"因保护他人民事权益使自己受到损害"的情形之外,自愿实施的紧急救助行为也属于见义勇为的情形之一。《民法典》第184条规定:"因自愿实施紧急救助行为造成受助人损害的,救助人不承担民事责任。"该条确认了紧急救助行为可以作为正当事由免除紧急救助者的责任。构成紧急救助这一免责事由需具备以下条件:首先,救助他人的行为必须是在"紧急"情况下实施的;其次,救助人必须是"自愿"实施的救助行为,如果救助人负有法定或者约定的救助义务,则不享有豁免权;最后,救助人实施的是无偿的救助行为,否则便不再属于见义勇为。需要注意的是,救助人在进行紧急救助时,也应当尽到一定的注意义务,不能任意而为。

很多国家都规定"好撒玛利亚人法",我国民间称为"好人法",为见义勇为者规定了豁免规则,进而鼓励这种见义勇为的行为。《民法典》第183条针对的是"因保护他人民事权益使自己受到损害"的情形,而第184条所围绕的则是"因自愿实施紧急救助行为造成受助人损害"的情况,两个条文相互补充,更加全面地保护了见义勇为者的权益,有助于避免"英雄流血又流泪"的事件发生。对于发扬中华民族助人为乐、见义勇为的传统美德,弘扬社会主义核心价值观具有重要意义。

第四节 民事责任的竞合

一、民事责任竞合的概念

《民法典》第186条规定:"因当事人一方的违约行为,损害对方人身权益、财产权益的,受损害方有权选择请求其承担违约责任或者侵权责任。"这种情况被称为民事责任竞合。所谓民事责任竞合,是指由于某种法律事实的出现而导致两种或两种以上的请求权产生,并使这些权利之间发生并存、冲突的现象。[①]

① 参见杨立新:《侵权责任法原理与案例教程》(第3版),中国人民大学出版社2013年版,第86页。

责任竞合作为法律上竞合的一种类型,它既可能发生在同一法律部门内部(如违约责任和侵权责任的竞合),亦可发生在不同的法律部门之间(如侵权责任与刑事责任、行政责任的竞合)。在民法上,请求权竞合现象时有发生。从权利人行使权利的角度观察,它也可被称为请求权竞合;从义务人承担责任的角度观察,它则被称为责任竞合。所以,请求权竞合和责任竞合是同一问题的两个不同的方面。

需要强调的是,责任聚合和责任竞合是两个相似但却不同的概念。所谓责任聚合,是指同一法律事实基于法律的规定,以及损害后果的多重性,而应当使责任人承担多种法律责任的形态。[①] 对于并存的两种或两种以上请求权,民事责任竞合的法律后果是由当事人进行选择。但是与民事责任竞合不同,民事责任聚合的法律后果是对产生的数个目的各不相同的请求权可以分别行使。[②]《民法典》第187条规定:"民事主体因同一行为应当承担民事责任、行政责任和刑事责任的,承担行政责任或者刑事责任不影响承担民事责任;民事主体的财产不足以支付的,优先用于承担民事责任。"该条规范就既包括了责任聚合的情形,又包括了责任竞合的情形:当民事责任、行政责任和刑事责任三者形成聚合时,承担行政责任或者刑事责任不影响承担民事责任;而当三者发生冲突,形成竞合时,责任主体的财产应优先承担民事责任。

二、违约责任和侵权责任竞合

《民法典》第186条特别对违约责任与侵权责任竞合的情形作出了规定。因此,接下来将对此种民事责任的竞合作具体的介绍。违约责任与侵权责任的竞合成为我国司法实践中责任竞合的主要形态,具体指一个违约行为,既产生违约损害赔偿请求权,又产生侵权损害赔偿请求权,两个请求权救济的内容是一致的,权利人只能行使一个请求权,这个请求权实现之后,另一个请求权消灭的情形。

之所以能形成两种责任竞合:首先,因为行为人的某一行为既违反了合同

---

① 参见王利明:《侵权行为法研究》(上卷),中国人民大学出版社2004年版,第654页。

② 参见杨立新:《侵权责任法原理与案例教程》(第3版),中国人民大学出版社2013年版,第90页。

的约定，同时也构成对他人权益的侵害，这是产生违约责任与侵权责任竞合的前提。其次，行为人的行为要同时符合违约责任和侵权责任的构成要件，此种状况完全不同于行为人实施数个行为而造成不同损害的情形。再次，数个责任之间要彼此相互冲突，既不能相互吸收，也不应同时并存，否则不会发生责任竞合的问题。最后，受害人依法只能选择一项请求权行使，即便其选择的请求权不足以对受害人所遭受的损害提供充分的补救，即便该项诉讼请求被驳回，受害人也不能再根据另外一种请求权提起诉讼。

违约责任与侵权责任在归责原则、举证责任、义务内容、诉讼时效、构成要件和免责条件、责任形式、责任范围、诉讼管辖及对第三人责任等多方面有着明显的不同。对违约责任还是侵权责任的不同选择将极大地影响当事人的权利和义务，产生截然不同的法律后果。因此，作为民法重要制度的责任竞合制度应充分体现意思自治的内容和精神。

第十章

诉讼时效

第一节　时效概述

一、时效的概念

时效在我国系舶来概念。考察其语源,时效最早源于罗马法的十二铜表法。在优士丁尼法中,即有取得时效和消灭时效概念。近代欧陆各国受罗马法影响,继受了取得时效和消灭时效概念。[①] 日本法律又受欧陆法影响,用汉语词组“取得时效”和“消灭时效”来指称该两种制度。我国清末修法参照日本法律,遂将此两种概念引入我国,并在民国时期成为正式的法律用语。新中国成立后,1986 年《民法通则》中“诉讼时效”正式成为法律术语,我国 2020 年 5 月 28 日通过的《民法典》中继续沿袭了这一术语。通说认为,时效是指一定的事实状态继续达一定期间,即发生特定法律效果的法律事实。其中“一定的事实状态”,指权利的行使或不行使等情形。“继续达一定期间”,指无所间断的时间。“发生特定法律效果”,指因而发生权利的取得或丧失。[②]

时效的构成要件有两个:其一,有一定事实状态,如对他人之物的占有或权利人不行使其请求权等;其二,一定的事实状态持续经过法定期间,如 3 年、4 年、20 年等。此二者结合,才构成时效,产生相应的法律效果,即权利人的请求权效力减损或占有人取得对占有物的物权。

① 参见杨巍:《民法时效制度的理论反思与案例研究》,北京大学出版社 2015 年版,第 39 ~ 40 页。

② 参见郑玉波:《民法总则》,中国政法大学出版社 2003 年版,第 488 页。

时效具有以下特征:(1)时效是法律事实。不论时效的法律后果是引起权利取得、消灭或者权利不受保护,时效均为民事法律关系发生、变更或者消灭的依据。因此时效属于法律事实。(2)时效是状态。时效是因一定的事实状态持续地经过法定期间而当然发生法律后果,不受当事人的意志改变。(3)时效具有强制性。例如,我国《民法典》对诉讼时效的规定属于强制性规定。即诉讼时效不得由当事人以自由意志予以排除,诉讼时效期间不得由当事人协议延长或者缩短,诉讼时效利益不得由当事人预先抛弃。

二、时效的功能

(一)稳定法律秩序

时效制度的作用之一在于稳定法律秩序。原则上,民事权利的行使取决于权利人的意志,权利不会因不行使而自动消灭。然而,一定的事实状态长期持续存在,在此种事实状态基础之上必定会发生多种法律关系。但是,如果权利人能行使权利而长期不行使,义务人长期不履行义务,这就使当事人之间的权利义务处于不确定状态,从而会导致当事人之间的社会关系的事实状态与法律状态不一致,必然影响正常的社会经济秩序和交易安全。实行时效制度,因法定期间的经过而使原权利人丧失权利或者使原义务人取得权利,使长期存在的事实状态合法化,则有利于稳定法律秩序。

(二)促使权利人行使权利

西方法谚有言:法律不保护在权利上睡眠之人。[①] 实行时效制度,权利人如不及时行使权利,就可能导致权利的丧失或者不再受法律保护,又或者使义务人取得权利等。时效制度有督促权利人及时行使权利,以维护自己的利益之功能。

(三)避免诉讼举证困难

一种事实状态长期存在,必致证据消灭、证人死亡,此事实状态是否合法,殊难证明。[②] 实行时效制度,凡时效期间届满,即认为权利人丧失权利或者不受法律保护,此时以时效作为证据使用,能减轻当事人举证困难,提高诉讼效率。

---

① 参见梁慧星:《民法总论》(第5版),法律出版社2017年版,第248~249页。
② 参见魏振瀛主编:《民法》(第7版),北京大学出版社、高等教育出版社2017年版,第206~207页。

三、时效的类型

关于时效的类型，大陆法系各个国家和地区民法的规定并不统一。多数国家和地区的民法将时效分为取得时效与消灭时效，如法国、德国、瑞士、日本、智利等。少数国家和地区的民法仅承认诉讼时效（消灭时效），如我国和朝鲜。①

（一）取得时效

取得时效，是指占有他人的财产，持续达到法定期限，即可依法取得该项财产权的时效。取得时效因其事实状态必须占有他人财产，又称占有时效。取得时效的作用主要是维护占有人对物的占有和支配状态，使物的占有人与权利人趋于一致，以稳定既有的社会经济秩序。

（二）消灭时效

在大陆法系的德国和日本的时效制度中，除了有取得时效，还有消灭时效。消灭时效，指因不行使权利的事实状态持续经过法定期间，即依法发生权利的丧失或者权利的效力将受到阻却的时效。在我国，关于取得时效的取舍一直存在争议，我国的《民法典》最终选择了放弃取得时效，而仅规定了诉讼时效，也就是大陆法系各国的消灭时效。诉讼时效，是通过赋予义务人拒绝履行的抗辩权，以限制权利人请求权的实现、导致请求权效力减损的法律制度。

（三）两种时效的异同

两种时效不同之处在于：

其一，起源不同。取得时效起源于《十二铜表法》以前的习惯规则，而消灭时效起源于罗马法时期的裁判法官所确立的起诉期限。

其二，构成要件不同。取得时效以占有的事实状态为要件，而消灭时效以权利不行使的事实状态为要件。

其三，法律效果不同。取得时效制度设立的目的在于确定财产权的归属，时效期间经过，原权利人丧失权利，占有人取得权利；消灭时效为权利消灭或者抗辩权发生之原因，时效期间经过，原权利人丧失权利或者义务人发生抗辩权。消灭时效期间届满，权利人仍然享有权利，但不得请求法院强制义务人履行义

① 参见李永军主编：《民法总论》，中国政法大学出版社2019年版，第392页。

务,这种权利只是一种“自然权利”。[①] 相对而言,债务人虽然取得了拒绝履行抗辩的法律后果,但却不能因此而获得该项实体权利。

两种时效之相同点在于:

其一,均以一定事实状态的存在为前提。取得时效以占有的事实状态为前提;消灭时效以权利不行使的事实状态为前提。两者所要求的具体事实状态虽有不同,但都必须具备一定的事实状态是一致的。

其二,均以一定期间的经过为要件。无论取得时效或消灭时效,均须上述事实状态经过一个法定期间,方才发生时效的法律效力。无须一定期间的经过即发生法律效力的,如动产之即时取得、无主物之先占,皆不为时效。

其三,均以权利变动为其法律效果。无论取得时效或消灭时效,均产生变动原有权利义务关系的效果。

四、有关两种时效的不同学说

(一)统一主义

统一主义,起源于中世纪的注释法学家,着眼取得时效与消灭时效具有共同的法律本质,而主张两者为统一的法律制度,称为统一主义派。[②] 目前为《法国民法典》《日本民法典》等采用。例如,《法国民法典》在第三编“取得财产”的各种方法中专设第二十章“时效”,统一规定取得时效和消灭时效。《日本民法典》在第一编“总则”中设第六章“时效”,共分三节:第一节为“时效通则”,第二节为“取得时效”,第三节为“消灭时效”。

(二)各别主义

各别主义,以德国历史法学派创始人萨维尼为代表,着眼于取得时效与消灭时效的不同点,驳斥注释法学派为谬误,认为取得时效与消灭时效是两种不同的法律制度,称为各别主义派。目前,《德国民法典》采此主张,在《德国民法典》第一编“总则”中,设第五章“消灭时效”;另在第三编“物权”的第三章中,规定“取得时效”。[③]

---

① 参见梁慧星:《民法总论》(第5版),法律出版社2017年版,第249页。

② 参见李永军主编:《民法总论》,中国政法大学出版社2019年版,第394页。

③ 参见李永军主编:《民法总论》,中国政法大学出版社2019年版,第392页。

（三）单一主义

单一主义模式，是指在民法典中仅规定消灭时效，而不承认取得时效。1922年的《苏俄民法典》、1961年的苏联和各加盟共和国的《民事立法纲要》及1964年《苏俄民法典》、1964年的《捷克斯洛伐克民法典》采此模式。[①] 我国早期民事立法受苏联民法及其理论的影响至深，延续至今，现行《民法典》亦是仅规定了诉讼时效制度，即《民法典》采单一主义模式。

第二节　诉讼时效的效力

一、关于诉讼时效的立法主义

（一）实体权消灭主义

此种立法，将诉讼时效的效力规定为直接消灭实体权。系采纳德国学者温德夏的主张。[②] 典型的立法代表为《日本民法典》，该法典的第167条中规定，债权因10年间不行使而消灭，债权或所有权以外的财产权，因20年间不行使而消灭。

（二）诉权消灭主义

此种立法，系采纳德国学者萨维尼的主张。萨维尼认为，诉讼时效完成后，其实体权利本身仍然存在，仅是诉权消灭，实体权利因而转为自然权利。时效届满后的权利，因诉权消灭不能请求法院为强制执行，即所谓自然权利。采诉权消灭主义的典型的立法代表，有《匈牙利民法典》及1922年《苏俄民法典》。其中，《匈牙利民法典》第325条第1款规定："时效完成的请求权，不能在法院强制执行。"1922年《苏俄民法典》第44条规定："起诉权，逾法律规定的期间而消灭。"

（三）抗辩权发生主义

依据德国学者欧特曼的主张，时效完成后，义务人取得拒绝履行的抗辩权。

① 参见李永军主编：《民法总论》，中国政法大学出版社2019年版，第395页。

② 参见梁慧星：《民法总论》（第5版），法律出版社2017年版，第252页。

如义务人自动履行的,视为抛弃其抗辩权,该履行应为有效。典型的立法代表有《德国民法典》、《葡萄牙民法典》、《欧洲民法典草案》和 1964 年《苏俄民法典》。其中《德国民法典》第 222 条规定:“消灭时效完成后,义务人有拒绝给付的权利。”上述其他国家与地区的法律规定与此相同。1964 年《苏俄民法典》第 87 条规定:“诉讼时效在起诉前过期,是拒绝应诉的理由。”

(四)胜诉权消灭主义

此种立法主义认为,时效完成后,只是发生胜诉权消灭的效果。胜诉权概念源于苏联法学家顾尔维奇的二元诉权论,该理论将诉权分为程序意义上的诉权即“起诉权”,和实体意义上的诉权即“胜诉权”。胜诉权的消灭并不导致实体权利本身的消灭,只是权利人请求人民法院保护的权利丧失。①

二、我国的立法选择

(一)采抗辩权发生主义

我国《民法典》第 192 条第 1 款明确规定:“诉讼时效期间届满的,义务人可以提出不履行义务的抗辩。”由此可以断定,我国采抗辩权发生主义,即消灭时效完成后,权利自体本身不消灭,其诉权亦不消灭,仅使义务人取得拒绝给付的抗辩权而已。我国《民法典》虽然沿用了原《民法通则》中诉讼时效的概念,但关于诉讼时效的效力问题相较之前《民法通则》的规定更为明确。

(二)法院不得主动援引时效规则

罗马法时效制度有一项重要原则,即时效只能由当事人主张而不能由法庭主动援用。发达国家和地区的民法,大抵继承了罗马法这一原则,禁止法庭主动适用诉讼时效。例如,《法国民法典》第 2247 条规定:“法官不得依职权援用时效的方法。”《日本民法典》第 145 条规定:“除非当事人援用时效,法院不得根据时效进行裁判。”

关于法院可否主动适用诉讼时效,在我国《民法典》第 193 条明确规定:“人民法院不得主动适用诉讼时效的规定。”

(三)义务人拒绝给付的抗辩权

前述已阐明,我国采取抗辩权发生主义。然而,在某种程度上消灭时效制

---

① 参见梁慧星:《民法总论》(第 5 版),法律出版社 2017 年版,第 252 ~253 页。

度使债务人的“欠债不还”有法可依。因此，我国《民法典》第 192 条第 2 款规定：“诉讼时效期间届满后，义务人同意履行的，不得以诉讼时效期间届满为由抗辩；义务人已经自愿履行的，不得请求返还。”即是否行使拒绝给付抗辩权，应由当事人自行判断。

义务人拒绝给付，以请求权因时效之经过而拒绝支持为理由，即构成此项抗辩权的行使。需注意的是，此项抗辩权，须在人民法院一审审结前提出。且义务人一次援用，即足以使请求权“永久”消灭，又称为永久抗辩权。①

（四）诉讼时效及于从权利的效力

诉讼时效的效力应及于从权利，即主权利因时效届满，义务人不仅可以对主权利请求权行使抗辩权，附属于主权利的从权利请求权也可以拒绝支持。例如，合同履行请求权因时效届满义务人可以拒绝履行，其违约金请求权义务人同样享有抗辩权。但是，关于担保物权是否适用诉讼时效的观点并不统一。有人认为，诉讼时效的效力不得及于担保物权。因担保物权虽属于从权利，但具有相对的独立性，且担保物权属于支配权而非请求权，不在诉讼时效客体范围。因此，所担保的债权因时效期间届满而不能请求法院强制执行，债权人仍可以实行担保物权。此种观点被大陆法系的一些国家立法采纳。例如，《德国民法典》第 216 条第 1 款规定：“以抵押权、船舶抵押权或质权担保的请求权，虽经时效消灭，但不妨害债权人就其担保物取偿。”《日本民法典》第 396 条规定：“抵押权，除非与其担保的债权同时者，不因时效而对债务人及抵押人消灭。”

另有观点认为，担保物权有占有型与非占有型之分。质权、留置权属于占有型担保物权，因担保物（动产、债权凭证）在债权人占有之下，虽债权因诉讼时效期间届满而不能强制执行，并不妨碍债权人就其担保物取偿，其理自明。抵押权并非占有型担保物权，抵押物在抵押人占有之下，虽抵押权不在诉讼时效客体之列，似不宜使抵押权与所担保债权同受诉讼时效的限制，但在债权因时效期间届满不受法院保护之后，如抵押权长期存在，势必不利于抵押人对担保物的有效利用，不利于担保交易关系的稳定，并有助长抵押权人滥用优势地位之虞。有鉴于此，《民法典》第 419 条规定：“抵押权人应当在主债权诉讼时效期间行使抵押权；未行使的，人民法院不予保护。”该条仅规定了抵押权关于诉讼

① 参见王泽鉴：《民法总则》，北京大学出版社 2009 年版，第 514～519 页。

时效适用问题，而担保物权中的质权和留置权问题未作规定。此规定采用了司法解释的措辞方法，可以看出是一个十分复杂的问题。

《九民纪要》第 59 条规定："抵押权人应当在主债权的诉讼时效期间内行使抵押权。抵押权人在主债权诉讼时效届满前未行使抵押权，抵押人在主债权诉讼时效届满后请求涂销抵押权登记的，人民法院依法予以支持。以登记作为公示方法的权利质权，参照适用前款规定。"《九民纪要》是准司法解释，审判实践中是可以援用的，其首先规定了主债权诉讼时效届满抵押权消灭，且抵押人享有涂销抵押权登记请求权，同时规定了登记公示的权利质权参照适用。

2021 年 1 月 1 日施行的《民法典担保制度司法解释》第 44 条规定："主债权诉讼时效期间届满后，抵押权人主张行使抵押权的，人民法院不予支持；抵押人以主债权诉讼时效期间届满为由，主张不承担担保责任的，人民法院应予支持。主债权诉讼时效期间届满前，债权人仅对债务人提起诉讼，经人民法院判决或者调解后未在民事诉讼法规定的申请执行时效期间内对债务人申请强制执行，其向抵押人主张行使抵押权的，人民法院不予支持。主债权诉讼时效期间届满后，财产被留置的债务人或者对留置财产享有所有权的第三人请求债权人返还留置财产的，人民法院不予支持；债务人或者第三人请求拍卖、变卖留置财产并以所得价款清偿债务的，人民法院应予支持。主债权诉讼时效期间届满的法律后果，以登记作为公示方式的权利质权，参照适用第一款的规定；动产质权、以交付权利凭证作为公示方式的权利质权，参照第二款的规定。"

从上述规定可以看出，抵押权以及以登记为公示手段的权利质权适用《民法典》第 419 条，即主债权诉讼时效期间届满，债权人未行使担保物权的，担保物权消灭；以占有为公示手段的担保物权，主债权效期间届满，占有型担保物权人仍然有权利行使其担保物权。《民法典担保制度司法解释》虽未回答涂销登记请求权是否应予支持，但是《九民纪要》并未作废，因此在主债权诉讼时效期间届满，抵押人以及登记的权利出质人的涂销登记请求权，在审判实践中还是应当予以支持的。但是，关于行使涂销登记请求权时，债务人和第三人作为抵押人或出质人应否区分是一个值得讨论的问题。

（五）时效利益的抛弃

时效制度的设立是为公益，故关于时效期间的规定，为强行性规定。我国《民法典》第 197 条第 1 款规定："诉讼时效的期间、计算方法以及中止、中断的事由由法律规定,当事人约定无效。”

为保护债务人,时效利益不得预先抛弃。我国《民法典》第197条第2款规定:“当事人对诉讼时效利益的预先放弃无效。”时效利益的抛弃,为抛弃人不欲享受时效利益之意思表示,系属单独行为。债务人一旦表示抛弃其时效利益,即发生效力,不必征得债权人的同意,债务人明知时效完成的事实而为承认者,其承认可认为系抛弃时效利益的默示意思表示。

须注意的是,时效利益预先抛弃为法律所禁止。另外,因时效利益抛弃受利益的人如属多数,除有明文规定外,一人抛弃,其影响不及于他人。共同共有人中一人未得全体共有人同意,向他人为抛弃时效利益的意思表示者,应属无权处分。

(六)诉讼时效完成后的债权仍可抵销

诉讼时效的完成(时效期间届满),不影响时效完成前已经适于抵销的债务的相抵。《德国民法典》第215条和《日本民法典》第508条均有相关明文规定。《法国民法典》虽无明文规定,但其第1290条规定:“债的抵销得依法律的效力当然发生,即使债务人不知,亦然。”表明时效完成前适于抵销的债务,自两债务并存时起,已发生抵销的法律效力,自然不受此后完成的时效的影响。

此项效力,我国《民法典》无明文规定,但司法实务中已有据此判决的案例。例如,中国农业银行福建省分行营业部诉福清华信食品有限公司侵权纠纷案。[①]

第三节　诉讼时效的客体

一、诉讼时效客体的含义

诉讼时效的客体,又称为诉讼时效的适用范围或适用对象,是指哪些权利应适用诉讼时效。明确诉讼时效的客体,在实践上有重要意义。

关于诉讼时效的客体,一般认为是指请求权。所谓请求权,指特定人得向

① 中国农业银行福建省分行营业部诉福清华信食品有限公司侵权纠纷案,福建省福州市人民法院(2007)榕民初字第575号民事判决书。

特定人请求为一定行为的权利。请求权，以依其产生的基础权利的不同，可以分为：人格权保护请求权；身份关系请求权；债权请求权；物权请求权等。是否均可为诉讼时效的客体，各国立法不一，学说亦有争论，主要有以下两种倾向：

（一）请求权主义

所谓请求权主义，是指民法将诉讼时效的客体限定于请求权。多数大陆法系国家的民法典均采此模式。例如，《德国民法典》第 14 条第 1 款规定："向他人请求作为或不作为的权利（请求权），受消灭时效的限制。"学说上认为，该条系以请求权为消灭时效的客体；不适用消灭时效的权利主要有支配权、形成权、抗辩权，其中支配权和抗辩权不因时间经过而消灭，形成权则因除斥期间经过而消灭。

（二）财产权主义

所谓财产权主义，是指民法将诉讼时效的客体规定为所有权以外的财产权。《日本民法典》第 167 条规定："债权，因 10 年间不行使而消灭，债权或所有权以外的财产权，因 20 年间不行使而消灭。"《韩国民法典》第 162 条的规定与此相同。可见，在日本和韩国，消灭时效的客体为债权及所有权以外的其他财产权。不过，日本的学说认为，以下财产权性质上不适用消灭时效：一是占有权；二是必然伴随一定的法律关系而存在的权利，如物上请求权、相邻权、共有物分割请求权等；三是担保物权；四是财产权以外的权利，除少数例外情况外，也不罹于消灭时效。①

二、我国诉讼时效的客体

我国《民法典》第 188 条第 1 款规定："向人民法院请求保护民事权利的诉讼时效期间为三年。法律另有规定的，依照其规定。"此条规定表明，是将诉讼时效的客体规定为"民事权利"。然而，《民法典》第 191 条、第 194 条和第 196 条在规定诉讼时效期间的起算、诉讼时效中止以及不适用诉讼时效的权利时均明确采用了"请求权"一语，并且第 192 条"不履行义务的抗辩"也是针对请求权而言，故按照体系解释，我国诉讼时效的客体显然采请求权主义，即诉讼时效适用于请求权。关于各种请求权是否均适用诉讼时效，分述如下：

---

① 参见李永军主编：《民法总论》，中国政法大学出版社 2019 年版，第 397 页。

（一）债权请求权

债权请求权为诉讼时效的客体已无争议。[①] 主要包括：(1) 基于合同债权的请求权，如履行请求权、损害赔偿请求权、违约金请求权、利息请求权。(2) 基于侵权行为的请求权，主要是赔偿损失请求权。(3) 基于无因管理的请求权，主要有必要费用请求权、不当管理的赔偿损失请求权。(4) 基于不当得利的请求权。(5) 其他债权请求权，如基于缔约过失、单方允诺等产生的请求权。

但是，依据《诉讼时效司法解释》第 1 条规定，不适用诉讼时效的债权请求权包括：支付存款本金及利息请求权；兑付国债、金融债券以及向不特定对象发行的企业债券本息请求权；基于投资关系产生的缴付出资请求权以及其他依法不适用诉讼时效规定的债权请求权。

（二）人格权请求权

权利体系中，人格权与物权同属绝对权。当人格权遭到侵害时，权利人如同物权遭到侵害一样亦存在两种救济方法：一是人格权主体可主张妨害除去与妨害防止请求；二是因人格权侵害行为而产生的损害赔偿请求权。前一救济，因直接涉及人格权之完满，而人格权随主体存在，彰显主体的法律意义，故不适用诉讼时效。后一救济则是典型的侵权行为之债权请求权，应受诉讼时效规制。除上述两种救济方法外，依据《民法典》第 995 条规定，受害人享有的基于人格权发生的停止侵害请求权、消除影响请求权、恢复名誉和赔礼道歉请求权均不适用诉讼时效。

（三）物权请求权

物权请求权，又称物上请求权，即基于物权的请求权。关于物权请求权是否适用诉讼时效，一直存在争议，一般认为，物权请求权原则上不适用诉讼时效，作为例外的情形，只是其中的返还财产请求权和恢复原状请求权。

1. 所有权人的物权请求权

(1) 返还原物请求权（又称返还财产请求权）

返还原物请求权，包括返还被非法占有财产的请求权、返还让与担保之物请求权、返还质物请求权、返还留置物请求权、返还租赁物请求权、返还遗失物

① 参见魏振瀛主编：《民法》（第 7 版），北京大学出版社、高等教育出版社 2017 年版，第 209 ~ 211 页。

请求权,以及合同无效或被撤销后的返还请求权。合同解除后的恢复原状请求权,均属于物权请求权性质,原则上不应当适用诉讼时效。

但是,返还原物请求权涉及原权利人权利的保护和新生法律关系维护之间的平衡。如果彻底否定返还原物请求权不适用诉讼时效,则不利于新生法律关系的维护。如果返还原物请求权按常规适用诉讼时效,又不利于对于原有权利人的权利保护。因此,应根据实际情况,对于已经登记的动产物权和不动产物权基于登记的公信力,不适用诉讼时效。对于一般动产,从维护交易安全的角度适用诉讼时效为宜。

有鉴于此,我国《民法典》第 196 条第 2 项规定了"不动产物权和登记的动产物权的权利人请求返还财产"不适用诉讼时效,即其他情形的返还财产请求权仍适用诉讼时效。

(2)恢复原状请求权

恢复原状请求权,是指在物权为他人所侵害时,以恢复物权的圆满状态为标的之请求权,例如,所有人对于妨害其所有权者,有权请求除去之,即排除妨碍请求权,有妨害其所有权之可能者,有权请求防止或停止即消除危险请求权、停止侵害请求权。在承认所有权取得时效情况下,原所有权人返还原物请求权实际上是受到时间限制的。而排除妨碍与消除危险请求权不应构建比返还原物请求权更优待的制度,否则在法价值上有失正当性。但是排除妨碍与消除危险请求权的诉讼时效适用中有特殊之处,假如,物权人针对正在发生或即将发生的危险主张请求权时是否适用诉讼时效的实际效果则并无差别。我国并未规定取得时效制度,我国《民法典》第 196 条第 1 项仅规定了"请求停止侵害、排除妨碍、消除危险"不适用诉讼时效的规定。

2. 共有物分割请求权及请求履行协议分割契约的权利

共有物分割请求权为分割共有物的权利,非请求其他共有人为分割行为的权利,是一种形成权,而非请求权。鉴于财产共有关系的性质,只要财产共有关系存在,基于财产共有关系的共有物分割请求权就不消灭。因此,分割合伙财产请求权、分割家庭共有财产请求权,应不适用诉讼时效。但共有人订立分割共有物的协议后,基于该协议而移转分得部分所有权的请求权,属于债权请求权,应当适用诉讼时效。

3. 占有人的物上请求权

我国《民法典》第462条规定："占有的不动产或者动产被侵占的，占有人有权请求返还原物；对妨害占有的行为，占有人有权请求排除妨害或者消除危险；因侵占或者妨害造成损害的，占有人有权依法请求损害赔偿。占有人返还原物的请求权，自侵占发生之日起一年内未行使的，该请求权消灭。"

此规定一年期间，是以单纯的占有事实为标的，提起返还占有之诉的除斥期间。占有人并非一定是所有权人，亦不考虑占有人对物的占有事实合法与否，该制度仅为保护对物占有的秩序。因为如占有人同时是实体上权利者，可直接提起本权之诉也即返还原物请求权，则不受一年短期请求权时效（除斥期间）限制。

（四）基于身份关系请求权

基于身份关系而发生的请求权，有基于纯粹身份关系产生的请求权，如恢复亲属关系状态为目的的请求权，包括父母对第三人请求交还未成年子女的请求权等，不适用诉讼时效。《德国民法典》的判例采此观点。对此，学者的观点亦无分歧。

基于身份关系产生的损害赔偿等财产性请求权与一般请求权并无不同，受诉讼时效规制。① 但是，依据我国《民法典》第196条第3项规定，请求支付抚养费、赡养费或者扶养费不适用诉讼时效。我国《民法典》作此规定主要是从有利于维护未成年人与老年人的利益考量。

第四节　诉讼时效期间

一、诉讼时效期间的概念和特征

诉讼时效期间，是指权利人请求人民法院保护其民事权利的法定期间。诉讼时效期间是期限的一种类型，和其他的期限相比较，该期限具有如下特征：（1）诉讼时效期间是法定期间。关于诉讼时效期间的规定，属于法律的强制规

① 参见施启扬：《民法总则》，2009年自版发行，第386页。

定,非约定期间,不允许当事人通过协议延长或者缩短时效期间,当事人对诉讼时效期间的计算方法以及起算、中止、中断事由的约定无效。(2)诉讼时效期间是可变期间。诉讼时效期间可以中止、中断和延长。(3)诉讼时效期间的意义,应理解为权利人向义务人主张请求权的法定期间,超过该期间,义务人取得永久的抗辩权。

二、诉讼时效期间的分类

根据诉讼时效期间的适用范围及期限长短的不同,可将其分为普通诉讼时效期间、特别诉讼时效期间和最长诉讼时效期间三种类型。

1. 普通诉讼时效期间。也称一般诉讼时效期间,简称普通诉讼时效或一般诉讼时效,是指由民事基本法统一规定的,普遍适用于法律未作特别规定的各类请求权的诉讼时效期间。

受到传统理论、立法政策、法律继受等因素的影响,大陆法系各国民法所规定的普通诉讼时效期间不尽相同。例如,《奥地利普通民法典》第 1478 条规定为 30 年,《葡萄牙民法典》第 309 条规定为 20 年,《瑞士债法典》第 127 条规定为 10 年。原《法国民法典》第 2262 条规定为 30 年,2008 年修改后的第 2224 条规定为 5 年。原《德国民法典》第 195 条也规定为 30 年,2002 年修改后的第 195 条规定为 3 年。从比较法来看,时效法的发展趋势是普通诉讼时效期间越来越短,越来越多的立法采用了 2 ~ 6 年的时效期间。

在我国,1986 年《民法通则》规定了 2 年的普通诉讼时效期间。《民法典》第 188 条第 1 款规定:“向人民法院请求保护民事权利的诉讼时效期间为三年。法律另有规定的,依照其规定。”

《民法典》将原《民法通则》规定的 2 年普通诉讼时效期间延长到 3 年,主要是为了适应社会生活中新的情况不断出现,交易方式与类型不断创新,权利义务关系更趋复杂的现实情况与司法实践,3 年诉讼时效期间适当,有利于建设诚信社会,更好地保护债权人合法权益。

2. 特别诉讼时效期间。特别诉讼时效期间,是指法律规定的仅适用于某些特殊民事法律关系的诉讼时效期间。对各种不同的民事法律关系,只要有特别诉讼时效规定的,就应适用特别诉讼时效。我国民事立法对特别诉讼时效的规定,有以下两种:

(1)短期诉讼时效期间。短期诉讼时效期间,是指时效期间不足3年的诉讼时效。主要针对一些发生较为频繁、不易保存证据的请求权,法律往往规定短期特别诉讼时效期间,以督促权利人及时请求义务人履行义务。根据我国现行法律规定,主要分以下三种:

其一,2年短期诉讼时效期间,如《保险法》第26条规定,“人寿保险以外的其他保险的被保险人或者受益人,向保险人请求赔偿或者给付保险金的诉讼时效期间为二年,自其知道或者应当知道保险事故发生之日起计算”。

其二,1年短期诉讼时效期间,如《海商法》中规定,关于海上货物运输向承运人要求赔偿的请求权、海上拖航合同的请求权、共同海损分摊的请求权、船舶碰撞致第三人伤亡负连带责任的请求权,时效期间为1年。

其三,1年以下短期特别诉讼时效期间,如《票据法》中规定,持票人对支票出票人的权利和对前手的追索权的诉讼时效期间为6个月;持票人对前手的再追索权的诉讼时效期间为3个月。

(2)长期诉讼时效期间。长期诉讼时效期间,是指诉讼时效期间在3年至20年(不包括3年和20年)之间的诉讼时效。长期诉讼时效是介于短期诉讼时效和最长诉讼时效之间的一种诉讼时效,它主要适用于一些调查取证费时耗力的疑难案件或者涉外经济纠纷。根据我国现行法律规定,主要分以下两种:

其一,4年长期特别诉讼时效期间。如《民法典》第594条规定,“因国际货物买卖合同和技术进出口合同争议提起诉讼或者申请仲裁的时效期间为四年”。

其二,5年长期特别诉讼时效期间。如《保险法》中规定,人寿保险的被保险人或者受益人向保险人请求给付保险金的诉讼时效期间为五年,自其知道或者应当知道保险事故发生之日起计算。由于人寿保险的受益人大多不是被保险人,受益人可能无法及时知道保险事故的发生,故法律规定了5年诉讼时效期间,以便更好地保护受益人的利益。

3. 最长诉讼时效期间。此项制度设立,是因为假如时隔太久权利人知道权利受到损害的情况下,依然允许知道时起开始计算诉讼时效期间,导致请求权成立很久之后仍可被行使,诉讼时效迟迟不能完成,一方面难免影响社会经济秩序的稳定,另一方面使义务人因证据消灭而难于防御。为限制普通诉讼时效期间和特别诉讼时效期间的适用，我国现行法设立了最长诉讼时效期间制度。①

《民法典》第 188 条第 2 款规定："诉讼时效期间自权利人知道或者应当知道权利受到损害以及义务人之日起计算。法律另有规定的，依照其规定。但是，自权利受到损害之日起超过二十年的，人民法院不予保护，有特殊情况的，人民法院可以根据权利人的申请决定延长。"最长诉讼时效期间 20 年原则上为不变期间，不适用法律关于诉讼时效中止、中断的规定，但适用关于诉讼时效延长的规定。

三、诉讼时效期间的起算

诉讼时效期间的起算，又称诉讼时效期间的开始，就是指自何时起开始计算诉讼时效期间，或者说以何期日作为诉讼时效期间的起算点。

（一）大陆法系的立法模式

关于诉讼时效期间的一般起算标准，在大陆法系民法中有主观标准和客观标准两种立法模式。

1. 主观标准

所谓主观标准，也称主观主义，是指自权利人知道或应当知道权利被侵害或者知晓请求权发生及义务人之时起开始计算诉讼时效期间。瑞士、荷兰、英国、加拿大等的立法对某些类型的请求权采此模式。② 其优点是与旨在督促权利人及时行使请求权的诉讼时效制度之立法目的相符，因为在权利人不知道权利被侵害及义务人或不知道享有请求权的情况下就开始计算诉讼时效期间，起不到督促权利人及时行使请求权的作用。其不足之处在于，如果权利人不知道权利被侵害及义务人或不知道享有请求权，诉讼时效期间将迟迟不能起算，难免导致诉讼时效制度之旨在稳定社会经济秩序的目的无法实现，因而往往需要借助最长诉讼时效期间加以控制。

① 参见李永军主编：《民法总论》，中国政法大学出版社 2019 年版，第 413 页。

② 参见朱岩：《消灭时效制度中的基本问题——比较法上的分析——兼评我国时效立法》，载《中外法学》2005 年第 2 期。

2. 客观标准

所谓客观标准，也称客观主义，是指自权利客观上发生或者可行使之时开始计算诉讼时效期间。法国、意大利、荷兰、葡萄牙和日本的民法典等均采客观主义模式。① 客观标准的优点是能够令时效期间的起算时间恒定，不会出现因权利人知悉时间不同而起算点各异，从而导致实际时效期间长度相去甚远的局面。其不足在于，由于诉讼时效期间的起算与权利人是否知悉无关，故权利人可能面临着因其尚未知悉请求权而未曾行使，但诉讼时效期间却已完成的可能性。

（二）我国法采用的立法模式

依据《民法典》第 188 条第 2 款的规定，我国不是采用单一的主观标准或客观标准，而是采用了主观标准加客观标准的双重标准模式。

1. 主观标准。《民法典》第 188 条第 2 款第 1 句和第 2 句规定，“诉讼时效期间自权利人知道或者应当知道权利受到损害以及义务人之日起计算。法律另有确定的，依照其规定。”自“权利人知道或者应当知道权利受到损害以及义务人之日起计算”，表明普通诉讼时效（特别诉讼时效亦然）起算标准采纳了主观标准，对此有以下几点需要解释：

（1）所谓“知道或者应当知道权利受到损害及义务人”，包括知道，也包括应当知道，是指只要客观上存在知道的条件和可能，即使当事人不知道其权利受到损害以及义务人的，也应当开始计算诉讼时效期间。

（2）此所谓“权利人”，通常是指权利受到损害的人本人；受害人欠缺完全行为能力的，是指受害人的法定代理人；在公益诉讼中，是指依法有权提起公益诉讼的有关机关和组织。

（3）判断权利人是否“应当知道权利受到损害”，原则上宜采客观标准，即一个理性人在同等情况下能够知道其权利受到损害的，就认定权利人“应当知道权利受到损害”。但是，当权利人的判断能力明显高于理性人标准时，应以权利人本人的判断能力为准。至于权利人个人事实上因障碍而不能行使请求权，例如，权利人在国外、患病住院等，并不影响诉讼时效期间的起算。

（4）所谓诉讼时效期间“自权利人知道或者应当知道权利受到损害以及义

① 参见李永军主编：《民法总论》，中国政法大学出版社 2019 年版，第 418 页。

务人之日起计算”,是指自该日24时也即次日0时起开始计算。

在司法实践中,几种主要的具体法律关系的诉讼时效期间起算如下:

①有约定履行期限的债权请求权,从期限届满之日的第二天开始起算。没有履行期限的债权请求权,依据《民法典》第510条规定,当事人可以协议补充,不能达成补充协议的,按照合同相关条款或者交易习惯确定。

《民法典》第511条第4项规定:“履行期限不明确的,债务人可以随时履行,债权人也可以随时请求履行,但是应当给对方必要的准备时间。”

②《民法典》第189条规定:“当事人约定同一债务分期履行的,诉讼时效期间自最后一期履行期限届满之日起计算。”

③《民法典》第190条规定:“无民事行为能力人或者限制民事行为能力人对其法定代理人的请求权的诉讼时效期间,自该法定代理终止之日起计算。”因为在监护期间被监护人由监护人代理其行使民事权利、实施民事法律行为,因此,只有法定代理终止之日,即监护关系结束之日,权利人才能行使权利。

依据《总则编解释》第36条、第37条规定,无民事行为能力人、限制民事行为能力人的权利受到原法定代理人损害的,一种情形是,受害人取得、恢复完全民事行为能力后,受害人对其法定代理人的请求权诉讼时效期间,自法定代理终止之日起计算;另一种情形是,原法定代理终止并确定新的法定代理人后,自新法定代理人知道或者应当知道权利受到损害以及义务人之日起计算。

④《民法典》第191条规定:“未成年人遭受性侵害的损害赔偿请求权的诉讼时效期间,自受害人年满十八周岁之日起计算。”这一立法目的,在于维护未成年人利益。因为,未成年人遭受性侵,特别是遭受监护人的性侵有可能存在其自身难以维护自己的权利或者监护人不愿维护其权利的情形,故从其年满十八周岁之日起算该侵权损害赔偿请求权的诉讼时效期间。

⑤请求他人不作为的债权请求权,应当自知道或者应当知道义务人违反不作为义务时起算。

⑥因侵权行为而发生的赔偿请求权,从受害人知道或者应当知道其权利被侵害或者损害发生时起算。损害事实发生时,受害人知道的,从损害发生时起算;损害事实发生后,受害人才知道的,从知道时起算。在人身损害赔偿中,侵害当时即发现受伤的,从侵害当日起算;侵害当时未曾发现的,事后经检查确诊并证明是由该侵害引起的,从伤势确诊之日起算。

⑦返还不当得利请求权的诉讼时效期间，从当事人知道或者应当知道不当得利事实及对方当事人之日起计算。

⑧管理人因无因管理行为产生的给付必要管理费用、赔偿损失请求权的诉讼时效期间，从无因管理行为结束并且管理人知道或者应当知道本人之日起计算；本人因不当无因管理行为产生的赔偿损失请求权的诉讼时效期间，从其知道或者应当知道管理人及损害事实之日起计算。

⑨合同被撤销产生的返还财产、赔偿损失请求权的诉讼时效期间，从合同被撤销之日起计算。

诉讼时效期间的起算，法律有特别规定的，应依法律的特别规定。例如，《海商法》第258条规定，海上旅客人身伤害的请求权，自旅客离船或者应当离船之日起算；有关旅客死亡的请求权，发生在运输期间的，自旅客应当离船之日起算；因运输期间的伤害而导致旅客离船后死亡的，自旅客死亡之日起算，但是此期限自离船起不得超过3年；有关行李灭失或者损坏的请求权，自旅客离船或者应当离船之日起算。《海商法》第261条规定“有关船舶碰撞的二年诉讼时效期间从碰撞事故发生之日起算”等。

2. 客观标准。依据《民法典》第188条第2款中的“但书”规定，诉讼时效最长期间为20年，自权利受到损害之日起计算。这一规定表明，长期诉讼时效期间采客观标准。

《民法典》规定的3年普通诉讼时效期间属于主观时效期间，但20年最长诉讼时效期间属于客观时效期间。此与民法原理及法、德等国立法例相同，理论上称为“双重时效期间”。

3年普通诉讼时效期间与20年最长诉讼时效期间的区别如下：

其一，诉讼时效期间的起算点不同。3年普通诉讼时效期间，从当事人知道或者应当知道权利受到损害及义务人之时起算；20年最长诉讼时效期间，从请求权成立（权利受侵害）之时起算。

其二，期间性质不同。3年的普通诉讼时效期间有中止、中断问题，性质上为可变期间；20年最长诉讼时效期间不发生中止、中断问题，但可以延长。

我国《民法典》中对普通诉讼时效期间和最长诉讼时效期间分别采主观标准和客观标准的双重标准，在适用上有重要意义：凡权利人知道或应当知道权利受到损害及义务人的，即应适用3年普通诉讼时效期间，诉讼时效期间进行中可因法定事由发生中止、中断,但无论如何不得超过从权利被侵害时起的20年。此种情形,20年的最长诉讼时效期间,为对3年普通诉讼时效期间因中止、中断而延长的限制。如权利人不知道也不应当知道权利受到损害及义务人的,则应适用20年最长诉讼时效期间。从权利被侵害时起算超过20年的,诉讼时效期间届满;即使在20年后权利人知道权利被侵害及义务人,亦不得再适用3年普通时效期间。特别诉讼时效期间和最长诉讼时效期间的关系亦然。

此立法本意在于,对依主观起算点起算的普通诉讼时效和特别诉讼时效又设定了最长诉讼时效起算客观上的限制,从而避免诉讼时效期间永无终了之日。

四、诉讼时效的中止、中断和延长

(一)诉讼时效的中止

诉讼时效的中止,是指在诉讼时效进行中,因一定的法定事由发生而使权利人无法行使请求权,暂时停止计算诉讼时效期间。诉讼时效中止的目的,是保证权利人遇有阻却权利行使的特殊事由时,仍然有行使权利的必要时间。这样,即使权利人遇到主观意志以外的原因而使其暂时不能行使权利时,亦有补救的机会。

1. 诉讼时效中止的事由

有关诉讼时效中止的事由应当是法定事由。依据《民法典》第194条规定,引起诉讼时效中止时效的事由有:

(1)不可抗力。不可抗力事件的范围,大致包括如下四类:一是自然灾害。二是国家行为,包括立法机关的立法行为、司法机关的司法行为和行政机关的行政行为。三是军事行动,如战争、武装冲突、军事演习、部队调动等。四是社会异常事件,也即由于人为因素而偶然发生的、不符合正常社会秩序要求的事件,包括罢工、骚乱、游行、集会、恐怖袭击等。

(2)无民事行为能力人或者限制民事行为能力人没有法定代理人,或者法定代理人死亡、丧失民事行为能力、丧失代理权。权利人或义务人为无民事行为能力人或者限制民事行为能力人时,因缺乏健全的意思能力和诉讼行为能力,难以独立行使请求权或者他人难以对其行使请求权,故其享有的请求权应由法定代理人代为行使,他人对其享有的请求权应向法定代理人主张,在诉讼中则应由其监护人作为法定代理人代为诉讼。在诉讼时效期间届满前，如果无民事行为能力人或者限制民事行为能力人没有法定代理人或者法定代理人死亡、丧失民事行为能力、丧失代理权，则其享有的请求权或者他人对其享有的请求权，在客观上就无法行使，故有必要适用诉讼时效中止制度来保护权利人。

(3)继承开始后未确定继承人或者遗产管理人。从继承开始后至继承人或者遗产管理人得到确定之前，被继承人生前享有的请求权无法由适格的权利人行使，被继承人的权利人也无法向适格的继承人或遗产管理人主张请求权。此时如果继续计算诉讼时效期间，不但无法督促权利人行使请求权，还会给无辜的权利人造成损害。因此，为贯彻诉讼时效制度的立法目的，保护被继承人的债权人和继承人利益，应当适用诉讼时效中止制度。

(4)权利人被义务人或者其他人控制。所谓权利人被义务人或者其他人控制，主要指权利人被义务人或其他人限制人身自由，导致无法主张权利。

(5)其他导致权利人不能行使请求权的障碍。例如，权利人因被专案组接管而无法行使请求权，权利人因法院暂不受理某类诉讼而无法通过起诉行使请求权，权利人因执行抢险救灾、军事演习等紧急任务而不能行使请求权，以及权利人的法定代理人因被限制人身自由而无法代其行使请求权等。

2. 发生诉讼时效中止的时间

依据我国《民法典》第 194 条的规定，障碍在诉讼时效期间的最后 6 个月内才发生诉讼时效的中止。因此，法定事由只有发生在诉讼时效期间的最后 6 个月内，才能引起诉讼时效中止的效力。若法定事由发生在最后 6 个月之前而延续到最后 6 个月之内的，也从诉讼时效期间的最后 6 个月开始诉讼时效的中止。

需要注意的是，《民法典》第 194 条所称的诉讼时效期间，仅指普通诉讼时效期间和特别诉讼时效期间，不包括最长诉讼时效期间。其中，在短期特别诉讼时效期间为 6 个月以下的情况下，在诉讼时效期间进行中的任何时刻，只要发生法定中止事由导致权利人不能行使请求权，都会发生诉讼时效中止的效果。

3. 诉讼时效中止的效力

诉讼时效中止的效力，在于使诉讼时效期间暂停计算，待中止的原因消灭后，亦即权利人能够行使其请求权时，再继续计算诉讼时效期间。继续计算的诉讼时效期间如果不足6个月,应当延长到6个月。我国《民法典》第194条第2款规定:"自中止时效的原因消除之日起满六个月,诉讼时效期间届满。"即不论诉讼时效中止事由发生前诉讼时效期间剩余多少,在中止事由消除后,继续计算的诉讼时效期间一律为6个月。我国《民法典》作此规定,实际上借鉴了比较法上的诉讼时效不完成制度,但又与不完全制度并不完全相同。

(二)诉讼时效的中断

诉讼时效的中断,是指诉讼时效期间有法定事由发生时,此前已计算的诉讼时效期间全归无效,从中断事由消灭后或者有关程序终结时起,诉讼时效期间重新计算。

1. 诉讼时效中断的法定事由

依据《民法典》第195条规定,下列情形之一的,诉讼时效期间重新计算:

(1)权利人向义务人提出履行请求。此所谓"权利人向义务人提出履行请求",履行请求的方式除向义务人直接提出请求外,权利人向债务人的担保人、代理人或者财产管理人主张权利的,也可以认定为诉讼时效中断。司法实践中认定"权利人向义务人提出履行请求"详见《诉讼时效司法解释》第8条的具体规定。

(2)义务人同意履行义务。此所谓"义务人同意履行义务",依据《诉讼时效司法解释》第14条规定,应包括义务人作出分期履行、部分履行、提供担保、请求延期履行、制订清偿债务计划等承诺或行为。义务人必须同意履行义务才能引起诉讼时效中断,若义务人承认义务的存在,但拒绝履行义务则并不导致时效中断。

(3)权利人提起诉讼或者申请仲裁。向人民法院起诉是当事人依民事诉讼法行使诉权,请求法院给予保护,为中断时效期间的主要原因。向执行机构申请仲裁,与起诉相同。

(4)与提起诉讼或者申请仲裁具有同等效力的其他情形。依据《诉讼时效司法解释》第11条,包括申请支付令;申请破产、申报破产债权;为主张权利而申请宣告义务人失踪或死亡;申请诉前财产保全、诉前临时禁令等诉前措施;申请强制执行;申请追加当事人或者被通知参加诉讼;在诉讼中主张抵销。根据该解释第12条,还包括权利人向人民调解委员会以及其他依法有权解决相关民事纠纷的国家机关、事业单位、社会团体等社会组织提出保护相应民事权利的请求。根据该解释第13条，也包括权利人向公安机关、人民检察院、人民法院报案或者控告，请求保护其民事权利的。

2. 诉讼时效中断的效力

诉讼时效中断的效力，在于使此前已经进行的诉讼时效期间归于无效，另从中断时起重新计算诉讼时效期间。需注意的是，诉讼时效中断后，重新计算的诉讼时效期间仍然应当适用原来的普通诉讼时效或特别诉讼时效期间重新计算，并且诉讼时效中断次数也无限制。

3. 诉讼时效中断与诉讼时效中止的区别

第一，发生诉讼时效中止的原因属于与当事人无关的客观情况，而发生诉讼时效中断的原因系当事人的行为，亦即取决于当事人的意思。

第二，在诉讼时效期间中，中止以前已经进行的诉讼时效期间为有效，应与中止原因消灭后继续计算的诉讼时效期间合并计算；诉讼时效期间中断，中断以前已经进行的诉讼时效期间无效，中断原因消灭后重新计算诉讼时效期间。

第三，诉讼时效期间中止，中止原因应发生在诉讼时效期间的最后6个月内，才能发生诉讼时效中止的效力；诉讼时效期间中断，中断原因无论发生在诉讼时效期间的哪一段，均应发生诉讼时效中断的效力。

（三）诉讼时效的延长

诉讼时效的延长，是指在诉讼时效期间届满以后，权利人基于某种正当理由，向人民法院提起诉讼时，经人民法院调查确有正当理由而将法定诉讼时效期间予以延长。依据《民法典》第188条的规定，从权利被侵害之日起超过20年的，人民法院不予保护。有特殊情况的，人民法院可以延长诉讼时效期间。从上述规定可以看出，诉讼时效的延长发生在诉讼时效期间届满之后。在诉讼时效期间完成以后，如果权利人未能行使权利是由于某种特殊情况造成的，人民法院可根据具体情况酌情延长诉讼时效。

1. 诉讼时效延长与诉讼时效中止、中断的区别

（1）前述关于诉讼时效期间中止、中断的规定，只能对普通诉讼时效期间或特殊诉讼时效期间适用，而20年最长诉讼时效期间不适用中止、中断的规定。依据《总则编解释》第35条的规定，20年最长诉讼时效期间不适用中止、中断的规定。

（2）诉讼时效期间的延长，须由法院作出延长诉讼时效期间的决定，方才发

生诉讼时效期间延长的效力。而诉讼时效期间的中止、中断则相反，只要有发生中止、中断的法定事由，即当然发生中止、中断的效力，而无须由法院作出决定。

须注意的是，法院对于决定诉讼时效期间是否延长，有完全的裁量权。法律上的用语是“可以”延长，而不是“必须”延长。依法律本意，系将决定是否延长的裁量权委托法院行使。即委托法院就当事人所提出的客观情况是否属于“特殊情况”作出裁量，及就该特殊情况下是否延长时效期间作出裁量。即使当事人所提出的客观情况被认定为属于法律所谓“特殊情况”，法院在就是否延长诉讼时效期间作决定时，还应考虑是否有给予权利人特殊保护的必要，以及基于权利人长期不行使权利的事实状态所发生的其他法律关系是否更有应予保护的理由，等等。①

2. 诉讼时效延长的构成要件

依据《民法典》第 188 条第 2 款第 3 句的规定：“但是，自权利受到损害之日起超过二十年的，人民法院不予保护，有特殊情况的，人民法院可以根据权利人的申请决定延长。”诉讼时效的延长应当具备以下构成要件：

（1）权利人须因客观障碍未能在诉讼时效期间内行使请求权。《民法典》第 188 条第 2 款第 3 句所称的“特殊情况”，是指权利人由于客观障碍未能在诉讼时效期间内行使请求权。所谓客观障碍，是指不可归责于权利人的客观情况。例如，因权利人不知道且不应当知道权利受到损害的事实或具体的加害人，或者因导致诉讼时效中止的事由持续存在，致使权利人未能在最长诉讼时效期间内行使请求权。如果因权利人自身原因致使请求权未能在诉讼时效期间内行使，例如，权利人虽然知道或应当知道权利受到侵害，但却一直碍于情面未向法院起诉义务人，以致超过最长诉讼时效期间，则不得适用诉讼时效延长制度。

（2）须最长诉讼时效期间已经届满。从《民法典》第 188 条第 2 款第 3 句的规定看，适用诉讼时效延长制度的前提之一是“自权利受到损害之日起超过二十年”，实际上要求 20 年最长诉讼时效期间已经届满。这说明诉讼时效延长制度只能适用于 20 年最长诉讼时效期间。

（3）权利人须申请法院延长诉讼时效期间。《民法典》第 188 条第 2 款第 3

① 参见梁慧星：《民法总论》（第 5 版），法律出版社 2017 年版，第 263～264 页。

句所称“人民法院可以根据权利人的申请决定延长”，不仅要求权利人已向法院起诉，还要求权利人须申请法院延长诉讼时效期间。权利人未向法院起诉的，人民法院无权延长诉讼时效期间。权利人虽已向法院起诉，但未申请延长诉讼时效期间的，法院既不应对诉讼时效延长问题进行释明，也不应主动适用诉讼时效延长的规定进行裁判。《民法典》第 193 条规定：“人民法院不得主动适用诉讼时效的规定。”

3. 诉讼时效延长的法律效果

依据《民法典》第 188 条第 2 款第 3 句可知，在具备法定的构成要件时，就发生“人民法院可以根据权利人的申请决定延长”诉讼时效期间的法律效果。具体如下：

首先，是否延长诉讼时效期间，只能由法院根据权利人的申请进行审查并作出决定，义务人及其他机构均无此权限。法院在决定是否延长时，应当综合考虑权利人是否有予以特殊保护的必要、基于权利人长期不行使请求权的事实状态所发生的其他法律关系是否更有值得保护的理由等因素。

其次，权利人原则上只能在一审期间申请延长诉讼时效期间，不能在二审及再审程序中提出延长申请。不过，权利人在一审期间提出延长申请，但未被一审法院支持的，二审或再审时法院仍可决定延长诉讼时效期间。

最后，法院决定延长诉讼时效期间的，只能以剥夺义务人的诉讼时效抗辩权的方式进行，不得另行为权利人指定一段时间的诉讼时效期间。原因在于，一方面，既然权利人已向法院起诉，法院为其另行指定诉讼时效期间即无意义；另一方面，通过剥夺义务人的诉讼时效抗辩权，即可达到延长诉讼时效期间以保护权利人的目的。

第五节　除斥期间

一、除斥期间的概念

除斥期间，是指由法律规定、当事人约定或者根据具体交易情况确定的形成权的存续期间。我国《民法典》第 199 条规定：“法律规定或者当事人约定的撤销权、解除权等权利的存续期间，除法律另有规定外，自权利人知道或者应当知道权利产生之日起计算，不适用有关诉讼时效中止、中断和延长的规定。存续期间届满，撤销权、解除权等权利消灭。”这里说的存续期间是预定的期间，即适用除斥期间的权利自始就有存续期间的限制。① 预定的期间是不能变更的，故属于“不变期间”。

除斥期间适用于形成权，期间届满的法律效果是形成权本身归于消灭。除斥期间届满后再行使形成权，其行使行为当然不发生效力，不需要相对人再提出抗辩。

二、除斥期间的类型

根据除斥期间产生原因的不同，可将其分为法定除斥期间、约定除斥期间和根据具体交易情况确定的除斥期间三种类型。

（一）法定除斥期间

法定除斥期间是指由法律明文予以规定的。法定除斥期间的强制性与诉讼时效期间类似，当事人既不得通过约定加以缩短或延长，也不得对除斥期间的计算方法另作约定。我国现行法规定的法定除斥期间主要有以下六类：

其一，依据《民法典》第 152 条，可撤销民事法律行为中撤销权的除斥期间为 1 年，自撤销权人知道或者应当知道撤销事由之日起或者自胁迫行为终止之日起计算；重大误解当事人的撤销权的除斥期间为 90 日，自撤销权人知道或者应当知道撤销事由之日起计算。上述撤销权的最长除斥期间为 5 年，自民事法律行为发生之日起计算。

其二，依据《民法典》第 541 条，债权人撤销权的除斥期间为 1 年，自债权人知道或者应当知道撤销事由之日起计算。该撤销权的最长除斥期间为 5 年，自债务人的行为发生之日起计算。

其三，依据《民法典》第 663 条第 2 款，赠与人的法定撤销权的除斥期间为 1 年，自赠与人知道或应当知道撤销原因之日起计算。依据《民法典》第 664 条，赠与人的继承人或法定代理人的法定撤销权的除斥期间为 6 个月，自知道或者应当知道撤销原因之日起计算。

---

① 参见李永军主编：《民法总论》，中国政法大学出版社 2019 年版，第 475 页。

其四，依据《民法典》第 1052 条，受胁迫结婚的人对婚姻的撤销权的除斥期间为 1 年，自胁迫行为终止之日或者恢复人身自由之日起计算。

其五，依据《公司法》第 72 条，法院依照法律规定的强制执行程序转让股东的股权时，其他股东行使优先购买权的除斥期间为 20 日，自法院通知之日起计算。

其六，依据《民法典》第 564 条第 2 款，法律没有规定或者当事人没有约定解除权行使期限，自解除权人知道或者应当知道解除事由之日起一年内不行使，或者经对方催告后在合理期限内不行使的，该权利消灭。此规定适用于合同解除权的行使期间。

此外，依据《物权编解释(一)》第 11 条的规定，按份共有人之间对优先购买权的行使期间没有约定，转让人向其他按份共有人发出的通知中也未载明行使期间或者载明的行使期间短于通知送达之日起 15 日的，优先购买权的行使期间为 15 日；转让人未通知的，优先购买权的行使期间为其他按份共有人知道或者应当知道最终确定的同等条件之日起 15 日；转让人未通知，且无法确定其他按份共有人知道或者应当知道最终确定的同等条件的，优先购买权的行使期间为共有份额权属转移之日起 6 个月。

(二)约定除斥期间

约定除斥期间，是指由法律授权当事人约定或者由当事人自行约定的除斥期间。约定除斥期间常见于当事人在合同中为解除权、买回权、优先购买权、优先承租权等形成权约定行使期间的情形。例如，依据《民法典》第 564 条第 1 款规定，当事人可以约定合同解除权行使期限，期限届满当事人不行使的，该合同解除权利消灭。该条所谓“当事人约定解除权行使期限”，就是法律授权当事人约定的除斥期间。又如，依据《物权编解释(一)》第 11 条的规定，允许按份共有人之间约定或者转让人在转让通知中指定优先购买权的除斥期间。

(三)根据具体交易情况确定的除斥期间

有些除斥期间既非法定亦非约定，而是根据当事人之间的具体交易情况确定的。例如，依据《民法典》第 658 条第 1 款的规定，赠与人的任意撤销权，应在赠与财产的权利转移前行使；依据《民法典》第 787 条的规定，定作人的任意解除权，应在承揽工作完成前行使；依据《民法典》第 933 条的规定，委托人或受托人的任意解除权，应在委托事务完成前行使。

三、除斥期间的计算

除斥期间为不变期间，故除斥期间的计算主要涉及起算时间问题。有些除斥期间法律明确规定了起算时间，则除斥期间依照法律确定；有些除斥期间没有法律规定起算时间的，通说认为自权利发生时起算，因为除斥期间旨在对权利存续期间予以限制，因此权利发生之日，为除斥期间开始计算之时。

四、除斥期间与诉讼时效的区别

（一）立法精神不同

除斥期间与诉讼时效的目的虽均在于早日确定法律关系，以维持社会秩序，但两者维持秩序的本质正好相反：除斥期间维持的秩序，是因权利不行使而继续存在的原秩序；诉讼时效维持的秩序，则是因权利不行使而建立的与原有秩序相反的新秩序。

（二）权利客体不同

通说认为，除斥期间的客体是形成权，绝大多数形成权都受除斥期间的限制；诉讼时效的客体是请求权，但有些请求权并不受诉讼时效的限制。

（三）是否具有法定性不同

除斥期间并非都具有法定性，有些除斥期间具有法定性，有些除斥期间可由当事人约定，另外有些除斥期间则须根据具体交易情况确定；而各种类型的诉讼时效期间都具有法定性，不允许当事人通过约定加以缩短或延长。

（四）期间的起算点不同

依据《民法典》第 199 条的规定，除斥期间的起算点原则上自权利人知道或者应当知道权利产生之日起计算，法律另有规定的除外。不过，由于我国现行法在规定各类法定形成权的同时，往往也规定了法定形成权的除斥期间及其起算点，导致《民法典》第 199 条规定的除斥期间的一般起算标准的适用范围比较狭窄。另外，在约定除斥期间中，除斥期间的起算点可以由当事人约定。

依据《民法典》第 188 条第 2 款的规定，诉讼时效期间的起算点原则上自权利人知道或者应当知道权利受到损害以及义务人之日起计算，法律另有规定的除外。此外,《民法典》第 197 条第 1 款明确规定了当事人不得约定诉讼时效期间的起算点等计算方法。

（五）是否为可变期间不同

除斥期间则无论其产生原因如何,一旦确定之后,均为不变期间,不适用有关诉讼时效中止、中断和延长的规定;而诉讼时效期间虽然属于法定期间,但可以依法适用中止、中断和延长的规则,总体上表现出一定的可变性,故属于可变期间。

（六）期间届满的法律效果不同

除斥期间届满后,作为除斥期间客体的形成权归于消灭,相对人既无必要也不可能取得抗辩权;与此不同,诉讼时效期间届满后,作为诉讼时效客体的请求权本身并不消灭,只是义务人取得拒绝履行的抗辩权。

（七）法院能否依职权援引不同

除斥期间届满后,无论权利人是否行使形成权,也不论相对人是否主张除斥期间届满,法院都应依职权审查并认定形成权消灭,不允许原权利人再行使形成权;而诉讼时效期间届满,义务人未行使诉讼时效抗辩权的,法院不应对诉讼时效问题进行释明,也不得依职权主动适用诉讼时效规则进行裁判。

（八）能否事后抛弃期间届满的利益不同

除斥期间届满后,形成权即归于消灭,相对人既无抛弃除斥期间届满利益的可能性,权利人也不得再主张行使形成权。与此不同,诉讼时效期间届满后,义务人可以放弃诉讼时效抗辩权,即抛弃诉讼时效利益。义务人抛弃诉讼时效利益后,权利人仍有权受领义务人的履行或者请求义务人履行义务。

第十一章

期日、期间

第一节　期日与期间概述

一、民法意义上的时间

具体的权利主体及民事法律关系一定存在于时间之中。时间的到来或经过与一定的行为、事件乃至状态相结合，就会对权利主体、民事法律关系以及权利的行使等问题产生影响。因而，时间也属于法律事实的一种。时间在法律事实中占有重要位置，其适用也比较频繁。例如，依据《民法典》第 13 条的规定，自然人出生及死亡时间，就是自然人民事权利能力取得与消灭的时间。在物权领域中，所有权可以永续存在，不受时间限制，而限制物权除宅基地使用权外，受到相应存续期限的限制，或某种事实状态继续经过一定的时间，即发生权利变动的效果，或某种权利行使，仅限于一定时间内为之，始为有效。[①] 基于民事法律行为产生的债权请求权，既受民事法律行为的生效和失效时间的限制，又受制于债权自身的行使期限，又或有以一定的时间决定民事法律行为效力之发生或消灭。可见，时间在民法上具有重要意义。

二、期日和期间的概念

民法上的时间可以分为期日和期间。期日和期间也称为期限。

---

① 参见梁慧星：《民法总论》（第 5 版），法律出版社 2017 年版，第 268 页。

(一)期日的概念

所谓期日,是指一定的、不许分割的时间,如某时、某日、某月、某年。期日所指的时间点在物理上当然可以分割,如1日有24小时、1分钟有60秒、1秒有1000毫秒,但在法律上,期日是不可分或视为不可分的特定时间,属于时间点,用以确定时间的始点与终点。民事权利能力及民事行为能力的取得或丧失,权利的取得、丧失或者变更,债务履行期的届至或届满等问题,均与特定期日的确定密切相关。

期日可以分为独立期日和辅助期日。独立期日是指自身可以单独与特定事实相结合而发挥作用的期日。例如,依据《民法典》第13条的规定,自然人出生或死亡之时决定着其权利能力的取得与丧失。辅助期日是指用于确定期间的起算点和终止点的期日。例如,《民法典》第41条中"自然人下落不明的时间自其失去音讯之日起计算"的规定,自然人失去音讯之日就是辅助期日。又如,买卖合同中,约定买方应在合同签订后20日内付款,则合同签订之日为付款期的起算点,合同签订后的第20日为付款期的终止点,二者均属于辅助期日。

(二)期间的概念

期间,是指从某一期日到另一期日之间的特定时间段。例如,从某年某月到某年某月、从某日到某日、从某时到某时,或者从某期日起的一段时间等。期日是一个时间点,期间则是一个时间段。期间的开始期日称为始期,始期到来称为期间届至。期间的终止期日称为终期,终期到来称为期间届满。例如,买卖合同中约定卖方应在1月份交货,则1月1日为交货期间的始期,该日到来为交货期间届至;1月31日为交货期间的终期,该日到来为交货期间届满。

三、期日和期间的类型

(一)法定型、指定型、意定型的期日和期间

根据产生原因的不同,可以将期日和期间分为法定型、指定型及意定型三种类型。

1. 法定型期日和期间

法定型期日和期间,是指由法律直接加以规定的期日和期间。例如,《民法典》第13条规定的自然人的"出生和死亡之时"即为典型的法定型期日。《民法

典》第40条规定的自然人下落不明的“满二年”期间，宣告失踪；《民法典》第46条规定的自然人下落不明的“满四年”期间，宣告死亡；《民法典》中规定的诉讼时效期间及一些撤销权的存续期间，都属于法定型期间。法定型期日和期间具有强制性，均不允许当事人通过约定予以变更。

2. 指定型期日和期间

指定型期日和期间，是指由法院、仲裁机关或者居委会、村委会等有关组织依法指定的期日和期间。例如，《民法典》第48条规定的法院作出宣告死亡判决的日期，即属指定型期日。指定型期日和期间也不允许当事人通过约定予以变更。

3. 意定型期日和期间

意定型期日和期间，是指根据当事人的意思而确定的期日和期间，亦即当事人通过民事法律行为或准法律行为确定的期日和期间。例如，合同（双方民事法律行为）订立中，当事人在合同中约定的债务人履行债务的期限；广告人在悬赏广告（单方民事法律行为）中约定的相对人领取报酬的期限；债权人在催告函（准法律行为）中指定的债务人履行债务的宽限期等，都属于意定型期间。当事人通过多方民事法律行为或双方民事法律行为确定的期日和期间，可以由全体当事人协商一致予以变更。当事人通过单方民事法律行为或者准法律行为确定的期日和期间，虽可由该当事人单方予以变更，但其变更不得不利于相对人。

（二）连续期间和非连续期间

根据计算方法的不同，可将期间分为连续期间和非连续期间。

1. 连续期间

连续期间，是指自始期至终期之间，所有时日毫无间断地全部予以计算。民事法律中规定的各类期间，例如，《民法典》第40条、第46条分别规定的宣告失踪和宣告死亡中自然人下落不明的期间；《民法典》第152条规定的可撤销法律行为中撤销权的行使期间；《民法典》第188条普通诉讼时效期间等均是连续期间。除了法律规定连续期间以外，当事人约定的期间往往也是连续期间，如买卖合同中约定卖方应在合同生效后30日内交货，买方应在收到货物后15日内付款。连续期间的特点在于，期间毫无间断，包括中间的法定休假日，也不会影响连续期间的计算。

2. 非连续期间

非连续期间,也称实用期间或有用期间,是指自始期至终期之间,仅计算有用的时日,将无用的时日排除在外。例如,有关行政法律法规中规定的以工作日为计算标准的各类期间,都是非连续期间。在民事法律关系中,非连续期间通常是由当事人约定的。例如,买卖合同中约定卖方应在合同生效后20个工作日内交货,该20日期间即属非连续期间,即不包括法定休假日在内。

第二节 期日和期间的确定规则

一、期日的确定规则

(一)期日的终结点

我国台湾地区学者王泽鉴认为,以某日为给付或者意思表示期日的,则该日全日皆视为不可分的期日,但原则上应于通常营业或者作息时间内为给付或者意思表示,于凌晨或者深夜为之者,依其情形,得构成对诚实信用原则的违反。[①] 这一观点应予赞同。

我国《民法典》第203条第2款规定:"期间的最后一日的截止时间为二十四时;有业务时间的,停止业务活动的时间为截止时间。"这是作为期间终点的期日之终结点的基本法律规定。但是也有例外情形,例如,保险合同中通常是以最后一日的24时作为合同的终结点。

(二)期日的顺延

在一定期日应为意思表示或者给付者,如果遇到该日为星期日或者其他法定假日的,依据我国《民法典》第203条第1款规定:"期间的最后一日是法定休假日的,以法定休假日结束的次日为期间的最后一日。"即依照法律规定,期日可以顺延。但是,如果当事人有特别约定的,应依照其约定。

所谓法定休假日,主要是指以下两类带有全国性和全民性的休假日:其一,《国务院关于职工工作时间的规定》第7条规定的周休息日,即星期六和星期

① 参见王泽鉴:《民法总则》,中国政法大学出版社2001年版,第509页。

日;其二,《全国年节及纪念日放假办法》第 2 条规定的全体公民放假的法定节假日,即新年、春节、清明节、劳动节、端午节、中秋节和国庆节。此外,按照《全国年节及纪念日放假办法》第 4 条规定,“少数民族习惯的节日,由各少数民族聚居地区的地方人民政府,按照各该民族习惯,规定放假日期。”据此确定的少数民族习惯节日的放假日期,在各该少数民族聚居地区,也属于《民法典》第 203 条第 1 款规定的法定休假日。

需要注意,如果期间的末日非周休息日,但因放假调休而被调整为休假日的,考虑到会对当事人有不利影响,亦应适用末日顺延制度。反之,期间的末日虽系周休息日,但因放假调休而被调整为工作日的,由于对当事人已无不利影响,自不应再适用末日顺延制度。可见,从目的解释的角度说,《民法典》第 203 条第 1 款所称的法定休假日,一方面应当扩张解释为包括放假调休后的实际休假日在内,另一方面又应进行限缩解释,把周休息日因放假调休而被调整为工作日的情形排除在外。

(三)不确定期日的确定规则

假如意思表示或者给付是以“月初”、“月中”或者“月终”为期日的,依据《德国民法典》第 192 条的规定,分别应确定为该月的“第 1 日”、“第 15 日”和“该月的最后一日”。不过我国《民法典》中此种情形期日的确定规则目前并未有明确规定。

二、期间的确定规则

(一)期间的计算单位

《民法典》第 200 条规定:“民法所称的期间按照公历年、月、日、小时计算。”这是法定的期间计算单位。当事人约定的期间,亦可以年、季度、月、旬、星期、日、小时、分、秒等为计算单位。

(二)期间的计算方法

期间的计算方法,有自然计算法和历法计算法两种方法。

1. 自然计算法

自然计算法,是指根据期间的届至及届满的时间点来精确计算期间长度的方法。按照自然计算法,1 年为 365 日,1 月为 30 日,1 日为 24 小时,1 小时为

60分,1分为60秒。非连续期间应当采用自然计算法。对于意定型连续期间,当事人也可以约定采用自然计算法,例如,通常约定每个月按30日计算,1年为365日。

2. 历法计算法

历法计算法,是指按照法定历法所确立的年、月、星期、日、时等标准来计算期间长度的方法。这种方法的特点是计算出的期间与日历的变化规律相吻合,因而与人们的习惯相符合,计算起来也较为方便。

《民法典》第200条规定:"民法所称的期间按照公历年、月、日、小时计算。"这说明我国民法对法定型期间采用了历法计算法。按照公历标准,1年的期间自1月1日起至12月31日止,其长度为平年365日、闰年366日;1月的期间自当月1日起至当月最后一日止,其长度因具体月份的不同而异,可能为28日(平年2月)、29日(闰年2月)、30日(4、6、9、11月)或31日(1、3、5、7、8、10、12月);1星期的期间自星期一至星期日;1日的期间自当日凌晨0时至午夜24时。除当事人另有约定外,连续期间应当采用历法计算法。

采用自然计算法或历法计算法,对于以日或星期确定期间的情形并无影响,但在以月或年确定期间的情形中,却会产生不同的结果。① 例如,买卖合同中约定买方应在合同签订后1个月内付款,如采自然计算法,付款期限应自合同签订的次日起连续计算至第30日止;如采历法计算法,则根据合同签订的年度及月份的不同,最终计算出的付款期间可能为28日(平年2月)、29日(闰年2月)、30日(小月)或31日(大月)。为避免发生争议,当事人宜在约定期间的同时,一并约定期间的计算方法。

(三)期间的起算点与终止点

1. 期间的起算点

期间的起算点,也称期间的始期,是指从何时起开始计算期间。《民法典》第201条第1款规定:"按照年、月、日计算期间的,开始的当日不计入,自下一日开始计算。"所谓"自下一日开始计算",是指自次日0时开始计算。现行法规定了不少类型的期间自特定事实发生"之日起"计算的情况,这其实都是指自该日24时起,也即自次日0时起开始计算。

---

① 参见李永军主编:《民法总论》,中国政法大学出版社2019年版,第487页。

《民法典》第201条第2款规定:“按照小时计算期间的,自法律规定或者当事人约定的时间开始计算。”例如,买卖合同中约定卖方应在24小时内交货,并自9月1日上午9时开始计算的,则应当从当日上午9时整开始计算交货期间,至9月2日上午9时整交货期间即告届满。

2. 期间的终止点

期间的终止点,也称期间的终期,是指从何时起停止计算期间。关于期间的终止点,应当区分以下三种情况确定:第一,按照年、月计算期间的,到期月的对应日为期间的最后一日;没有对应日的,月末日为期间的最后一日。按照季度计算期间的,应适用按照月计算期间的规则。第二,按照星期计算期间的,以最后一星期的对应日为期间的最后一日。第三,按照日、小时、分、秒计算期间的,以算足该期间之日、小时、分、秒之时为期间的终止点。我国《民法典》仅在第202条规定了按年、月计算期间的终止点确定规则。

期间的末日是法定休假日或者经调整后的休假日时,按照前述期日的顺延规则处理。

关于期间的末日有24小时,应当以何时作为末日的终止点问题,适用《民法典》第203条第2款的规定。即期间的最后一日的截止时间为24时;有业务时间的,停止业务活动的时间为截止时间。

参考文献

著作

[1]中共中央文献研究室编:《习近平关于全面依法治国论述摘编》,中央文献出版社 2015 年版。

[2]中共中央党史和文献研究院编:《十九大以来重要文献选编》(中),中央文献出版社 2021 年版。

[3]《马克思恩格斯文集》(第 1 卷),人民出版社 2009 年版。

[4][美]约翰·罗尔斯:《正义论》,何怀宏、何包钢、廖申白译,中国社会科学出版社 2017 年版。

[5]刘金霞、温慧卿:《新编民法原理与实务》,北京理工大学出版社 2017 年版。

[6]席志国:《中国民法总论》,中国政法大学出版社 2013 年版。

[7]王利明主编:《民法》,中国人民大学出版社 2022 年版。

[8]许中缘、屈茂辉:《民法总则原理》,中国人民大学出版社 2012 年版。

[9]王利明:《民法总则》(第 2 版),中国人民大学出版社 2020 年版。

[10]谢怀栻:《外国民商法精要》(第 3 版),法律出版社 2006 年版。

[11][美]E. 博登海默:《法理学——法哲学及其方法》,邓正来、姬敬武译,华夏出版社 1987 年版。

[12][美]伯纳德·施瓦茨:《美国法律史》,王军等译,中国政法大学出版社 1989 年版。

[13][德]卡尔·拉伦茨:《德国民法通论》,王晓晔等译,法律出版社 2003 年版。

[14]公丕祥:《法理学》,复旦大学出版社 2002 年版。

[15]杨立新主编:《民法总则案例教程》,知识产权出版社 2005 年版。

[16]郭明瑞等:《民商法原理(一)》,中国人民大学出版社 1999 年版。

[17]梁慧星:《民法总论》(第 5 版),法律出版社 2017 年版。

[18]王利明:《民法总则研究》,中国人民大学出版社 2003 年版。

[19]郑成良:《法律之内的正义》,法律出版社 2002 年版。

[20]傅静坤:《民法总则》(第 2 版),中山大学出版社 2021 年版。

[21]李开国:《民法总则研究》,法律出版社 2003 年版。

[22]张鸣起主编:《民法总则专题讲义》,法律出版社 2019 年版。

[23][德]迪特尔·梅迪库斯:《德国民法总论》,邵建东译,法律出版社 2000 年版。

[24]史尚宽:《民法总论》,中国政法大学出版社 2000 年版。

[25]李双元、温世扬主编:《比较民法学》,武汉大学出版社 1998 年版。

[26]杨与龄:《民法概要》,中国政法大学出版社 2013 年版。

[27]王建平:《民法总论》,四川大学出版社 2017 年版。

[28]房绍坤主编:《民法》(第 5 版),中国人民大学出版社 2020 年版。

[29]郑玉波:《民法总则》,中国政法大学出版社 2003 年版。

[30]佟柔主编:《民法原理》,法律出版社 1983 年版

[31]申卫星主编:《民法学》(第 2 版),北京大学出版社 2007 年版。

[32]柳经纬主编:《民法总论》,厦门大学出版社 2008 年版。

[33]崔建远等:《民法总论》,清华大学出版社 2013 年版。

[34]刘得宽:《民法总则》,中国政法大学出版社 2006 年版。

[35][日]山本敬三:《民法讲义:Ⅰ·总则》,解亘译,北京大学出版社 2004 年版。

[36]梅仲协:《民法要义》,中国政法大学出版社 1998 年版。

[37]王泽鉴:《民法总则》,北京大学出版社 2009 年版。

[38]朱庆育:《民法总论》,北京大学出版社 2016 年版。

[39]张海棠主编:《公司法适用与审判实务》,中国法制出版社 2012 年版。

[40]尹田:《民事主体理论与立法研究》,法律出版社 2003 年版。

[41]王泽鉴:《民法概要》(第 5 版),中国政法大学出版社 2003 年版。

[42]江平主编:《法人制度论》,中国政法大学出版社 1994 年版。

[43]佟柔主编:《中国民法》,法律出版社 1990 年版。

[44]王利明、杨立新、王轶、程啸:《民法学》(第 5 版),法律出版社 2017 年版。

[45]杨立新:《民法总则条文背后的故事与难题》,法律出版社 2017 年版。

[46]李建伟:《民法 60 讲》(第 11 版),人民法院出版社 2013 年版。

[47]陈甦主编:《民法总则评注》(下册),法律出版社 2017 年版。

[48]李永军主编:《民法总则》,中国法制出版社 2018 年版。

[49]张俊浩主编:《民法学原理》,中国政法大学出版社 1991 年版。

[50]沈达明、梁仁杰编著:《德意志法上的法律行为》,对外贸易教育出版社 1992 年版。

[51][德]本德·吕特斯、阿斯特丽德·施塔德勒:《德国民法总论》,于馨淼、张姝译,法律出版社 2017 年版。

[52]佟柔主编:《民法总则》,中国人民公安大学出版社 1990 年版。

[53]郑玉波:《民法总则》(第 11 版),台北,三民书局 2016 年版。

[54]董安生:《民事法律行为》,中国人民大学出版社 1994 年版。

[55][德]哈里·韦斯特曼:《德国民法基本概念》,张定军等译,中国人民大学出版社 2013 年版。

[56]王军:《美国合同法》,中国政法大学出版社 1998 年版。

[57][德]迪特尔·施瓦布:《民法导论》,郑冲译,法律出版社 2006 年版。

[58]尹田:《民法典总则之理论与立法研究》(第 2 版),法律出版社 2018 年版。

[59]李宇:《民法总则要义》,法律出版社 2017 年版。

[60]胡长清:《中国民法总论》,中国政法大学出版社 1997 年版。

[61]王泽鉴:《债法原理》,中国政法大学出版社 2001 年版。

[62]张玉卿主编:《国际统一私法协会国际商事合同通则 2010》,中国商务出版社 2012 年版。

[63]王利明:《合同法研究》(第 1 卷),中国人民大学出版社 2002 年版。

[64]付子堂主编:《法理学高阶》,高等教育出版社 2008 年版。

[65]杨立新:《侵权责任法原理与案例教程》(第 3 版),中国人民大学出版

社2013年版。

[66]王利明:《侵权行为法研究》(上卷),中国人民大学出版社2004年版。

[67]杨巍:《民法时效制度的理论反思与案例研究》,北京大学出版社2015年版。

[68]郑玉波:《民法总则》,中国政法大学出版社2003年版。

[69]魏振瀛主编:《民法》(第7版),北京大学出版社、高等教育出版社2017年版。

[70]渠涛编译:《最新日本民法》,法律出版社2006年版。

[71][日]四宫和夫:《日本民法总则》,唐晖、钱孟姗译,台北,五南图书出版股份有限公司1995年版。

[72]梁慧星:《中国民法典草案建议稿附理由·总则编》,法律出版社2004年版。

[73][德]海茵·克茨:《欧洲合同法》(上),周忠海等译,法律出版社2001年版。

[74][意]彼德罗·彭梵得:《罗马法教科书》,黄风译,中国政法大学出版社1992年版。

释义书

[1]王利明主编:《〈中华人民共和国民法总则〉条文释义》,人民法院出版社2017年版。

[2]王利明主编:《中华人民共和国民法总则详解》,中国法制出版社2017年版。

[3]王利明主编:《中国民法典释评总则编》,中国人民大学出版社2020年版。

[4]张新宝:《〈中华人民共和国民法典·总则〉释义》,中国人民大学出版社2020年版。

[5]杨立新:《中华人民共和国民法典条文要义》,中国法制出版社2020年版。

[6]杨立新主编:《〈中华人民共和国民法典〉条文精释与实案全析》,中国人民大学出版社2020年版。

[7]杨立新、郭明瑞主编:《〈中华人民共和国民法典·总则编(含附则)〉释义》,人民出版社2020年版。

[8]龙卫球主编:《中华人民共和国民法典总则编释义》,中国法制出版社2020年版。

[9]黄薇主编:《中华人民共和国民法典释义》,法律出版社2020年版。

[10]石宏主编:《中华人民共和国民法总则条文说明、立法理由及相关规定》,北京大学出版社2017年版。

[11]杜景林、卢谌:《德国民法典全条文注释》,中国政法大学出版社2015年版。

[12]贾东明主编:《〈中华人民共和国民法总则〉释解与适用》,人民法院出版社2017年版。

[13]最高人民法院民法典贯彻实施工作领导小组主编:《中华人民共和国民法典理解与适用》,人民法院出版社2020年版。

期刊论文

[1]王利明:《〈中华人民共和国民法典〉的中国特色、实践特色和时代特色》,载《秘书工作》2020年第6期。

[2]王利明:《彰显时代性:中国民法典的鲜明特色》,载《东方法学》2020年第4期。

[3]王轶:《编纂实施民法典是习近平法治思想的生动实践》,载《中国法学》2021年第3期。

[4]王轶:《民法典编纂与国家治理现代化》,载《中国人民大学学报》2020年第4期。

[5]王轶:《民法典的中国特色、实践特色、时代特色》,载《前线》2020年第10期。

[6]王轶:《中国民法典的前世今生》,载《群言》2020年第3期。

[7]杨震:《民法总则"自然人"立法研究》,载《法学家》2016年第5期。

[8]杨震、孙毅:《我国民法典的时代价值》,载《求是学刊》2021年第5期。

[9]李宏弢:《从义务本位到权利本位:新中国70年民法文化的转型发展》,载《江汉论坛》2019年第9期。

[10]郭明瑞:《民法典继承编应弘扬社会主义核心价值观——兼论〈民法典各分编继承编(草案)〉》,载《烟台大学学报(哲学社会科学版)》2019年第3期。

[11]王利明:《论〈个人信息保护法〉与〈民法典〉的适用关系》,载《湖湘法学评论》2021年第1期。

[12]赵万一:《论民法的商法化与商法的民法化——兼谈我国民法典编纂的基本理念和思路》,载《法学论坛》2005年第4期。

[13]何勤华:《西语"法学"一词的起源及其流变》,载《法学》1996年第3期。

[14]付子堂、池通:《新中国法治话语之变迁:1949—2019》,载《上海政法学院学报(法治论丛)》2020年第3期。

[15]张鸣起:《〈中华人民共和国民法总则〉的制定》,载《中国法学》2017年第2期。

[16]王洪亮:《电子合同订立新规则的评析与构建》,载《法学杂志》2018年第4期。

[17]杨立新:《民法典侵权责任编草案规定的网络侵权责任规则检视》,载《法学论坛》2019年第3期。

[18]许中缘:《政治性、民族性、体系性与中国民法典》,载《法学家》2018年第6期。

[19]钟瑞栋:《社会主义核心价值观融入民法典编纂论纲》,载《暨南学报(哲学社会科学版)》2019年第6期。

[20]杨立新:《我国民法典立法思想的选择和坚守——从〈民法总则〉制定中的立法思想冲突谈起》,载《法制与社会发展》2018年第4期。

[21]郭锋、陈龙业、蒋家棣、刘婷:《〈关于适用民法典总则编若干问题的解释〉的理解与适用》,载《人民司法》2022年第10期。

[22]王轶:《民法价值判断问题的实体性论证规则——以中国民法学的学术实践为背景》,载《中国社会科学》2004年第6期。

[23]陈小君:《民事法律行为效力之立法研究》,载《法学家》2016年第5期。

[24]王利明:《论公序良俗原则与诚实信用原则的界分》,载《江汉论坛》

2019年第3期。

[25]张同仁:《无效合同的认定和补救》,郑州大学2006年法律硕士学位论文。

[26]王轶:《〈民法典〉的立法思想》,载《社会科学研究》2020年第5期。

[27]巩固:《民法典绿色原则的法理辩护与内容解析》,载《政治与法律》2021年第8期。

[28]郭锋:《中国民法典的价值理念及其规范表达》,载《法律适用》2020年13期。

[29]马俊驹、宋刚:《民事主体功能论——兼论国家作为民事主体》,载《法学家》2003年第6期。

[30]王轶:《论民事法律事实的类型区分》,载《中国法学》2013年第1期。

[31]李昊:《对〈民法通则〉中民事能力制度的反思》,载《南京大学法律评论》2010年第1期。

[32]郭自力:《死亡标准的法律与伦理问题》,载《政法论坛》2001年第3期。

[33]丁春艳:《英国法上"死亡"定义之考察》,载《法律与医学杂志》2006年第3期。

[34]陈名校、杜伯伦:《刍论中国脑死亡立法》,载《行政与法》2010年第4期。

[35]翟远见:《论宣告死亡及其撤销在婚姻上的效力》,载《中国法学》2021年第2期。

[36]尹志强:《未成年人监护制度中的监护人范围及监护类型》,载《华东政法大学学报》2016年第5期。

[37]刘征峰:《被忽视的差异——〈民法总则(草案)〉"大小监护"立法模式之争的盲区》,载《现代法学》2017年第1期。

[38]张维炜、王博勋:《让民法典成为民族精神、时代精神的立法表达——访全国人大常委会法工委主任李适时》,载《中国人大》2016年第13期。

[39]杨立新:《保护未成年人权益　推动民政部门监护职责落实》,载《中国审判》2015年第24期。

[40]冉启玉:《英美法"儿童最大利益原则"及其启示——以离婚后子女监

护为视角》,载《河北法学》2009 年第 9 期。

[41]高丰美:《〈民法总则〉监护规定的进步、不足与完善——兼谈“婚姻家庭编”的监护立法》,载《上海政法学院学报(法治论丛)》2017 年第 3 期。

[42]赵旭东:《独资企业立法研究》,载《政法论坛》1995 年第 1 期。

[43]江平、龙卫球:《法人本质及其基本构造研究——为拟制说辩护》,载《中国法学》1998 年第 3 期。

[44]赵旭东:《民法总则草案中法人分类体系的突破与创新》,载《中国人大》2016 年第 14 期。

[45]郑祝君:《公司与社会的和谐发展——美国公司制度的理念变迁》,载《法商研究》2004 年第 4 期。

[46]常健:《论公司章程的功能及其发展趋势》,载《法学家》2011 年第 2 期。

[47]王雷:《论民法中的决议行为——从农民集体决议、业主管理规约到公司决议》,载《中外法学》2015 年第 1 期。

[48]马俊驹、宋刚:《合作制与集体所有权》,载《法学研究》2011 年第 6 期。

[49]马跃进:《合作社的法律属性》,载《法学研究》2007 年第 6 期。

[50]郭明瑞:《民法总则中非法人组织的制度设计》,载《法学家》2016 年第 5 期。

[51]王洪:《合同形式欠缺与履行治愈论——兼评〈合同法〉第 36 条之规定》,载《现代法学》2005 年第 3 期。

[52]叶金强:《表见代理构成中的本人归责性要件——方法论角度的再思考》,载《法律科学(西北政法大学学报)》2010 年第 5 期。

[53]方新军:《〈民法总则〉第七章“代理”制度的成功与不足》,载《华东政法大学学报》2017 年第 3 期。

[54]谢鸿飞:《代理部分立法的基本理念和重要制度》,载《华东政法大学学报》2016 年第 5 期。

[55]朱岩:《消灭时效制度中的基本问题——比较法上的分析——兼评我国时效立法》,载《中外法学》2005 年第 2 期。

后　记

《中华人民共和国民法典释论》系列丛书，是国家社科基金重大研究专项："社会主义核心价值观融入民法典的理解与适用研究"（20VHJ011）的阶段性研究成果。该系列丛书的出版，既是社会主义核心价值观融入《民法典》的理解与适用的理论探索，也是社会主义核心价值观引领《民法典》的编纂与施行的实践展示。

《中华人民共和国民法典释论》系列丛书在编写过程中，力图深刻领会《民法典》的核心要义与价值主旨、全面展现《民法典》的精神气质与实践追求、系统阐释《民法典》的制度体系与规范逻辑、客观描述《民法典》的编纂进路与司法期待。因为《民法典》在中国特色社会主义法律体系中，既是一部固根本、稳预期、利长远的基础性法律，也是全面依法治国的重要制度载体。习近平总书记指出："民法典实施得好，人民群众权益就会得到法律保障，人与人之间的交往活动就会更加有序，社会就会更加和谐。"①

《中华人民共和国民法典释论》系列丛书的顺利编写，导源于黑龙江大学民法典编纂课题组组长杨震教授的统辖规划与引领推进，厚植于黑龙江大学民法典编纂课题组的智慧付出与成果积淀，得益于黑龙江大学法学院、黑龙江大学民商法学研究中心的云集响应与踊跃输将，仰赖于黑龙江大学民法同道的细心求索和潜力深耕。在此，致敬所有为《中华人民共和国民法典释论》系列丛书倾心助力、孜孜以求的同人！

砥砺奋进，笃行致远。遥望2012年3月那些春风劲拂、桃花缤纷的夜晚，回望2012年5月那些微风低吟、丁香盛开的日子，为起草《中华人民共和国继承法》

① 中共中央党史和文献研究院编：《十九大以来重要文献选编》（中），中央文献出版社2021年版，第584页。

（专家建议稿），黑龙江大学民法典编纂课题组在研讨论证、集思广益、思路整合、字斟句酌……杨震、王歌雅、孙毅、申建平、李宏弢、杨振宏、司丹、任江……那些舒展的笑容、生动的面庞、犀利的言语、碰撞的观点、凝练的表达，清晰如昨。

博采众长，匠心独运。2015年4月，又是桃花绽放、丁香四溢的昼夜。为起草《民法典·总则编》（专家建议稿）中民事法律行为和代理两章，为优化民事法律行为和代理的规范表述、制度设计，黑龙江大学民法典编纂课题组在遍阅法典、中西审夺、激扬论辩、唇枪舌剑……杨震、王歌雅、孙毅、申建平、陈彦晶、杨振宏、王睿、王立兵、严诚、杨健、李宏弢、任江、霍原、项定宜、胡东、龚兵、李愯、赵亮、司丹、马千里……那些勤奋的思考、亢奋的表情、严肃的争论、反复的推敲、飞扬的思维，依稀可见。

精诚合作，携手与共。2017年6月至7月，在柳絮飞扬、梨花绽放的夏日，为起草《中华人民共和国人格权法》（专家建议稿），黑龙江大学民法典编纂课题组在研讨体例、设计方案、规划日程、逐条审议、精雕细琢、优化表述……杨震、王歌雅、孙毅、申建平、张铁薇、李丹丹、王立兵、杨振宏、李愯、朴顺善、项定宜、龚兵、马千里……那些温煦的表情、和谐的话语、清晰的流程、经典的表述、智慧的启迪，犹在眼前。

在《中华人民共和国民法典释论》系列丛书付梓之际，尤要感谢法律出版社徐非编辑给予的鼎力支持与真诚鼓励！无论是丛书的策划、设计，还是丛书的编校、审核，均凝聚着徐非编辑的热忱与付出；不论是反复的沟通、磋商，还是合同的草拟、签订，均体现出徐非编辑的素养与敬业。

特别感谢黑龙江省教育厅对黑龙江大学民法典编纂课题组的鼎力支持！

感谢所有为《中华人民共和国民法典释论》系列丛书付出心血与热望的人！

感谢所有为黑龙江大学民法典编纂课题组提供支持与帮助的人！

三千星夜兼程，韶华晨露归处！

十年磨一剑，悠韵砺得香！

功崇惟志，业广惟勤！

黑龙江大学民法典编纂课题组

2022年5月4日